Alles kla(a)r?

Alles kla(a)r?

Valse vrienden tussen het Duits en Nederlands

Erlijn van Genuchten

KEMPER CONSEIL *Publishing*

Colofon

Redactie: KEMPER CONSEIL *Publishing*, 's-Gravenhage
Ontwerp omslag: Harmen Mol, Middelburg
Vormgeving binnenwerk: Grafisch!OK, Nootdorp
Druk: Bariet, Steenwijk

ISBN: 978 907 6542 744
NUR: 631

KEMPER CONSEIL *Publishing*
Westvlietweg 67 F
2495 AA 's-Gravenhage
Nederland

T 070 – 386 80 31
E info@kemperconseil.nl
I www.kemperconseil.nl

Voorwoord

Als Nederlandse in Duitsland krijg ik vaak de reactie: 'Ah, ben je Nederlandse? Je spreekt heel goed Duits! Maar ja, alle Nederlanders spreken eigenlijk goed Duits, omdat het Nederlands en het Duits zoveel op elkaar lijken.' In het begin knikte ik dan instemmend, omdat je van veel Duitse woorden de betekenis kunt raden (bijvoorbeeld **Jahr**, **lachen** en **tanzen**). Maar na heel wat Duitse jaren beaam ik dat nu niet meer zo snel, zeker als je *de puntjes op de i wilt zetten* (**das Tüpfelchen / den Punkt auf das i setzen**). Er zijn namelijk veel woorden die in het Duits en in het Nederlands (bijna) precies hetzelfde geschreven of uitgesproken worden, maar iets heel anders betekenen. Zulke woorden staan bekend als *valse vrienden* (in het Engels 'false friends'). Als je denkt te weten wat bijvoorbeeld **bellen**, **Kleinkind** en **Winkel** betekenen, zit je er nietsvermoedend compleet naast (*blaffen*, *kleuter* en *hoek*). Of je zegt gekke dingen zoals **ich habe Schuhe gekocht** (*ik heb schoenen gekookt*) of **mein Enkel ist gebrochen** (*mijn kleinkind is gebroken*). In dit boek staan ruim 400 valse vrienden om je voor dit soort uitglijders te behoeden. Ik heb het boek zo geschreven dat het meer is dan een naslagwerk uitsluitend voor studiedoeleinden. De afzonderlijke lemma's zijn door de gebruikte voorbeelden voor de in taal geïnteresseerde lezer ook een bron van intellectueel vermaak.

Tijdens het schrijven van dit boek hebben velen mij door dik en dun gesteund. Zonder Sabine van Genuchten, Hannah Greving, Anja Rudat, Maurice Vliegen en Andrea Hempel was het boek nooit geworden wat het nu is. Hun gedetailleerde suggesties voor verbetering, hun creatieve input en hun antwoorden op lastige taalvragen zijn van onschatbare waarde geweest. Zij hebben daarom mijn dank *dubbel en dwars* (**doppelt und dreifach**) verdiend!

Leuke anecdotes over uitglijders, suggesties voor verbetering en opmerkingen naar aanleiding van dit boek zijn van harte welkom en kunnen naar allesklar@vangenuchten.nl gestuurd worden.

Erlijn van Genuchten
Tübingen, 2014

Inhoudsopgave

Inleiding 7

A Abgang - Ausstellen 11

B Backen - Büro 27

D Dach - Dürr 57

E Eben - Es 69

F Fähre - Fort 79

G Gang - Günstig 90

H Hahn - Hut 109

I In - Irritieren 120

J Je 123

K Kachel - Küssen 125

L Lachs - Los 145

M Machen - Mund 163

N Na(h) - Note 174

O Ober - Offenbar 178

P Pappe - Puffen 180

Q Quetschen - Quote 193

R Rahm(en) - Rüsten 194

S Sacht - Stur 207

T Tafel - Trotz 240

U Überholen - Urne 252

V Vandale - Vorüber 256

W Wacker - Wissen 275

Z Zack - Zweig 288

Geraadpleegde bronnen 296

Index 297

Inleiding

Hoe is het mogelijk dat veel woorden in het Duits en het Nederlands op elkaar lijken, maar toch een hele andere betekenis hebben? Met behulp van het begrip 'valse vrienden' kan dat verduidelijkt worden. Volgens de taalkundige P.J. Chamizo-Domínguez (2008) kunnen valse vrienden op twee manieren ontstaan: toevallig en op basis van semantiek (zie Figuur 1).

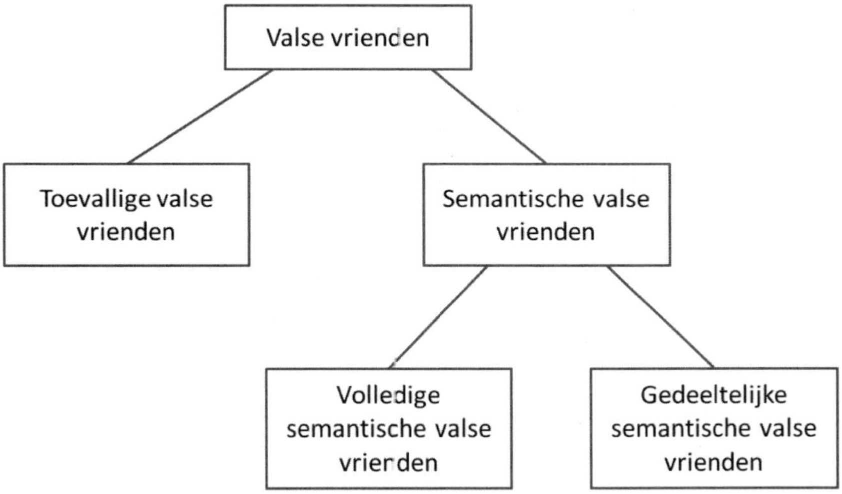

Figuur 1. Verschillende soorten valse vrienden.

Toevallige valse vrienden

Valse vrienden kunnen door toeval ontstaan. De gelijkenis van de betreffende woorden kan in dat geval niet door een gemeenschappelijke etymologische achtergrond verklaard worden. Een voorbeeld van zo'n toevallige gelijkenis is *ziel* en **Ziel**. Het Nederlandse *ziel* komt oorspronkelijk van het Oudhoogduitse 'sēla'. Maar het Duitse **Ziel** (doel) komt van een ander Oudhoogduits woord namelijk 'zil' (zie ook Ziel).

Toevallige valse vrienden kunnen binnen taalgroepen voorkomen maar ook tussen heel verschillende talen. Zo bestaan er zelfs valse vrienden tussen het Nederlands en het Swahili. Het woord 'mango' bijvoorbeeld betekent in het Swahili *vaste stof,* terwijl in het Nederlands *mango* de benaming is voor een zoete tropische vrucht afkomstig uit India. Als talen een verschillende etymologische achtergrond hebben, zoals het Nederlands en het Swahili, zijn valse vrienden vrijwel uitsluitend gebaseerd op toeval. Bij talen met dezelfde etymologische achtergrond, zoals het Duits en het Nederlands, komen valse vrienden veel vaker voor. De achtergrond van deze valse vrienden is ook meestal van semantische aard.

Semantische valse vrienden

Semantiek is de wetenschap die de betekenisstructuur van woorden en zinnen ontleedt. Semantische valse vrienden hebben, in tegenstelling tot toevallige valse vrienden, wél dezelfde etymologische achtergrond. Je kunt deze woorden onderverdelen in volledige en gedeeltelijke semantische valse vrienden.

Bij volledige semantische valse vrienden komt de oorspronkelijke betekenis in geen van beide talen voor. Een voorbeeld is *egaal* en **egal**. Beide woorden komen van het Franse 'égal' dat *gelijk* betekent. In het Nederlands ontwikkelde *egaal* zich in de richting van *glad/vlak*, terwijl in het Duits **egal** zich richting *om het even / niet uitmaken* ontwikkelde (zie ook EGAL).

Bij gedeeltelijke semantische valse vrienden komen sommige betekenissen in beide talen voor en andere betekenissen verschillen in beide talen. Een voorbeeld van gedeeltelijke semantische valse vrienden is *gaar* en **gar**. Beide woorden komen van het Oudhoogduitse 'garo' wat *klaar* betekende. **Gar** en *gaar* betekenen beide *gekookt / goed doorbakken*. Maar in het Nederlands betekent *gaar* ook nog *moe* en in het Duitse heeft **gar** ook de betekenis van *zelfs* (zie ook GAR).

Etymologische ontwikkeling

Om semantische valse vrienden te worden, los van het feit of ze dat volledige of gedeeltelijke zijn, moeten Duitse en Nederlandse woorden zich in verschillende richtingen ontwikkelen. Zo'n ontwikkeling kan in vijf verschillende richtingen gaan:

1. De betekenis heeft zich in een of in beide talen beperkt.
   Een voorbeeld daarvan is *garage* en **Garage**. Beide komen van het Franse 'garage' dat drie betekenissen heeft, namelijk *stalling voor auto's*, *plek waar auto's gerepareerd worden* en *parkeergarage*. In het Nederlands is de betekenis van *garage* beperkt tot *stalling voor auto's* en *plek waar auto's gerepareerd worden*. In het Duits is de betekenis nog verder beperkt tot alleen *stalling voor auto's* (zie ook GARAGE).

2. Een nieuwe betekenis wordt toegevoegd, maar alleen in een van beide talen.
   Een voorbeeld daarvan is de betekenis van **Fliege**. **Fliege** en *vlieg* komen van het Middelhoogduitse 'vliege' wat *vlieg* betekende. Zowel in het Nederlands als in het Duits is de betekenis *vlieg* overgenomen; alleen in het Duits is de betekenis *vlinderdas* toegevoegd (zie ook FLIEGE).

3. Een nieuwe betekenis heeft zich ontwikkeld.
   Een voorbeeld daarvan is het woord *pleite*. *Pleite* en **pleite** komen uit het Jiddische 'pleite' wat *bankroet* betekent. In het Nederlands ontwikkelde *pleite* zich eerst tot *wegrennen met een schuld* en daarna tot *weg/verdwenen*, wat niets meer met *bankroet* te maken heeft. In het Duits betekent **pleite** nog altijd *bankroet* (zie ook PLEITE).

4. Een nieuwe betekenis wordt uit een derde taal overgenomen.
   Een voorbeeld daarvan is de betekenis van **Stock**. **Stock** en *stok* komen van het Oudhoogduitse 'stoc' wat *rond stuk hout* betekende. In het Nederlands betekent *stok* nog altijd *rond stuk hout* en is *stapel kaarten* als betekenis toegevoegd. Ook in het Duits is een **Stock** een *rond stuk hout*. Daaruit heeft de betekenis *verdieping* zich ontwikkeld. En de Duitse betekenis die uit het Engels is overgenomen, is *voorraad*.

5. Er ontstaat een figuurlijke betekenis.
   Zo heeft het Duitse **unter Strom stehen** (letterlijk: *onder stroom staan*) de figuurlijke betekenis *zenuwachtig zijn* gekregen.

Omdat taal altijd in ontwikkeling is en omdat we steeds meer in aanraking komen met andere talen, zullen zo steeds nieuwe valse vrienden ontstaan. Maar gelukkig kan een woord in een van beide talen ook in onbruik raken, waardoor het aantal valse vrienden weer afneemt. Zo waren **Zimmerherr** (*onderhuurder*) en *kamerheer* (*hoge ambtenaar aan het hof*) vroeger valse vrienden. Tegenwoordig wordt voor **Zimmerherr Untermieter** gebruikt, waardoor **Zimmerherr** en *kamerheer* tegenwoordig niet meer voor verwarring zorgen.

Valse vrienden in Alles kla(a)r?

In dit boek staan zowel toevallige als semantische valse vrienden tussen het Duits en het Nederlands. Verwarring bij het gebruik van deze woorden kan ontstaan doordat:

- ze precies hetzelfde geschreven en/of uitgesproken worden, maar een verschillende betekenis hebben (bijvoorbeeld **bellen** en **Mond**);
- ze bijna hetzelfde geschreven en/of uitgesproken worden, maar een verschillende betekenis hebben (bijvoorbeeld **gefallen** en **Gottesdienst**);
- een letterlijke vertaling niet opgaat (bijvoorbeeld **Gegenstand** en **grüß Gott**).

Iedere valse vriend wordt in een apart hoofdstukje of lemma beschreven. Zo'n hoofdstukje begint met een voorbeeldzin waarin de mogelijke verwarring zichtbaar gemaakt wordt. Daarna wordt de valse vriend eerst vanuit Duits en vervolgens vanuit Nederlands perspectief beschreven. Daar wordt de juiste betekenis en vertaling gegeven. Deze vertalingen worden meestal verduidelijkt met voorbeelden en handige weetjes, zoals toepasselijke uitdrukkingen, de herkomst, de uitspraak, valkuilen en anecdotes. Het boek is opgezet als een naslagwerk met een alfabetische ordening. Voor het snel opsporen van valse vrienden is ook een index met Duitse en Nederlandse woorden opgenomen.

Leeshulp

Om het lezen te vergemakkelijken is in het boek gebruik gemaakt van afkortingen, tekens en letteropmaak. In het voorgaande zijn die deels al toegepast.

D	Duits, beschrijving van valse vriend vanuit Duits perspectief
N	Nederlands, beschrijving vanuit Nederlands perspectief
Vet	Duits woord
Cursief	Nederlands woord
' '	Woord in een andere taal dan Duits of Nederlands
„ "	Woord in het Duits dat benadrukt wordt
<u>Onderstreept</u>	Het woord waar het in het voorbeeld om gaat
KLEIN KAPITAAL	Lemma, hoofdstuktitel
[ ]	Uitspraak
/ zonder spaties	Een alternatief woord
/ met spaties	Een alternatief zinsdeel
–	Hierna volgt een reactie van de gesprekspartner

A

Abgang

Hast du seinen <u>Abgang</u> gesehen? — *Heb je zijn <u>afsprong</u> gezien?*

D

Abgang heeft verschillende betekenissen die bijna allemaal anders zijn dan het Nederlandse *afgang*.

1) Zo verwijst **Abgang** naar een *afsprong*:
Sie hat dieses Mal Pech gehabt: Beim <u>Abgang</u> vom Barren hat sie sich ihren Knöchel verstaucht. (zie ook Pech) — *Deze keer heeft ze pech gehad: bij de <u>afsprong</u> van de brug heeft ze haar enkel verzwikt.* (zie ook Enkel)

2) En naar *afdronk*:
Dieser Wein hat einen bitteren <u>Abgang</u>. (zie ook Weinen) — *Deze wijn heeft een bittere <u>afdronk</u>.*

3) Verder kan **Abgang** ook *miskraam* betekenen:
Wann wird dein Baby geboren? – Es wird nicht geboren, weil ich einen <u>Abgang</u> / eine <u>Fehlgeburt</u> hatte. — *Wanneer wordt je baby geboren? – Dat gaat niet gebeuren, omdat ik een <u>miskraam</u> heb gehad.*
Deze vraag is een voorbeeld van **ins Fettnäpfchen treten**. Die uitdrukking gebruik je wanneer iemand iets vraagt of zegt dat achteraf pijnlijk blijkt te zijn. Dit gezegde verwijst naar de bakken waar vet van opgehangen vlees in lekte. Als iemand per ongeluk in zo'n uitlekbak stapte en een vetspoor in het huis achterliet, was dat voor de betrokkene en de vrouw des huizes een 'pijnlijke' aangelegenheid.

4) Tot slot kan **Abgang** ook *dood/overlijden* betekenen:
Während eines Krieges <u>gibt</u> <u>es</u> immer viele <u>Abgänge</u>. — *Tijdens een oorlog <u>sneuvelen</u> altijd veel <u>mensen</u>.*

Andere manieren om aan te geven dat iemand overleden is, zijn: **er ist gestorben**, **er ist tot** (zie ook Tot), **er ist verstorben**, **er ist umgekommen**, **er ist ums Leben gekommen**, **er hat den Löffel abgegeben**, **er ist über den Jordan gegangen** en **er hat das Zeitliche gesegnet**. Verder kun je **den Geist aufgeben** gebruiken als bijvoorbeeld een batterij leeg is.

N

De belangrijkste betekenis van het Nederlandse *afgang* is een *beschamende mislukking*. De juiste vertaling daarvoor is **Blamage** of in een formelere context **Debakel**:

Hij is die afgang nooit te boven gekomen. | **Er hat die Blamage / das Debakel nie überwunden.**

Toen hij probeerde haar te verleiden, is hij afgegaan als een gieter. | **Als er versuchte, sie zu verführen, stand er da wie ein begossener Pudel.** (zie ook VERSUCHEN)

Zowel de uitdrukking **wie ein begossener Pudel** en **pudelnass** (*kletsnat*) komen mogelijk van poedels die ingezet werden voor de jacht en daarvoor vaak het water in moesten.

ABHAKEN

Es ist schön zu sehen, was schon mal abgehakt werden kann. | *Het is fijn om te zien wat al afgevinkt kan worden.*

D

Abhaken (*afvinken*) doe ik bijna dagelijks, omdat mijn 'to do' lijst nooit leeg is:

Die Aufgabe ist erledigt, also kann ich sie auf meiner To-do-Liste abhaken. | *Deze taak is volbracht, dus kan ik haar op mijn 'to do' lijst afvinken.*

N

Afhaken als *ophouden met* vertaal je met **abschalten**:

Ik begrijp niet waar het om gaat. Ik haak af. | **Ich verstehe nicht, worum es geht. Ich schalte ab.**

Afhakken (let op de dubbele k) vertaal je met **abhacken**:

Het is niet erg prettig om te zien hoe een arm afgehakt wordt. | **Es ist nicht schön zu sehen, wie ein Arm abgehackt wird.**

De uitspraak van **abhaken** is met een lange a terwijl de uitspraak van **abhacken** met een korte a is.

ABKOMMEN

Ich kann nicht von meiner Arbeit abkommen. | *Ik kan niet van mijn werk loskomen.*

D

Abkommen kan een werkwoord en een zelfstandig naamwoord zijn.

1a) Een van de betekenissen van het werkwoord **abkommen** is *loskomen / zich losmaken*:

Ich kann nicht von meiner Arbeit abkommen/wegkommen, weil es immer noch so viel zu tun gibt. | *Ik kan me niet goed van mijn werk losmaken, omdat er nog altijd zo veel te doen is.*

1b) Ook kan **abkommen**, net als in het Nederlands, *afkomen* in de zin van *afdwalen / af geraken* betekenen:

Als ich gestern nach Hause fuhr, bin ich wegen Glatteis von der Fahrbahn abgekommen. — *Toen ik gisteren naar huis reed, ben ik door ijzel van de weg (af) geraakt.*

2) Het zelfstandig naamwoord **Abkommen** betekent *overeenkomst/akkoord*, vaak tussen staten, instituten, enzovoorts:

Der FBI hat über ein geheimes Abkommen zwischen den Niederlanden und Deutschland berichtet. (zie ook BERICHT) — *De FBI heeft van een geheime overeenkomst tussen Nederland en Duitsland melding gemaakt.*

Zo bestaat bijvoorbeeld **das Jalta-Abkommen**, waarin Churchill, Roosevelt en Stalin in 1945 afspraken vastlegden over de oorlog tegen Duitsland en wat er na de oorlog zou moeten gebeuren. Ook bestaat **das Schengener Abkommen**, een akkoord van de EU over grenscontroles en strafvervolgingen. Dit akkoord is vernoemd naar het Luxemburgse Schengen waar het contract is ondertekend.

N

Afkomen heeft veel betekenissen waarvoor je in het Duits steeds verschillende vertalingen nodig hebt.

1) Voor *afkomen* met de betekenis *kwijtraken* gebruik je **loswerden**:

Hoe denk je dat we van deze oude bank afkomen? — **Was meinst du, wie wollen wir dieses alte Sofa loswerden?**

2) Voor *afkomen* als *je ergens uit redden* gebruik je **davonkommen**:

Ik geloof dat ik daar goed vanaf ben gekomen! — **Ich glaube, dass ich gut davongekommen bin!**

3) Voor *afkomen* als *afronden* gebruik je **fertig werden**:

Ik heb het gevoel dat het artikel nooit afkomt. — **Ich habe das Gefühl, dass dieser Artikel nie fertig wird.**

4) Voor *afkomen* als *afdalen* gebruik je **herunterkommen**:

Kom van dat dak af! — **Komm vom Dach herunter!**

5) Voor *afkomen* als *naar iets of iemand toekomen* gebruik je **hingehen zu** of **zukommen auf**:

Hij kwam op mij af en hielp mij overeind. — **Er ging auf mich zu und half mir auf die Beine.** (zie ook HALF)

Een professor kwam op me af om mij te zeggen hoe leuk hij mijn presentatie vond. — **Ein Professor kam auf mich zu, um mir zu sagen, wie toll er meine Präsentation fand.**

Abmachen

Hast du das abgemacht? *Heb je dat afgesproken?*

D

Omdat **ab** *af* en **machen** *maken* betekent, is het verraderlijk dat **ab** en **machen** samen geen *afmaken* betekenen.

1) Een veelvoorkomende betekenis van **abmachen** is *overeenkomen/afspreken*. In deze context wordt het voltooid deelwoord **abgemacht!** ook gebruikt:

Weil ich heute keine Zeit habe, müssen wir einen neuen Termin abmachen.	*Omdat ik vandaag geen tijd heb, moeten we een nieuwe afspraak maken.*
Morgen um 10 Uhr? – Ja, das passt gut. – Okay, abgemacht!	*Morgen om 10 uur? – Ja, dat komt goed uit. – Oké, afgesproken!*

2) Ook kan **abmachen** in spreektaal *afdoen/afnemen* betekenen:

Bevor ich anfangen konnte zu streichen, musste ich zuerst den Schmutz von der Decke abmachen.	*Voordat ik kon gaan schilderen, moest ik eerst het vuil van het plafond afnemen.*
Das mach dir mal ab!	*Zet dat maar uit je hoofd!*

N

Ook *afmaken* heeft verschillende betekenissen.

1) De meestgebruikte betekenis van *afmaken* is *iets tot een einde brengen*. Dat vertaal je met **erledigen / fertig machen**:

Ik zou graag deze opdracht willen afmaken.	**Ich möchte gerne diese Aufgabe erledigen / fertig machen.**
Omdat de kunstenaar was overleden, heb ik het schilderij afgemaakt.	**Weil der Künstler verstorben war, habe ich das Bild fertig gemacht.**

2) **Fertig machen** kun je ook gebruiken als het gaat om *afmaken* als *vernietigend beoordelen*. Andere vertalingen zijn **heruntermachen** en **abkanzeln**:

De pers heeft het boek afgemaakt / vernietigend beoordeeld.	**Die Presse hat das Buch heruntergemacht.**

3) Als het bij *afmaken* om *doden* gaat, vertaal je dat in het algemeen met **umbringen/töten**. Maar als het specifiek om het *doden van vee* gaat, kun je ook **abschlachten** en voor het *doden van mensen* ook **niedermachen/niedermetzeln** gebruiken (zie ook Abgang voor verschillende manieren om te zeggen dat iemand overleden is):

Tijdens de Tweede Wereldoorlog zijn veel joden afgemaakt/omgebracht.	**Im Zweiten Weltkrieg sind viele Juden umgebracht/getötet worden.**
Omdat deze ziekte besmettelijk is, moeten alle dieren afgemaakt worden.	**Weil diese Krankheit ansteckend ist, müssen alle Tiere abgeschlachtet werden.**
Bij een amok zijn tien mensen afgemaakt.	**Bei einem Amoklauf sind zehn Leute niedergemacht/niedergemetzelt worden.**

Amok komt van het Maleisische 'amuk' wat *woedend/razend* betekent. Tegenwoordig verwijst het naar het in blinde woede vaak willekeurig doden van mensen.

4) Tot slot kun je *je ergens van afmaken*, wat *het uit gemakzucht slecht doen* betekent. Dat kun je op verschillende manieren vertalen:

Hij maakte zich makkelijk van zijn huiswerk af.	**Er schaffte sich seine Hausaufgabe vom Hals.**
Toen ik hem daarop aansprak, maakte hij zich er met een grapje van af.	**Als ich ihn darauf ansprach, zog er sich mit einem Witz aus der Affäre.**
Hij heeft zich met een jantje-van-leiden van de organisatie van het feest afgemaakt.	**Er hat sich mit faulen Ausreden vor der Organisation der Feier gedrückt.**

Deze uitdrukking is vernoemd naar Jan van Leiden. Deze ambachtsman leefde in de 16e eeuw en stond bekend als mooiprater.

ABRECHNEN

Soll ich abrechnen?	*Zal ik de rekening brengen?*

D

Als **abrechnen** met geldzaken te maken heeft, kan **abrechnen** *aftrekken* of *een eindrekening opstellen* betekenen:

Wie kann ich die Mehrwertsteuer abrechnen?	*Hoe kan ik BTW aftrekken?*
Muss ich die Kasse schon wieder abrechnen?	*Moet ik alweer de kas opmaken?*

Verder kan **abrechnen** *afrekenen* betekenen als het om *verslaan* gaat:

Ich habe mit dem Gegner abgerechnet.	*Ik heb met de tegenstander afgerekend.*

N

Op wintersportvakantie hoorde ik een gast naast ons aan de ober vragen of hij mocht **abrechnen**. De ober begreep hem niet direct, omdat je in deze context **(be)zahlen** gebruikt:

We willen graag afrekenen.	**Wir wollen gerne (be)zahlen.**

Maar soms vertaal je *afrekenen* met een heel ander woord:

Je moet hem alleen op zijn prestaties afrekenen, niet op zijn uiterlijk.	**Du solltest ihn nur nach seinen Leistungen beurteilen, nicht nach seiner Schönheit.**

ABSEHEN

Er hat bei mir abgesehen.	*Hij heeft bij mij afgekeken.*

D

1) In het Duits betekent **absehen** *overzien* en *afkijken*:

Die Folgen von diesem Beschluss lassen sich nicht absehen.	*De gevolgen van dit besluit zijn niet te overzien.*

Die Kunst vom Stricken habe ich von dir abgesehen. (zie ook STRICKEN) *De kunst van het breien heb ik van jouw afgekeken.*

2) Verder kan **absehen** ook, net als in het Nederlands, *afzien van / laten varen* betekenen:
Die Stadt hat vom Fahrverbot abgesehen. *De gemeente heeft van het rijverbod afgezien.*

3) Ook kan **absehen** de betekenis hebben van *het gemunt/voorzien hebben op*:
Sie hat es darauf abgesehen, mich in ein schlechtes Licht zu rücken. *Zij heeft het erop gemunt mij in een kwaad daglicht te stellen.*

Van het werkwoord **absehen** zijn het zelfstandig naamwoord **Absehen** (*plan/doelwit*), het bijvoeglijk naamwoord **absehbar** (*afzienbaar*) en het bijwoord **absichtlich** (*expres / met opzet*) afgeleid.

N

Afzien in de betekenis *lijden / moeilijkheden verdragen* vertaal je met **abrackern**:
De schaatsers moesten tijdens de Elfstedentocht flink afzien. **Die Schlittschuhläufer mussten sich beim** *Elfstedentocht* **ganz schön abrackern.**

Afzien in de betekenis *besluiten er afstand van te doen* gaat samen met *van* en vertaal je met **verzichten auf**:
Ze heeft afgezien van een carrière. **Sie hat auf ihre Karriere verzichtet.**

AB UND AN

Vielleicht finden Sie ab und an mal Krümel auf dem Boden. *Misschien vindt u af en toe wat kruimels op de grond.*

D

Ab und an lijkt te betekenen dat iets vaak zo is, omdat het doet denken aan *af en aan*. Maar met **ab und an** geef je juist aan dat iets niet vaak gebeurt, omdat het *af en toe* betekent. Onlangs ontdekte ik dat ik **ab und an** zonder nadenken in de juiste betekenis gebruikte. Het duurt misschien even, maar ooit wen je dus aan zo'n verwarrende uitdrukking. Voor *af en toe* wordt ook **ab und zu** gebruikt; dat levert geen probleem op.

N

Voor *af en aan* gebruik je **hin und her** of **auf und ab**:
In de winter rijden de vrachtwagens met zout af en aan. **Im Winter fahren die Lastwagen mit Salz hin und her.** (zie ook FAHREN)
De verhuizers lopen al de hele dag af en aan. **Die Möbelpacker laufen schon den ganzen Tag auf und ab.**

Acht

Oh nein, ich habe eine Acht!
Oh nee, ik heb een slag in mijn wiel!

D

De verwarrende betekenis van **Acht** is *slag (in een wiel)*:

Draußen steht ein Fahrrad mit einer Acht im Vorderrad.
Buiten staat een fiets met een slag in het voorwiel.

Verder kan **Acht** ook gewoon het cijfer *acht* zijn en betekent **Acht geben** *acht geven / nauwkeurig waarnemen*:

Das ist die Zahl Neun und das die Zahl Acht.
Dat is het getal negen en dat het getal acht.
(zie ook Zahl)

Wann hast du Geburtstag? – Am achten Mai.
Wanneer ben je jarig? – Op acht mei.

Gib Acht im Verkehr.
Kijk uit / let op in het verkeer.

Ook komt **Acht** in spreekwoorden voor:

Die Mörder wurden mit der Acht belegt.
De moordenaars werden in de ban gedaan.

Der Verbrecher wurde in Acht und Bann getan.
De misdadiger werd vogelvrij verklaard.

Verder zijn **achten** (*achten*), **achtsam** (*oplettend*), **Achtung** (*kijk uit*), **beachten** (*in acht nemen* en *letten op*), **erachten** (*houden voor / beschouwen als*) en **verachten** (*verachten*) van **Acht** afgeleid. En *een minuut stilte in acht nemen* vertaal je met **eine Schweigeminute einlegen**.

N

In het Nederlands kan een *acht* ook een *roeiteam* zijn. De juiste vertaling daarvoor is **Achter**:

Goed nieuws voor de Duitse roeisport: de Duitsland acht heeft gewonnen!
Gute Nachrichten für Deutschland im Rudersport: der Deutschland-Achter hat gewonnen!

En als je op school een acht zou krijgen, krijg je in Duitsland een twee. In hun systeem is een 1 namelijk het hoogste en een 6 het laagste cijfer. Je kunt in Duitsland dus geen acht halen! Met een 4 heb je een toets nog net voldoende gemaakt. Bij lager (voor ons gevoel hoger) dan een 4 ben je **durchgefallen**.

Agenda

Was steht in deiner Agenda?
Wat staat in jouw notitieboekje?

D

Het Latijnse 'agenda' betekent letterlijk *dingen die gedaan moeten worden*. Oorspronkelijk werd 'agenda' gebruikt in de kerk voor de handelingen en gebeden die verricht moesten worden tijdens een kerkdienst. Tegenwoordig gaat het in het Duits bij een **Agenda** om een *notitieboekje* of om een *lijst van bespreekpunten*, bijvoorbeeld voor een vergadering:

Hast du eine <u>Agenda</u> dabei? – Nein, ich kann es mir einfach so merken. (zie ook MERKEN)
Heb je een <u>notitieboekje</u> bij je? – Nee, ik kan het zo wel onthouden.

Ich soll heute die <u>Agenda</u> vorbereiten.
Ik moet vandaag de <u>agenda</u> voorbereiden.

N

In het Nederlands gebruiken we ook het woord *agenda* voor de *punten die op een vergadering besproken zullen worden*. Maar een notitieboekje is niet hetzelfde als een Nederlandse *agenda* die je gebruikt om op te schrijven wat je op een bepaalde dag moet doen. Zo'n boekje heet in het Duits een **(Termin-)Kalender**:

In mijn <u>agenda</u> staat dat ik vandaag de dokter moet bellen.
In meinem <u>Kalender</u> steht, dass ich heute den Arzt anrufen soll.

Wat wij een *kalender* noemen, is in het Duits ook een **Kalender**.

In de politiek kom je ook het woord agenda tegen zoals in *Agenda 21* (**Agenda 21**). Dat is een lijst met internationale overeenkomsten en actiepunten die wereldwijde ontwikkelingen en het milieu in de 21e eeuw moeten beschermen.

AKTIE

Mit <u>Aktien</u> kann man handeln.
Met <u>aandelen</u> kun je handelen.

D

Van **Aktie** zou je kunnen denken dat het *actie* betekent, maar dan nog in de oude Nederlandse spelling. Maar **Aktie** betekent *aandeel (van een bedrijf)* waarmee gehandeld wordt op de beurs:

Durch den Handel mit <u>Aktien</u> ist es möglich ein Vermögen aufzubauen, aber auch zu verlieren.
Door de handel in <u>aandelen</u> is het mogelijk een vermogen op te bouwen, maar ook te verliezen.

Aktien kom je in spreektaal in twee uitdrukking tegen: **jemandes Aktien steigen** (*iemands vooruitzichten op succes worden beter*) en **wie stehen die Aktien?** (*hoe gaat het?*).

N

Voor het Nederlandse *actie* gebruik je **Aktion**:

Jouw <u>actie</u> was niet zo slim. (zie ook SCHLIMM)
Deine <u>Aktion/Handlung</u> war nicht so clever.

Niet alle kinderen kwamen in <u>actie</u> toen ik ze dat vroeg.
Nicht alle Kinder traten in <u>Aktion</u>, als ich sie anregte/ermutigte. (zie ook ALLE)

Het was als <u>verrassingsactie</u> gepland, maar helaas kwam ze er achter. (zie ook ER)
Es war als <u>Überraschungsaktion</u> geplant, aber leider hat sie es herausbekommen. (zie ook GEPLANT)

Tegoedbon <u>actie</u>: 2 halen, 1 betalen.
Gutschein<u>aktion</u>: 2 für 1.

De aanval gebeurde in een <u>(nachtelijke) overrompelingsactie</u>.
Der Angriff geschah in einer <u>Nacht-und-Nebel-Aktion</u>.

Maar als het om *actievoeren* gaat, gebruik je **demonstrieren** of **Werbung machen**:

We voeren actie / demonstreren tegen de reductie van subsidies voor artistieke dans.
Wir demonstrieren gegen die Einschränkungen von Zuschüssen für künstlerischen Tanz.

Politici zijn vaak druk met actie/campagne voeren.
Politiker sind oft damit beschäftigt, Werbung zu machen.

Let op: **Akt** betekent *daad/handeling* en *akte/bewijsstuk*. Het Engelse 'act', wat je uitspreekt als [ekt], wordt net als in het Nederlands voor een *theaternummer* gebruikt.

Alle

Du darfst die Flasche alle trinken.
Je mag de fles leegdrinken.

D

In spreektaal kan **alle** *op* in de zin van *leeg* betekenen:

Ich bin ganz alle, weil ich diese Woche so hart gearbeitet habe. (zie ook Hart)
Ik ben helemaal op, omdat ik deze week zo hard gewerkt heb.

Maar **alle** kan ook gewoon *alle* betekenen:

Alle Mann an Deck!
Alle hens aan dek!

Alle Wege führen nach Rom.
Alle wegen leiden naar Rome. (zie ook Leiden en Wegen)

Let op: **alle Welt** vertaal je niet met *alle werelden*, maar met *de hele wereld*. En **das All** wordt gebruikt voor *het heelal*.

N

In het Nederlands komt *alle* voor in enkele spreekwoorden en uitdrukkingen, waarbij je in de Duitse vertaling geen **alle** nodig hebt:

Alle gekheid op een stokje!
Ganz ohne Flachs!

Hij waait met alle winden mee.
Er hängt sein Fähnchen nach dem Wind.

Alle beetjes helpen.
Kleinvieh macht auch Mist. (zie ook Mist)

Voor alle duidelijkheid vertellen wij wat van jullie verwacht wordt.
Der Deutlichkeit halber erzählen wir euch, was von euch erwartet wird.

Allemal

Bis morgen schaffen wir das allemal noch.
Voor morgen lukt ons dat beslist nog.

D

In spreektaal kan **allemal** *jazeker/beslist* betekenen:

Wir schaffen das allemal noch. Ich verspreche es.
Dat lukt ons beslist nog. Ik beloof het.

Maar **allemal** kan ook *altijd / iedere keer* betekenen. Als je weet waar **allemal** vandaan komt, is het verschil tussen **allemal** en *(ons) allemaal* makkelijker te onthouden. Het Duitse **allemal** is namelijk ontstaan uit **(zu) alle(n) Malen** wat *alle keren* betekent:

Ich sage es noch ein Mal, so dass es ein für <u>allemal</u> klar ist. (zie ook KLAR en MAL)	*Ik zeg het nog één keer, zodat het voor eens en voor <u>altijd</u> duidelijk is.*

N

Het Nederlandse *allemaal* komt van het Middelnederlandse 'altemaal'. 'Te maal' betekende toen *te zamen* waarbij 'altemaal' (*al te zamen*) een versterking was. De juiste vertaling voor *allemaal* is **alle(n)** (zie ook ALLE):

<u>Allemaal</u> hebben ze een vriend, alleen ik niet.	**<u>Alle</u> haben ein Freund, nur ich nicht.**
We hebben <u>allemaal</u> dit boek gelezen.	**Wir haben <u>alle</u> dieses Buch gelesen.**

Allemal heb je niet nodig in:

Goedenavond <u>allemaal</u>.	**Guten Abend allerseits.**
Hallo <u>allemaal</u>.	**Hallo zusammen.**
Het valt <u>allemaal</u> wel mee.	**Es ist nicht halb so schlimm.**
Dat is <u>allemaal</u> flauwekul.	**Das ist lauter Blödsinn.**

ALS

<u>Als</u> ich jung war, habe ich oft Tennis gespielt.	*<u>Toen</u> ik jong was, heb ik vaak getennist.*

D

Als kan inderdaad *als* betekenen, maar **als** kan ook op vele andere manieren gebruikt worden, waarbij je een andere vertaling nodig hebt.

1) Bij een tijdsaanduiding vertaal je **als** met *toen*:

<u>Als</u> ich jung war, habe ich Klavier gespielt.	*<u>Toen</u> ik jong was, heb ik piano gespeeld.*

2) Bij vergelijkingen vertaal je **als** met *dan*:

Er ist fünf Jahre jünger <u>als</u> ich, aber trotzdem größer.	*Hij is vijf jaar jonger <u>dan</u> ik, maar toch groter.*
Vorbeugen ist besser <u>als</u> heilen.	*Voorkomen is beter <u>dan</u> genezen.*
Besser spät <u>als</u> nie.	*Beter laat <u>dan</u> nooit.*

In het Nederlands hoor je steeds vaker dat *dan* vervangen wordt door *als*. Soms hoor je ook nog *hij is groter <u>als</u> <u>mij</u>.* Als ik dat hoor, kan ik het niet laten om in mezelf <u>dan</u> <u>ik</u> te mompelen.

3) Wanneer **als** gebruikt wordt in combinatie met **ob** vertaal je dat met *alsof*:

Sein Handgelenk tat nicht wirklich weh, er tat nur so <u>als</u> <u>ob</u>.	*Zijn pols deed niet echt zeer, hij deed alleen <u>alsof</u>.*

N

Voor het Nederlandse *als* heb je ook vaak andere vertalingen nodig.

1) Voor *als* in een overeenkomst gebruik je **wie** (zie ook Wie):

Hij is zo eerlijk als goud. — **Er ist so zuverlässig wie Gold.**

Het is als een lopend vuurtje rondgegaan. — **Es hat sich wie ein Lauffeuer verbreitet.**

2) Ook voor een uitzondering gebruik je **wie**:

Het is nergens zo mooi als in Utrecht. — **Es ist nirgendwo so schön wie in Utrecht.**

3) Maar als het gaat om gelijktijdigheid, gebruik je **wenn**:

Als twee honden vechten om een been, gaat de derde ermee heen. — **Wenn zwei sich streiten, freut sich der Dritte.**

4) Ook voor een voorwaarde gebruik je **wenn**:

Ik heb dit gerecht besteld, maar wil het graag zonder zout. – Dat is alleen mogelijk als u het van tevoren aangegeven heeft. — **Ich habe dieses Gericht bestellt, aber möchte es ohne Salz haben. – Das ist nur möglich, wenn Sie das vorher angegeben haben.**

5) Soms gebruik je *als* in het Nederlands, maar heb je **als** in het Duits niet nodig:

Een balkon of een terras vergroot als het ware je woonkamer. — **Ein Balkon oder eine Terrasse vergrößert gleichsam das Wohnzimmer.**

Ik wil graag als eerste de herhaling van Sesamstraat bekijken. — **Ich möchte zuerst die Wiederholung der Sesamstraße gucken.**

Als gevolg van deze brand zijn honderden dieren omgekomen. — **Infolge dieses Brandes sind hunderte Tiere umgekommen.**

Haal als de wiedeweerga je spullen! — **Hole blitzschnell deine Sachen!**

ANDACHT

Heute gibt es keine Andacht. — *Vandaag is er geen gebedsdienst.*

D

Een **Andacht** betekent een *gebed/meditatie* of een *gebedsdienst*. **Andacht** komt van het Middelhoogduitse 'andâht' wat *aan iets denken* betekende. Bij het huidige **Andacht** is dat gespecificeerd tot het *denken aan god*:

Wir können jetzt nicht die Kirche besuchen, weil es eine Andacht gibt. — *We kunnen nu de kerk niet bezoeken, omdat er een gebedsdienst is.*

Van **Andacht** is het bijvoeglijk naamwoord **andächtig** afgeleid. Dit kan *vroom*, *in zichzelf gekeerd* of *plechtig* betekenen.

N

Voor *aandacht* heb je **Aufmerksamkeit/Beachtung** nodig:

Als jij de aandacht van de bewaker trekt, dan probeer ik naar binnen te gaan.
Wenn du die Aufmerksamkeit des Wächters auf dich ziehst, dann versuche ich reinzugehen. (zie ook VERSUCHEN)

De president heeft de aandacht gevestigd op het gevaar van kernenergie.
Der Präsident hat uns auf die Gefahr von Kernenergie aufmerksam gemacht.

Daarom heeft de president afgelopen week in de pers veel aandacht gekregen.
Deswegen hat der Präsident letzte Woche in der Presse starke Beachtung gefunden.

Tenzij het over *liefde/zorg* gaat, dan heb je **Zuwendung** nodig:

Kinderen hebben veel aandacht nodig, maar eigenlijk verandert er niets als ze volwassen worden. (zie ook ALS)
Kinder brauchen viel Zuwendung, aber eigentlich ändert sich daran nichts, wenn sie erwachsen werden.

Van *aandacht* is het bijvoeglijk naamwoord en bijwoord *aandachtig* afgeleid. Dat kun je vertalen met **aufmerksam**.

ANKOMMEN

Er kommt nicht gegen mich an.
Hij is niet tegen mij opgewassen.

D

Een van de verwarrende betekenissen van **ankommen** is *opgewassen zijn*:

Er kommt nicht gegen mich an, weil ich größer und stärker bin.
Hij is niet tegen mij opgewassen, omdat ik groter en sterker ben.

Maar in andere betekenissen lijkt **ankommen** op *aankomen*, bijvoorbeeld bij *arriveren*, *overkomen*, *aan komen zetten*, *erop aankomen*, *er op aan laten komen* en *aankomen op*:

Ich bin heute um 21 Uhr angekommen. (zie ook UHR voor verschillende manieren om een tijd uit te drukken)
Ik ben vandaag om 9 uur 's avonds aangekomen.

Die Präsentation kam beim Publikum gut an.
De speech kwam bij het publiek goed over.

Nach dem Vortrag kam das Publikum mit immer neuen Fragen (an).
Na de presentatie kwam het publiek steeds met nieuwe vragen aanzetten.

Kommst du nachher mit? – Das kommt darauf an, wie lange ich noch auf meinen Bruder warten muss.
Ga je straks mee? – Dat hangt er vanaf / komt erop aan hoe lang ik nog op mijn broer moet wachten.

Um ehrlich zu sein, möchte ich es nicht darauf ankommen lassen.
Om eerlijk te zijn wil ik het er niet op aan laten komen.

Es kommt nicht auf fünf Minuten an.
Het komt niet op vijf minuten aan.

N

Voor *aankomen* als *arriveren* gebruik je dus **ankommen**, maar voor *aankomen* in de betekenis van *aanraken* **berühren**, van *naderen* **kommen** en van *dik worden* **zunehmen**:

Je mag niet aan deze kunstwerken komen!
Ah, eindelijk komt de bus eraan.
Afgelopen jaar ben ik flink aangekomen, dus ben ik nu van plan om weer af te vallen.

Du darfst diese Kunstwerke nicht berühren!
Ah, endlich kommt da der Bus.
Letztes Jahr habe ich stark zugenommen, also habe ich vor, jetzt wieder abzunehmen.
(zie ook Vor)

Anleitung

Wo ist die Anleitung? — *Waar is de gebruiksaanwijzing/handleiding?*

D

Anleitung is afgeleid van het werkwoord **anleiten:** *iemand met iets vertrouwd maken / onderwijzen.* Vandaar dat **Anleitung** *gebruiksaanwijzing/handleiding* of *aanwijzing/instructie* kan betekenen:

Wo ist die Anleitung der Kamera? Ah, da auf dem Sofa. — *Waar is de gebruiksaanwijzing van de camera? Ah, daar op de bank.*
Ich mache das unter Anleitung meines Chefs. — *Ik doe dat op basis van de instructies van mijn baas.*

N

De juiste vertaling van *aanleiding* is **der Anlass / die Veranlassung:**

De aanleiding tot deze oorlog is me niet duidelijk. — **Der Anlass dieses Krieges ist mir unklar.**
Naar aanleiding van mijn verjaardag heb ik besloten jullie uit te nodigen. — **Anlässlich meines Geburtstages habe ich beschlossen, euch einzuladen.**
De resultaten geven aanleiding tot optimisme. — **Die Ergebnisse geben Anlass zu Optimismus.**

Anstellen

Du sollst dich nicht anstellen. — *Je moet niet in de rij gaan staan.*

D

Anstellen heeft verschillende betekenissen waarvoor je in het Nederlands andere woorden dan *aanstellen* nodig hebt.

1) Als **anstellen** wederkerend is, betekent het *in de rij gaan staan:*

Ich habe es wieder geschafft, mich in die längste Reihe anzustellen! — *Het is me weer gelukt in de langste rij te gaan staan!*

2) De meestgebruikte vertalingen van het niet wederkerende **anstellen** zijn *plaatsen/zetten, uithalen/doen* en *aanpakken:*

Fahrräder an den Zaun stellen, ist verboten! — *Fietsen tegen het hek zetten is verboden!*
Was hast du da wieder angestellt? — *Wat heb je nu weer uitgehaald?*
Wie soll ich es anstellen, dass das Geld heute noch auf mein Konto überwiesen wird? — *Hoe kan ik het zo aanpakken dat het geld vandaag nog op mijn rekening geschreven wordt?*

N

Aanstellen vertaal je met **anstellen** als het gaat om *benoemen*, en als het gaat om *zich op een overdreven manier gedragen*:

We hebben hem vandaag als administratief medewerker aangesteld. — **Wir haben ihn heute als Sachbearbeiter angestellt.**

Ach, stel je niet zo aan! — **Ach, stell dich nicht so an!**

Andere manieren om te zeggen dat iemand zich niet zo aan moet stellen zijn **sei nicht so wehleidig** en **zier dich nicht so**. En als iemand zich aanstelt, dan doet die aan **Anstellerei** (*aanstellerij/aanstelleritis*) en is een **Komödiant/Comedian**.

Appell

Ist das der morgendliche Appell? — *Is dat het ochtendappèl?*

D

Het Duitse **Appell** bestaat ook in het Nederlands, maar met de schrijfwijze *appèl*.

N

Appell moet je niet verwarren met *appel*. **Appell** en *appèl* spreek je uit met de klemtoon op **-pell**/-*pel*, terwijl je *appel* uitspreekt met de klemtoon op *-ap*. In het Duits is een *appel* een **Apfel**:

De appel valt niet ver van de boom. — **Der Apfel fällt nicht weit vom Stamm.**

Je moet door de zure appel heen bijten. — **Du musst in den sauren Apfel beißen.**

Ik heb deze trui voor een appel en een ei gekocht. — **Ich habe diesen Pulli für einen Apfel und ein Ei gekauft.**

Maar *appel* heb je niet nodig voor:

Ik heb nog een appeltje met jou te schillen! — **Ich habe noch ein Hühnchen mit dir zu rupfen!**

Dat is een appeltje voor de dorst. — **Das ist ein Notgroschen.**

Artig

Das ist ein sehr artiges Kind. — *Dat is een heel zoet/braaf kind.*

D

Artig betekent niet *aardig*, maar *zoet/braaf* of *hoffelijk/galant* in een formele context:

Das ist normalerweise ein sehr artiges Kind. Heute ist es frech. — *Normaal gesproken is dat een heel zoet/braaf kind. Vandaag is het ondeugend.*

Der Hofnarr küsste artig ihre Hand. — *De hofnar kuste hoffelijk haar hand.*

Verder kan **artig** ook een achtervoegsel zijn. In dat geval betekent het *-achtig* of *-aardig/-soortig*, bijvoorbeeld **affenartig** (*aapachtig*), **gleichartig** (*gelijksoortig*) en **gutartig** (*goedaardig*).

Let op: soms kun je *-achtig* ook vertalen met:
-haft, bijvoorbeeld **mädchenhaft** (*meisjesachtig*), **rätselhaft** (*raadselachtig*), **zweifelhaft** (*twijfelachtig*),
-isch, bijvoorbeeld **kindisch** (*kinderachtig*), **malerisch** (*schilderachtig*), **teuflisch** (*duivelachtig*),
-lich, bijvoorbeeld **bläulich** (*blauwachtig*), **dämlich** (*schaapachtig*),
-ig, bijvoorbeeld **milchig** (*melkachtig*), **riesig** (*reusachtig*).

N

In het Nederlands kan *aardig* een bijvoeglijk naamwoord of een bijwoord zijn.

1) Het bijvoeglijk naamwoord vertaal je met **nett**. Maar als je *iemand aardig vindt*, gebruik je het werkwoord **mögen**:
Is de nieuwe bazin aardig? — **Ist die neue Chefin nett?**
Ik vind mijn nieuwe bazin aardig. — **Ich mag meine neue Chefin gerne.**

2) Het bijwoord vertaal je met **ziemlich**:
Deze rivier is aardig breed. — **Dieser Fluss ist ziemlich breit.**

Ausfahrt

Wann kommt die Ausfahrt? — *Wanneer komt de afslag?*

D

Als je ooit op de **Autobahn** (*autosnelweg*) in Duitsland hebt gereden, is het je misschien opgevallen dat bij iedere afrit het woord **Ausfahrt** staat. Dit bord wijst niet naar een crematorium, kerkhof of iets dergelijks, maar betekent eenvoudigweg *afslag*:
Achtung: Stau zwischen Ausfahrt 24 und 26 auf der A1. — *Pas op: file tussen afslag 24 en 26 op de A1.*

Verder kan **Ausfahrt** ook nog *plezierrit* betekenen:
Heute machen wir eine Ausfahrt. — *Vandaag maken we een plezierrit/tochtje.*

N

Voor een *uitvaart* als iemand gestorven is, gebruik je **Beerdigung/Beisetzung**:
Het slechte weer heeft de uitvaart nog triester gemaakt. — **Das schlechte Wetter hat die Beerdigung/Beisetzung noch trauriger gemacht.**

Vroeger betekende *uitvaart* nog *weggaan/vertrek* zoals in de huidige Duitse betekenis, maar *uitvaart* heeft zich daarna via *uitgang* en *uittocht* tot *uitvaartdienst* ontwikkeld.

Ausstellen

Ich habe einen Scheck ausgestellt. — *Ik heb een check uitgeschreven.*

D

Ausstellen heeft verschillende betekenissen.

1) Eén betekenis van **ausstellen** is *afgeven/uitreiken/uitschrijven*:
   Ich habe einen Scheck ausgestellt, weil ich meine Kreditkarte vergessen habe. — *Ik heb een check uitgeschreven, omdat ik mijn creditcard vergeten heb.*
   Hoewel de schrijfwijze van **Scheck** voor Nederlanders misschien wat vreemd is, is de uitspraak precies hetzelfde als van *check*. **Scheck** en *check* spreek je uit als [shjèk] en niet zoals het Engelse 'check' wat je uitspreekt als [tjèk].

2) Een andere betekenis is *exposeren/uitstallen*:
   Wir haben die Gegenstände für die Auslosung ausgestellt. — *We hebben de voorwerpen voor de verloting uitgestald.*

3) Verder kan **ausstellen** *naar buiten zetten*, *uitzetten/plaatsen*, en *uitzetten/afzetten* betekenen:
   Weil ich den Mülleimer einen Tag zu früh herausgestellt hatte, musste ich 20 Euro Bußgeld bezahlen. — *Omdat ik de vuilnisbak een dag te vroeg buiten had gezet, moest ik 20 euro boete betalen.*
   Wir haben eine Falle für Ratten ausgestellt. — *We hebben een val voor ratten uitgezet.*
   (zie ook Fall)
   Ich habe das Radio ausgestellt, weil doch keiner lauscht. — *Ik heb de radio uitgezet, omdat toch niemand luistert.*

N

De meest gebruikte vertaling van *uitstellen* is **verschieben**. Maar je kunt ook **aufschieben** gebruiken of **hinausschieben** als je iets *op de lange baan schuift*:

De verhuizing is een dag uitgesteld. — **Der Umzug hat sich um einen Tag verschoben.**

Uitstel is geen afstel. — **Aufgeschoben ist nicht aufgehoben.**

Ik heb het schrijven van dit artikel op de lange baan geschoven. — **Ich habe das Schreiben dieses Artikels hinausgeschoben.**

Zie ook Stellen

B

BACKEN

Was ist denn das? – Das sind gebackene Äpfel. — *Wat is dat nou weer? – Dat zijn gestoofde appels.*

D

1) Het werkwoord **backen** kun je zoals te verwachten is, vertalen met *bakken*, maar ook met *stoven* en *drogen*. Het voltooid deelwoord van **backen** is **gebacken**:

Wir haben am Wochenende Plätzchen gebacken. — *Wij hebben in het weekend koekjes gebakken.*
Magst du gebackene Äpfel? — *Houd je van gedroogde appels?*

Let op: **gebackene Äpfel** kunnen zowel *gestoofde* als *gedroogde appels* zijn (zie ook verderop voor *gebakken peren*).

2) Als **Backen** een zelfstandig naamwoord is, is dit het meervoud van **Backe**. Een **Backe** is een *wang*, hoewel **Wange** een meer gebruikelijke vertaling is, of *bil*:

Ist dir warm? Du hast Apfelbäckchen. — *Heb je 't warm? Je hebt rode wangetjes.*
Ich habe ein Loch in meinem Backenzahn. — *Ik heb een gat in mijn kies.* (zie ook KIES)
Diese Prüfung hat er auf einer Backe abgesessen. — *Voor dit examen hoefde hij zijn hand niet om te draaien.*

N

1) In het Nederlands wordt het werkwoord *bakken* ook in contexten gebruikt, waarvoor je in het Duits geen **backen** nodig hebt:

Ik heb de hele dag in de zon liggen bakken. — **Ich habe mich den ganzen Tag in der Sonne braten lassen.**
Bakstenen worden bij meer dan 800 graden Celsius gebakken. — **Backsteine werden bei mindestens 800 Grad Celsius gebrannt.**
Jij probeert gebakken lucht te verkopen! — **Du versuchst, heiße Luft zu verkaufen!**
Daar zaten we dan met de gebakken peren. — **Da hatten wir die Bescherung.**
Hij heeft mij een poets gebakken. — **Er hat Schabernack mit mir getrieben.**
Hoewel ze haar best doet, bakt ze er niets van. — **Obwohl sie sich bemüht, kommt sie damit überhaupt nicht klar.** (zie ook KLARKOMMEN)

2) Tot slot kan het zelfstandig naamwoord *bak* ook op verschillende manieren vertaald worden.

2a) Een *bak* als *kop* vertaal je met **Tasse**:

Ga je mee koffie drinken? – Nee, ik heb al drie bakken op.
Kommst du mit Kaffee trinken? – Nein, ich habe heute schon drei Tassen getrunken. (zie ook TASSE)

2b) Een *bak* als *auto* vertaal je met **Kasten/Schlitten** (zie ook KASTEN):

Sinds hij de Lotto heeft gewonnen, rijdt hij in een patsersbak rond.
Seit er im Lotto gewonnen hat, fährt er einen protzigen Schlitten.

2c) Een *bak* als een *voorwerp om iets in te stoppen* is een **Kasten**, maar kun je ook met **Behälter/ Kübel** vertalen:

Ik heb de bloembakken buiten gezet.
Ich habe die Blumenkästen/Blumenkübel nach draußen gestellt.

Kijk, de regen komt met bakken uit de hemel!
Guck, es regnet wie aus Eimern/Kannen/ Kübeln!

2d) Een *bak* als *gevangenis* vertaal je met **Knast**. Deze betekenis kom je niet vaak in het meervoud tegen:

De dief moet een jaar in de bak zitten.
Der Dieb muss ein Jahr brummen / im Knast sitzen.

BAHN

Ich fahre mit der Deutschen Bahn.
Ik reis met de Duitse spoorwegen.

D

Een **Bahn** is inderdaad een *baan*, maar **Bahn** kan ook gebruikt worden voor de *trein/spoorwegen*:

Die Umlaufbahn der Planeten ist vorhersagbar.
De baan van de planeten is voorspelbaar.

Diese Technologie ist eine bahnbrechende Entwicklung.
Deze technologie is een baanbrekende ontwikkeling.

Wir fahren erst mit der Bahn.
Eerst gaan we met de trein.

Dann fahren wir mit der U-Bahn.
Dan gaan we met de metro.

Schließlich fahren wir mit der Straßenbahn.
Tot slot gaan we met de tram.

De vertaling *baan* gebruik je niet bij **auf die schiefe Bahn geraten / aus der Bahn geworfen werden** (*aan lagerwal raken / op het slechte pad geraken*) en **höchste Eisenbahn sein** (*hoogste tijd zijn*).

N

In het Nederlands kan een *baan* ook met *werk* te maken hebben. In het Duits heb je daarvoor **Job/ Arbeitsstelle/Stelle** nodig:

Na een lange zoektocht heb ik eindelijk een nieuwe baan gevonden.
Nach einer langen Suche habe ich endlich einen neuen Job / eine neue Stelle gefunden.

En verder komt *baan* ook voor in:

Moeten we dit project op de lange baan schuiven? **Sollen wir dieses Projekt auf die lange Bank schieben?**

Hij heeft ruim baan gemaakt voor mij. **Er hat für mich Platz gemacht.**

Deze rechtszaak is van de baan. **Dieser Rechtsstreit ist beigelegt.**

BAR

Ich bezahle bar. *Ik betaal contant.*

D

Bar kan in het Duits een bijvoeglijk naamwoord, een achtervoegsel of een zelfstandig naamwoord zijn.

1) Een betekenis van **bar** als bijvoeglijk naamwoord is *contant*, vandaar ook bijvoorbeeld **Bargeld** (*contant geld*):

Kann ich hier mit Karte bezahlen? – Ja, aber unter 15 Euro können Sie nur bar bezahlen. *Kan ik hier met mijn pinpas betalen? – Ja, maar onder de 15 euro kunt u alleen contant betalen.*

Ich würde erwarten, dass man für Drogen immer bar auf die Hand zahlt. *Ik zou verwachten dat je drugs altijd handje contantje betaalt.*

Let op: het woord **barfuß** betekent niet dat je *zonder voeten* loopt, maar *met blote voeten*.

2) Als **bar** een achtervoegsel is vertaal je dat met *baar* (zie ook ARTIG voor andere achtervoegsels):

Das ist tatsächlich unlesbar/unleserlich geworden. *Dat is inderdaad onleesbaar geworden.* (zie ook EBEN voor *inderdaad*)

Dieser Pilz ist nicht essbar. *Deze paddestoel is niet eetbaar.*

Maar een **Nachbar** is een *buurman*.

3) Als **Bar** een zelfstandig naamwoord is, betekent het zoals je kunt verwachten een *bar*. Dat kan zowel de *bar* zijn waarachter de *barman* (**Barmann**) staat als het *café* zelf:

Ich habe an der Bar bezahlt. *Ik heb aan de bar afgerekend.* (zie ook ABRECHNEN)

In welche Bar gehen wir heute Abend? *Naar welke bar gaan we vanavond?*

Bar moet je niet verwarren met **Bär**, want dat is een *beer* (zie ook BEERE):

Dein Blatt Papier ist noch leer! – Nein, das stimmt nicht, ich habe einen Eisbären in einem Schneesturm gezeichnet. *Je blaadje is nog leeg! – Nee hoor, ik heb een ijsbeer in een sneeuwstorm getekend.*

Ich bin hungrig wie ein Bär! *Ik heb honger als een paard! / Ik rammel van de honger!*

Leider hast du mir damit einen Bärendienst erwiesen. *Helaas heb je me daarmee een slechte dienst bewezen / van de wal in de sloot geholpen.*

Dit spreekwoord komt uit de tijd waarin beren als dansberen werden gebruikt. Je kon beren wel africhten, maar geen choreografie bijbrengen. Daarom was de beer als dienstverlener niet erg praktisch.

Wirst du ihm einen Bären aufbinden? — *Ga je hem wat wijs maken?*
Da ist der Bär los / geht der Bär ab. — *Daar kun je heel wat beleven.*

Als in het Nederlands *de beer los is*, is er *geen houden meer aan*.

N

In het Nederlands is *bar* een bijvoeglijk naamwoord of een bijwoord.

1) Het bijvoeglijk naamwoord kan op een aantal manieren vertaald worden, afhankelijk van de context:
   Drie jaar geleden hadden we een barre winter. — **Vor drei Jahren gab es einen richtig rauen Winter.**
   Vandaag is het buiten echt bar en boos. — **Heute ist es draußen wirklich eiskalt.**

2) Ook het bijwoord kun je op verschillende manieren vertalen:
   Ik heb het al weken bar druk. — **Ich bin seit Wochen fürchterlich beschäftigt.**
   Ik heb het examen bar slecht gemaakt. — **Ich habe die Prüfung sehr schlecht bestanden.**

BAUER

Es ist sehr komisch, einen Bauern im Anzug zu sehen. — *Het is heel vreemd om een boer in een pak te zien.*

D

Vroeger was een **Bauer** in het Duits een *bouwer*, maar tegenwoordig staat zo iemand bekend als een *boer* of een *pion* in een schaakspel:

Was der Bauer nicht kennt, das frisst er nicht. — *Wat een boer niet kent, dat vreet hij niet.*
Beim Schach muss Weiß mit einem Bauer oder einem Pferd anfangen. — *Bij schaken moet wit met een pion of een paard beginnen.*
Babys müssen nach dem Essen immer ein Bäuerchen machen. — *Baby's moeten na het eten altijd een boertje laten.*

Een *boer* als *oprisping* kun je ook met **Rülpser** vertalen.

N

Een *bouwer* als *aannemer* vertaal je in het Duits met **Bauunternehmer**:

Wij hebben de aannemer opdracht gegeven ons nieuwe huis te bouwen. — **Wir haben den Bauunternehmer beauftragt, unser neues Haus zu bauen.**

Een *bouwer* als *bouwvakker* vertaal je met **Bauarbeiter**:

Tussen de woonkamer en keuken hebben de bouwvakkers een muur geplaatst. — **Zwischen Wohnzimmer und Küche haben die Bauarbeiter eine Wand gezogen.**

Bedarf

Der <u>Bedarf</u> ist hoch. — *De <u>behoefte/vraag</u> is groot.*

D

Bedarf komt van het werkwoord **bedürfen** dat *nodig hebben / behoefte hebben aan* betekent (zie ook Dürfen):

Der <u>Bedarf</u> an Online-Kontakten ist heutzutage sehr hoch. — *De <u>behoefte</u> aan online contacten is tegenwoordig erg groot.*

Das kann ich gerne machen, aber nur <u>bei Bedarf</u>. — *Dat kan ik doen, maar alleen <u>indien</u> <u>nodig</u>.* (zie ook Indien)

<u>Mein</u> <u>Bedarf</u> <u>ist</u> für heute <u>gedeckt</u>. — *Het <u>is</u> <u>genoeg/mooi</u> <u>geweest</u> voor vandaag.*

N

Bederf als *ontbinding/rotting* vertaal je met **Fäulnis**:

<u>Bederf</u> wordt door conserveermiddelen geremd. — **<u>Fäulnis/Schimmel</u> wird durch Konservierungsstoffe gehemmt.**

Bederf als *achteruitgang/verslechtering* vertaal je met **Verfall**:

Het <u>bederf</u> der zeden wordt als hoofdoorzaak van deze rampen beschouwd. — **Der sittliche <u>Verfall</u> wird als Hauptursache für diese Katastrophen angesehen.**

Maar als iets *aan bederf onderhevig* is, dan is het **verderblich**:

Alle levensmiddelen zijn <u>aan</u> <u>bederf</u> <u>onderhevig</u>. — **Alle Lebensmittel sind <u>verderblich</u>.**

Beere

Gibt es auch braune <u>Beeren</u>? — *Zijn er ook bruine <u>bessen</u>?*

D

Een **Beere** is niet, zoals je misschien zou verwachten, een *beer*, maar een *bes*. En een **Brombeere** is dan ook geen *brombeer*, maar een *braam*:

Ich mag alle <u>Beeren</u>. — *Ik houd van alle <u>bessen</u>.*

Ich mag keine <u>Brombeeren</u>. — *Ik houd niet van <u>bramen</u>.*

Im Frühling <u>gehen</u> wir <u>in</u> <u>die</u> <u>Beeren</u>. — *In het voorjaar <u>trekken</u> we <u>erop</u> <u>uit</u> <u>om</u> <u>bessen</u> <u>te</u> <u>plukken</u>.* (zie ook Vorjahr)

N

1) Een *beer* als *roofdier* vertaal je met **Bär**:

Die <u>beer</u> ziet er hongerig uit. — **Dieser <u>Bär</u> sieht hungrig aus.**

Men moet de huid van de <u>beer</u> niet verkopen voordat hij geschoten is. — **Man soll das Fell des <u>Bären</u> nicht verkaufen, ehe man ihn hat.**

En een *brombeer* is een *knorrig iemand*. De vertaling daarvan is **Brummbär**.

2) Ook een *grof gebouwd mens* kun je met **Bär** vertalen. Als deze persoon dan ook nog dik is, dan is het een **Bulle**:

De kleine jongen is een echte beer geworden.	**Der kleine Junge ist ein richtiger Bär geworden.**
Dat is echt een beer van een vent.	**Das ist ein richtiger Bulle. / Er ist massiv.**

3) Een *beer* als *mannetjesvarken* vertaal je met **Eber**:

De beer heeft de zeug gedekt. (zie ook ZEUG)	**Der Eber hat die Sau gedeckt.**

Zie ook BAR

BEET

Ich habe ein Beet für Kohlrabi.	*Ik heb een bed voor koolrabi.*

D

Een **Beet** is in het Duits een *klein, begrensd stuk grond in een tuin*, ofwel een *bed/perk*:

Das Beet ist fünf mal fünf Meter groß und liegt im Schatten.	*Het (bloem)perk is vijf bij vijf meter en ligt in de schaduw.*

Een **Beet** vind je onder andere in een moestuin. Soms wordt moestuin vertaald met **Schrebergarten**. Maar **Gemüsegarten** mag ook.

1) In het Nederlands betekent *beet* als zelfstandig naamwoord *de daad van het bijten, de wond die het gevolg is van het bijten* of *een hap*:

De beet van de hond deed pijn.	**Der Biss des Hundes tat weh.**
Ik heb een enorme bult door de beet/steek van een mug.	**Ich habe eine riesige Beule vom Mückenstich.**
Ik ben benieuwd hoe lang ik op deze hap kan kauwen.	**Ich bin gespannt, wie lange ich diesen Bissen kauen kann.**

Opvallend is dat het verkleinwoord van *beet* (namelijk *beetje*) precies zo vertaald wordt, namelijk met **Biss** en de verkleining **-chen**:

Ik ben een beetje moe.	**Ich bin ein bisschen müde.**

Maar let op:

De stad groeit beetje bij beetje.	**Die Stadt wächst nach und nach.**
Alle beetjes helpen.	**Kleinvieh macht auch Mist.** (zie ook MIST)

2a) Ook kan *beet* onderdeel van het werkwoord *beethebben* of *beetnemen* zijn. *Beethebben* als *vasthebben* vertaal je met **festhalten / im Griff haben**:

Ik heb de tasjesdief beet.	**Ich habe den Taschendieb fest / im Griff.**

2b) Als je bij het vissen *beet* hebt, **hat man etwas am Haken / an der Angel**:

Papa, ik heb beet!	**Papa, ich habe etwas am Haken / an der Angel!**

2c) *Beetnemen* als *voor de gek houden*, vertaal je met **hereinlegen / zum Narren halten / an der Nase herumführen**:

De grapjas heeft mij beetgenomen. — **Der Spaßvogel hat mich hereingelegt / zum Narren gehalten / an der Nase herumgeführt.**

Befallen

Diese Frau ist von Salmonellen befallen. — *Deze vrouw is met salmonella besmet.*

D

Aan de context kun je al zien dat **befallen** nooit *bevallen* kan betekenen. En dat klopt, want **befallen** betekent *besmet zijn*, zoals in het openingsvoorbeeld, of *bevangen/overvallen worden*:

Furcht befiel ihn, als er das Krokodil sah. — *Hij werd door angst overvallen toen hij de krokodil zag.*

N

Als je *van een kind bevalt*, gebruik je **gebären/entbinden**:

Zij is van een meisje bevallen. — **Sie hat ein Mädchen geboren.**
Ik wil thuis bevallen. — **Ich will zu Hause entbinden.**

De juiste vertaling voor de *bevalling* is **Geburt**:

Dat was een zware bevalling. — **Das war eine schwere Geburt.**

Voor *bevallen* als *behagen* gebruik je **gefallen** (zie ook GEFALLEN):

Het systeem van meeliften is me heel erg goed bevallen. — **Die Mitfahrgelegenheit hat mir sehr gut gefallen.**

Mitfahrgelegenheit is het georganiseerd liften met de auto. Via het internet kunnen mensen aangeven op welke dag en tijd zij ergens heen rijden. Anderen kunnen aangeven wanneer zij naar welke stad willen. Als er een 'match' is, krijg je een bericht zodat je contact op kunt nemen om een precieze plek en tijd voor vertrek af te spreken.

Befassen

Meine Eltern befassen sich mit alternativen Heilmethoden. — *Mijn ouders houden zich met alternatieve geneeswijzen bezig.*

D

Als je weet dat **fassen** *vatten* betekent, zou je kunnen denken dat *bevatten* de juiste vertaling is van **befassen**. Maar dat is niet zo, want **befassen**, wat meestal wederkerend wordt gebruikt, betekent *zich bezig houden*:

Meine Freundin befasst sich mit dem Thema „Gleichstellung“. (zie ook EINSTELLEN voor **Gleichstellung**) — *Mijn vriendin houdt zich bezig met het thema "Gelijke behandeling".*

N

Voor het Nederlandse *bevatten* gebruik je **enthalten** of **begreifen:**

Dit pak bevat één liter melk.	**Diese Packung enthält einen Liter Milch.**
Ik kan het nauwelijks bevatten.	**Ich kann es kaum begreifen.**

Begriff

Ich bin im Begriff wegzugehen.	*Ik sta op 't punt om weg te gaan.*

D

Behalve in de bovenstaande uitdrukking kun je **Begriff** vertalen met *begrip*:

Ich weiß, was dieser Begriff bedeutet.	*Ik weet wat dit begrip betekent.*
Er war ein Begriff in der wissenschaftlichen Welt.	*Hij was een begrip in de wetenschappelijke wereld.*
Für menschliche Begriffe ist das sehr heiß.	*Voor menselijke begrippen/maatstaven is dat heel heet.*
Mein Gott, ist er langsam von Begriff!	*Lieve hemel, wat is hij langzaam van begrip!*

N

Maar het Nederlandse *begrip* moet je soms met **Verständnis** vertalen:

Hartelijk dank voor uw begrip.	**Herzlichen Dank für Ihr Verständnis.**
Ik kan geen begrip meer opbrengen voor het feit dat hij steeds te laat komt.	**Ich kann kein Verständnis mehr aufbringen für die Tatsache, dass er ständig zu spät kommt.**
Door gebrek aan begrip raakte de arts geïrriteerd.	**Durch Unverständnis wurde der Arzt irritiert.** (zie ook IRRITIEREN)

Bei

Bei diesem Wetter bleibe ich zu Hause.	*Met zulk weer blijf ik thuis.*

D

Bei is een voorzetsel waarbij altijd een derde naamval (datief) komt. Vaak kun je **bei** met *bij* vertalen, maar in sommige gevallen heb je in het Nederlands een ander woord nodig:

Bei schönem Wetter fahren wir ans Meer. (zie ook MEER)	*Bij mooi weer rijden we naar het strand.*
Bei Nacht und Nebel spiele ich Computerspiele.	*'s Nachts / In het holst van de nacht speel ik computerspelletjes.*

N

1) Het zelfstandig naamwoord *bij* vertaal je met **Biene**:

Een bij is een insect.	**Eine Biene ist ein Insekt.**

Maar **ich drehe eine Biene** vertaal je met *ik ga ervandoor*.

2a) Het bijvoeglijk naamwoord *bij* kan *bij kennis* betekenen. In dat geval gebruik je **bei Bewusstsein**:

Ik ben net flauwgevallen, maar gelukkig ben ik weer bij.	**Ich bin gerade ohnmächtig geworden, aber zum Glück bin ich wieder bei Bewusstsein.**

2b) Maar *bij* kan ook *gelijk* betekenen. In dat geval gebruik je **nicht im Rückstand**:

Vorige week liep ik nog veel achter, maar nu ben ik weer bij.	**Letzte Woche war ich noch stark im Verzug, aber jetzt bin ich nicht mehr im Rückstand.**

2c) En *bij* kan *van alles op de hoogte* betekenen. Dan gebruik je **auf dem Laufenden**:

Ik ben geloof ik weer helemaal bij.	**Ich glaube, ich bin wieder auf dem Laufenden.**

3) Het voorzetsel *bij* kun je, zoals we al gezien hebben, vaak met **bei** vertalen:

Ik ben bij haar thuis.	**Ich bin bei ihr zu Hause.**

Maar soms ook niet:

De kamer is vier bij vier meter groot.	**Das Zimmer ist vier mal vier Meter groß.**
Bij uitzondering doen we vandaag geen warming-up.	**Ausnahmsweise wärmen wir uns heute nicht auf.**
Ik kan bij wijze van spreken wel huilen.	**Ich könnte gleich heulen.**
Bij gebrek aan beter geef ik hem een tegoedbon voor zijn verjaardag.	**In Ermangelung eines Besseren schenke ich ihm einen Gutschein zu seinem Geburtstag.**
Bij deze geef ik het woord aan jou.	**Hiermit erteile ich dir das Wort.**
Ik zweer bij mijn danslerares.	**Ich schwöre auf meine Tanzlehrerin.**

BEILAGE

Ich möchte gerne noch eine Beilage.	*Ik wil nog graag een bijgerecht.*

D

Als je in Zuid-Duitsland in een bedrijfskantine komt, word je waarschijnlijk vriendelijk begroet met **Mahlzeit** (*maaltijd*). Opmerkelijk is dat ze dat al zeggen voordat je überhaupt iets uitgekozen hebt. Vaak kun je uit verschillende warme maaltijden kiezen, omdat Duitsers graag 's middags warm eten. De meesten kiezen een *hoofdgerecht* (**Hauptgericht**; zie ook GERECHT) en de erg hongerigen kiezen ook nog een *bijgerecht* (**Beilage**).

Dat **Mahlzeit** is toch wel intrigerend. In eerste instantie denk je dat daarmee *smakelijk eten* wordt bedoeld. Een collega riep rond het middaguur **Mahlzeit**, terwijl ik gewoon achter mijn bureau zat en niet eens aan het eten was. Misschien vergiste hij zich? Maar een paar dagen later was ik in een zwembad waarin om 13.00 uur een cursus zwemgymnastiek begon. De instructeur begroette alle *kletsnatte* (**klatschnasse**) deelnemers vriendelijk met **Mahlzeit**. **Mahlzeit** betekent in het zuiden van Duitsland dan ook gewoon *goede middag*.

N

In het Nederlands gebruik je *bijlage* als een toegevoegd document ter ondersteuning van iets. Dat kun je met ook met **Beilage** vertalen, maar bij e-mails kom je ook vaak **Anhang** tegen:

In de bijlage vindt u mijn cv. — **Im Anhang finden Sie meinen Lebenslauf.**

Bekommen

Was bekommst du von mir? — *Wat krijg je van mij?*

D

In het dagelijks taalgebruik kom je **bekommen** vaak tegen in de betekenis van *krijgen*:

Was hast du zu deinem Geburtstag geschenkt bekommen? — *Wat heb je voor je verjaardag gekregen?*

Wir haben den Bus gerade noch bekommen. — *We hebben de bus nog net gehaald.*

Maar **bekommen** kun je in de context van *gevolgen hebben voor* gewoon met *bekomen* vertalen:

Das ist mir gut bekommen. — *Dat is mij goed bekomen.*

N

Bekomen of *bijkomen* vertaal je met **sich erholen**:

Ik ben nog niet helemaal van de schrik bekomen. — **Ich habe mich noch nicht ganz vom Schreck erholt.**

Beleg

Ich brauche den Beleg. — *Ik heb de bon nodig.*

D

Een **Beleg** is een *bewijs/bewijsstuk*, vooral als *bon* in een winkel:

Ich brauche den Beleg, weil ich dann das Geld von meinem Chef zurückbekommen kann. (zie ook Bekommen) — *Ik heb de bon nodig, omdat ik dan het geld van mijn baas terug kan krijgen.*

Van **Beleg** zijn **belegbar** (*aantoonbaar*), **belegen** (*bewijzen*), **Belegmaterial** (*bewijsmateriaal*) en **belegt** (*bewezen/aangetoond*) afgeleid.

N

1) De meest gebruikte betekenis van het Nederlandse *beleg* is dat wat je op je brood doet. De vertaling daarvan is **Belag**:

Hagelslag is mijn lievelingsbeleg. — *Hagelslag* **ist mein Lieblingsbelag.**

Hagelslag bestaat niet in Duitsland. Als ik mijn Duitse vrienden weleens een boterham met hagelslag laat proeven, zijn ze meteen verkocht. Dat doe ik dus niet vaak, want voor ik het weet is mijn uit Nederland meegenomen voorraad op.

2) Maar *beleg* kan ook *belegering* betekenen. In dat geval gebruik je **Belagerung** (zie ook LAGER):
Egypte was in staat van beleg. / In Egypte was het leger aan de macht. **Ägypten war im Belagerungszustand.**

Let op: het bijvoeglijk naamwoord *belegen* betekent dat iets lang gelegen heeft en daardoor smakelijker is:
Ik houd heel erg van belegen kaas. **Ich mag mittelalten Käse sehr gerne.**

BELLEN

Ich höre dich nicht, weil Felix gerade bellt. *Ik kan je niet horen, omdat Felix aan het blaffen is.*

D

Duitsers vinden het heel grappig als je ze vertelt dat *bellen* in het Nederlands *telefoneren* betekent (zie ook de afbeelding op de voorkant van dit boek). Waarschijnlijk zien ze dan iemand voor zich die in de hoorn aan het *blaffen* is:
Unser Hund bellt zum Glück nicht so oft. *Gelukkig blaft onze hond niet zo vaak.*

Het spreekwoord **Buxtehude, wo die Hunde mit dem Schwanz bellen** (*Buxtehude, waar de honden met hun staart blaffen*) is een gezegde dat gebruikt wordt om op een licht negatieve toon een *dorp/plaats* aan te duiden. Hoewel in de middeleeuwen in het Nederlands *bellen* ook *blaffen* betekende, komt **bellen** in deze Duitse uitdrukking van het huidige *bellen*. In het dorp Buxtehude dat naast Hamburg ligt, hadden Nederlanders namelijk de klokken in de kerktorens een *staart* (**Schwanz**) gegeven om het luiden makkelijker te maken.

En om het nog verwarrender te maken: in het Duits betekent **blaffen** *blaffen* als het om *snauwen* gaat, maar ook *keffen*. Maar *keffen* kun je ook met **kläffen** vertalen. **Kläffen** spreek je hetzelfde uit als *kleffen* wat in Nederland in jeugdtaal *tongzoenen* betekent. De Duitse variant daarvoor is **sich beißen**.

N

Voor *bellen* als *telefoneren* gebruik je **anrufen**:
Oh, ik moet gaan want er belt iemand. **Oh, ich muss gehen, weil gerade jemand anruft.**

Voor *bellen* als *aanbellen* gebruik je **klingeln**:
Oh, ik moet ophangen want er belt iemand aan de deur. **Oh, ich muss auflegen, weil gerade jemand an der Tür klingelt.**

BEMÜHEN

Bemühe dich nicht so. *Doe niet zoveel moeite.*

D

Bemühen komt van het werkwoord **mühen**, wat *moeien* (*moeite veroorzaken* of *mengen in*) betekent. Ondanks dat betekent **sich bemühen** niet *zich bemoeien*. **Sich bemühen** betekent *moeite doen* en *zorgen voor*:

Mein guter Vorsatz für nächstes Jahr ist, mich immer zu bemühen, pünktlich zu sein.	*Mijn goede voornemen voor volgend jaar is om altijd moeite te doen op tijd te zijn.*
Ich bemühe mich um ihr Geburtstagsgeschenk.	*Ik zorg voor haar verjaardagscadeau.*

N

Vroeger betekende *bemoeien* ook *zich bezig houden met*, wat lijkt op de betekenis van **sich bemühen**. Maar tegenwoordig betekent *bemoeien*: *zich inlaten met iemand of iets, vooral als men er niets mee te maken heeft*. De juiste vertaling daarvan is **sich (ein)mischen in** of **sich kümmern um**:

Bemoei je er niet mee!	**Misch dich nicht ein!**
Bemoei je met je eigen zaken!	**Kümmere dich um deine eigenen Angelegenheiten!**

Bequem

Dazu ist er viel zu bequem.	*Daarvoor is hij veel te gemakzuchtig.*

D

Bequem zou je met *bekwaam* kunnen verwarren, maar het betekent *gemakkelijk/comfortabel* of *aangenaam*:

Ich mag Fliegen nicht so gerne, weil das oft so unbequem ist.	*Ik houd niet zo van vliegen, omdat het vaak niet erg comfortabel is.*
Ich habe eine bequeme Reise gehabt.	*Ik heb een aangename reis gehad.*

Ook kan een mens **bequem** zijn, wat betekent dat het een *gemakzuchtig iemand* is:

Er wird nicht bei dem Umzug helfen, weil er dazu viel zu bequem ist.	*Hij zal niet bij de verhuizing helpen, omdat hij daarvoor veel te gemakzuchtig is.*

N

Bekwaam betekende in de middeleeuwen ook *aangenaam*, maar heeft zich via *geschikt voor*, *in staat (tot)* ontwikkeld tot het huidige *bekwaam* als *kundig*. De juiste vertaling is **fähig/befähigt**:

Ik zoek een bekwame hovenier.	**Ich suche einen fähigen/befähigten Gärtner.**

Andere manieren om aan te geven dat iemand ergens goed in is, zijn **bewandert sein in**, **etwas liegt einem**, **etwas damit anfangen können**, **im Stande sein**, **sich auskennen**, **fit in etwas sein**, **etwas beherrschen**, **Meister seines Fachs sein**, **wissen wie der Hase läuft** en **etwas aus dem Effeff können**.

Bereich

In welchem <u>Bereich</u> arbeitest du? — *In welke <u>sector</u> werk jij?*

D

Hoewel **Bereich** *bereik* kan betekenen, is er nog een aantal betekenissen die wat specifieker zijn dan *bereik*. Zo kan **Bereich** ook *sector*, *afdeling* en *(toepassings)gebied* betekenen:

In welchem <u>Bereich</u> arbeitest du? – Ich arbeite im Bauwesen. — *In welke <u>sector</u> werk jij? – Ik werk in de bouw.*

In welchem <u>Bereich</u> arbeitest du? – Ich arbeite bei 'human resources'. — *Bij welke <u>afdeling</u> werk jij? – Ik werk bij* 'human resources'.

Das stimmt aber nicht, ich arbeite tatsächlich im <u>Bereich</u> "Lernen mit Multimedia". — *Maar dat klopt niet, ik werk feitelijk op het <u>gebied</u> van "Leren met multimedia".*

N

Het Nederlandse *bereik* kun je met **Bereich** vertalen:

Het IP-<u>bereik</u> van dit netwerk is 187.123.9.x. — **Der IP-<u>Bereich</u> dieses Netzes ist 187.123.9.x.**

Maar vaak ook met **Reichweite**:

Pas op: buiten het <u>bereik</u> van kinderen houden. — **Achtung: außer <u>Reichweite</u> von Kindern halten.**

Het <u>bereik</u> van deze zender is niet zo groot. — **Die <u>Reichweite</u> dieses Senders ist nicht so groß.**

En voor *bereik* met je mobiele telefoon heb je **Netz** nodig:

Hier boven op de berg heb ik geen <u>bereik</u>. — **Hier oben auf dem Berg habe ich kein <u>Netz</u>.**

Let op: het werkwoord *bereiken* vertaal je met **erreichen**. Beide moet je ook niet verwarren met **bereichern** (let op de laatste r), want dat betekent *verrijken*.

Bericht

Ich muss den <u>Bericht</u> noch schreiben. — *Ik moet het <u>verslag</u>/<u>rapport</u> nog schrijven.*

D

In het Duits is een **Bericht** een woord voor formele berichtgeving. Zo kun je een **Bericht schreiben** (*verslag/rapport schrijven*) en kun je **Bericht erstatten über** (*verslag doen van iets*). Het is daarom voor Duitsers gek als ze een Nederlandse voicemail horen en gevraagd wordt een bericht achter te laten. Het werkwoord **berichten** heeft dezelfde formele betekenis, namelijk *mededelen* en *verslag uitbrengen*:

Die Manager im Unternehmen müssen jedes Jahr einen <u>Jahresbericht</u> verfassen. — *De managers van het bedrijf moeten ieder jaar een <u>jaarverslag</u> schrijven.* (zie ook VERSCHLAG(EN))

Soll ich dir den <u>Wetterbericht</u> zeigen? — *Zal ik je het <u>weerbericht</u> laten zien?*

Der Journalist hat Bericht über die Anschläge erstattet / hat über die Anschläge berichtet.
De journalist heeft verslag gedaan van de aanslagen.

Mir ist es egal, was über mich berichtet wird.
Het maakt me niet uit wat er over mij gezegd wordt.

En omdat in het Nederlands *bericht* onzijdig is, zit bij mij **das Bericht** ingebakken. Maar **Bericht** is mannelijk, dus is het **der Bericht**.

N

Een *bericht* in het Nederlands hoeft niet formeel te zijn. De meest voorkomende vertaling is **Nachricht** (vandaar ook het werkwoord **benachrichtigen**, *op de hoogte brengen van*):

Ik heb een bericht gekregen.
Ich habe eine Nachricht bekommen.

Ik moet hem nog een berichtje sturen, omdat ik iets later kom.
Ich muss ihm noch eine Nachricht schreiben, weil ich ein bisschen später komme. (zie ook Beet voor **bisschen**)

We hebben de deelnemers op de hoogte gebracht dat het seminar in een andere ruimte plaatsvindt.
Wir haben die Teilnehmer benachrichtigt, dass das Seminar in einem anderen Raum stattfindet.

Het werkwoord *berichten* kun je vertalen met **berichten/mitteilen/anzeigen**:

Over een half uur wordt over de uitslag van de verkiezingen bericht.
In einer halben Stunde wird das Ergebnis der Wahl berichtet/mitgeteilt/angezeigt.

Beschweren

Er hat sich beschwert.
Hij heeft geklaagd.

D

Beschweren kom je vooral in de wederkerende vorm tegen en betekent *klagen*:

Er hat sich über den Lärm beschwert.
Hij heeft over het lawaai geklaagd.

Ich möchte mich ungerne beschweren, aber wenn es so weiter geht, habe ich keine Wahl.
Ik wil niet graag klagen, maar als het zo door gaat, heb ik geen keuze.

Het zelfstandig naamwoord dat is afgeleid van **beschweren** is **Beschwerde** (*klacht*).

Maar als **beschweren** niet wederkerend is, betekent het *verzwaren*:

Ich habe den Stapel an Briefen mit dem Brieföffner beschwert, damit die Briefe nicht verwehen.
Ik heb de stapel brieven met de briefopener verzwaard, zodat de brieven niet wegwaaien.

N

Het Nederlandse *bezweren* betekent *aan zijn macht onderwerpen* en *smeken*. Voor beide betekenissen gebruik je **beschwören**:

Ik kan geen slangen bezweren.
Ich kann keine Schlangen beschwören.

Hij bezwoer mij van dat plan af te zien.
Er beschwor mich, von dem Plan abzusehen.

Besorgen

Ich werde dir morgen Karten besorgen. — *Ik zal morgen kaarten voor je regelen.*

D

Een vriendin bood een keer aan om voor een concert **Karten zu besorgen**. Ik zei dat ze ze ook wel kon houden tot het concert. Het leek me onzin om daarvoor ook nog eens langs mijn huis te komen. Maar dat was ze helemaal niet van plan, want **besorgen** betekent *regelen / zorgen voor*:

Wie hast du dir dieses riesige Sofa besorgt? — *Hoe ben je aan deze enorme sofa gekomen?*
Was du heute kannst besorgen, das verschiebe nicht auf morgen. — *Stel niet uit tot morgen wat je vandaag nog kunt doen.*

Besorgen betekende vroeger *voor iets zorgen / zorgen hebben over iets*, maar de betekenis van *voor iets zorgen* is veranderd in *iets regelen*. De oude betekenis *zorgen hebben over iets* zie je nog wel terug in **besorgt** (*bezorgd*):

Sie sieht besorgt aus. — *Ze ziet er bezorgd uit.*

Verder kan **besorgen** *posten* betekenen:

Ich muss diesen Brief vor sechs Uhr besorgen. — *Ik moet deze brief voor zes uur op de post doen.*

En de uitdrukking **es jemandem besorgen** betekent *duidelijk zeggen wat je ervan vindt* of *iemand sexueel bevredigen*.

N

1) Het Nederlandse *bezorgen* kan *verschaffen* betekenen. Dat vertaal je met **besorgen/verschaffen/beschaffen:**

Mijn buurman heeft mij een baan bezorgd. — **Mein Nachbar hat mir eine Stelle besorgt/verschafft/beschafft.**

Maar niet bij:

Hij heeft mij de overwinning bezorgd. — **Er hat mir zum Sieg verholfen.**

2) Ook kan *bezorgen veroorzaken* betekenen. In dat geval gebruik je **bereiten:**

De dood van mijn hond heeft mij veel verdriet bezorgd. — **Der Tod meines Hundes hat mir viel Kummer bereitet.**

3) Tot slot kan *bezorgen afleveren* betekenen. Dat vertaal je met **liefern:**

De boodschappen worden gratis thuisbezorgd. — **Die Waren werden umsonst ins Haus geliefert.**

Bestand

Nur was sich ändert, hat Bestand. — *Alleen wat verandert, blijft bestaan.*

D

1) Het zelfstandig naamwoord **Bestand** kan *duurzaamheid / het voortbestaan* betekenen. In dat geval heeft **Bestand** geen meervoud:

Die Dinos hätten vielleicht nie Bestand gehabt, auch wenn der Komet nicht eingeschlagen wäre.
De dino's zouden misschien nooit zijn blijven bestaan, ook al was de komeet niet ingeslagen.

Als **Bestand** *voorraad* betekent, heeft het wel een meervoud, namelijk **Bestände**:

Wir haben einen (eisernen) Bestand für den Fall einer Katastrophe. (zie ook EISEN)
We hebben een (nood)voorraad voor het geval er een ramp gebeurt.

Wir haben die Bestände für den Winter aufgefüllt.
We hebben de voorraden voor de winter aangevuld.

2) Ook is **bestand** de verleden tijd van **bestehen. Bestehen** kan *bestaan* en *slagen* betekenen; **bestehen auf** wil zeggen *staan op* (*niet toegeven*):

Die Pflanze bestand aus zwei dünnen Stängelchen.
De plant bestond uit twee dunne stengeltjes.

Das Problem bestand darin, dass er die Waschmaschine gar nicht geliefert bekommen hat.
Het probleem was dat de wasmachine helemaal nooit geleverd was.

Ich bestand auf meine Rechte.
Ik stond op mijn rechten.

Vaak wordt het voltooid deelwoord in plaats van de verleden tijd gebruikt:

Ich habe die Prüfung bestanden.
Ik ben geslaagd voor het examen.

N

De meest gebruikte betekenis van *bestand* is een *verzameling gegevens op de computer*. Dat vertaal je met **Datei**:

Ik heb het bestand verwijderd.
Ich habe die Datei gelöscht.

Als iemand *bestand is tegen*, gebruik je **beständig sein. Beständig** komt in een aantal samenstellingen voor, bijvoorbeeld **hitzebeständig** (*hittebestendig*), **wärmebeständig** (*warmtebestendig*) en **feuerbeständig** (*vuurvast*). Maar je gebruikt andere woorden bij:

Ik ben bestand tegen moeilijkheden.
Ich bin den Schwierigkeiten gewachsen.

Deze jas is bestand tegen alle weersomstandigheden.
Diese Jacke ist wetterfest.

BEWIRKEN

Du bewirkst damit das Gegenteil.
Je bereikt daarmee het tegenovergestelde.

D

Bewirken lijkt erg op *bewerken*, maar betekent iets heel anders, namelijk *veroorzaken/ teweegbrengen*:

Wenn du so negativ sprichst, bewirkst du nur das Gegenteil.
Als je zo negatief praat, bereik je alleen maar het tegenovergestelde.

N

Voor het Nederlandse *bewerken* gebruik je **überarbeiten** of **bearbeiten**, afhankelijk van de context:

Ik moet deze tekst alleen nog bewerken. **Ich muss diesen Text nur noch überarbeiten.**

Zij bewerkt de vloer met lak. **Sie bearbeitet den Boden mit Lack.** (zie ook BODEN)

Hij bewerkte de kiezers net zolang totdat ze voor zijn partij kozen. **Er bearbeitete die Wähler so lange, bis sie seine Partei wählten.** (zie ook PARTEI)

BIETEN

Wir können das nicht bieten. *Wij kunnen dat niet bieden.*

D

Hoewel **bieten** en *bieten* hetzelfde geschreven worden, zijn er twee verschillen. Het eerste verschil is dat **bieten** een werkwoord is, terwijl *bieten* een zelfstandig naamwoord is. Het tweede verschil is dat **bieten** met een lange ie en *bieten* met een korte ie wordt uitgesproken. Het werkwoord **bieten** betekent *bieden* of *vertonen*:

Wie viel bietest du mir für dieses Auto? *Hoeveel bied je voor deze auto?*

Auf dem Jahrmarkt wurden viele Vorführungen geboten. *Op de markt werden veel acts vertoond.*

Let op: **Jahrmarkt** betekent niet alleen *jaarmarkt*, maar ook *kermis*.

Als **bieten** in combinatie met **sich** en **lassen** wordt gebruikt, betekent het *zich laten welgevallen*:

Das lass ich mir nicht bieten! *Dat laat ik mij niet welgevallen! / Dat pik ik niet!*

Van het werkwoord **bieten** zijn **anbieten** (*aanbieden*), **gebieten** (*gebieden*) en **verbieten** (*verbieden*) afgeleid. En **aufbieten** betekent niet *opbieden*, maar *inschakelen*. Voor *opbieden* gebruik je **überbieten / mehr bieten**:

Die Gewerkschaft hat hunderte Demonstranten aufgeboten. *De vakbond heeft honderden demonstranten ingeschakeld / op de been gebracht.*

Bij de veiling wilden vier mensen het schilderij kopen. Daarom moesten zij tegen elkaar opbieden. **Bei der Versteigerung wollten vier Leute das Gemälde kaufen. Deswegen mussten sie überbieten.**

Verder moet je **bieten** niet verwarren met **bitten** (*vragen/verzoeken* of *smeken*) en **beten** (*bidden*). Ook kan het lastig zijn het voltooid deelwoord van deze werkwoorden uit elkaar te houden: **bieten - geboten, bitten - gebeten** en **beten - gebetet**.

N

Een *biet* is in het Duits een **Rübe**. Het meervoud daarvan is **Rüben**:

Vanavond eten we bieten. **Heute Abend essen wir Rüben.**

Let op: een *rode biet* is een **Rote Be(e)te** (zie ook BEET).

Bis

<u>Bis</u> dann! — *<u>Tot</u> dan!*

D

Bis vertaal je met *tot*:

<u>Bis</u> zum nächsten Mal! — *<u>Tot</u> de volgende keer!*
Wir haben Mittagspause von 12 <u>bis</u> 1 Uhr. — *Wij hebben middagpauze van 12 <u>tot</u> 1 uur.*
Es dauerte nicht lange, <u>bis</u> der Krankenwagen kam. — *Het duurde niet lang <u>tot</u>/<u>voordat</u> de ziekenwagen kwam.*
Die Konferenz dauert fünf Tage: von Montag <u>bis</u> Freitag. — *De conferentie duurt vijf dagen: van maandag <u>tot en met</u> vrijdag.*

Tot heb je niet nodig bij:

Du sollst das <u>bis</u> morgen fertig haben. — *Dat moet je morgen afhebben.*
Hier dürfen <u>bis</u> <u>zu</u> 300 Leute rein. (zie ook VORNAME voor **rein** en DÜRFEN) — *Hier mogen maximaal 300 mensen naar binnen.*

Let op: **bis dann** kun je niet alleen met *tot dan* vertalen, maar ook met *doei* en met *tot straks*, afhankelijk van wanneer het gezegd wordt.

N

Een *bis* is een verhoogde *B* in een toonladder. In het Duits heet deze toon **his** (let op de h). Dat komt doordat de Duitse toonladder er net iets anders uitziet: *A <u>B</u> C D E F G* is een Nederlandse toonladder, en **A <u>H</u> C D E F G** is een Duitse toonladder. In deze Duitse toonladder komt wel een **B** voor, maar die toon heet bij ons *bes*.
Ook wordt *bis* bij huisnummers gebruikt (bijvoorbeeld 158bis). In het Duits wordt dan **a** gebruikt (bijvoorbeeld 158a).
Tot slot kun je in het Nederlands *bis* in het theater tegenkomen als het publiek om een toegift vraagt. In Duitsland roepen ze **Zugabe!** en het liefst met nadruk op iedere lettergreep: **Zu-ga-be!**

Blank

Ich bin <u>blank</u>. — *Ik ben <u>blut</u>.*

D

De betekenissen van **blank** hebben niets met *blank* te maken.

1) Eén betekenis is *blut*:
   Weil ich ein Haus gekauft habe, bin ich <u>blank</u>. — *Omdat ik een huis gekocht heb, ben ik <u>blut</u> / zit ik op zwart zaad.*

2) De andere betekenis van **blank** is *bloot/naakt*:
   Er hat mit <u>blanken</u> Händen Brennnesseln gesammelt. — *Hij heeft met <u>blote</u> handen brandnetels verzameld.*

Selbst wenn unsere Nerven <u>blank</u> liegen, können wir noch lachen. — *Zelfs wanneer we geïrriteerd zijn, kunnen we nog lachen.* (zie ook Irritieren)

N

1) In het Nederlands kan *blank* (net als het Franse 'blanc' en het Spaanse 'blanco') *helder wit* en *niet gekleurd* betekenen. In beide gevallen gebruik je **weiß** (zie ook Weiß):

Bert en Ernie zeggen: "Als je buiten plast wanneer het gesneeuwd heeft, wordt de <u>blanke</u> sneeuw geel." — **Ernie und Bert sagen: „Pinkelt man draußen, wenn es geschneit hat, dann wird der <u>weiße</u> Schnee gelb."** (zie ook Schnee)

Hij heeft een <u>blanke</u> huid. — **Er hat eine <u>weiße</u>/<u>helle</u> Haut.** (zie ook Hell)

De dader is <u>blank</u>. — **Der Täter ist <u>weiß</u>.**

2) Ook kan *blank* (net als het Engelse 'blank') *onbevlekt* betekenen. In dat geval gebruik je **weiß/ leer**:

Het papier is nog <u>blank</u>. — **Das Papier ist noch <u>weiß</u>/<u>unbeschrieben</u>/<u>leer</u>.**

3) En verder kan *blank* ook *onder water* betekenen. Dat vertaal je met **überschwemmt / unter Wasser**:

Na de heftige regen stond onze kelder <u>blank</u>. — **Nach dem heftigen Regen stand unser Keller <u>unter</u> <u>Wasser</u>.**

Het spreekwoord *ruwe bolster, blanke pit* is **raue Schale, guter/weicher Kern**.

Blei

Das ist kein <u>Blei</u>, das ist Eisen. — *Dat is geen <u>lood</u>, dat is ijzer.*

D

Als automobilist weet je waarschijnlijk dat **Blei** *lood* betekent, omdat je bij benzinestations **bleifreies Benzin** (*loodvrije benzine*) kan tanken. **Blei** kom je ook tegen in:

Ihre Beine waren schon zu Beginn des Marathons <u>bleischwer</u>. — *Haar benen waren al aan het begin van de marathon <u>loodzwaar</u>.*

Mit <u>Blei</u> <u>in</u> <u>den</u> <u>Gliedern</u>/<u>Knochen</u> ging er zum Zahnarzt. — *Met <u>tegenzin</u> / <u>lood</u> <u>in</u> <u>de</u> <u>schoenen</u> ging hij naar de tandarts.*

Das ist ein <u>Fenster</u> <u>mit</u> <u>Bleiverglasung</u>. — *Dat is een <u>glas-in-loodraam</u>.*

Darf ich deinen <u>Bleistift</u> benutzen? (zie ook Stift) — *Mag ik jouw <u>potlood</u> gebruiken?*

Blei heb je niet nodig bij *uit het lood geslagen zijn*, want dat vertaal je met **fassungslos / total verwirrt sein**.

N

Zowel door uitspraak als schrijfwijze kun je **Blei** verwarren met *blij*. Maar *blij* is geen zelfstandig naamwoord, zoals in het Duits, maar een bijwoord of bijvoeglijk naamwoord. De juiste vertaling van *blij* is **froh**:

Ik ben blij dat het afgelopen is.
Ich bin froh, dass es vorbei ist. (zie ook VORBEI)

Waarom heb je zo'n blij gezicht?
Warum machst du so ein frohes Gesicht?

Maar **froh** heb je niet nodig in de volgende gevallen:

Kan ik je blij maken met een stuk chocolade?
Kann ich dich mit einem Stück Schokolade erfreuen?

Ik wil je niet blij maken met een dooie mus.
Ich will dir keine falsche Hoffnung machen.

BLOẞ

Das kann ich bloß nicht sagen.
Dat kan ik alleen niet zeggen.

D

Bloß kan als bijwoord *alleen maar* betekenen, maar als **bloß** gebruikt wordt om nadruk te geven, gebruik je in het Nederlands *toch*:

Ich besitze bloß/nur noch einen Euro, also ich bin fast pleite.
Ik bezit nog maar één euro, dus ik ben bijna blut. (zie ook BLUT)

Geh mir bloß aus dem Weg!
Ga toch eens aan de kant!

En als je weet dat **bloß** met een lange o uitgesproken wordt, is het misschien makkelijker om te onthouden dat **bloß** ook *bloot* betekent:

Ich mag es, mit bloßen Armen Fahrrad zu fahren.
Ik fiets graag met blote armen.

Ihr Gegner hat ihre Schwächen bloßgelegt.
Haar tegenstander heeft haar zwakke punten blootgelegd.

N

Een *blos* op de wangen is **Röte/Rot** (zie ook ROT). Het werkwoord *blozen* vertaal je dan ook met **rot werden / erröten:**

Je ziet er gezond uit met die blos op je wangen.
Du siehst gesund aus mit der Röte / dem Rot auf deinen Wangen.

Dat is goed, want het is eigenlijk een blos van schaamte.
Das ist ja gut, denn es ist eigentlich Schamröte.

Toen ik vroeg of hij op haar verliefd is, bloosde hij / werd hij rood.
Als ich fragte, ob er sich in sie verliebt hat, errötete er.

BLUT

Ich darf kein Blut spenden.
Ik mag geen bloed geven.

D

Aan de woordsoort kun je eigenlijk al zien dat **Blut** geen *blut* kan betekenen. En als je weet dat je **Blut** als [bloet] uitspreekt, kun je raden dat **Blut** *bloed* betekent:

Dieses Projekt hat <u>Blut</u>, Schweiß und Tränen gekostet. (zie ook Kosten) — *Dit project heeft <u>bloed</u>, zweet en tranen gekost.*

Du reizt mich bis aufs <u>Blut</u>! — *Je haalt het <u>bloed</u> onder mijn nagels vandaan!*

Ich habe blaues <u>Blut</u> in meinen Adern. — *Ik heb <u>blauw</u> bloed in mijn aderen.*

Dit spreekwoord komt uit Spanje waar West-Gotische adellijken een zeer lichte huid hadden, waardoor de aderen zich blauw aftekenden.

Er ist nur ein Mal Fallschirm gesprungen und schon hat er <u>Blut</u> geleckt. — *Hij heeft nog maar één keer parachute gesprongen en nu al heeft hij de smaak te pakken.*

N

Als je *blut* bent, zeg je in het Duits dat je **pleite/blank** bent (zie ook Pleite voor verschillende manieren om te zeggen dat je geen geld meer hebt):

Vraag me niet alweer om geld. Je weet dat ik <u>blut</u> ben. — **Bitte mich nicht schon wieder um Geld. Du weißt, dass ich <u>pleite/blank</u> bin.** (zie ook Bieten voor **bitten** en Blank)

Bock

Ich habe keinen <u>Bock</u> mehr. — *Ik heb geen <u>zin</u> meer.*

D

Bock kom je in het dagelijks leven geregeld tegen en het vaakst in:

Ich habe schon zwei Stunden geputzt. Jetzt habe ich keinen <u>Bock</u> mehr. — *Ik heb al twee uur schoongemaakt. Nu heb ik geen <u>zin</u> meer.*

Maar een **Bock** is ook een *mannetje* bij bepaalde zoogdieren en een *turntoestel*:

Er ist stur wie ein <u>Bock</u>. (zie ook Stur) — *Hij is koppig als een <u>bok</u>.*

Die Kinder waren beim <u>Bockspringen</u> erfolgreich. — *Het lukte de kinderen om <u>bok</u> te <u>springen</u>.*

Ook is **Bock** de afkorting van **Bockbier**:

Ober, zwei <u>Bock</u> bitte. (zie ook Ober) — *Ober, twee <u>bockbier</u> alstublieft.*

En **Bock** komt ook nog in een aantal samenstellingen voor: **Ziegenbock** (*mannetjesgeit*), **Kutschbock** (*zitplaats van de koetsier*) en **Sündenbock** (*zondebok*):

Ich wurde zum <u>Sündenbock</u> gemacht. / Mir wurde der schwarze Peter zugeschoben. (zie ook Vorname voor **Peter**) — *Ik werd tot <u>zondebok</u> gemaakt. / Mij werd de zwartepiet toegespeeld.*

N

In het Nederlands kom je soms ook *bok* tegen, maar gebruik je daarvoor in het Duits iets heel anders:

Ik kan met hem nu niets beginnen, want hij heeft de <u>bokkenpruik</u> op. — **Ich kann jetzt nichts mit ihm anfangen, weil ihm eine Laus über die Leber gelaufen ist.**

Hij maakt <u>bokkensprongen</u>. — **Er macht Kapriolen.**

BODEN

Das ist ein Fass ohne <u>Boden</u>. — *Dat is een <u>bodem</u>loze put.*

D

Het verschil tussen **Boden** en de betekenis *bodem* is klein, maar je moet maar net weten dat je de **n** in het Duits door een *m* in het Nederlands moet vervangen:

Der <u>Boden</u> dieses Kuchens ist leider weich geworden. — *De <u>bodem</u> van deze taart is helaas zacht geworden.*
Der Tisch steht auf dem <u>Boden</u> und das Gemälde hängt an der Wand. — *De tafel staat op de <u>vloer</u> en het schilderij hangt aan de muur.*
Er hat meine Idee in Grund und <u>Boden</u> gestampft. — *Hij heeft mijn idee de <u>grond</u> in geboord.*
Er steht mit beiden Beinen auf dem <u>Boden</u>. — *Hij staat met beide benen op de <u>grond</u>.*
Das schlägt dem Fass den <u>Boden</u> aus! — *Dat is het toppunt! / Nu is de maat vol!*

Boden komt ook voor in **Dachboden**, wat *zolder* betekent.

N

1) Een *bode* is in het Duits een **Bote**. Het meervoud daarvan is **Boten**:
De <u>postboden/postbodes</u> hebben vlak voor kerstmis gestaakt. — **Die <u>Postboten</u> haben kurz vor Weihnachten gestreikt.** (zie ook STREIKEN)
Is het sneeuwklokje de <u>bode</u> <u>van</u> <u>de</u> <u>lente</u>? — **Ist das Schneeglöckchen der <u>Frühlingsbote</u>?**

Boten moet je niet verwarren met het meervoud van **Boot** (*boot*), want dat is **Boote** (let op de dubbel o).

2) Ook kan *boden* de verleden tijd van *bieden* zijn. Ook in dat geval gebruik je in het Duits **boten**:
Op de markt <u>boden</u> de handelaren de appels voor de helft van de prijs aan. — **Auf dem Markt <u>boten</u> die Händler die Äpfel für die Hälfte des Preises an.**

BOGEN

Könntest du mir bitte den <u>Bogen</u> reichen? — *Kun je me alsjeblieft de <u>strijkstok</u> aanreiken?*

D

1) Een **Bogen** is in het algemeen, zoals te verwachten, een *boog*, maar specifiek ook een *strijkstok*:
Das Mädchen machte einen <u>Bogen</u> um den gruseligen Mann. (zie ook GRUSELIG) — *Het meisje liep met een <u>boog</u> om de griezelige man heen.*
Allzu straff gespannt, zerspringt der <u>Bogen</u>. (zie ook STRAFFEN) — *De <u>boog</u> kan niet altijd gespannen zijn.*
Könntest du mir bitte den <u>Bogen</u> reichen, dann kann ich anfangen Geige zu spielen. — *Kun je me alsjeblieft de <u>strijkstok</u> aangeven, dan kan ik beginnen met vioolspelen.*

Vandaar **Regenbogen** (*regenboog*) en **Ellbogen** (*elleboog*).

2) Maar een **Bogen** kan ook een *vel (papier)* zijn:
Das ist so weiß wie ein unbeschriebener <u>Bogen</u> Papier. — *Dat is zo wit als een onbeschreven <u>vel</u> papier.*

Vandaar **Fragebogen** (*vragenlijst*) en **Titelbogen** (*titelblad*).

3) Tot slot komt **Bogen** in de uitdrukking **in Bausch und Bogen** voor, wat *in zijn geheel* betekent.

N

Bogen kan ook de verleden tijd zijn van *buigen* (**biegen**). Ook dan gebruik je in het Duits **bogen**. Maar let op: **beugen** betekent net als **biegen** *(ver)buigen*. **Beugen** gebruik je als je jezelf buigt, terwijl je **biegen** gebruikt als je iets anders buigt. De verleden tijd van **beugen** is **beugten:**

De machines <u>bogen</u> de stalen buizen. — **Die Maschinen <u>bogen</u> die stählernen Rohre.**

De oude vrouw <u>boog</u> zich uit het raam om te zien wie er voor de deur stond. — **Die alte Frau <u>beugte</u> sich aus dem Fenster, um zu sehen, wer vor der Tür stand.**

Bonbon

Ich habe Lust auf einen <u>Bonbon</u>. — *Ik heb zin in een <u>snoepje</u>.*

D

Hoewel **Bonbon** en *bonbon* beide een verdubbeling van het Franse 'bon' (*goed/lekker*) zijn, beide naar zoetigheid verwijzen én hetzelfde uitgesproken worden, is de betekenis verschillend. Daar ben ik op een pijnlijke manier achtergekomen. Iemand vroeg namelijk of ik zin had in een **Bonbon**. Ik had niet zoveel zin in chocolade, dus sloeg ik het aanbod af. Maar toen zag ik dat het laatste snoepje dat ze aan een ander gaf nu net mijn lievelingssnoepje was! Ik vergeet dus nooit meer dat een Duitse **Bonbon** een *snoepje* is:

Ich brauche einen Husten<u>bonbon</u>. — *Ik heb een <u>snoepje</u> tegen het hoesten nodig.*

Maar **Bonbon** vertaal je niet letterlijk in:

Er klebt ihm einen <u>Bonbon</u> ans Hemd. — *Hij houdt hem voor het lapje.*

N

Een Nederlandse *bonbon* vertaal je met **Praline:**

Ik heb stiekem een <u>bonbon</u> uit het doosje genomen. — **Ich habe heimlich eine <u>Praline</u> aus der Schachtel genommen.**

Boom

Es gibt einen <u>Boom</u> im Baugewerbe. — *Er is een <u>boom</u> in de bouw.*

D

Een **Boom** is net als in het Engels een *sterke opleving/stijging* en spreek je daarom uit als [boem] met een lange oe:

Nach dem Krieg gab es einen <u>Babyboom</u>. — *Na de oorlog was er een <u>babyboom/geboortegolf</u>.*

N

1) Een *boom* als grote plantensoort is in het Duits een **Baum**:

Hoge <u>bomen</u> vangen veel wind. — **Ein hoher <u>Baum</u> fängt viel Wind.**

Ik zie door de <u>bomen</u> het bos niet meer. — **Ich sehe den Wald vor lauter <u>Bäumen</u> nicht mehr.**

Maar **Baum** heb je niet nodig bij:

De appel valt niet ver van de <u>boom</u>. — **Der Apfel fällt nicht weit vom Stamm.**

Hij kijkt eerst de kat uit de <u>boom</u>. — **Er wartet erst einmal ab, wie der Hase läuft.**

Je kunt me de <u>boom</u> in! — **Du kannst mich mal!**

Hij is een <u>boom</u> van een vent. — **Er ist ein bärenstarker Kerl.**

2) En als het om een *slagboom* gaat, kun je **Schlagbaum** gebruiken, maar **Schranke** komt vaker voor:

De <u>slagboom</u> verspert de weg. — **Die <u>Schranke</u> versperrt den Weg.**

3) Hetzelfde geldt voor *hefboom*. Daarvoor kun je **Hebebaum** gebruiken, maar **Hebel** komt vaker voor:

Een <u>hefboom</u> heeft een lastarm en een krachtarm. — **Ein <u>Hebel</u> hat einen Lastarm und einen Kraftarm.**

Borsten

Das sind künstliche <u>Borsten</u>. — *Dat zijn kunst<u>haren</u>.*

D

In Duitsland is het gebruikelijk om in een restaurant bij anderen aan te schuiven. Daardoor hoorde ik hoe een stel naast mij het over **Borsten** had. Omdat ik het wat gênant vond, heb ik niet geluisterd. Nu weet ik dat het waarschijnlijk een heel onschuldig gesprek is geweest, want **Borste**, met het meervoud **Borsten**, heeft met *omhoogstaande haren* te maken. Vandaar dat het naar *borstelhaar* en *stekels* kan verwijzen:

Ich habe drei Bürsten. Die <u>Borsten</u> davon sind weich. — *Ik heb drie borstels. De <u>haren</u> daarvan zijn zacht.* (zie ook Sacht)

N

Het Nederlandse *borst* heeft zich vanuit het Duitse **Brust** ontwikkeld. Het is dus puur toeval (**reiner Zufall**) dat *borst* zoveel op **Borste** lijkt. De juiste vertaling van *borst* is nog altijd **Brust**:

Zij geeft haar kind de <u>borst</u>. — **Sie stillt ihr Kind / gibt ihrem Kind die <u>Brust</u>.**

Het hele koor zingt uit volle <u>borst</u>. — **Der ganze Chor singt aus voller <u>Brust/Kehle</u>.**

Hij klopt zichzelf op de <u>borst</u>. — **Er klopft seine <u>Brust</u> ab.**

Maar **Brust** heb je niet nodig bij:

Maak je <u>borst</u> maar nat! — **Mach dich auf etwas gefasst!**

Dat stuit mij tegen de <u>borst</u>. — **Das geht mir gegen den Strich. / Das widerstrebt mir.** (zie ook Erkennen voor **wider**)

Boss

Das ist der <u>Boss</u>. — *Dat is de <u>chef</u>.*

D

Een **Boss** is net als in het Engels 'boss' de *chef/baas* of de *leider van een groep/bende*:

Er ist der wichtigste Mafia<u>boss</u>. – Woher weißt du das? — *Hij is de belangrijkste maffia<u>baas</u>. – Hoe weet jij dat nou weer?*

Voor een *baas* in een bedrijf wordt meestal **Chef** gebruikt.

N

Een *bos* heeft in het Nederlands twee betekenissen.

1) Als *bos* onzijdig is, gaat het om een *met bomen begroeid terrein*. De vertaling daarvoor is **Wald**:

De grootmoeder van Roodkapje woont in het <u>bos</u>. — **Rotkäppchens Großmutter wohnt im <u>Wald</u>.**

Ik zie door de bomen het <u>bos</u> niet meer. (zie ook Boom) — **Ich sehe den <u>Wald</u> vor lauter Bäumen nicht.**

Let op: de woordvolgorde is bij dit laatste spreekwoord net iets anders. In het Duits is deze hetzelfde als in het Engels ('I can't see the forest for the trees').

2) Als *bos* mannelijk is, gaat het om een *bundel*. De vertaling is dan **Strauß/Bund/Bündel**, afhankelijk van de context:

Ik heb mijn vriendin verrast met een <u>bos</u> bloemen. — **Ich habe meine Freundin mit einem Blumen<u>strauß</u> überrascht.**

Ik ben mijn sleutel<u>bos</u> verloren. Nu kan ik niet meer naar binnen. — **Ich habe meinen Schlüssel<u>bund</u> verloren. Jetzt kann ich nicht mehr rein.** (zie ook Vorname voor **rein**)

Ik heb een <u>bos</u> takken meegenomen. — **Ich habe ein <u>Bündel</u> Zweige mitgebracht.**

Botschaft

Wo ist die <u>Botschaft</u>? — *Waar is de <u>ambassade</u>?*

D

Een **Botschaft** is in het Duits een *boodschap/bericht*, maar kan ook *ambassade* betekenen. *Op het eerste gezicht* (**auf den ersten Blick**) zou je denken dat die twee betekenissen niets met elkaar te maken hebben. Maar een *ambassade* is een *gebouw waarin een boodschapper werkt, die in het buitenland is om een bepaalde staat te vertegenwoordigen*:

Wo ist die <u>Botschaft</u>? Ich muss dort meinen neuen Reisepass beantragen. — *Waar is de <u>ambassade</u>? Ik moet daar mijn nieuwe paspoort aanvragen.*

Ich habe eine <u>Botschaft</u> von meiner ehemaligen Lehrerin bekommen. — *Ik heb een <u>bericht</u> van mijn vroegere lerares gekregen.*

Der Pfarrer verbreitet eine christliche Botschaft. — *De predikant draagt een christelijke boodschap uit.*

N

In het Nederlands bestaan ook *boodschappen* die je niet met **Botschaft** vertaalt:

Ik moet nog boodschappen doen. — **Ich muss noch einkaufen.**
Ik heb geen boodschap aan die kerel. — **Ich interessiere mich nicht für diesen Kerl.**

Brauchen

Das brauche ich nicht. — *Dat heb ik niet nodig.*

D

Uit mijn schooltijd kan ik me herinneren dat ik en veel van mijn klasgenootjes problemen hadden om **brauchen** niet automatisch met *gebruiken* te vertalen. **Brauchen** betekent *nodig hebben* of *hoeven*:

Ich habe die Weinflasche schon geöffnet, also brauche ich den Korkenzieher nicht mehr. — *Ik heb de wijnfles al opengemaakt, dus heb ik de kurkentrekker niet meer nodig.*
Ich brauche nicht noch mal anrufen; er ruft zurück. — *Ik hoef niet nog een keer op te bellen; hij belt terug.* (zie ook Bellen)

Het werkwoord **gebrauchen** kun je wél met *gebruiken* vertalen:

Ich gebrauche/benutze einen roten Stift zum Korrigieren. (zie ook Stift) — *Ik gebruik een rode pen om te corrigeren.*
Er ist zu allem zu gebrauchen. — *Hij is overal goed in.*

N

1) Het Nederlandse *gebruiken* als *besteden* vertaal je toch meestal niet met **gebrauchen**, maar met **(be)nutzen/verwenden/anwenden/verbrauchen**, afhankelijk van de context:

Het argument dat hij daar gebruikt is heel sterk. — **Das Argument, das er benutzt, ist sehr stark.**
Hij heeft het verkeerde woord gebruikt. — **Er hat das falsche Wort verwendet.**
Hij heeft geweld gebruikt om te krijgen wat hij wilde. — **Er hat Gewalt angewendet, um zu bekommen, was er haben wollte.**
Ik heb tijdens de vakantie veel geld gebruikt/verbruikt. — **Ich habe im Urlaub eine Menge Geld verbraucht.**

Maar deze werkwoorden gebruik je niet bij:

Wie zijn hoofd vergeet, moet zijn handen gebruiken. — **Was man nicht im Kopfe hat, hat man in den Beinen.**
Het is me weer niet gelukt. Nu ga ik grof geschut gebruiken! — **Ich habe es schon wieder nicht geschafft. Jetzt werde ich grobes Geschütz auffahren!**

2) *Gebruiken* kan ook betekenen dat je *verslaafd bent aan de drugs*. In dat geval gebruik je **Drogen konsumieren/nehmen:**

Ik gebruik al een paar jaar niet meer.	**Ich konsumiere/nehme schon seit ein paar Jahren keine Drogen mehr.** (zie ook DROGEN)

3) Tot slot kan *gebruiken voedsel en dranken innemen* betekenen. In dat geval gebruik je **zu sich nehmen:**

Welkom, wilt u iets gebruiken?	**Willkommen, möchten Sie etwas zu sich nehmen?**

BRUCH

Das ist deutlich ein Bruch.	*Dat is duidelijk een breuk.*

D

Als je weet dat een **u** als [oe] uitgesproken wordt, kun je al raden dat **Bruch** geen *brug* betekent. Maar veel wijzer ben je dan nog niet. En in dat geval zou je **Bruch** met *broek* kunnen verwarren. Maar **Bruch** betekent *breuk*:

Nach drei Jahren Streit kam es zum Bruch.	*Na drie jaar ruzie maken kwam het tot een breuk/scheiding.*
Zum Glück ist der Bruch in meinem Arm nicht kompliziert.	*Gelukkig is de breuk in mijn arm niet gecompliceerd.*
Ein Bruch hat einen Zähler und einen Nenner.	*Een breuk heeft een teller en een noemer.*
Ihre Beziehung ist in die Brüche gegangen.	*Haar relatie is op de klippen gelopen.*
Hals- und Beinbruch!	*Succes!*

Er zijn twee verklaringen voor de herkomst van de uitdrukking **Hals- und Beinbruch**. De eerste verwijst naar het Jiddisch voor geluk en zegen, namelijk 'hazloche un broche'. Dit zou verkeerd verstaan zijn en als **Hals- und Beinbruch** overgenomen zijn. De andere is dat mensen elkaar soms uit bijgeloof precies het tegenovergestelde wensen om het noodlot niet te tarten.

N

1) Als je **Bruch** met een Nederlandse *u* (uitgesproken als [uh]) leest, zou je kunnen denken dat het *brug* betekent. Maar een *brug* is een **Brücke:**

Met dit onderzoek sla ik een brug tussen wetenschap en praktijk.	**Mit dieser Forschung schlage ich eine Brücke zwischen Wissenschaft und Praxis.**
Ik moet naar de tandarts voor een nieuwe brug.	**Ich muss zum Zahnarzt für eine neue Zahnbrücke.**
De film "Een brug te ver" heeft indruk op mij gemaakt.	**Ich fand den Film "Die Brücke von Arnheim" beeindruckend.** (zie ook DENN voor Nederlandse stedennamen)
Ik heb daarvoor een ezelsbrug bedacht.	**Ich habe mir dafür eine Eselsbrücke ausgedacht.**

Maar **Brücke** heb je niet nodig bij:

Is hij al over de brug gekomen?	**Ist er schon mit dem Geld herausgerückt?** (zie ook RÜCKEN)
Dat was een brug te ver.	**Das war ein Schritt zu weit.**

2) Als je **Bruch** met een Duitse **u** leest, zou je kunnen denken dat het *broek* betekent. Maar een *broek* vertaal je met **Hose**:

Hij doet het in zijn broek.	**Er hat die Hosen voll.**
Kijk, zijn broek hangt op halfzeven.	**Guck mal, seine Hose hängt auf halb acht.**

Let op: in Noord-Brabant hangt iets niet op halfzeven maar op halfelf.

Maar **Hose** heb je niet nodig bij:

Hij heeft een hoge boete aan zijn broek gekregen.	**Er hat eine große Buße/Geldstrafe aufgebrummt bekommen.**
Hij heeft een proces aan zijn broek gekregen.	**Er hat einen Prozess angehängt bekommen.**
Daar zakt je broek toch van af!	**Da steht mir doch mein Verstand still! / Das zieht mir doch die Schuhe aus! / Da staune ich Bauklötze!**
Ik zit hem achter zijn broek aan, zodat hij eindelijk mijn e-mail beantwoordt.	**Ich mache ihm Beine, so dass er endlich mal meine E-Mail beantwortet.**
Omdat hij een snoepje heeft gepikt, krijgt hij een pak voor zijn broek.	**Da er einen Bonbon geklaut hat, bekommt er etwas auf den Hosenboden.** (zie ook BONBON)

BRUTAL

Das ist brutal!	*Dat is te gek!*

D

Brutal heeft in het Duits twee betekenissen. De betekenis die je in het dagelijks taalgebruik het vaakst tegenkomt is *te gek*:

Diese neue CD von Rammstein ist echt brutal!	*Deze nieuwe cd van Rammstein is echt te gek!*

Maar **brutal** kan ook *bruut/ruw* betekenen:

Er hat die Tür mit brutaler Gewalt geöffnet.	*Hij heeft de deur met bruut geweld geopend.*

N

Brutaal betekent *onbeschaamd/onbeschaafd*. Dat vertaal je met **frech**:

Dat is een brutaal kind!	**Das ist ein freches Kind!**

Maar niet bij:

Dat is brutaal!	**Das ist eine Unverschämtheit!**

Let op: het Engelse 'brutal' betekent weer iets anders, namelijk *wreed/onmenselijk*.

Buch

Das ist ein <u>Buch</u>. — *Dat is een <u>boek</u>.*

D

Als je **Buch** juist uitspreekt (namelijk als [boech]), kun je **Buch** verwarren met *boeg*. Maar een **Buch** is een *boek*:

Sie ist für mich wie ein offenes <u>Buch</u>. — *Zij is voor mij een open <u>boek</u>.*
Das <u>Buch</u> des Nikolaus ist das <u>Buch</u> der <u>Bücher</u>. — *Het <u>boek</u> van Sinterklaas is het <u>boek</u> der <u>boeken</u>.*
Jahre lehren mehr als <u>Bücher</u>. (zie ook ALS) — *De jaren weten meer dan de <u>boeken</u>.*

Maar als je bent **wie etwas im Buche steht**, ben je *heel typisch*.

N

Een *boeg* vertaal je met **Bug**, waarvan toevallig de uitspraak [boek] met een lange oe is:

Ik wil graag een kijkje nemen op de <u>boeg</u> van het schip. — **Ich will mich mal kurz auf dem <u>Bug</u> umsehen.**

Bug heb je niet nodig bij:

Ik heb nog heel wat voor de <u>boeg</u>. — **Ich habe noch einiges vor mir.**
Vanaf nu gooien we het over een andere <u>boeg</u>. — **Ab jetzt schlagen wir einen anderen Kurs ein / werfen wir das Ruder herum.**

Bug moet je weer niet verwarren met het Engelse 'bug', want dat is een *kever* of een *fout in een computerprogramma*.

Bügel

Ich benutze nie <u>Bügel</u>. — *Ik gebruik nooit <u>kleerhangers</u>.*

D

Een **Bügel** is een *kleerhanger* en is de korte vorm van **Kleiderbügel**:

Ich hänge meine Jacke immer auf einen <u>Bügel</u>. – Ich nicht, das finde ich zu umständlich. — *Ik hang mijn jas altijd aan een <u>kleerhanger</u>. – Ik niet, dat vind ik te omslachtig.*

Verder komt **Bügel** ook voor in **Steigbügel** (*stijgbeugel*) en **Bügeleisen** (*strijkijzer*). Deze naam komt van het beugelvormige handvat:

Ich helfe ihm in die <u>Steigbügel</u>. — *Ik help hem in de <u>(stijg)beugels</u>.*
Ich habe ein neues <u>Bügeleisen</u> gekauft, weil das alte meine Kleidung verbrannt hat. — *Ik heb een nieuw <u>strijkijzer</u> gekocht, omdat het oude mijn kleding verbrand heeft.*

Let op: een *beugel* die tieners vaak in hun mond hebben, is een **Spange**.

N

Het muziekinstrument *bugel* vertaal je met **Bügelhorn**:

Mijn oom speelt <u>bugel</u> in een orkest. — **Mein Onkel spielt <u>Bügelhorn</u> in einem Orchester.**

Büro

Wo ist dein <u>Büro</u>? — *Waar is jouw <u>kantoor</u>?*

D

Het woord **Büro** komt van het Franse 'bureau' en betekent in het Duits *kantoor*:

Man arbeitet nicht an einem <u>Büro</u>, sondern in einem <u>Büro</u>. — *Men werkt niet aan een <u>kantoor</u>, maar in een <u>kantoor</u>.*

Ich gehe morgens sehr früh ins <u>Büro</u>. — *Ik ga 's ochtends heel vroeg naar <u>kantoor</u>.*

Let op: een **Kantor** is een *koorleider*.

N

Ik vind het nog steeds verraderlijk om niet **Büro** voor mijn *bureau* te gebruiken. Een **Schreibtisch** is daarom bij mij meestal een **Bü...Schreibtisch**:

Mijn <u>bureau</u> is bijna altijd netjes. — **Mein <u>Schreibtisch</u> ist fast immer ordentlich.**

Als je het over een *politiebureau* hebt, gebruik je **Wache**, en een *reisbureau* is een **Reisebüro**:

Ik breng de dief naar het <u>bureau</u>. — **Ich bringe den Dieb auf die <u>Wache</u>.**

Ik heb mijn vakantie bij het <u>reisbureau</u> geboekt. — **Ich habe meinen Urlaub im <u>Reisebüro</u> gebucht.**

D

DACH

Das ist ein besonderes <u>Dach</u>. — *Dat is een bijzonder <u>dak</u>.*

D

Dach spreek je precies hetzelfde uit als *dag*, maar betekent *dak*:

Ich kann über das Regenrohr aufs <u>Dach</u> klettern. (zie ook KLETTERN)	*Ik kan via de regenpijp op het <u>dak</u> klimmen.*
Komm vom <u>Dach</u> herunter!	*Kom van dat <u>dak</u> af!*

De vertaling *dak* gebruik je niet bij **jedes Dach hat sein Ungemach** (*ieder huisje heeft zijn kruisje*) en **etwas unter Dach und Fach bringen** (*iets tot een goed einde brengen*).

N

1) Het Nederlandse *dag* als tijdseenheid vertaal je met **Tag**:

Vandaag is de grote <u>dag</u>, een <u>dag</u> om nooit te vergeten.	**Heute ist der große <u>Tag</u>, ein <u>Tag</u>, der nie vergessen wird.**
Vandaag is de <u>dag</u> van de arbeid.	**Heute ist der <u>Tag</u> der Arbeit.**
Ik doe <u>dag</u> <u>in</u> <u>dag</u> <u>uit</u> hetzelfde.	**Ich mache <u>tagaus</u>, <u>tagein</u> das gleiche.**
Hij ziet er <u>met</u> <u>de</u> <u>dag</u> beter uit.	**Er sieht <u>von</u> <u>Tag</u> <u>zu</u> <u>Tag</u> besser aus.**

2) Als *dag* een groet is, gebruik je bij het begroeten **guten Tag** en bij het afscheid nemen **auf Wiedersehen** (zie ook GRÜß GOTT als begroeting).

3) Maar deze vertalingen heb je niet nodig bij:

Zou je mijn boete kunnen betalen? – Ja <u>dág</u>!	**Könntest du mein Bußgeld bezahlen? – Das kannst du vergessen!**
Ik heb vandaag een gat in de <u>dag</u> geslapen.	**Ich habe heute bis in die Puppen geschlafen.**
Ik weet, het is kort <u>dag</u>, maar zou je me toch kunnen helpen?	**Ich weiß, die Zeit drängt, aber könntest du mir trotzdem helfen?**
Pluk de <u>dag</u>!	**Genieße das Heute! / Genieße den Tag!**
Van de ene op de andere <u>dag</u> is hij gestopt met roken.	**Von heute auf morgen hat er aufgehört zu rauchen.**
Zij is met een goed idee voor de <u>dag</u> gekomen.	**Sie hat eine gute Idee aufs Tapet gebracht.**
Ik wil op de conferentie goed voor de <u>dag</u> komen.	**Ich möchte mich auf der Konferenz sehen lassen können / einen guten Eindruck machen.**

Dame

Wollen wir Dame spielen? — *Zullen we gaan dammen?*

D

1) Een **Dame** is bij de denksport dammen de *dam* (*dubbele damschijf*), vandaar dat **Dame spielen** *dammen* betekent:
   Ich habe Lust auf Dame spielen, aber nicht auf Schach spielen. — *Ik heb zin in dammen, maar niet in schaken.*

2) En als je in Duitsland naar de wc gaat, kun je daar **Damen** en **Herren** tegenkomen. **Dame** betekent dus net als in het Nederlands *dame*:
   Meine Damen und Herren, die Show beginnt! — *Dames en heren, de show begint!*

3) Ook in een kaartspel is de vrouw de **Dame** (zie ook Ober voor *vrouw* in een kaartspel):
   Wenn du jetzt die Pik-Dame spielst, haben wir gewonnen. — *Als je nu de schoppenvrouw speelt, hebben we gewonnen.*

N

De *dame* in een schaakspel is in het Duits **Königin**:
Bij schaken mag je de dame/koningin in alle richtingen bewegen. — **Beim Schach darf man die Königin in alle Richtungen bewegen.**

Das

Könntest du mir das geben? — *Zou je me dat kunnen geven?*

D

Das kan een betrekkelijk of aanwijzend voornaamwoord zijn. In die gevallen gebruik je de vertaling *dat/die*:
Das Auto, das dort steht, ist gestohlen und wiedergefunden worden. — *De auto die daar staat, is gestolen en weer teruggevonden.*
Hast du wirklich im Lotto gewonnen? – Ja, aber wer hat dir das erzählt? — *Heb je echt de Lotto gewonnen? – Ja, maar wie heeft jou dat verteld?*

Omdat de **der/die/das**-rijtjes er bij het leren van Duits al vroeg ingestampt zijn, weten wij dat **das** ook het lidwoord voor onzijdige woorden is:
Das Tier ist krank. — *Het dier is ziek.*
Das Boot ist kaputt. — *De boot is kapot.*

Het lidwoord **das** moet je niet verwarren met het betrekkelijk voornaamwoord **dass** (let op de dubbele s), wat je allebei met *dat* vertaalt:
Du hast mir selbst erzählt, dass du im Lotto gewonnen hast. — *Je hebt me zelf verteld dat je de Lotto gewonnen hebt.*

N

In het Nederlands is *das* een zelfstandig naamwoord.

1) Een *das/sjaal* is in het Duits een **Schal**:

Als Nederland speelt, draag ik een oranje das/sjaal. — **Wenn die Niederlande spielen, trage ich einen orangenen Schal.** (zie ook SCHAL)

Schal heb je niet nodig bij *dat doet hem de das om* (**das macht ihn fertig**).

2) Maar voor een *(strop)das* gebruik je **Krawatte**:

Het is niet moeilijk om een (strop)das of vlinderdas te naaien. — **Es ist nicht schwierig, eine Krawatte oder Fliege zu nähen.**

3) Een *das* is ook een dier dat **Dachs** wordt genoemd:

Een das heeft een zwart-wit gestreepte kop. — **Ein Dachs hat einen schwarz-weiß gestreiften Kopf.**

DATEN

Ich werde dir die Daten weiterleiten. — *Ik zal je de gegevens doorsturen.*

D

In het Duits is **Daten** een zelfstandig naamwoord en betekent *gegevens/data*:

Ich habe genug Daten gesammelt, um einen Artikel zu schreiben. — *Ik heb genoeg data verzameld om een artikel te schrijven.*

N

Hoewel **daten** als werkwoord niet in het woordenboek staat, wordt het in populair taalgebruik net als in het Nederlands gebruikt voor *een date hebben*:

We hebben twee jaar lang gedatet, gebeld en sms'jes gestuurd. Nu zijn we een stel. — **Wir haben zwei Jahre lang Dates gehabt, telefoniert und gesimst / SMS geschickt. Jetzt sind wir ein Paar.**

In goed Duits gebruik je **Verabredung** als je een *date* hebt.

DEFTIG

Das sind deftige Muffins. — *Dat zijn stevige muffins.*

D

Aan de context kun je zien dat **deftig** geen *deftig* betekent. Maar omdat **deftig** en *deftig* beide bijvoeglijke naamwoorden zijn, kun je toch in verwarring raken.

1) Als het om eten gaat, betekent **deftig** *stevig/krachtig*:

Möchtest du Salat? – Nein, ich brauche deftigeres Essen. *Wil je salade? – Nee, ik heb steviger eten nodig.*

2) Verder betekent **deftig** *ruw/grof*:
Deine Wortwahl ist deftig. Das verbitte ich mir! *Je woordkeus is grof/ruw. Daar ben ik niet van gediend!*
Obwohl seine Witze deftig waren, waren sie lustig. *Hoewel zijn grappen grof waren, waren ze grappig.*

3) Of *flink/zeer*:
Als er betrunken nach Hause kam, musste er sich eine deftige Gardinenpredigt/Standpauke anhören. *Toen hij dronken thuis kwam, werd hem flink de les gelezen.*
Een **Gardinenpredigt** stamt uit de tijd dat er om bedden gordijnen hingen. Als een man dan te laat of dronken thuiskwam en de vrouw al in bed lag, dan kon ze hem van achter die gordijnen flink de les lezen.
Dieses Mal habe ich zum Glück keine deftige Kritik bekommen. *Gelukkig heb ik deze keer geen harde kritiek gekregen.*

N

In het Nederlands betekende *deftig* vroeger *fatsoenlijk/behoorlijk*, wat lijkt op de betekenis *flink/zeer* van **deftig** in het Duits. Vanuit deze betekenis ontwikkelde zich andere betekenissen, zoals *verstandig*, *plechtig/statig* en *aanzienlijk*. Deze laatste twee betekenissen worden nog altijd gebruikt. In het Duits gebruik je voor *plechtig/statig* **feierlich** en voor *aanzienlijk* **vornehm**:
Met deftige stappen liepen de mannen met de kist de kerk binnen. **Mit feierlichen Schritten gingen die Männer mit dem Sarg in die Kirche hinein.**
Onze nieuwe buren zijn deftige mensen. **Unsere neuen Nachbarn sind vornehme Leute.**

Deinen

Wolltest du mir deinen alten Computer geben? *Wilde je mij jouw oude computer geven?*

D

Deinen is een verbuiging van het bezittelijk voornaamwoord **dein** wat *jouw* betekent. Het wordt gebruikt voor vierde naamval (accusatief) enkelvoud en voor derde naamval (datief) meervoud:
Ich habe deinen Tipp ausprobiert. *Ik heb jouw tip uitgeprobeerd.*
Ich habe deinen Eltern einen Brief geschrieben. *Ik heb jouw ouders een brief gestuurd.*

In tegenstelling tot het Nederlandse *deinen* spreek je **deinen** uit als [dainun].

N

Deinen is een werkwoord en betekent *langzaam op en neer gaan*. In het Duits gebruik je **schaukeln**:
Het schip deint op en neer. **Das Schiff schaukelt auf und ab.**

Denn

Wo hast du das <u>denn</u> her?	*Waar heb je dat <u>dan</u> vandaan?*

D

Omdat **denn** zonder hoofdletter geschreven wordt, weet je dat het geen zelfstandig naamwoord is en daarom geen *den(nenboom)* kan betekenen. **Denn** is een voegwoord en betekent *dan* of *want*:

Du hast es nicht ausgeschnitten? Wie hast du das <u>denn</u> gemacht? (zie ook SCHNEIDEN)	*Je hebt het niet uitgeknipt? Hoe heb je 't <u>dan</u> gedaan?*
Du kannst schon mal anfangen, <u>denn</u> ich komme später.	*Je kunt alvast beginnen, <u>want</u> ik kom later.*

Denn, wat je uitspreekt als [dèn], moet je niet verwarren met **den**, wat je uitspreekt als [deen]. **Den** is vierde naamval (accusatief) mannelijk van het lidwoord **der** (*de*):

Ich habe <u>den</u> Termin aufgeschrieben. (zie ook TERMIN)	*Ik heb <u>de</u> afspraak opgeschreven.*

Ook moet je **denn** niet verwarren met **dann** (*dan/toen*):

Ich möchte mich mit dir treffen, denn erst <u>dann</u> können wir uns richtig kennenlernen.	*Ik wil graag met je afspreken, want <u>dan</u> pas kunnen we elkaar echt leren kennen.*

Voor *als...dan...* gebruik je **wenn...dann...**.

N

1) Een *den(nenboom)* is een **Kiefer/Tanne**:

Zij is zo slank als een <u>den</u>.	**Sie ist so schlank wie eine <u>Tanne</u>.**
De <u>dennenboom</u> was de boom van het jaar 2007.	**Die <u>Kiefer</u> war der Baum des Jahres 2007.**

Let op: een **Kiefer** is ook een *kaak*.

2) In het Oudnederlands was *den* de derde naamval (datief) van *de*. Tegenwoordig komt *den* alleen nog in een aantal uitdrukkingen voor, zoals:

Dat is uit <u>den</u> boze!	**Das geht ja gar nicht! / Das ist verpönt!**
Op <u>den</u> duur verkleurt het kunstwerk.	**Auf die Dauer verfärbt sich das Kunstwerk.**

Ook komt *den* voor in *Den Haag* (**Den Haag**) en *Den Bosch* (**Herzogenbusch**). Hieruit blijkt dat Den Bosch in het Duits anders heet. Dit geldt ook voor *Arnhem* (**Arnheim**) en *Nijmegen* (**Nimwegen**).

Verder komt *den* in veel achternamen voor, zoals *van den Berg*, *van den Heuvel*, *van den Ende* en *van den Meer*. Grappig is dat sommige Duitsers denken dat als je *van* in je achternaam hebt (bijvoorbeeld *van Genuchten*), je van adel bent. In het Duits kan **von** in een achternaam namelijk aangeven dat je blauw bloed hebt.

DIE

<u>Die</u> Frau hat es getan. — *<u>De/die</u> vrouw heeft het gedaan.*

D

De voorbeeldzin kun je op twee manieren vertalen, afhankelijk van waar de klemtoon ligt. Als de klemtoon op **Frau** ligt, dan is **die** een lidwoord en is de juiste vertaling *de*. Maar als de klemtoon op **die** ligt, is **die** een aanwijzend voornaamwoord en is de juiste vertaling *die*. Verder kan *die* ook een betrekkelijk voornaamwoord zijn. In dat geval heb je ook de vertaling *die* nodig:

Wer hat es getan? – <u>Die</u> Frau dort.	*Wie heeft het gedaan? – <u>Die</u> vrouw daar.* (zie ook WIE)
<u>Die</u> Frau hat um Verzeihung gebeten.	*<u>De</u> vrouw heeft om vergiffenis gevraagd.*
Linda, <u>die</u> es nicht getan hat, wurde freigesprochen.	*Linda, <u>die</u> het niet gedaan heeft, is vrijgesproken.*

N

Voor het Nederlandse *die* hangt het van het geslacht en van de afstand af welke vertaling je nodig hebt. Als naar iets verwezen wordt wat dichtbij is gebruik je **dieser**, **diese** of **dieses** voor respectievelijk mannelijk, vrouwelijk of onzijdig:

De man zei: "<u>Die/Deze</u> kast kost 320 euro".	**Der Mann sagte: „<u>Dieser</u> Schrank kostet 320 Euro“.**

Als iets verder weg is kun je **jener**, **jene**, **jenes** gebruiken, maar deze vorm wordt vooral in schrijftaal gebruikt.

Voor *die* als betrekkelijk voornaamwoord gebruik je in het Duits **der**, **die** of **das** (zie ook DAS):

Wie bedoel je? – De man <u>die</u> net naar buiten kwam.	**Wen meinst du? – Den Mann, <u>der</u> gerade heraus kam.**
Wie bedoel je? – De vrouw <u>die</u> net naar binnen ging.	**Wen meinst du? – Die Frau, <u>die</u> gerade hinein ging.**
Welke kleur heeft de auto <u>die</u> je hebt gekocht?	**Welche Farbe hat das Auto, <u>das</u> du gekauft hast?**

DOKTOR

Ich bin ein <u>Doktor</u>. — *Ik ben een <u>doctor</u>.*

D

Een **Doktor** is in het Duits zowel een arts als iemand die gepromoveerd is. In het Nederlands is een arts een *dokter* en iemand die gepromoveerd is een *doctor*:

Ich schreibe meine <u>Doktorarbeit</u>.	*Ik schrijf mijn <u>proefschrift</u>.*
Nach der Verteidigung bin ich <u>Doktor</u>.	*Na de verdediging ben ik <u>doctor</u>.*
Ich möchte <u>Doktor</u> spielen!	*Ik wil <u>doktertje</u> spelen!*

De afkorting voor **Doktor**/*doctor* is in het Duits **Dr.** en in het Nederlands *dr.*

N

Een *dokter* wordt meestal vertaald met **Arzt** als het een man is en **Ärztin** als het een vrouw is:

Word je door een mannelijke <u>dokter</u> behandeld?	**Wirst du von einem <u>Arzt</u> behandelt?**
Nee, ik heb een vrouwelijke <u>dokter</u>.	**Nein, ich habe eine <u>Ärztin</u>.**

Omdat je **Arzt** als [artst] uitspreekt, hebben zelfs veel Duitsers moeite met de schrijfwijze.

In Nederland en in Duitsland kan een *dokter* ook een *doctor* zijn als deze gepromoveerd is.

Dom

Wo ist der <u>Dom</u>?	*Waar is de <u>dom</u>?*

D

Een **Dom** is net als in het Nederlands een *dom(kerk)/kathedraal*:

Ein <u>Dom</u> ist eine Kirche, in der ein Bischof thront.	*Een <u>dom</u> is een kerk waar een bisschop zetelt.*

N

1) Maar voor *dom* bedoeld als *met weinig verstand* gebruik je meestal **dumm**:

Ik geloof dat hij zich van de <u>domme</u> houdt.	**Ich glaube, dass er sich <u>dumm</u> stellt.**
Het geluk is met de <u>domme</u>.	**Die <u>dümmsten</u> Bauern haben die dicksten/ größten Kartoffeln. / Das Glück ist mit den <u>Dummen</u>.**
Er bestaan geen <u>domme</u> vragen.	**Es gibt keine <u>dummen</u> Fragen.**

Maar **dumm** heb je niet nodig bij:

Hij heeft het met <u>dom</u> geweld voor elkaar gekregen.	**Er hat es mit blinder Gewalt geschafft.**
Ik ben geen <u>domme</u> gans.	**Ich bin keine blöde Gans.**

2) Ook is *dom* een achtervoegsel. In het Duits is dat **-tum**, maar dat heb je niet altijd nodig: *bisdom* (**Bistum**), *ouderdom* (**Alter**), *pausdom* (**Papsttum**), *prinsdom* (**Fürstentum**) en *rijkdom* (**Reichtum**). Let op: **Altertum** is niet *ouderdom* maar *oudheid*.

Doof

Sie ist <u>doof</u>.	*Zij is <u>stom/dom</u>.*

D

De valse vriend **doof**/*doof* heb ik al meerdere keren als voorbeeld gebruikt om uit te leggen waar dit boek over gaat. Als je vertelt dat *doof* in het Nederlands betekent dat je niets kunt horen, dan word je stomverbaasd aangekeken.

Het Duitse **doof** betekent namelijk *stom/dom* en komt van de achterhaalde veronderstelling, dat mensen zonder gehoor bepaalde dingen niet kunnen begrijpen en daardoor dom zouden zijn:

Das ist nicht doof, das ist cool! — *Dat is niet stom/dom, dat is cool!*
Nein, er ist einfach strohdoof. — *Nee, hij is gewoon oliedom.*

N

Doof als *niet in staat iets te horen* vertaal je met **taub**:

Mijn nichtje is doof geboren. — **Meine Cousine ist taub geboren.**
Schreeuw niet zo, ik ben niet doof! — **Schreie nicht so, ich bin nicht taub!**
Mijn opa is zo doof als een kwartel / stokdoof. — **Mein Opa ist stocktaub.**
Ben je soms Oost-Indisch doof, of niet? — **Du spielst den Tauben, oder?**

Taube is niet alleen een *dove persoon* maar ook een *duif*. En *doofstom* vertaal je met **taubstumm.**

Dose

Soll ich die Dose für dich öffnen? — *Zal ik het blik voor je openen?*

D

1) Een **Dose** kan een *doosje* zijn en is dan meestal klein en rond:
Ich habe dir eine Dose Bonbons mitgebracht. — *Ik heb een doos snoepjes voor je meegenomen.*
(zie ook Bonbon)

2) Maar **Dose** kan ook een *(conserven)blik* zijn:
Ich kaufe Mais immer in Dosen. — *Ik koop maïs altijd in blik.*

Blick bestaat in het Duits ook voor een *blik* als *uitdrukking/oogopslag*. Maar voor *blik* als *dun plaatstaal* gebruik je **Blech**. En voor *veger en blik* gebruik je **Schaufel und Handfeger** (let op de volgorde).

3) Of een *stopcontact*:
Der Wasserkocher funktioniert nicht. – Nein, der Stecker steckt auch nicht in der (Steck-) Dose. — *De waterkoker doet het niet. – Nee, de stekker zit ook niet in het stopcontact.*

N

1) Een *doos van dik karton* is in het Duits een **Karton**:
Ik heb de dozen voor de volgende verhuizing bewaard. — **Ich habe die Kartons für den nächsten Umzug aufgehoben.**
Als ik schoenen koop, neem ik de schoenendoos niet mee. — **Wenn ich Schuhe kaufe, nehme ich den Schuhkarton nicht mit.**

2) Een *doos van dun karton* is een **Schachtel** en wordt gebruikt om voorwerpen te verpakken of te bewaren:
Ik bewaar kaarten die ik nog niet verstuurd heb in een doos. — **Ich bewahre Karten, die ich noch nicht verschickt habe, in einer Schachtel auf.**

Karton of **Schachtel** heb je niet nodig bij *uit de oude doos* (**aus der Mottenkiste**).

3) Tot slot is een *doos* in de volksmond een *vagina* of *domme vrouw*. In het laatste geval zeg je in het Duits **dumme Gans**:
   Die nieuwe lerares is een doos. — **Die neue Lehrerin ist eine dumme Gans.**

DRACHEN

Der Drachen schwebt. — *De vlieger zweeft.*

D

1) Als **Drachen** het meervoud is van **Drache**, betekent het *draken*:
   Kennst du ein Märchen, in dem Drachen vorkommen? — *Ken je een sprookje waarin draken voorkomen?*

Een *draak* wordt ook wel een **Lindwurm** genoemd. Een *lintworm* is een **Bandwurm**.

2) Maar een **Drachen** kan ook een *vlieger* zijn:
   Ich wollte früher immer meinen Drachen fliegen lassen, aber es gab nie genug Wind. — *Ik wilde vroeger mijn vlieger altijd laten vliegen, maar er was nooit genoeg wind.*

Flieger bestaat ook in het Duits, maar betekent *vliegtuig* of *vliegenier*.

3) Ook kan een **Drachen** een *draak van een persoon* zijn:
   Ist deine Schwiegermutter ein Drache oder ist sie eine liebevolle Zweitmutter? — *Is jouw schoonmoeder een draak of een liefdevolle tweede moeder?*

N

Hoewel je *draak* met **Drache** kan vertalen, heb je die vertaling niet nodig bij:

Ik ga niet de draak steken met de nieuwe leraar. — **Ich werde mich nicht über den neuen Lehrer lustig machen.**

Ongelooflijk dat ik die jurk vroeger mooi vond! Ik vind het nu een draak van een jurk. — **Unglaublich, dass ich dieses Kleid früher schön fand! Jetzt finde ich es scheußlich.**

Hoewel **Drachen** uitgesproken wordt met een korte a, lijkt het qua schrijfwijze ook op *dragen*. Daarvoor gebruik je in het Duits **tragen**:

Zal ik dat voor je dragen? — **Soll ich das für dich tragen?**

DROGEN

Hast du schon mal Drogen genommen? — *Heb je al eens drugs gebruikt?*

D

Vroeger was **Droge** een *drug/medicijn*, vandaar **Drogerie** (*drogist*). Maar tegenwoordig wordt **Drogen** gebruikt voor *drugs*:

Nimmt er harte oder weiche Drogen? — *Gebruikt hij hard- of softdrugs?*

N

Het werkwoord *drogen* vertaal je met **trocknen**:

In de zomer droogt mijn kleding snel. — **Im Sommer trocknet meine Kleidung schnell.**

In de zomer hoef ik mijn kleding niet in de wasdroger te drogen. — **Im Sommer brauche ich meine Kleidung nicht im Wäschetrockner zu trocknen.**

Droog vertaal je met **trocken** (let op de weggevallen n).

Drucken

Das muss noch gedruckt werden. — *Dat moet nog geprint worden.*

D

Bij **drucken** hangt de betekenis af van of er al dan niet een umlaut op de **u** staat.

1) **Drucken** zonder umlaut betekent *printen/drukken*:

Man darf auf der Arbeit keine Privatdokumente drucken. — *Je mag op het werk geen privédocumenten printen.*

Das Buch ist fertig; es muss nur noch gedruckt werden. — *Het boek is af; het moet alleen nog gedrukt worden.*

2) Met umlaut betekent **drücken** *persen/drukken*:

Er hat mir Geld in die Hand gedrückt. — *Hij heeft mij geld in de hand gedrukt.*

3) Als **drücken** wederkerend is, betekent het *zich ergens onopvallend heen bewegen*:

Sie drückte sich in die Ecke, damit sie nicht zum Tanz aufgefordert wurde. — *Ze liep onopvallend naar de hoek om niet ten dans gevraagd te worden.*

Let op: **sich verdrücken** betekent *'m smeren*.

4) Ook komt **drücken** voor in **sich drücken von/vor** wat je kunt vertalen met *zich drukken voor*:

Ich habe versucht, mich vor dem Spülen zu drücken, aber das hat nicht geklappt. — *Ik heb geprobeerd me voor het afwassen te drukken, maar dat is niet gelukt.*

N

In het Nederlands kan *drukken* ook nog *poepen* betekenen, wat je vertaalt met **Aa machen**.

Maar de vertalingen **drucken**, **drücken** en **Aa machen** heb je niet nodig voor:

Er kwamen maar een paar vriendinnen op mijn verjaardagsfeest, maar dat mocht de pret niet drukken. — **Nur ein paar Freundinnen konnten auf meiner Geburtstagsparty dabei sein, aber das war kein Grund zur Traurigkeit.**

Hij wordt ervan verdacht een pak papier achterover te hebben gedrukt. — **Er wird verdächtigt, ein Pack Papier unterschlagen zu haben.**

De president wil het plan er nog voor de verkiezingen door<u>drukken</u>. — **Der Präsident will den Plan noch vor den Wahlen durchsetzen.**
Ons wordt op het hart <u>gedrukt</u> dat we overal op tijd moeten zijn. — **Uns wird ans Herz gelegt, dass wir überall pünktlich da sind.**
Ik heb me tien keer <u>opgedrukt</u>. — **Ich habe zehn Liegestütze gemacht.**

DÜRFEN

Das <u>dürfen</u> wir nicht. — *Dat <u>mogen</u> we niet.*

D

Dürfen is een hulpwerkwoord. **Dürfen** betekent niet *durven* zoals je zou verwachten maar *mogen* (zie ook MÖGEN):

Das <u>durfte</u> ich eigentlich nicht machen. — *Dat <u>mocht</u> ik eigenlijk niet doen.*
Das <u>dürfte</u> eigentlich nicht passieren. — *Dat <u>zou</u> eigenlijk niet <u>mogen</u> gebeuren.*

In het eerste voorbeeld wordt de verleden tijd van **dürfen** gebruikt, waarvoor je geen umlaut nodig hebt. Je hebt wel een umlaut nodig voor de aanvoegende wijs (conjunctief), zoals in het tweede voorbeeld.

N

Durven vertaal je met **wagen / sich trauen / den Mut haben** (zie ook TRAUEN):

Hij <u>durft</u> in de achtbaan! — **Er <u>wagt</u> sich in die Achterbahn!** (zie ook BAHN)
Ik <u>durf</u> 's avonds niet alleen naar buiten. — **Ich <u>traue</u> <u>mich</u> abends nicht, allein hinauszugehen.**
Jij <u>durft</u>! — **Du <u>hast</u> <u>Mut</u>!**

DÜRR

Diese Pflanze ist <u>dürr</u>. — *Deze plant is <u>dor</u>/<u>verdroogd</u>.*

D

De letterlijke betekenis van **dürr** is *dor*:

Weil es heiß war und es kaum geregnet hat, ist das Gras <u>dürr</u> geworden. — *Omdat het heet was en nauwelijks geregend heeft, is het gras <u>dor</u> geworden.*

De figuurlijke betekenis van **dürr** is *schriel/sprietig/dun*:

Das Mädchen ist sehr <u>dürr</u>. Glaubst du, sie hat Magersucht? — *Dat meisje is heel <u>schriel</u>/<u>dun</u>. Denk je dat ze anorexia heeft?*

N

1) *Duur* als *niet goedkoop* is een bijwoord of bijvoeglijk naamwoord en vertaal je met **teuer**:

Op dit moment woon ik in een <u>dure</u> flat. — **Im Moment wohne ich in einer <u>teuren</u> Wohnung.**

Ik ga mijn huid <u>duur</u> verkopen.	**Ich werde meine Haut <u>teuer</u> verkaufen.**
Duiken is een <u>dure</u> hobby.	**Tauchen ist ein <u>teures</u> Hobby.**

2) *Duur* als *tijdbestek* is een zelfstandig naamwoord en vertaal je met **Dauer**:

Gelukkig is dat van korte <u>duur</u>.	**Zum Glück ist das von kurzer <u>Dauer</u>.**
<u>Op</u> <u>den</u> <u>duur</u> moet ik verhuizen. (zie ook DENN)	**<u>Auf</u> <u>die</u> <u>Dauer</u> muss ich umziehen.**

E

EBEN

Ich habe eben ein Computerspiel gespielt.	*Ik heb net een computerspel gespeeld.*

D

1) In dit voorbeeld zou je kunnen denken dat je **eben** met *even/effe* kunt vertalen. Maar hier betekent **eben** *net/zojuist*:

Ich bin gerade eben mit meinen Hausaufgaben fertig geworden.	*Ik heb net mijn huiswerk afgemaakt.*

2) Het woordje **eben** kom je het meest tegen in de betekenis van *precies* of *inderdaad*. Bijvoorbeeld **(ja) eben** betekent *(ja) precies*. Opvallend is dat wij in plaats van *(ja) precies* ook vaak *inderdaad* gebruiken, maar dat **in der Tat** in het Duits bijna nooit voorkomt. **Tatsächlich** (*daadwerkelijk/echt*) wordt ook gebruikt voor *inderdaad*, maar vooral als de spreker verrast is:

Eben bedeutet *inderdaad*. **– (Ja,) eben.**	**Eben** *betekent inderdaad. – Ja, inderdaad.*
Eben bedeutet gar nicht *even*! **– Tatsächlich!**	**Eben** *betekent helemaal geen even! – Inderdaad!*

3) **Eben** wordt ook gebruikt om aan te geven dat een oppervlakte *effen* of *egaal* is (**eine ebene Fläche**, *een effen vlakte*; zie ook EGAL). Van deze betekenis komt het zelfstandig naamwoord **Ebene** (*vlakte* of *niveau*) en het werkwoord **ebnen** (*effenen/gladmaken*).

4) Tot slot kan **eben** ook *nu eenmaal / eenvoudigweg* of *bepaald* betekenen:

Das ist eben so.	*Dat is nu eenmaal zo.*
Das ist eben nicht leicht.	*Dat is niet bepaald eenvoudig.*

N

Ook andersom vertaal je *even* nooit met **eben**:

Ik heb even een computerspelletje gespeeld.	**Ich habe kurz ein Computerspiel gespielt.**
Ho eens even!	**Jetzt mal langsam!**
Hoor eens even, wat bedoelt u daarmee?	**Hören Sie mal, was meinen Sie damit?**
Nog even doorzetten, het is bijna gelukt.	**Noch einen Augenblick / Es dauert nicht mehr lange, wir haben es gleich geschafft.**

Wij gebruiken *even* ook om bijvoorbeeld te zeggen dat veters even lang zijn of dat een getal even is. Daarvoor moet je in het Duits wéér andere woorden gebruiken:

Onze voeten zijn even groot.	**Unsere Füße sind gleich groß.**
Is deze toren even hoog als de Eiffeltoren?	**Ist dieser Turm genauso groß wie der Eiffelturm?**
Opa, is twee een even of oneven getal?	**Großvater, ist die Zwei eine gerade oder eine ungerade Zahl?**

EGAL

Ich möchte ein Bettlaken kaufen. – In welcher Farbe? – Das ist mir egal. — *Ik wil graag een laken kopen. – In welke kleur? – Dat maakt me niet uit.*

D

Egal betekent *om het even* (zie ook EBEN):

Sie kommt morgen zu mir; egal, ob es regnet. — *Ze komt morgen naar mij toe; of het regent of niet.*

N

Het is niet gek dat **egal** *om het even* betekent, als je weet dat het is afgeleid van het Franse 'égal' (*gelijk*). Ook *egaal* komt van 'égal', maar is een iets andere richting ingeslagen, omdat het *egaal/ effen* of *glad* betekent. In het Duits heb je daarvoor de woorden **gleichmäßig** (*effen*) of **glatt/flach** (*glad*):

Dat is een egaal zwart geschilderd vlak. — **Das ist eine gleichmäßig schwarz gestrichene Oberfläche.**

Zij heeft een heel egale huid. — **Sie hat eine sehr glatte Haut.**

Uitzonderingen zijn een *egaal blauwe lucht*, want die is **klar blau**, **wolkenlos** of **wie blank geputzt**, en als iets *egaal gekleurd* is, want dan gebruik je **einfarbig**.

EINIG

Einige Kinder haben für mich ein Lied gesungen. — *Enkele / een paar kinderen hebben voor mij een lied gezongen.*

D

Einig kun je gemakkelijk verwarren met *enig*. Behalve als het om hoeveelheden gaat (bijvoorbeeld **einige Hunderte**, *enkele honderden*; **einige Freunde**, *enige / een paar vrienden*), betekent **einig** *eensgezind/eens*. Zo is **sich einig sein** *het eens zijn* en **sich einigen** *het eens worden*:

Wir sind uns über die beste Lösung noch nicht einig. — *We zijn het nog niet eens over de beste oplossing.*

Wir hoffen, dass wir uns bald doch noch einigen. — *We hopen dat we het snel alsnog eens worden.*

Sich einigen moet je niet verwarren met **einigen** als verbuiging van **einig. Sich einigen** moet je ook niet verwarren met **vereinigen**, wat *zich verenigen* of *gemeenschap hebben* betekent.

N

Verder heeft *enig* in het Nederlands verschillende betekenissen waarvoor je in het Duits steeds andere woorden gebruikt. Voor *enig/leuk* gebruik je **einmalig/einzigartig/unvergleichlich** en voor *enig / geen andere* gebruik je **einzig**:

Dat is enig! — **Das ist einmalig!**

Jij bent de enige buitenlander op het instituut. — **Du bist der einzige Ausländer am Institut.**

Einmalig/einzigartig/unvergleichlich moet je niet verwarren met *enig/schattig/snoezig*. Hoewel de woordenboeken hier niets over zeggen, zul je merken dat hiervoor **toll/süß/niedlich** wordt gebruikt:

Wat een enige muts!	**Was für eine tolle Mütze!**
Het is een enig kind.	**Es ist ein süßes/niedliches Kind.**

En een *enig kind* – een kind dat geen broertje of zusje heeft – is een **Einzelkind**.

Einladen

Ich möchte dich einladen.	*Ik wil je uitnodigen.*

D

Einladen betekent zoals te verwachten *inladen*. Daarom lijkt het niet zo prettig **eingeladen** te worden. Maar je kunt dan juist blij zijn, want **einladen** betekent ook *uitnodigen*:

Er hat mich zu seiner Geburtstagsfeier eingeladen.	*Hij heeft me voor zijn verjaardagsfeestje uitgenodigd.*

In Duitsland kun je een *uitnodiging* weer *terugtrekken*, dat heet **ausladen**. In het Nederlands bestaat een dergelijk woord niet. Wij kunnen wel een feestje *afblazen*. Ook niet leuk.

N

De betekenis *inladen* voor het *(be)laden* van een vaar- of voertuig komt minder vaak voor dan de betekenis *uitnodigen*:

We hebben de boodschappen in de auto geladen.	**Wir haben die Einkäufe ins Auto eingeladen.**

Einspruch

Ich habe Einspruch erhoben, weil ich nicht mit dem Urteil einverstanden bin.	*Ik heb bezwaar gemaakt, omdat ik het met het oordeel niet eens ben.*

D

Als je al weet dat een **Spruch** een *spreuk* of een *leus* is, zou je verwachten dat **Einspruch** *inspraak* betekent. Maar het verouderde 'einsprechen', waar **Einspruch** van afgeleid is, betekende *zich mengen in* en *tegenspreken*. Vandaar dat met **Einspruch** *bezwaar/protest* bedoeld wordt, zoals hierboven in het voorbeeld staat beschreven. Maar tegenwoordig wordt met **einsprechen**, zoals je zou verwachten, ook *inspreken/toespreken* bedoeld:

Ich habe beruhigend auf ihn eingesprochen.	*Ik heb hem kalmerend toegesproken.*

N

Inspraak betekent heel deftig *zich sprekende inmengen* en *door spreken aan het verstand brengen*. *Inspraak* heeft daarom eerder met meepraten dan met tegenspreken te maken. Dit vertaal je met **Mitsprache/Mitbestimmung**:

Inspraak door de werknemers is gewenst.	**Mitsprache der Arbeitnehmer ist erwünscht.**

EINSTELLEN

Wir haben gestern eine Behinderte <u>eingestellt</u>. — *We hebben gisteren een gehandicapte vrouw <u>in</u> <u>dienst</u> <u>genomen</u>.*

D

Einstellen betekent *instellen* als het gaat om *voor gebruik geschikt maken*. Het wederkerende **sich einstellen** betekent *zich instellen* als het gaat om *zich voorbereiden*. Maar zowel **(sich) einstellen** als *(zich) instellen* hebben nog meer betekenissen waarvoor je andere vertalingen gebruikt.

1) **Einstellen** kan namelijk ook *aanstellen / in dienst nemen* betekenen:
   Wir versuchen so viel wie möglich Behinderte <u>einzustellen</u>. — *Wij proberen zo veel mogelijk mensen met een handicap <u>aan</u> <u>te</u> <u>stellen</u>.* (zie ook ANSTELLEN)

In Duitsland is het beleid om mensen met een handicap en vrouwen meer kansen te geven op de arbeidsmarkt. Dit houdt in dat deze groepen bij een sollicitatie, als zij geschikt zijn voor de baan, voorrang krijgen. Dit heet **Gleichstellung**. Om te controleren of inderdaad met **Gleichstellung** rekening wordt gehouden, is er tijdens een sollicitatiegesprek altijd iemand van de *ondernemingsraad* (**Betriebsrat**) aanwezig.

2) Als **einstellen** wederkerend is kan het *optreden* betekenen:
   Bei ihr hat sich schon wieder ein Fieber <u>eingestellt</u>. — *Bij haar is alweer koorts <u>opgetreden</u>.*

3) Of *ophouden*:
   Ich habe die Zahlungen für mein Abo <u>eingestellt</u>. — *Ik ben <u>opgehouden</u> de rekeningen van mijn abonnement <u>te</u> <u>betalen</u>.*

4) En **Stell-dich-ein** werd vroeger vaak en tegenwoordig nog af en toe gebruikt voor een *geheim afspraakje van een verliefd stelletje*.

N

Voor *instellen* hangt het van de context af welke vertaling je nodig hebt. Als het gaat om *beginnen*, heb je **einleiten** nodig:

Eindelijk wordt er een onderzoek <u>ingesteld</u>/<u>gestart</u>. — **Endlich wird das Ermittlungsverfahren <u>eingeleitet</u>.**

Voor *instellen* als *iets oprichten* heb je **gründen** nodig, maar voor *instellen van een regeling/wet* **einführen/durchführen**:

Volgend jaar willen we een bedrijf <u>oprichten</u>. — **Nächstes Jahr wollen wir eine Firma <u>gründen</u>.**

Wanneer wordt die nieuwe wet <u>ingevoerd</u>? — **Wann wird dieses neue Gesetz <u>eingeführt</u>?**

Voordat een wet **durchgeführt** kan worden, moet deze eerst **verabschiedet** (*aangenomen*) worden. Dat is ook verwarrend, omdat het wederkerende **sich verabschieden** *afscheid nemen* betekent.

Eis

Ich habe kein <u>Eis</u>. *Ik heb geen <u>ijs</u>.*

D

Dat **Eis** *ijs* betekent is niet zo moeilijk te onthouden als je weet dat de lange ij in het Duits niet voorkomt en dat daarvoor een korte ei gebruikt wordt:

Ich möchte gerne ein <u>Eis</u> essen. *Ik wil graag een <u>ijsje</u> eten.*

Een belangrijk verschil tussen de Nederlandse *ij/ei* en de Duitse **ei** is dat **ei** uitgesproken wordt als 'ai', dus **Eis** wordt bijna hetzelfde uitgesproken als het Engelse 'ice'. En dat Duitsers niets van die *ij* snappen heb ik al heel vaak gemerkt, omdat ze niet kunnen onthouden of de i of de j eerst komt, en omdat ze de *ij/ei* als [ai] uitspreken.

Eis en *ijs* kom je in verschillende spreekwoorden en gezegden tegen. Er is een aantal spreekwoorden waar **Eis**/*ijs* in beide talen wordt gebruikt:

Das <u>Eis</u> ist gebrochen. *Het <u>ijs</u> is gebroken.*
Er begibt sich nicht auf dünnes <u>Eis</u>. *Hij gaat niet over een nacht <u>ijs</u>.*
Sich aufs <u>Glatteis</u> begeben. *Zich op <u>glad</u> <u>ijs</u> begeven.*

Let op: **Glatteis** kan ook *ijzel* betekenen.

Verder kun je in het Duits bijvoorbeeld **etwas auf Eis legen** (*iets op de lange baan schuiven*). In het Nederlands komt iets nooit voor als het *met sint-juttemis* is, of *als de kalveren op het ijs dansen* (**am Sankt Nimmerleinstag**).

N

Als je het dan in het Duits wilt hebben over een *eis* zul je **(An-)Forderung/Anspruch** moeten gebruiken:

Volgens mij voldoet deze oplossing aan alle <u>eisen</u>. **Ich glaube, dass diese Lösung alle <u>Anforderungen</u> erfüllt.**
(zie ook Eisen)

Eisen

Hast du das <u>Eisen</u>? *Heb je het <u>ijzer</u>?*

D

Bij Eis hebben we al gezien dat **Eis** *ijs* betekent. Daarom is het opvallend, dat het zelfstandig naamwoord **Eisen** helemaal niets met *ijs* te maken heeft:

Achtung: Das <u>Eisen</u> ist heiß. *Pas op: dat <u>ijzer</u> is heet.*
Ich habe zwei / noch ein / mehrere <u>Eisen</u> im Feuer. *Ik heb meerdere <u>ijzers</u> in het vuur.*

Dit spreekwoord komt van de smederij. Een smid had vaak verschillende ijzers in het vuur liggen, zodat hij achterelkaar kon doorwerken.

Dieser Gegenstand ist aus Eisen. (zie ook GEGENSTAND) — *Dit voorwerp is van ijzer.*

Ich bügle meine Kleider mit einem Bügeleisen. — *Ik strijk mijn jurken met een strijkijzer.* (zie ook BÜGEL voor *strijkijzer* en STREIKEN)

An der Eisenbahn entlang erreichen wir bald den Bahnhof. — *Door het spoor te volgen komen we snel bij het station.* (zie ook STATION)

Een belangrijk verschil tussen het Nederlands en het Duits is dat je **Eisen** met ai en z uitspreekt, dus als [aizen].

N

Als je het werkwoord *eisen* vertaalt naar het Duits, hangt het van de context af welk woord je nodig hebt. In een juridische context gebruik je **beantragen** en anders **fordern/verlangen**:

De advocaat eist vrijlating. — **Der Rechtsanwalt beantragt Freispruch.**

Die ramp heeft veel slachtoffers geëist. — **Diese Katastrophe hat viele Opfer gefordert.**

ENG

Dieser Fahrradtunnel ist sehr eng. — *Deze fietstunnel is heel nauw.*

D

In het Duits gebruik je **eng** om aan te geven dat iets nauw of smal is, waardoor je een gevoel van (ruimtelijke) insluiting krijgt:

Wir standen in dieser Menschenmasse eng aneinander. — *We stonden in deze mensenmassa dicht op elkaar.*

N

Eng betekent in het Nederlands ook *nauw* (vandaar bijvoorbeeld *in engere zin*, **in engerem Sinn**, en *zeeëngte*). Maar die betekenis wordt in het dagelijks leven niet zo vaak gebruikt. Het is meer een woord voor puzzelboekjes met de omschrijving *beperkt van ruimte*. *Eng* heeft zich namelijk via *weinig ruimte latend* en *benauwend* tot *griezelig* ontwikkeld:

Dat we dicht tegen elkaar aanstonden, vond ik eng. — **Dass wir eng aneinander standen, fand ich unheimlich/gruselig.** (zie ook GRUSELIG)

ENKEL

Wie geht es deinem Enkel? — *Hoe gaat het met jouw kleinzoon?*

D

Der Enkel gebruik je als je een *kleinkind* in het algemeen bedoelt of een *kleinzoon*. Als je het over een *kleindochter* hebt, moet je de vrouwelijke vorm gebruiken: **die Enkelin**.

N

Enkel heeft in het Nederlands verschillende betekenissen. Afhankelijk van de woordsoort en de context wordt het met verschillende woorden in het Duits vertaald.

1) Voor *enkel* als zelfstandig naamwoord wordt meestal **Knöchel** gebruikt, maar je kunt ook **Fußgelenk** gebruiken:

Oh nee, je hebt je enkel gebroken! — **Oh nein, du hast deinen Knöchel gebrochen!**

Hij draagt een broek die tot zijn enkels komt. — **Er trägt eine knöchellange Hose.**

2) Voor *enkel* als telwoord gebruik je bij één **einzig**, maar bij meer dan één **einig/wenig** (zie ook EINIG):

Een enkele toeschouwer waagt zich op de tribune. — **Ein einziger Zuschauer traut sich auf die Tribüne.**

Enkele ingevulde vragenlijsten zijn al binnen. — **Einige ausgefüllte Fragebögen habe ich schon erhalten.**

3) Voor *enkel* als bijvoeglijk naamwoord gebruik je **einzig/einfach**:

Ik heb per ongeluk een enkele reis in plaats van een retourtje gekocht. — **Ich habe versehentlich eine einfache Fahrt, anstatt einer Rückfahrkarte, gekauft.**

Een tocht van 1000 mijl begint met een enkele stap. — **Eine Reise von 1000 Meilen beginnt mit dem ersten Schritt.**

4) Voor *enkel* als bijwoord in de betekenis van *alleen* gebruik je **bloß/nur**:

Ik heb hem alleen/enkel gezien, niet gesproken. — **Ich habe ihn nur gesehen, nicht gesprochen.**

Maar niet bij:

Ik heb enkel en alleen de waarheid gesproken. — **Ich habe einzig und allein die Wahrheit gesagt.**

ENTLASTEN

Ich entlaste meine Därme, indem ich ballaststoffarm esse. — *Ik ontlast mijn darmen door vezelarm te eten.*

D

Entlasten betekent het verminderen van een zware last. De last kan fysiek zwaar zijn (bijvoorbeeld een zware rugzak), maar ook psychisch (bijvoorbeeld een aanklacht of verantwoordelijkheid). In dat geval kun je **entlasten**, zoals je zou verwachten, met *ontlasten* vertalen.

N

Maar *ontlasten* heeft meer betekenissen, waarvoor je andere Duitse woorden nodig hebt.

1) Als je iemand compleet wil ontdoen van een last, dus als het ware iemand wil bevrijden van een last, gebruik je **befreien**:

Hij heeft me van mijn zware bagage ontlast/bevrijd. / Hij heeft mijn zware bagage overgenomen. — **Er hat mich von meinem schweren Gepäck befreit.**

2) En als *ontlasten* wederkerend is, heb je weer twee mogelijkheden. Als het om *poepen* gaat gebruik je bijvoorbeeld **sich entleeren**. Als het in het algemeen gaat om *van inhoud ontdoen,* gebruik je **sich entladen**:

Mijn hond kon niet poepen / zich niet ontlasten, omdat zijn darmen verstopt zaten. — **Mein Hund konnte sich nicht entleeren, weil seine Därme verstopft waren.**

Tijdens het onweer heb ik een harde knal gehoord, omdat de wolken zich ontlaadden/ontlastten. — **Während des Gewitters habe ich einen Donner gehört, weil die Wolken sich entluden.**

Andere vertalingen van poepen zijn **Aa machen** (Aa spreek je uit als [aa aa]), **einen Haufen machen, sein großes Geschäft erledigen, scheißen** en **kacken**.

Tot slot moet je **entlasten** niet verwarren met **entlassen** (let op de dubbel s). **Entlassen** betekende in het Middelhoogduits *loslaten/vrijlaten*. Daaruit is de betekenis *ontslaan* ontstaan:

Mein Chef wollte mich wegen meines Fehlers entlassen. Zum Glück ist es ihm nicht gelungen. — *Mijn baas wilde mij vanwege mijn fout ontslaan. Gelukkig is het hem niet gelukt.*

Er

Er ist ein Mann. — *Hij is een man.*

D

Er (*hij*) is een van de eerste persoonlijke voornaamwoorden die je leert als je met Duits begint. Daarom zal voor de meesten dit woordje niet snel verwarring opleveren.

N

Belangrijker om te weten is dat je *er* als bijwoord met **da** of **es** kunt vertalen:

Ik ben er nog nooit geweest. — **Ich bin da noch nie gewesen.**

Er is maar één oplossing voor dit probleem. — **Es gibt nur eine Lösung für dieses Problem.** (zie ook Es)

Maar dat er ook vaak geen vertaling voor is, waardoor het gebruik van *er* in het Nederlands lastig kan zijn:

Wat is er? Je ziet er zo verdrietig uit. — **Was ist los? Du siehst so traurig aus.** (zie ook Los)

Je bent er goed vanaf gekomen. — **Du bist gut davon gekommen.**

Hoeveel stripboeken heb je? – Ik heb er twee. — **Wie viele Comichefte hast du? – Ich habe zwei.**

Zij loopt er altijd de kantjes vanaf. — **Sie reißt sich nie ein Bein aus.**

Mijn opa zei altijd: verschil moet er zijn. — **Mein Großvater hat immer gesagt: Unterschiede müssen sein.**

Erkennen

Ich <u>erkenne</u> seine Probleme. — *Ik <u>herken</u> zijn problemen.*

D

1) Hoewel het Duitse voorvoegsel **er-** niet altijd vertaald kan worden met het Nederlandse *her-*, zoals bijvoorbeeld bij **erreichen** (*bereiken*) en **erwischen** (*betrappen*), is dat bij **erkennen** (*herkennen*) wel het geval:
   Ich habe nur eine Puppe bei Madame Taussaud nicht <u>erkannt</u>. — *Ik heb maar één pop in Madame Tussaud niet <u>herkend</u>.*
   <u>Erkenne</u> dich selbst. — *Iedereen moet zichzelf <u>kennen</u>. / <u>Ken</u> uzelf.*
   Vaak wordt ook *erken uzelf* gebruikt, maar dat is fout. Deze fout is waarschijnlijk ontstaan door de verwarring met *erkennen*.
   Ich <u>erkenne</u> an deinem Gesicht / Ich sehe es deinem Gesicht an, dass du irritiert bist. — *Ik <u>zie</u> aan je gezicht dat je verward bent.*

Een ander voorvoegsels waarmee *her-* vertaald kan worden is **wieder-** (bijvoorbeeld **wiederholen**, *herhalen*). Merk op dat **wieder-** niets te maken heeft met **wider-** (let op de i). In het Nederlands gebruik je voor **wider-** *tegen-* (bijvoorbeeld **sprechen**, *spreken*, en **widersprechen**, *tegenspreken*).

2) Een vergelijkbare betekenis van **erkennen** is *inzien*:
   Durch diesen Vorfall <u>erkenne</u> ich den Ernst der Lage. — *Door dit voorval <u>zie</u> ik de ernst van de situatie <u>in</u>.*

3) In een juridische context betekent **erkennen** *een oordeel vellen*:
   Der Richter <u>erkennt</u>, dass die Forderung verjährt ist. — *De rechter <u>oordeelt</u> dat de eis verjaard is.* (zie ook EIS)

N

Als je het over *erkennen* hebt, heb je **anerkennen** nodig:
Ik <u>erken</u> jou als baas. — **Ich <u>erkenne</u> dich als Chef <u>an</u>.**

Erst

Der Zug fährt <u>erst</u> um sieben. — *De trein gaat <u>pas</u> om zeven uur.*

Het enige verwarrende aan **erst** is dat het niet alleen *eerst* maar ook *pas / niet eerder dan* betekent:
Der <u>erste</u> Zug fährt um sieben. (zie ook FAHREN) — *De <u>eerste</u> trein gaat om zeven uur.*

Es

Ich habe es gesehen. — *Ik heb het gezien.*

D

Net als **er** is **es** (*het*) een van de eerste woordjes die je leert als je met Duits begint. Daarom zal **es** niet snel verwarring opleveren. Let op wanneer **es** in een zin met een hoofdletter geschreven wordt. Dan hebben we het niet over *het* maar bijvoorbeeld over *es* als verlaagde toon in de muziek of **Es** als een afkorting van het scheikundige element einsteinium.

Een combinatie die vaak voorkomt, en die daarom belangrijk is om te onthouden, is **es gibt** (*er is / er zijn*):

Es gibt noch eine Menge zu tun. (zie ook MENGEN) — *Er is nog flink wat te doen.*

Papa, es gibt wirklich Vampire, oder? – Nein, Vampire gibt es nicht. — *Papa, bestaan vampiers echt, of niet? – Nee, vampiers bestaan niet.*

N

De boom *es* heet **Esche**:

Deze es is heel oud. — **Diese Esche ist sehr alt.** (zie ook ALT)

F

FÄHRE

Die <u>Fähre</u> liegt gerade still.	*De <u>veer(pont)</u> ligt op het moment stil.*

D

Het woord **Fähre** komt van het werkwoord **fahren** (*rijden / zich voortbewegen*). Vandaar dat de betekenissen *veerpont* en *ruimteveer* met voortbeweging te maken hebben:

Die <u>Fähre</u> liegt am anderen Ufer des Flusses.	*De <u>veer(pont)</u> ligt aan de andere oever van de rivier.*
Die <u>Raumfähre</u> / Das Raumschiff kommt in zwei Wochen auf dem Mars an.	*Het <u>ruimteveer</u> / De <u>spaceshuttle</u> komt over twee weken op Mars aan.*

N

Fähre lijkt op *veer* en betekent *veer(pont)*. Daarom zou je kunnen denken dat een *veer* van een vogel ook een **Fähre** is. Maar zo'n *veer* vertaal je met **Feder**:

Aan de <u>veren</u> kent men de vogel.	**An den <u>Federn</u> erkennt man den Vogel.** (zie ook ERKENNEN)
Hij pronkt met andermans <u>veren</u>.	**Er schmückt sich gerade mit fremden <u>Federn</u>.**
Dit model is <u>zo</u> <u>licht</u> <u>als</u> <u>een</u> <u>veertje</u>.	**Dieses Modell ist <u>federleicht</u>.**

Maar *veer* komt ook voor in twee uitdrukkingen waarbij je *veer* niet met **Feder** vertaalt:

Ik heb een <u>veer</u> in zijn reet gestoken.	**Ich habe ihm Zucker in den Hintern/Arsch geblasen.**
Jij bent weer eens vroeg uit de <u>veren</u>.	**Du bist mal wieder früh aufgestanden.**

FAHREN

Wer <u>fährt</u> sonst noch mit?	*Wie <u>rijdt</u> er verder nog mee?*

D

1) Een Duitser vertelde mij dat hij met zijn gezin een aantal jaar in Nederland had gewoond. Zijn kinderen konden snel Nederlands spreken, maar bij hem ging dat wat minder vlot. Toen hij een keer tegen zijn kinderen zei dat hij met de auto ergens naartoe wilde varen, riepen de kinderen in koor: Papa, auto's varen niet, auto's rijden! In het Duits **fahren** auto's, vandaar die verspreking:

Wir <u>fahren</u> morgen wieder nach Hause.	*We <u>rijden</u> morgen weer naar huis.*
Ich <u>fahre</u> immer zweiter Klasse.	*Ik <u>reis</u> altijd tweede klas.* (zie ook REIZEN)
Wann <u>fahren</u> wir?	*Wanneer <u>vertrekken</u> we?*

Ich <u>fahre</u> mit meinem Rad überall hin.	*Ik <u>rijd</u> met mijn fiets overal naar toe.*
Sie haben dieses <u>Fahrzeug</u> gebucht, stimmt das?	*U heeft dit <u>voertuig</u> geboekt, klopt dat?*

Een *vaartuig* vertaal je met **Schiff** of **Wasserfahrzeug**.

2) Maar **fahren** kan ook *vliegen/schieten* betekenen:

Die Kinder kicherten, als die Lehrerin <u>einen</u> <u>fahren</u> <u>ließ</u>.	*De kinderen giechelden, toen de lerares <u>een</u> <u>windje</u> <u>liet</u>.*

N

In het Nederlands heeft *varen* vrijwel altijd te maken met het zich voortbewegen op het water maar soms ook door de lucht. Hiervoor gebruik je in het Duits ook **fahren**:

De veerboot <u>vaart</u> van Au naar Schlögen.	**Die Fähre <u>fährt</u> von Au nach Schlögen.** (zie ook Fähre)
Het is best duur om in een luchtballon te <u>varen</u>.	**Es ist ziemlich teuer, mit einem Heißluftballon zu <u>fahren</u>.**

En *varen* kan in het Nederlands ook nog een zelfstandig naamwoord zijn. De Duitse naam voor deze plant is **Farn(-pflanze)**:

Een <u>varen</u> is een hele gemakkelijke plant.	**Ein <u>Farn</u> / Eine <u>Farnpflanze</u> ist eine sehr einfache Pflanze.**

Zie ook Gehen

Fall

Im schlimmsten <u>Fall</u> kann ich nicht dabei sein.	*In het ergste <u>geval</u> kan ik er niet bij zijn.*

D

1) Een **Fall** is zoals je zou verwachten een *val* (*het vallen*):

Hochmut kommt vor dem <u>Fall</u>.	*Hoogmoed komt voor de <u>val</u>.*
Ich bin noch nie <u>Fallschirm</u> gesprungen.	*Ik heb nog nooit <u>parachute</u> gesprongen.*

2) Maar **Fall**, met als meervoud **Fälle**, kan ook *geval* betekenen:

Ich nehme diese Jacke <u>für</u> <u>alle</u> <u>Fälle</u> mit.	*Ik neem deze jas mee, <u>voor</u> <u>het</u> <u>geval</u> <u>dat</u>.*
<u>Im</u> <u>schlimmsten</u> <u>Fall</u> habe ich die Jacke umsonst mitgenommen.	*<u>In</u> <u>het</u> <u>ergste</u> <u>geval</u> heb ik de jas voor niks meegenomen.*
Hat er das wirklich gemacht? Er ist aber auch wirklich ein hoffnungsloser <u>Fall</u>.	*Heeft hij dat echt gedaan? Hij is toch ook echt een hopeloos <u>geval</u>.*

3) Verder kan **Fall** ook *naamval* betekenen:

Das Verb "helfen" verlangt den dritten <u>Fall</u>.	*Bij het werkwoord* **"helfen"** *hoort de derde <u>naamval</u>.*

4) Tot slot komt **Fall** voor in:

Zum Glück bin ich noch nie auf Knall auf Fall entlassen worden. — *Gelukkig ben ik nog nooit op staande voet ontslagen.*

N

Als met *val* een *hulpmiddel om iets te vangen* wordt bedoeld, heb je de vertaling **Falle** nodig:

Het konijn is in de val gelopen. — **Das Kaninchen ist in die Falle gegangen.** (zie ook Gehen)

De politici zijn in de val gelopen. — **Die Politiker sind ihm auf den Leim gegangen / in die Falle getappt.**

Het meervoud van **Falle** is **Fallen** en niet **Fälle**.

Falle heb je niet nodig bij:

Gelukkig heeft hij een duidelijke tongval. — **Zum Glück hat er einen verständlichen Dialekt.**

Familie

Ich habe keine Familie. — *Ik heb geen gezin.*

D

Hoewel **Familie** naar *familie* als een *groep aan elkaar verwante personen* verwijst (vandaar bijvoorbeeld **Familienname**, *achternaam*), wordt **Familie** in het Duits ook vaak gebruikt voor een *gezin*:

Die sportliche Begabung liegt in der Familie. — *De sportieve aanleg zit in de familie.*

Das junge Paar hat noch keine Familie gegründet. — *Het jonge paar heeft nog geen gezin gesticht.*

Een belangrijk verschil tussen **Familie** en *familie* is dat je het Duitse **Familie** uitspreekt als [faamieliejuh].

N

Het Nederlandse *familie* verwees in de middeleeuwen net als in het Duits naar een gezin, maar breidde zich uit naar een grotere groep waartoe ook opa's en oma's, ooms en tantes en neven en nichten behoren (zie ook Nicht). De juiste vertaling daarvoor is **Verwandtschaft** of **Mischpoke**:

Van je familie moet je het maar hebben. — **Und das nennt sich Verwandtschaft.**

Ik vind het niet fijn als mijn familie me zegt wat ik doen en laten moet. — **Ich mag es nicht, wenn meine Mischpoke mir sagt, was ich tun und lassen soll.**

En als je het over familie hebt waartoe ook nog verre verwanten behoren, kun je **Kind und Kegel** gebruiken:

Volgend jaar gaan we met de hele familie op skivakantie. — **Nächstes Jahr fahren wir mit Kind und Kegel in den Skiurlaub.**

De uitdrukking **Kind und Kegel** betekende oorspronkelijk *met echte en onechte kinderen*.

Fast

Das ist <u>fast</u> unmöglich. — *Dat is <u>bijna</u> onmogelijk.*

D

Het verhaal voor het bijwoord **fast** is eenvoudig, want **fast** betekent *bijna*:

Dieses Buch in einem Jahr zu schreiben, ist <u>fast</u> unmöglich. — *Dit boek in één jaar schrijven is <u>bijna</u> onmogelijk.*

Maar het wordt wat ingewikkelder als je bedenkt dat 'fast' in het Engels weer iets anders betekent, namelijk *snel*.

N

1) Het Nederlandse woord *vast* heeft als bijvoeglijk naamwoord of bijwoord verschillende betekenissen. De meeste daarvan vertaal je met **fest** (zie ook Fest):

Ik ben <u>vast</u> aangesteld aan de universiteit. — **Ich bin an der Uni <u>fest</u> angestellt.**
De deurknop zat los, maar zit nu goed <u>vast</u>. — **Der Türknauf/Türgriff war locker, aber jetzt sitzt er richtig <u>fest</u>.**
IJzer is een <u>vaste</u> stof. — **Eisen ist ein <u>fester</u> Stoff.**
Help me alsjeblieft, ik zit <u>vast</u>! — **Hilfe bitte, ich sitze <u>fest</u>!**
De waren in deze winkel hebben <u>vaste</u> prijzen. — **Die Waren in diesem Laden haben <u>feste</u> Preise.**

Fest heb je niet nodig bij *vaste lasten* (**Fixkosten / fixe Kosten**; zie ook Kosten).

2a) Als *vast* een bijwoord is, kan het ook nog op andere manieren vertaald worden. Een daarvan is **bestimmt** als het om *zeker/stellig* gaat:

Je hoeft niet zo zenuwachtig te zijn, ze komt <u>vast</u>. — **Du brauchst nicht so nervös sein, sie kommt <u>bestimmt</u>.**

Maar *vast en zeker* vertaal je met **ganz sicher / ohne Zweifel:**

Ik word <u>vast</u> <u>en</u> <u>zeker</u> niet gekozen. — **Ich werde <u>ganz</u> <u>sicher</u> / <u>ohne</u> <u>Zweifel</u> nicht gewählt.**

2b) Als het om *alvast* gaat, gebruik je **schon:**

Begin maar <u>vast</u>, ik kom zo. — **Fang <u>schon</u> mal an, ich komme gleich.**

Fehlen

Er darf nicht <u>fehlen</u>. — *Hij mag niet <u>ontbreken</u>.*

D

Het werkwoord **fehlen** zul je geregeld tegenkomen en betekent *mankeren/missen/ontbreken*:

<u>Fehlt</u> dir etwas? — *<u>Mankeert</u> je iets?*
<u>Fehlt</u> dir etwas? — *<u>Mis</u> je iets?*

Bei der Weihnachtsfeier hat es nicht <u>an</u> Weihnachtsdekoration <u>gefehlt</u>.
Bij de kerstviering <u>ontbrak</u> het niet <u>aan</u> kerstversiering.

Bei ihm <u>fehlt</u> es wohl im Kopf.
Hij is niet goed wijs.

Vandaar ook het zelfstandige naamwoord **Fehler** (*gebrek* en *fout*).

N

1a) **Fehlen** moet je niet verwarren met het werkwoord *velen*. Als je weet dat *velen verdragen/ uitstaan* betekent dan is de eerste vertaling **ertragen/vertragen** makkelijker te onthouden:
Hij kan het niet <u>velen</u> dat zij een mooiere fiets heeft.
Er <u>erträgt</u> es nicht, dass sie ein schöneres Fahrrad hat.

1b) Ook kun je *velen* met **leiden/ausstehen können** vertalen (zie ook Leiden):
Brr, ik kan die man niet <u>velen</u>!
Ah, ich <u>kann</u> den Mann nicht <u>leiden/ ausstehen</u>!

2) Verder kan *velen* ook nog een verbuiging zijn van het bijvoeglijk naamwoord *veel*. De vertaling daarvan is **viele(n)** (wat je weer niet met de verleden tijd van *vallen* (**fallen**, **fielen**) moet verwarren):
<u>Velen</u> hebben gezegd dat mijn optreden heel goed was.
<u>Viele</u> haben gesagt, dass mein Auftritt sehr gut war.

Feierabend

Ab jetzt haben wir <u>Feierabend</u>.
Vanaf nu stoppen we met werken.

D

Als je weet dat een **Feier** een *feest/viering* is (vandaar **Feiertag**, *feestdag*), is het logisch om te denken dat een **Feierabend** een *feestavond* is. Maar dan wordt er in Duitsland ogenschijnlijk heel wat feestgevierd, want na iedere werkdag is het **Feierabend**. Niet dus, want **Feierabend** is *het einde van de werktijd*:
Ich mache heute schon um vier Uhr <u>Feierabend</u>.
Ik <u>stop</u> vandaag al om vier uur <u>met</u> <u>werken</u>.

Vandaar dat op vrijdag vaak door het personeel een **Feierabendbier** gedronken wordt als afsluiting van de werkweek.

N

Hoewel vroeger een **Festabend** de *vooravond van een feest* was, betekent **Festabend** tegenwoordig een *feestavond / feestelijk evenement in de avond* (zie ook Fest):
De disco vindt aansluitend op de <u>feestavond</u> plaats.
Die Disko findet im Anschluss an den <u>Festabend</u> statt.

FELL

Mein Kaninchen hat ein weißes Fell.
Mijn konijn heeft een witte vacht.

D

Aan de woordsoort kun je al zien dat **Fell** niet *fel* kan betekenen. Als je dat in je achterhoofd houdt, zou je kunnen denken dat **Fell** met *vel* te maken heeft. En dat klopt, want **Fell** betekent *vacht/vel/huid*:

Ich mag Tiere mit einem weichen Fell.
Ik houd van dieren met een zachte vacht. (zie ook SACHT)

Mit den Jahren hat er ein dickes Fell bekommen.
Door de jaren heen heeft hij een dikke huid gekregen.

Fell komt in een aantal spreekwoorden en uitdrukkingen voor:

Man soll das Fell des Bären nicht verkaufen, bevor man den Bären hat. (zie ook BAR en BEERE)
Men moet de huid van de beer niet verkopen eer men hem geschoten heeft.

Er hat mir das Fell über die Ohren gezogen. (zie ook GEZOGEN)
Hij heeft me het vel over de oren getrokken. / Hij heeft me uitgebuit.

Normaal gesproken scheer je een schaap. Maar als je alleen met de wol geen genoegen neemt, stroop je zijn vel met wol en al eraf.

Ihm sind die Felle davon geschwommen.
Zijn hoop is vervlogen.

Dit spreekwoord komt van de leerlooiers die hun huiden in de rivier wasten. Af en toe dreef daarbij een vel weg en was daarmee verloren.

N

1) Maar het zelfstandig naamwoord *vel* vertaal je niet altijd met **Fell**. Als het om een *vel papier* gaat gebruik je **Blatt/Bogen/Zettel** (zie ook BOGEN) en als het om *huid* gaat gebruik je ook vaak **Haut:**

Het vel is op de grond gedwarreld.
Das Blatt / der Bogen/Zettel ist auf den Boden getrudelt / langsam auf den Boden gefallen. (zie ook GEFALLEN)

Hij is uit zijn vel gesprongen toen hij van zijn diskwalificatie hoorde.
Er ist aus der Haut gefahren, als er von seiner Disqualifikation hörte. (zie ook FAHREN)

Dat meisje heeft anorexia. Ze is vel over been.
Das Mädchen ist magersüchtig. Sie ist nur noch Haut und Knochen.

2a) Hoewel het Nederlandse *fel* grammaticaal een andere woordsoort is, zou je **Fell** daarmee kunnen verwarren. Als *fel* een bijvoeglijk naamwoord is, vertaal je dat met **grell**:

Dat licht is zo fel, dat het pijn doet aan mijn ogen.
Das Licht ist so grell, dass es in meinen Augen schmerzt.

2b) Als *fel* een bijwoord is, vertaal je het met **heftig** of met **scharf**:

Het kamerlid was fel tegen het voorstel van de minister.
Das Kongressmitglied war heftig gegen den Vorschlag des Ministers.

De minister ging <u>fel</u> tegen het kamerlid tekeer.	**Der Minister ritt <u>scharfe</u> Attacken gegen das Kongressmitglied.**

Fernseher

Ich hocke oft vor dem <u>Fernseher</u>.	*Ik zit vaak voor de <u>tv</u>.*

D

Als je weet dat **fern** *ver* betekent en **seher** *ziener*, zou je kunnen denken dat een **Fernseher** een *verrekijker* is. Als je weet dat een **Fernseher** een *televisie* is, en je *tele* (*ver*) en *visie* (*zien*) naar het Duits vertaalt, blijken het Duitse en Nederlandse woord veel op elkaar te lijken:

Ich habe nicht mal einen <u>Fernseher</u>, weil ich die Programme so langweilig finde.	*Ik heb niet eens een <u>televisie</u>, omdat ik de programma's zo saai vind.*

N

Een *verrekijker* is in het Duits een **Fernglas** als hij twee lenzen heeft en een **Fernrohr** als hij één lens heeft:

In de Hitchcocks film "De stille getuige" bespiedt een man zijn buurvrouw met een <u>verrekijker</u>.	**In Hitchcocks Film „Das Fenster zum Hof" belauert ein Mann seine Nachbarin mit einem <u>Fernglas</u>.**
Met een <u>(verre)kijker</u> kun je de sterren observeren.	**Mit einem <u>Fernrohr</u> kann man sich die Sterne anschauen.**

Fest

Wo ist das <u>Fest</u>?	*Waar is dat <u>feest</u>?*

D

Het zelfstandig naamwoord **Fest** zou je kunnen verwarren met *vest*, maar lijkt ook erg op *feest*, wat de juiste vertaling is:

Auf diesem <u>Fest</u> muss man einen Anzug tragen.	*Op dit <u>feest</u> moet je een pak dragen.*

Verder kan **fest** ook een bijvoeglijk naamwoord of een bijwoord zijn en betekent *vast* (zie ook FAST voor **fest**).

N

1) Een *vest* heet in het Duits een **Weste**:

Ik heb een <u>vest</u> meegenomen, maar dat is voor nu toch een beetje te warm.	**Ich habe eine <u>(Strick-)Weste</u> mitgenommen, aber dafür ist es jetzt doch ein bisschen zu warm.**
Als ik ga windsurfen draag ik een <u>zwemvest</u>.	**Wenn ich Windsurfen gehe, trage ich eine <u>Schwimmweste</u>.**

Let op: **Westen** is niet alleen het meervoud van **Weste**, maar betekent ook *het westen*.

Interessant is ook dat een *v* in het Duits **Vau** heet. Als je dat vergeet en je hebt het over een *v* [vee], dan denken Duitsers dat je het over een **w** hebt.

2) Verder kan een *vest(e)* een *gracht om een vestingmuur* zijn. In dat geval gebruik je **Burggraben/ Stadtgraben**:
De vest(e) van deze burcht is dichtgegroeid. **Der Burggraben dieser Burg ist zugewachsen.**

FIES

Das ist echt fies. *Dat is echt gemeen.*

D

Fies kom je in het dagelijks taalgebruik vaak tegen met als betekenis *gemeen*:
Er hat kurz vor dem Ende der spannenden Szene aufgehört zu erzählen. – Ah, das ist echt fies/gemein. *Hij is vlak voor het einde van de spannende scène gestopt met vertellen. – Ah, dat is echt gemeen.*

N

Het Nederlandse *vies* kun je ook met **fies** vertalen, maar vaak gebruik je andere woorden, zoals **schmutzig/dreckig** als het om *ongewassen/smerig* gaat en **übel** als het om *onsmakelijk/oneetbaar* gaat:
Ga weg met je vieze praatjes! **Höre mit deinen schmutzigen Reden auf!**
Van rauwe uien heb ik zelfs de volgende dag nog een vieze smaak in mijn mond. **Rohe Zwiebeln sorgen sogar am nächsten Tag noch für einen üblen Geschmack im Mund.** (zie ook GESCHMACK)

Maar deze vertalingen heb je niet altijd nodig:
Vandaag is het vies weer. **Heute ist das Wetter schlecht.**
Toen hij de beschimmelde kaas zag, trok hij een vies gezicht. **Als er den verschimmelten Käse sah, machte er ein angewidertes Gesicht.**
Hij is niet vies van een joint. **Er verachtet Joints nicht.**
Dat valt me vies van je tegen! **Du enttäuschst mich ganz schön!** (zie ook SCHON)

FLIEGE

Hast du die Fliege gesehen? *Heb je de vlinderdas gezien?*

D

De verwarrende betekenis van **Fliege** is *vlinderdas*:
Mein Mann trägt lieber Fliegen als Krawatten. (zie ook ALS) *Mijn man draagt liever vlinderdassen dan stropdassen.*

De andere betekenis is, zoals te verwachten, *vlieg*:

Das sind zwei Fliegen mit einer Klappe geschlagen. — *Dat zijn twee vliegen in één klap.* (zie ook KLAPPEN/KLAPPER)

Ich bin mir sicher, dass er keiner Fliege etwas zuleide tut. — *Ik weet zeker dat hij geen vlieg kwaad doet.*

Mit einem Löffel Honig fängt man mehr Fliegen als mit einem Fass voll Essig. — *Men vangt meer vliegen met stroop dan met azijn.*

N

Fliege gebruik je niet bij *iemand een vlieg afvangen* (**jemandem zuvorkommen**) en bij:

Ik heb geen 1000 km gereisd om vliegen te vangen. (zie ook REIZEN) — **Ich bin keine 1000 km gereist, um Däumchen zu drehen.**

FLIEGER

Der Flieger steht noch am Boden. — *Het vliegtuig staat nog op de grond.*

D

Flieger komt van het werkwoord **fliegen** (*vliegen*). Vandaar de betekenis *vliegtuig*:

Der Flieger steht noch auf dem Boden. Er fliegt erst in einer Stunde ab. (zie ook ERST) — *Het vliegtuig staat nog op de grond. Hij gaat pas over een uur.*

Een synoniem van **Flieger** is **Flugzeug** (zie ook FLUG en ZEUG).

De andere betekenis van **Flieger** is *iets of iemand die vliegt*, bijvoorbeeld een *piloot*:

Der Flieger hat die Passagiere vor Turbulenzen gewarnt. — *De piloot heeft de passagiers voor turbulentie gewaarschuwd.*

N

Een *vlieger* waar meestal kinderen mee in de weer zijn is een **Drachen** (zie ook DRACHEN):

Er staat te weinig wind om de vlieger op te laten. — **Es gibt zu wenig Wind, um den Drachen steigen zu lassen.**

FLUG

Der Flug zum Mond hat begonnen. — *De vlucht naar de maan is begonnen.*

D

Flug wordt als [floek] met een lange oe uitgesproken, waardoor je **Flug** met *vloek* zou kunnen verwarren. Maar bij **Flieger** zijn we **Flug** al tegengekomen in de samenstelling **Flugzeug**. Als je weet dat een **Flugzeug** een *vliegtuig* is, zul je **Flug** niet snel met *vloek* verwarren:

Ich hoffe, dass ich noch einen billigen Flug nach Amerika bekommen kann. — *Ik hoop dat ik nog een goedkope vlucht naar Amerika kan krijgen.*

N

1) De juiste vertaling van *vloek* lijkt in schrijfwijze veel op **Flug**, namelijk **Fluch**, maar spreek je uit als [floech]:

De heks heeft een vloek over de prins uitgesproken, waardoor hij in een kikker is veranderd. — **Die Hexe hat gegen den Prinzen einen Fluch ausgestoßen, wodurch er in einen Frosch verwandelt wurde.**

Maar **Fluch** heb je niet nodig bij de uitdrukking:

Dat is in een vloek en een zucht geregeld. — **Das ist im Handumdrehen / ruck, zuck geschafft.**

2) Verder lijkt **Flug** erg op *vlug*. Maar *vlug* vertaal je met **schnell/rasch**:

Toen het jongetje voetstappen op de gang hoorde, knipte hij snel het licht uit. — **Als der Junge Schritte auf dem Flur hörte, knipste er schnell/rasch das Licht aus.**

FLUT

Ist es Flut? — *Is het vloed?*

D

Hoewel je **Flut** en *flut* hetzelfde schrijft, is **Flut** in het Duits een zelfstandig naamwoord, terwijl het Nederlandse *flut* meestal een bijvoeglijk naamwoord is. De uitspraak van **Flut** lijkt erg op die van *vloed*, wat de juiste vertaling is:

Nach der Ebbe kommt die Flut. — *Na eb komt vloed.*

Vandaar ook bijvoorbeeld **Springflut** (*springvloed*), **Sturmflut** (*stormvloed*) en **Sintflut** (*zondvloed*). **Flut** heb je niet nodig bij *overvloed* (**Überfluss**), *invloed* (**Einfluss**) en *toevloed* (**Andrang/Zustrom**).

Het meervoud van **Flut** is **Fluten**, waarmee de afkomst van het werkwoord **fluten** (*stromen/vloeien*) meteen duidelijk wordt. **Fluten** moet je weer niet met *fluiten* (**pfeifen**) verwarren.

N

Flut betekent in het Nederlands *iets dat niet veel voorstelt*. In het Duits gebruik je dan **mies**, tenzij *flut* aan het begin van een woord wordt gebruikt, dan heb je **Mist-/Dreck-** nodig:

Het toneelstuk was niet zo goed. Om eerlijk te zijn was het flut. — **Das Schauspiel war nicht so gut. Um ehrlich zu sein, war es mies.**

Het was vandaag echt flutweer/pokkenweer. — **Heute war wirklich ein Mistwetter.** (zie ook MIST)

Maar niet bij:

Het spijt me dat ik het moet zeggen, maar dat is een flutargument. — **Es tut mir Leid, es sagen zu müssen, aber das ist ein nichtssagendes Argument.**

Waarom lees je zo'n flutblad? — **Warum liest du so ein Käseblatt?**

FORT

Der Hund ist <u>fort</u>gegangen. — *De hond is <u>weg</u>gegaan.*

D

Fort als zelfstandig naamwoord heet ook een *fort* in het Nederlands, dus dat is niet verwarrend. Maar **fort** als bijwoord kan wel verwarrend zijn.

1) Zo kan **fort** *weg* betekenen. Vandaar bijvoorbeeld **fortnehmen** (*wegnemen*) en **fortgehen** (*vertrekken*):
   Hast du mein Buch gesehen? Es ist <u>fort</u>. — *Heb je mijn boek gezien? Het is <u>weg/foetsie</u>.*

2) Ook kan **fort** *voort/vooruit* betekenen. Vandaar bijvoorbeeld **fortpflanzen** (*voortplanten*), **fortsetzen** (*voortzetten*) en **und so fort** (*enzovoort*):
   Nur immer so <u>fort</u>! — *Ga zo maar <u>door</u>!*
   Und so weiter und so <u>fort</u>. — *Enzovoort enzovoort.*

3) Ook komt **fort** voor in **sofort** (*onmiddellijk*):
   Ab <u>sofort</u> wird ein wissenschaftlicher Mitarbeiter oder eine wissenschaftliche Mitarbeiterin gesucht. — *Per <u>direct</u> wordt een wetenschappelijk medewerker of medewerkster gezocht.*

In Duitsland wordt vaak gesproken over **Gleichstellung** (*gelijke behandeling*) van vrouwen op de werkplek. Daarom is het belangrijk zowel de mannelijke als vrouwelijke vorm van een woord te gebruiken als niet duidelijk is om welk geslacht het gaat. Om niet het woord te moeten herhalen wordt **/in** voor enkelvoud of **/innen** voor meervoud achter het woord gezet om aan te geven dat zowel mannen als vrouwen worden bedoeld: bijvoorbeeld **Teilnehmer/in** (*deelnemer/deelneemster*) en **Schauspieler/innen** (*acteurs/actrices*).

N

Een ander woord voor een *fort*, als het van zand is, is een **Sandburg**:
De kinderen bouwen op het strand een <u>fort</u>. — **Die Kinder bauen am Strand eine <u>Sandburg</u>.**

G

GANG

Wechsle jetzt in den dritten Gang! — *Schakel nu naar de derde versnelling!*

D

Gang komt van het Oudnederlandse werkwoord 'gangan' (*gaan*), waaruit **Gang** zich in twee richtingen ontwikkelde.

In de eerste richting is de link met *gaan* nog duidelijk te zien. Zo betekent **Gang** *versnelling* als het met techniek te maken heeft, *gang/ronde* als het met eten te maken heeft en *gang* als *een manier van lopen* of een *tocht/wandeling*:

Wie viele Gänge hat dein Fahrrad?	*Hoeveel versnellingen heeft jouw fiets?*
Dieses Menü hat drei Gänge.	*Dit menu heeft drie gangen.*
Sie erkannte ihn an seinem typischen Gang.	*Ze herkende hem aan zijn typische gang / manier van lopen.*
Vor der Arbeit mache ich immer einen kurzen Spaziergang.	*Voor mijn werk maak ik altijd een korte wandeling.*

Gang komt ook voor in de uitdrukkingen:

Nun komm in Gang!	*Haast je!*
Er hat endlich einen Gang zurückgeschaltet.	*Hij is eindelijk een toontje lager gaan zingen.*

N

In de tweede richting is de link van **Gang** met *gaan* minder duidelijk. Het Engelse 'gang' betekende vroeger ook *gaan* en kreeg daarna de betekenis van *samengaan*. Het woord 'gangway' wordt gebruikt voor een *gang* waar je doorheen loopt en 'gang' voor een straatbende. Voor straatbende gebruik je in het Duits ook **Gang**. Een *gang* als een verbinding of doorloop vertaal je meestal met **Gang** maar **Flur** kan ook:

Hij moet voor straf op de gang staan.	**Er muss zur Strafe auf dem Flur stehen.**

Een belangrijk verschil tussen de twee betekenissen van **Gang** is, dat je **Gang** uit de eerste richting met een korte a uitspreekt (namelijk [gang]) en als meervoud **Gänge** heeft, terwijl je **Gang** uit de tweede richting op z'n Engels uitspreekt (namelijk [gèng]), meervoud **Gangs**.

Tot slot is het opvallend dat je in het Nederlands soms *gang* tegenkomt, maar je dan in het Duits **Gang** niet nodig hebt:

Ga je gang (maar)!	**Nur zu!**
Hij gaat altijd zijn eigen gang.	**Er geht immer seine eigenen Wege.**

Gar

Die Kartoffeln sind noch gar nicht gekocht. *De aardappels zijn nog helemaal niet gekookt.*

D

Als eten **gar** is, wordt bedoeld dat het *gaar* is. Maar je zult merken dat **gar** meestal een andere betekenis heeft.

1) Als **gar** gebruikt wordt met een ontkenning betekent het *helemaal*. De combinatie **gar nicht(s)** (*helemaal niet(s)*) komt vaak voor en is daarom belangrijk om te onthouden:
   Ich habe gar nicht daran gedacht! *Daar heb ik helemaal niet aan gedacht!*
   Ich habe heute wirklich gar nichts gemacht. *Ik heb vandaag echt helemaal niks uitgevoerd.*
   Das geht ja gar nicht! *Dat kan echt niet!*

2) Als **gar** gebruik wordt met **zu** kan het *(maar) al te* betekenen:
   Er ist der Bruder, den ich gar zu gerne besucht hätte. *Hij is de broer die ik maar al te graag bezocht had.*
   Sie hätten gar zu gerne ein Kind gehabt. *Zij hadden maar wat graag een kind gehad.*

3) **Gar** kan ook *zelfs / ook nog / toch* betekenen:
   Sei doch nicht gar so aggressiv! *Wees toch eens niet zo agressief!*

4) De combinatie **ganz und gar** betekent *geheel en al / compleet*:
   So ganz und gar habe ich diesen Zusammenhang noch nicht verstanden. *Ik heb deze samenhang nog niet helemaal begrepen.*
   Das sehe ich ganz und gar nicht so. *Dat zie ik totaal niet zo.*

N

Als je in het Nederlands *gaar* bent, ben je in het Duits **müde/fertig**:
   Vrijdagmiddag was ik echt gaar, omdat het op kantoor te warm was. **Freitagnachmittag war ich sehr müde, weil es im Büro zu warm war.** (zie ook Büro)
   Ik ben helemaal gaar van / afgemat door deze presentatie. **Ich bin total fertig von dieser Präsentation.**

Let op: als je zegt dat je **fix und fertig** bent, ben je *afgemat*.

En een directe Duitse vertaling van onze *halve gare* is er niet. In dat geval kun je bijvoorbeeld **eine verdrehte Schraube** of **ein Vollidiot** gebruiken (zie ook Verrückt). En *gaar* heb je niet nodig voor het spreekwoord *nu zijn de rapen gaar*, want dat vertaal je met **jetzt wird's kritisch.**

Tot slot heeft het werkwoord **garen** (*gaar worden / maken*) ook met **gar** te maken, maar **gären** (*gisten*) en **Garn** (*naaigaren*) niet.

GARAGE

Mein Auto steht kaputt in der Garage. — *Mijn auto staat kapot in de garage.*

D

Garage betekent *garage* als je de ruimte bedoelt die we als berging voor auto's, fietsen, troep, enz. gebruiken.

N

Maar als Duitsers een *garage* bedoelen waar auto's gerepareerd worden, hebben ze het over een **(Auto-)Werkstatt**. En als ze een *parkeergarage* bedoelen, gebruiken ze **Parkhaus/Tiefgarage**.

GEFALLEN

Das hat ihm gefallen. — *Dat is hem bevallen.*

D

1) **Gefallen** als werkwoord betekent *aanstaan/bevallen*:

Was hältst du davon? Das sollte dir doch gefallen?	*Wat vind je ervan? Dat zou jou toch moeten aanstaan?*
Sie war zuerst an der Reihe. Das gefiel ihr.	*Zij was als eerste aan de beurt. Dat beviel haar.*

2) **Gefallen** als voltooid deelwoord komt van **fallen** (*vallen*):

Das Los ist auf sie gefallen.	*De prijs is op haar lot gevallen.*
Ich bin auf mein Knie gefallen und habe mich verletzt.	*Ik ben op mijn knie gevallen en heb mezelf pijn gedaan.*
Endlich ist bei ihm der Groschen gefallen.	*Eindelijk is bij hem het kwartje gevallen.*
Er ist nicht auf seinen Mund gefallen.	*Hij is niet op zijn mondje gevallen.* (zie ook MOND)
Der Soldat ist im Krieg gefallen.	*De soldaat is in de oorlog gevallen/gesneuveld.*
Er ist mit der Tür ins Haus gefallen.	*Hij is met de deur in huis gevallen.*

Let op: bij **gefallen** als werkwoord (ad 1) komt een derde naamval (datief) en bij **gefallen** als voltooid deelwoord (ad 2) komt een vierde naamval (accusatief).

3) **Gefallen** als zelfstandig naamwoord betekent *plezier*. Als het **der Gefallen** is, betekent het *genoegen/plezier*:

Er hat mir damit einen Gefallen getan. — *Hij heeft me daarmee een plezier gedaan.*

En als het **das Gefallen** is, betekent het *plezier/welbehagen*:

Sie findet Gefallen an Ballett. — *Zij heeft plezier in ballet.*

Van het werkwoord **gefallen** is ook nog het zelfstandig naamwoord **Gefallene** afgeleid (bijvoorbeeld **die Gefallenen des ersten Weltkriegs**, *de gesneuvelden uit de Eerste Wereldoorlog*).

N

1) Het zelfstandig naamwoord *geval* met als meervoud *gevallen* is in het Duits **Fall** met als meervoud **Fälle**:

Deze gevallen zal ik volgende week afhandelen.	**Diese Fälle werde ich nächste Woche abhandeln.**

2) *Gevallen* als voltooid deelwoord komt in het Nederlands in veel samenstellingen voor, die in het Duits met andere woorden worden vertaald:

Toen ik naar buiten kwam, heeft hij me aangevallen.	**Als ich heraus kam, hat er mich angegriffen.**
Mijn moeder is duidelijk afgevallen.	**Meine Mutter hat deutlich abgenommen.**
Hij is jou bijgevallen.	**Er hat dir zugestimmt.**
Omdat ik jarig was, is hij om 12 uur 's nachts binnengevallen.	**Weil ich Geburtstag hatte, ist er um 12 Uhr nachts hereingeplatzt.**
Hij is door een defecte parachute doodgevallen.	**Er ist durch einen kaputten Fallschirm zu Tode gestürzt.** (zie ook GRUND)
Toen ze het lijk zag, is ze flauwgevallen.	**Als sie die Leiche sah, ist sie ohnmächtig geworden.**
Hij heeft me tijdens het lezen al heel vaak lastiggevallen/gestoord.	**Er hat mich während des Lesens schon sehr oft belästigt.**
Hij heeft je al zo vaak lastiggevallen! Ik zou de politie bellen. (zie ook BELLEN)	**Er ist schon so oft zudringlich geworden! Ich würde die Polizei rufen.**
Ik ben blij dat hij door de mand is gevallen!	**Ich bin froh, dass er erwischt/entlarvt wurde!**
Vorig jaar was de kerstviering echt erg, maar dit jaar is het meegevallen.	**Letztes Jahr war Weihnachten schlimm, aber dieses Jahr war es nur halb so schlimm.**
Het resultaat is tegengevallen.	**Das Ergebnis ist hinter den Erwartungen zurückgeblieben.**
Veel geluk is mij ten deel gevallen.	**Viel Glück ist mir zuteil geworden.**

GEGENSTAND

Dieser Gegenstand ist schwer.	*Dit voorwerp is zwaar.*

D

Als je weet dat **gegen** staat voor *tegen*, zou je denken dat **Gegenstand** *tegenstand* betekent. Vroeger betekende **Gegenstand** *dat wat in de weg staat* of *dat wat in tegenspraak is met*. Deze betekenissen komen in de buurt van *tegenstand*, maar **Gegenstand** heeft zich later ontwikkeld tot *onderwerp* en *voorwerp*:

Sie müssen sich vorher über den Gegenstand der Diskussion im Klaren sein. (zie ook KLAR)	*Het onderwerp van de discussie moet van tevoren duidelijk zijn.*
Achtung: Bei Ausfahrt 24 liegen Gegenstände auf der Fahrbahn. (zie ook AUSFAHRT)	*Pas op: bij afslag 24 liggen voorwerpen op de rijbaan.*

N

Voor *tegenstand/weerstand* heb je **Widerstand** nodig. Het voorvoegsel **wider-** betekent namelijk ook *tegen-* en *terug-* (zie ook Erkennen voor **wider-**):

De weerstand tegen roken wordt steeds groter.	**Der Widerstand gegenüber dem Rauchen wird immer größer.**

Gehalt

Das Gehalt ist nicht gerade hoch.	*Het salaris is niet bepaald hoog.*

D

Bij **Gehalt** hangt het van het lidwoord af wat de betekenis is. Als het gaat om de onzijdige vorm, betekent **Gehalt** *salaris/inkomen*:

Je mehr du verkaufst, desto höher wird dein Gehalt.	*Hoe meer je verkoopt, hoe hoger je inkomen.*

Op het eerste gezicht hebben *gehalte* en *salaris* weinig met elkaar te maken. Maar de betekenis *salaris* is ontstaan uit de betekenis *gehalte*. *Gehalte* wordt immers gebruikt om het aandeel goud of zilver in sierraden en muntstukken aan te geven. Hoe hoger dit gehalte, hoe hoger de waarde van de munten.

N

Als het gaat om de mannelijke vorm, betekent **Gehalt** zoals je zou verwachten *gehalte*:

Popeye denkt dat het ijzergehalte in spinazie hoog is.	**Popeye glaubt, dass der Eisengehalt in Spinat hoch ist.**

Gehen

Ich gehe nach Amsterdam.	*Ik ga/verhuis naar Amsterdam.*

D

Je zult al snel leren dat **gehen** *gaan* betekent. Toch zijn er subtiele verschillen. Zo zeggen wij dat we (voor vakantie) naar Londen *gaan*, maar Duitsers zeggen dat ze **nach London fliegen/fahren**. Maar als je naar Londen zou verhuizen, kun je wel zeggen **ich gehe nach London**.

Verder betekent **gehen** ook *wandelen/lopen*. Als je zegt **ich gehe nach Hause**, geef je niet alleen aan dat je naar huis gaat, maar ook dat je dat wandelend doet. En wij zouden kunnen zeggen *ik ga met de fiets naar huis*, maar in het Duits moet je dan **fahren** gebruiken: **Ich fahre mit dem Fahrrad nach Hause**.

Opvallend is dat het Duits veel woorden heeft voor 'zich te voet voortbewegen'. De langzaamste manier is **schlendern/bummeln**. Oplopend in snelheid kun je ook **wandeln**, **spazieren gehen**, **gehen**, **wandern**, **laufen**, **joggen**, **rennen** en **sprinten**. Maar let op: in sommige regio's is de volgorde net iets anders. Goed opletten dus voordat je denkt rustig aan te kunnen doen, maar je maatje een andere betekenis in zijn hoofd heeft en er plotseling vandoor gaat.

Verder komt **gehen** in veel uitdrukkingen voor. Enkele voorbeelden:

Er geht auf die Barrikaden.	*Hij biedt tegenstand.*
Das geht mir auf den Keks.	*Dat werkt op mijn zenuwen.*
Seine Pläne sind in die Binsen gegangen.	*Zijn plannen zijn in rook opgegaan.*
Er ist mir an den Kragen gegangen.	*Hij heeft mij bedrogen.*
Der Dieb ist ihm durch die Lappen gegangen.	*De dief is ontsnapt.*
Ich gehe in Sack und Asche.	*Ik zit in zak en as.* (zie ook ZACK)

N

In sommige gevallen gebruik je in het Nederlands het werkwoord *gaan*, maar heb je in het Duits een ander werkwoord nodig:

Het is al laat; ik ga ervandoor.	**Es ist schon spät; ich mache mich auf den Weg.**
Na twee uur treuzelen is hij eindelijk aan de slag gegaan.	**Nachdem er zwei Stunden herumgetrödelt hat, hat er sich endlich an die Arbeit gemacht.**
Tjonge, wat gaat hij tekeer!	**Junge, der rast aber ganz schön vor Wut!** (zie ook VOR)
Hij is met de billen bloot gegaan.	**Er hat die Hosen heruntergelassen. / Er hat Farbe bekannt.**
Op het feest ging zij uit haar dak.	**Auf der Party geriet sie außer Rand und Band.**
Hij is op zijn bek gegaan.	**Er ist gefallen/gestürzt. / Er hat sein Gesicht verloren.**
Hij is over de kop gegaan.	**Er hat sich überschlagen. / Er ist pleite gegangen.** (zie ook PLEITE)

GEHÖRIG

Hier wurde gehörig gearbeitet.	*Hier is naar behoren gewerkt.*

D

Gehörig komt van **gehören** (*behoren*) en heeft niets met *horen* te maken. **Gehörig** betekent dan ook *behoorlijk / naar behoren*:

Du sollst dich während des Fests gehörig / wie es sich gehört benehmen.	*Je moet je tijdens het feest naar behoren / fatsoenlijk gedragen.*

In een formele context betekent **gehörig** *toebehorend/behorend*:

Die zu dem Brautschatz gehörigen Gegenstände wurden gestohlen. (zie ook GEGENSTAND)	*De tot de bruidsschat behorende voorwerpen werden gestolen.*

En in een informele context *flink/behoorlijk* of *thuishorend*:

Abenteuer brauchen eine gehörige Portion Mut.	*Avonturiers hebben flink/behoorlijk wat moed nodig.*

Du kannst diesen Absatz kürzer machen, ohne dass die dazugehörige Idee verloren geht.

Je kunt deze paragraaf korter maken zonder dat het daarbij behorende idee verloren gaat.

N

En als je het dan over *gehorig* wilt hebben, heb je **hellhörig** nodig:

Deze nieuwe woning is helaas heel gehorig.

Diese neue Wohnung ist leider sehr hellhörig.

En hoewel **gehören** niet erg op *gehoorzamen* lijkt, moet je oppassen deze woorden niet te verwarren. Waarschijnlijk komt dat door de combinatie *gehoor geven aan*:

Deze hond gehoorzaamt nog steeds heel slecht. Dat is echt vervelend.

Dieser Hund gehorcht noch immer sehr schlecht. Das ist echt ärgerlich.

Ondanks het bord geven de bezoekers geen gehoor aan de oproep om de eenden niet te voeren.

Trotz des Schildes leisten die Besucher der Aufforderung, die Enten nicht zu füttern, keine Folge.

Geil

Unsere Live-Absprachen sind noch geiler als unsere E-Mail-Absprachen.

Onze live-afspraken zijn nog gaver dan onze e-mailafspraken.

D

Geil betekent inderdaad *geil*, maar heeft in het dagelijkse taalgebruik ook de betekenis *tof/geweldig/gaaf* gekregen:

Das ist ja geil! — *Dat is gaaf/cool!*

Er ist sehr geil darauf! — *Hij is daar heel belust op!*

N

De licht negatieve ondertoon van *geil* in het Nederlands vind je ook terug in het Duits:

Dat is een geile kerel; hij heeft echt veel one-nightstands.

Das ist ein geiler Kerl; er hat wirklich viele One-Night-Stands.

Geistig

Es ist wichtig, diese geistige Erweiterung zu verstehen.

Het is belangrijk om deze geestelijke verruiming te begrijpen.

D

Geistig betekent in het Duits niet *geestig*, maar *geestelijk* (bijvoorbeeld **geistig behindert**, *geestelijk/verstandelijk gehandicapt*). Let op: voor *geestelijk* in de context van godsdienst gebruik je **geistlich**.

N

En *geestig* vertaal je met **geistreich**:

Dit boek is zeer levendig en <u>geestig</u> geschreven. **Dieses Buch ist höchst lebendig und <u>geistreich</u> geschrieben.**

Gekocht

Ich habe dir Kartoffeln und Erbsen <u>gekocht</u>. *Ik heb voor jou aardappels en erwtjes <u>gekookt</u>.*

D

Het voltooid deelwoord **gekocht** komt niet van het werkwoord **kaufen**, maar van het werkwoord **kochen**, wat *koken* betekent:

Meine Nachbarin wusste früher nicht, dass man Fleisch braten soll. Deswegen hatte sie es <u>gekocht</u>. *Mijn buurvrouw wist vroeger niet dat je vlees moet braden. Daarom had ze het <u>gekookt</u>.*

N

Het voltooid deelwoord van **kaufen** is **gekauft**:

Ik heb aardappels en erwtjes voor je <u>gekocht</u>. **Ich habe für dich Kartoffeln und Erbsen <u>gekauft</u>.**

Geplant

Ich habe noch nichts <u>geplant</u>. *Ik heb nog niets <u>gepland</u>.*

D

Geplant is het voltooid deelwoord van **planen**, wat *plannen/beramen* betekent:

Ich habe noch nichts für unseren Trip nach Deutschland <u>geplant</u>. *Ik heb nog niets voor onze trip naar Duitsland <u>gepland</u>.*

Let op: **planen** en **geplant** spreek je uit met een lange a ([plaanen] en [geplaant]), terwijl je *plannen* en *gepland* met een korte e uitspreekt ([plènnen] en [geplènt]).

N

Het voltooid deelwoord *geplant* komt van het werkwoord *planten*. De juiste vertaling van *planten* is **pflanzen** waarvan het voltooid deelwoord **gepflanzt** is:

Ik heb dit jaar zonnebloemen <u>geplant</u>, maar helaas zijn ze niet groot geworden. **Ich habe dieses Jahr Sonnenblumen <u>gepflanzt</u>, aber leider sind sie nicht groß geworden.**

Gerecht

Möchtest du das <u>gerecht</u> verteilen? *Wil je dat <u>eerlijk</u> verdelen?*

D

Doordat **gerecht** hier met een kleine letter geschreven is, kun je al zien dat het niet om het zelfstandig naamwoord *gerecht* gaat. Dan zou je **gerecht** namelijk met een hoofdletter schijven.

Gerecht met een kleine letter betekent *rechtvaardig* of *gerechtvaardigd*:

Ich verdiene kaum etwas und zahle trotzdem Steuern. Das ist doch nicht gerecht! — *Ik verdien bijna niks en betaal toch belasting. Dat is toch niet rechtvaardig!*

Von mir aus kann er entlassen werden. Das ist sein gerechter Lohn. — *Van mijn part / wat mij betreft kan hij ontslagen worden. Dat is zijn verdiende loon.*

Van het woord **gerecht** zijn andere woorden afgeleid die allemaal met rechtvaardigheid te maken hebben: **gerechterweise** (*redelijkerwijs*), **gerechtfertigt** (*gerechtvaardigd*), **Gerechtigkeit** (*gerechtigheid*), **Gerechtigkeitssinn** (*rechtvaardigheidsgevoel*), **ungerecht** (*onrechtvaardig*) en **jemandem gerecht werden** (*iemand in zijn recht laten*).

In het spreekwoord *van alle markten thuis zijn* heeft **gerecht** de verouderde betekenis *passend/aangepast*:

Er ist in allen Sätteln gerecht. — *Hij is van alle markten thuis.*

N

1) *Gerecht* heeft in het Nederlands ook twee betekenissen. De eerste betekenis is *rechtbank*. Hoewel dit met het Duitse **gerecht** te maken heeft, wordt het vertaald met **Gericht**:

Wat gebeurt er nu met de kinderen? – De rechtbank beslist waar de kinderen zullen wonen. — **Was passiert jetzt mit den Kindern? – Das Gericht entscheidet, wo die Kinder leben sollen.**

2) De tweede betekenis van *gerecht* is een *schotel met eten* (zie ook BEILAGE voor *bijgerecht*). Ook deze betekenis wordt vertaald met **Gericht**:

Het gerecht dat je gisteren hebt gemaakt was super. Misschien kunnen we dat nog een keer maken? — **Das Gericht, das du gestern gekocht hast, war super. Vielleicht können wir das noch mal machen?**

Let op: **gericht** moet je niet verwarren met *gericht*. Daarvoor gebruik je namelijk **gezielt/gerichtet**:

De politieagent heeft eerst in de lucht geschoten, maar daarna heeft hij gericht geschoten. — **Der Polizist hat zuerst in die Luft geschossen, aber danach hat er gezielt geschossen.**

Ik heb gezien hoe hij zijn geweer op de auto gericht had. — **Ich habe gesehen wie er sein Gewehr auf das Auto gerichtet hatte.**

GESCHICKT

Er ist ein sehr geschickter Mann. — *Hij is een hele handige man.*

D

In Zuid-Duitsland kun je **geschickt** vertalen als *geschikt*. Maar in de rest van Duitsland betekent **geschickt** *handig* en **ungeschickt** *onhandig*:

Hast du das selber gemacht? – Ja. – Du bist wirklich sehr geschickt. — *Heb je dat zelf gemaakt? – Ja. – Jij bent echt heel handig.*

Er ist sehr <u>ungeschickt</u>. Er hat zwei linke Hände. — *Hij is heel <u>onhandig</u>. Hij heeft twee linkerhanden.*

Ook is **geschickt** het voltooid deelwoord van **schicken**:

Ich habe dir ein Päckchen <u>geschickt</u>. — *Ik heb je een pakketje <u>gestuurd</u>.*

N

In het Nederlands heeft *geschikt* twee betekenissen.

1) Als het gaat om *aangenaam in de omgang*, gebruik je **nett** (zie ook Nett):

Hij is echt een <u>geschikte</u> man. — **Er ist ein sehr <u>netter</u> Mann.**

2) Als het gaat om *met de juiste eigenschappen*, gebruik je **geeignet**. En *ongeschikt* betekent **ungeeignet:**

Zij is zeer <u>geschikt</u> voor deze functie. — **Sie ist sehr <u>geeignet</u> für diese Stelle.**
Ik geloof dat hij totaal <u>ongeschikt</u> is. — **Ich halte ihn für total <u>ungeeignet</u>.**

Maar als *iemand zich onhandig gedraagt, zich belachelijk maakt en bespot wordt*, dan **macht jemand sich zum Horst/Otto/Heinz** (zie ook Vorname voor Otto).

Geschmack

<u>Geschmack</u> ist 'King'. — *Smaak is Koning.*

D

Deze slogan is op de Duitse radio als reclame voor de Burger King uitgezonden. Mijn voorgevoel zei dat het niet over *gesmak* als voltooid deelwoord van *smakken* ging: lekker smakkend een hamburger naar binnenwerken! En dat vermoeden klopte, want **Geschmack** betekent *smaak(je)*:

Dieser Wein hat einen guten <u>Geschmack</u>. — *Deze wijn heeft een lekkere <u>smaak</u>.*
Dieser Saft enthält keine <u>Geschmack</u>sverstärker. — *Dit sap bevat geen <u>smaak</u>versterkers.*
Es ist egal, dass er Kritik an meiner Musik übt, weil Musik eine <u>Geschmackssache</u> ist. (zie ook Egal) — *Het maakt niet uit dat hij kritiek uit over mijn muziek, want muziek is een <u>kwestie</u> <u>van</u> <u>smaak</u>.*
Über <u>Geschmack</u> lässt sich nicht streiten. — *Over <u>smaak</u> valt niet te twisten.*

N

Het werkwoord *smakken* heeft verschillende betekenissen.

1) Voor *smakken* in de betekenis van *geluid maken met de mond* gebruik je **schmatzen**:

Smak niet zo! Ik ben je <u>gesmak</u> zat! — **Schmatz nicht so! Ich bin dein <u>Geschmatze</u> satt!** (zie ook Voll voor **satt**)
Hier, je hebt een dikke <u>smak/zoen</u> verdiend. — **Hier, du hast einen dicken <u>Schmatz</u> verdient.**

2) Voor *smakken* in de betekenis van *vallen* gebruik je onder andere **(hart) fallen** (zie ook HART):
Hij is naar beneden gesmakt/gevallen. **Er ist heruntergefallen.** (zie ook GEFALLEN)
Hij heeft een flinke smak gemaakt. **Er hat sich kräftig hingelegt.**

3) Voor *smakken* in de betekenis van *gooien* gebruik je **schmeißen**:
De vaas werd op de grond gesmakt. **Die Vase wurde auf den Boden geschmissen.**

Maar *een smak geld* is **ein Heidengeld**.

Let op: voor *smaken* (let op de enkele k) gebruik je **schmecken** (zie ook PRÜFEN voor het verschil tussen *proeven* en *smaken*).

GESELLSCHAFT

Ich fühle mich wie zuhause in dieser Gesellschaft. *Ik voel me thuis in deze samenleving.*

D

Gesellschaft heeft net als *gezelschap* te maken met *het samenzijn* en *de aanwezigheid van anderen*. Maar **Gesellschaft** heeft in het Duits een concretere betekenis dan in het Nederlands. **Gesellschaft** betekent namelijk behalve *gezelschap* ook nog *maatschappij/samenleving* en *maatschappij/firma*:
In der heutigen Gesellschaft ist Internet sehr wichtig. *In de huidige maatschappij is internet heel belangrijk.*
Diese Gesellschaft hat eine neue elektronische Ausrüstung gekauft. *Deze firma heeft een nieuwe elektronische installatie gekocht.* (zie ook GEKOCHT)

Woorden die van **Gesellschaft** zijn afgeleid zijn bijvoorbeeld **Gesellschafter** (*vennoot*), **gesellschaftlich** (*maatschappelijk* en *beschaafd*), **Gesellschaftsanzug** (*avondkostuum*), **Gesellschaftslehre** (*maatschappijleer* en *sociologie*) en **Gesellschaftsspiel** (*gezelschapsspel*).

En hoewel **Gesellenschaft** (let op de en) niet in het woordenboek staat, kun je dit woord tegenkomen als aanduiding *voor de periode dat iemand* **Geselle** *is*. Een **Geselle** is in de wereld van de ambachtslieden een *uitgeleerde leerling* (zie ook LEHRLING).

N

Het Nederlandse *gezelschap* kun je niet alleen vertalen met **Gesellschaft**, maar ook met **Gruppe** als het gaat om een *vereniging* of **Kreis** als het gaat om *een aantal mensen bij elkaar* (zie ook KREISEN voor een groep mensen):
Dit gezelschap heeft zich als doel gesteld twee keer zoveel geld in te zamelen. **Diese Gruppe/Gesellschaft hat es sich zum Ziel gesetzt, doppelt so viel Geld einzusammeln.**

De kunstenaar heeft een gezelschap van geïnteresseerden in kunst om zich heen verzameld. **Der Künstler hat eine Gesellschaft / einen Kreis von Kunstinteressierten um sich gesammelt.**

GESPANNT

Ich bin <u>gespannt</u>. *Ik ben <u>benieuwd</u>.*

D

De meestvoorkomende betekenis van **gespannt** is *nieuwsgierig/benieuwd*:

Ich bin <u>gespannt</u> auf das Ergebnis. *Ik ben <u>nieuwsgierig</u> naar het resultaat.*
Ich bin (mal) <u>gespannt</u>. *Ik ben <u>benieuwd</u>.*

Maar **gespannt** kan ook *gespannen* betekenen, zoals bijvoorbeeld in het spreekwoord:

Allzu straff <u>gespannt</u>, zerspringt der Bogen. *De boog kan niet altijd <u>gespannen</u> zijn.*
(zie ook STRAFFEN en BOGEN)

N

Gespannen kun je vertalen met **gespannt**, maar ook met **angespannt**:

Je ziet er <u>gespannen</u> uit. Je moet maar weer eens vakantie nemen! **Du wirkst <u>angespannt</u>. Du solltest mal wieder Urlaub machen!**
Met <u>gespannen</u> aandacht heeft hij de spreker aangehoord. **Mit <u>angespannter</u> Aufmerksamkeit hat er dem Redner zugehört.**
De <u>gespannen</u> internationale verhoudingen zijn uit de hand gelopen. **Die <u>angespannten</u> internationalen Beziehungen sind außer Kontrolle geraten.**

Zie ook SPANNEND

GEWALT

Die <u>Gewalt</u> in Ägypten steht unter Druck. *Het <u>gezag</u> in Egypte staat onder druk.*

D

1) **Gewalt** kan *macht/gezag* betekenen. Uit de context moet je de juiste betekenis afleiden:

Nach einer Diktatur von 30 Jahren wurde die <u>Gewalt</u> zu Fall gebracht. *Na een dictatuur van 30 jaar werd het <u>gezag</u> ten val gebracht.*
Der Mann hat sechs Geiseln in seiner <u>Gewalt</u>. *De man heeft zes gegijzelden in zijn <u>macht</u>.*
Auf höhere <u>Gewalt</u> hat selbstverständlich niemand Einfluss. *Op hogere <u>machten</u> heeft natuurlijk niemand invloed.*

2) Maar **Gewalt** betekent ook *geweld*:

Nach einem langen Krieg ist die <u>Gewalt</u> zum Ende gekommen / zu Ende gegangen. *Na een lange oorlog is aan het <u>geweld</u> een einde gekomen.*
Er hat die Tür mit brutaler <u>Gewalt</u> geöffnet. *Hij heeft de deur met bruut <u>geweld</u> geopend.*
(zie ook BRUTAL)
Ich bin gegen sinnlose <u>Gewalt</u>. *Ik ben tegen zinloos <u>geweld</u>.*

Woorden die van **Gewalt** zijn afgeleid, zijn bijvoorbeeld **gewaltig** (*enorm* en *machtig*), **Gewaltmittel** (*paardenmiddel*), **Gewaltopfer** (*slachtoffer van geweld*) en **gewaltsam/gewalttätig** (*gewelddadig*).

En **Gewaltenteilung** verwijst naar de *scheiding van machten* in een democratie: de **Legislative** (*wetgevende macht*), de **Exekutive** (*uitvoerende macht*) en de **Judikative** (*rechterlijke macht*).

N

Interessant om te weten is dat het Nederlandse *geweld* vroeger ook *macht/soevereiniteit* betekende. Maar die betekenis is gereduceerd tot *een zichtbare uiting van kracht* of in het geval van personen tot *het onrechtmatig gebruik van kracht/macht*.

Gezogen

Letztes Jahr ist meine Freundin zu mir gezogen.	*Afgelopen jaar is mijn vriendin bij mij ingetrokken.*

D

Het voltooid deelwoord **gezogen** komt van het werkwoord **ziehen** (*trekken*). Dit woord lijkt erg op **gesogen**, het voltooid deelwoord van **saugen** (*zuigen*). Als je onthoudt dat **gesogen** uitgesproken wordt als [gezoogen], terwijl **gezogen** uitgesproken wordt als [getsoogen] zijn deze woorden makkelijker uit elkaar te houden en verwar je **gezogen** minder snel met *gezogen*:

Die Kinder haben am Tau gezogen.	*De kinderen hebben aan het touw getrokken.*
Nachdem sie eine Woche in Amsterdam war, ist sie weitergezogen.	*Nadat ze een week in Amsterdam was, is ze verder getrokken.*
Er hat die Arschkarte gezogen!	*Hij is de klos!*

Dit gezegde komt uit de tijd dat de televisie nog in zwart-wit was. In die tijd konden tv-kijkers bij voetbal niet aan de kleur zien of een speler een rode of een gele kaart kreeg. Daarom werd de gele kaart uit de borstzak getrokken en kwam de rode kaart uit de kontzak van de scheidsrechter.

Ziehen komt ook voor in de samenstellingen **anziehen** (*aantrekken* en *optrekken*), **einziehen** (*binnentrekken* en *intrekken*), **nachziehen** (*natrekken* en *naslepen*), **überziehen** (*overschrijden* en *overtrekken*), **umziehen** (*verhuizen, omgeven* en *omkleden*), **unterziehen** (*eronder aantrekken* en *onderwerpen*), **vorziehen** (*dichttrekken* en *voortrekken*) en **zuziehen** (*dichttrekken* en *komen wonen*). Voor het voltooid deelwoord plak je dan gewoon het voorvoegsel voor **gezogen: angezogen, eingezogen, umgezogen** enz.

Let op: het voltooid deelwoord van **(nach)vollziehen (vollziehen**, *voltrekken/uitvoeren*; **nachvollziehen**, *zich inleven in / begrijpen*) is **(nach)vollzogen** en niet '(nach)vollgezogen'.

Van de samenstelling **umziehen** is het zelfstandig naamwoord **Umzug** afgeleid. Dat kan *verhuizing* betekenen, maar ook *optocht*.

N

Het voltooid deelwoord *gezogen* hoort bij het werkwoord *zuigen*:

Mijn zoon heeft vroeger op zijn duim gezogen.	**Mein Sohn hat früher an seinem Daumen gesogen/genuckelt.**
Hij wist niet wat hij moest zeggen. Daarom heeft hij maar wat uit zijn duim gezogen.	**Er wusste nicht, was er sagen sollte. Darum hat er sich was aus den Fingern gesogen.**

In het Nederlands hoor je ook vaak *gezogen* als (foutieve) verkorting van *gestofzuigd*. In het Duits is de vervoeging van **staubsaugen** net als bij *stofzuigen* zwak. Daarom is het voltooid deelwoord **(Staub) gesaugt**:

Nina, heb je de gang al gezuigd? — **Nina, hast du den Gang schon gesaugt?** (zie ook GANG)

Zuigen heb je niet nodig bij:

Ik heb er een puntje aan gezogen. — **Ich habe mir davon eine Scheibe abgeschnitten.**

GIFT

Ich habe dir Gift gekauft. — *Ik heb voor jou vergif gekocht.*

D

Gift is niet een uiting van liefdadigheid maar van kwaadaardigheid.

1) Eén betekenis van **Gift** is concreet, namelijk *vergif*:
   Socrates hat Gift getrunken. — *Socrates heeft gif gedronken.*
   Darauf kannst du Gift nehmen. — *Daar kun je vergif op innemen.*

2) De andere betekenis van **Gift** is abstract, namelijk *venijn/boosaardigheid*:
   Der Mann speit Gift und Galle wegen seines Nachbarn. — *De man is woest op zijn buurman.*

Maar **Gift** heb je niet nodig voor:

Bier na wijn geeft venijn, wijn na bier geeft plezier. — **Bier auf Wein. das lass sein – Wein auf Bier, das rat' ich dir.**

N

Vroeger werd in het Nederlands voor *gif* 'vergift' en later 'gift' gebruikt. De t van 'gift' als *vergif* werd weggelaten om het verschil met de betekenis *geschenk* duidelijk te maken.

Als je het in het Duits wilt hebben over een *gift*, gebruik je **Gabe** of **Spende**. Volgens het woordenboek zijn die gelijk aan elkaar, maar **Spende** wordt meestal gebruikt voor een gift aan een goed doel, terwijl een **Gabe** meestal een persoonlijke gift is:

Dit is mijn gift voor jou. — **Das ist meine Gabe / mein Geschenk für dich.**
Ik wil graag een gift doen aan een goed doel. — **Ich möchte eine Spende für einen guten Zweck geben.**

GOTTESDIENST

Wie läuft ein katholischer Gottesdienst ab? — *Hoe zit een katholieke kerkdienst in elkaar?*

D

Een **Gottesdienst** is in Duitsland een *kerkdienst*:

Am Sonntagmorgen gehe ich zum Gottesdienst. — *Op zondagochtend ga ik naar de kerk / woon ik de kerkdienst bij.*

N

Vroeger betekende *godsdienst* ook *kerkdienst*, omdat het betrekking had op *het dienen van God*. Maar later werd *godsdienst* gebruikt voor het abstractere *geheel van plechtigheden die met godsverering te maken hebben*. In het Duits gebruik je **Religion** (*religie*) voor *godsdienst*.

Let op: in de Duitse kerk word je **getauft** en niet **gedopt**. Als je **gedopt** wordt, wil dat zeggen dat dat je gedrogeerd wordt of doping toegediend krijgt (zie ook DROGEN).

GRAF

Du siehst aus wie ein Graf. — *Je ziet eruit als een graaf.*

D

1) Als iemand dit in het Duits tegen je zegt, zou je je enorm beledigd kunnen voelen. Maar **Graf** betekent *graaf*, dus is dit eerder een compliment.

Bij de verbuiging van **Graf** moet je weten dat dit woord zwak is. Dat betekent dat alleen de eerste naamval (nominatief) **Graf** is en dat alle andere vormen **Grafen** zijn:

Der Graf hat gesprochen. — *De graaf heeft gesproken.*

Ich habe gehört, dass die Kleidung des Grafen sehr schön war. (zie ook SCHON voor schön) — *Ik heb gehoord dat de kleding van de graaf heel mooi was.*

2) Verder betekent in de natuur- en wiskunde **Graph** ook *grafiek*:

Der Graph ist sehr undeutlich. Weißt du, wie wir ihn interpretieren sollen? — *De grafiek is heel onduidelijk. Weet jij hoe we die moeten interpreteren?*

3) In de taalkunde is een **Graph** ook een *schriftteken/letter*, maar het verschil is dat dit zelfstandig naamwoord onzijdig is:

Das Graph wurde nicht scharf gedruckt. — *De letter was niet scherp afgedrukt.*

De eerste betekenis van *graaf* komt van 'gravius' (*koninklijk bestuursambtenaar*). De laatste twee betekenissen van *graaf* komen van 'grafie' (*schrijven*). Het achtervoegsel -graaf in woorden als *autograaf* (**Autograf**), *barograaf* (**Barograf**), *demograaf* (**Demograf**) en *stenograaf* (**Stenograf**) komt ook van 'grafie' en heeft betrekking op *(be)schrijven*.

N

En als je het over een *graf* wilt hebben, gebruik je **Grab**:

We hebben in de tuin een graf voor mijn cavia gegraven.	**Wir haben im Garten ein Grab für mein Meerschweinchen gegraben.**
Hij is heel oud. Ik geloof dat hij al met één been in het graf staat.	**Er ist sehr alt. Ich glaube, dass er schon mit einem Bein im Grab steht.**
Toen ik hem vroeg of hij een affaire had, zweeg hij als het graf.	**Als ich ihn fragte, ob er eine Affäre hatte, schwieg er wie ein Grab.**

Gerelateerde woorden zijn **begraben** (een persoon of dier *begraven*) en **vergraben/eingraben** (een voorwerp *begraven*).

Gram

Wie groß ist sein Gram?	*Hoe groot is zijn smart?*

D

Gram kun je makkelijk verwarren met *gram*, maar daarvoor gebruik je in het Duits **Gramm**. Het zelfstandig naamwoord **Gram** met één m betekent *smart/leed* en het bijvoeglijk naamwoord **gram** betekent *boos*. De combinatie **jemandem gram sein** betekent daarom *boos zijn op iemand*. Deze betekenis van *gram* bestaat ook in het Nederlands: *bij iemand zijn gram halen* (**sein Mütchen an jemandem kühlen**).

N

Opvallend is dat als je zegt *ik ben geen gram afgevallen* je dit vertaalt met **ich habe kein Gran** (let op de n) **abgenommen**. **Gran** is een oude gewichtsmaat die wij vroeger *grein* noemden. Op het eerste gezicht denk je misschien dat je *grein* niet kent, maar als je het zinnetje *hij heeft geen greintje verantwoordelijkheidsgevoel* tegenkomt, heb je waarschijnlijk wel een *aha-ervaring* (**Aha-Erlebnis**). **Gran** lijkt weer op *graan*, maar trap er niet in, want de vertaling daarvan is **Getreide**.

Greis

Er ist schon ein Greis.	*Hij is al een bejaarde.*

D

Als je denkt dat **greis** *grijs* betekent zit je fout, maar ben je wel warm. **Greis** betekent namelijk *bejaard/oud*:

Der Greis ist ins Altenheim gezogen.	*De bejaarde man is naar het bejaardentehuis verhuisd.*

N

Voor de kleur *grijs* heb je **grau** nodig:

Ik krijg grijze haren van al die spelfouten!	**Ich bekomme graue Haare von den ganzen Rechtschreibfehlern!**

Afgelopen week heb ik geen druppel alcohol gedronken, dus ik heb weer wat grijze cellen gered. — **Letzte Woche habe ich keinen Tropfen Alkohol getrunken, also habe ich einige graue Zellen gerettet.**

Hij heeft een nieuwe vriendin. Wat is dat een grijze muis zeg! — **Er hat eine neue Freundin. Die ist aber eine graue Maus!**

Grijs heb je niet nodig bij:

Deze plaat van de The Beatles heb ik helemaal grijsgedraaid. — **Diese Schallplatte von den Beatles habe ich rauf und runter gehört.**

Vergis je niet met de betekenis van **grell**, wat niet *grijs* maar *fel* betekent:

Wir haben unsere neue Wohnung in grellen Farben gestrichen. — *We hebben ons nieuwe huis in felle kleuren geschilderd.*

GRIFF

Er griff das Telefon. — *Hij pakte de telefoon.*

D

Hoewel **griff** heel erg op *grif* lijkt, zou er een *belletje moeten gaan rinkelen* (**sollten bei dir die Alarmglocken angehen**) als je let op de woordsoort. In het Duits is **griff** een werkwoord (de verleden tijd van **greifen**, *grijpen*) en **Griff** het zelfstandig naamwoord voor *handvat*. Vroeger werd een **Griff** van een zwaard een **Heft** genoemd. Dit woord zie je terug in de uitdrukkingen **das Heft in der Hand halten** (*het heft in handen hebben*) en **das Heft aus der Hand geben/nehmen** (*het heft uit handen geven/nemen*) die betrekking hebben op machtsbezit. Wie het wapen in de hand had, had duidelijk meer macht dan degene die dat niet had.

N

In het Nederlands is *grif* (*vlug/vlot*) een bijwoord. In het Duits gebruik je daarvoor **sofort / ohne Bedenken / ohne Zögern**:

Hij heeft grif toegegeven dat hij gespiekt had. — **Er hat sofort / ohne Bedenken / ohne Zögern zugegeben, dass er abgeguckt hat.**

GRUND

Der Unternehmer hat keinen Grund, zu bauen. — *De ondernemer heeft geen reden om te bouwen.*

D

1) De betekenis van **Grund** is *reden*:

Sie hat einen besonderen Grund, sich zu freuen. — *Ze heeft een bijzondere reden om blij te zijn.*

Auf Grund ihres Briefes werde ich ihr einen Heiratsantrag machen. — *Naar aanleiding van haar brief zal ik haar ten huwelijk vragen.*

Hiervan is bijvoorbeeld het woord **Grundlage** (*grondslag/basis*) en het werkwoord **begründen** (*beredeneren*) afgeleid.

2) Maar **Grund** kan, zoals te verwachten, ook *grond/bodem* betekenen, vooral als die grond zich onder het water bevindt:
Um Öl zu gewinnen, muss man in den Meeres<u>grund</u> bohren. *Om olie te winnen moet je in de zee<u>bodem</u> boren.*
Seit er die Schule verlassen hat, hat er den festen <u>Grund</u> unter den Füßen verloren. *Sinds hij van school af is, heeft hij geen vaste <u>grond</u> meer onder de voeten.*

Hier ligt de herkomst van het woord **gründlich** (*grondig*) en de werkwoorden **gründen** (*oprichten*) en **ergründen / auf den Grund gehen** (*doorgronden*).

Voor *stille wateren hebben diepe gronden* heb je geen grond nodig (**stille Wasser sind tief**).

N

1) Als je het hebt over *grond* als *aardoppervlak* en *de grond waarop je staat*, gebruik je **Boden**:
O jee, ik heb een bord op de <u>grond</u> laten vallen. Maar scherven brengen geluk, dus zo erg is het niet. **Oh je, ich habe eine Platte auf den <u>Boden</u> fallen lassen. Aber Scherben bringen Glück, also alles ist halb so schlimm.** (zie ook SCHLIMM)

Maar een *grondstuk* waarop je kunt bouwen is wel weer een **Grundstück**. En als je iets zegt *uit de grond van je hart*, zeg je iets **von ganzem Herzen**.

2) Voor *grond* als de stof waaruit het aardoppervlak bestaat gebruik je **Erde**:
Ik heb wat <u>grond/aarde</u> gekocht voor een bloempot. Ik wil daar graag een zonnebloem in planten. (zie ook GEPLANT) **Ich habe <u>Erde</u> für einen Blumentopf gekauft. Ich möchte eine Sonnenblume darin pflanzen.**

GRUSELIG

Ich werde meinen Nachbar nicht besuchen. Er ist ziemlich <u>gruselig</u>. *Ik ga niet bij mijn buurman op visite. Hij is nogal <u>griezelig</u>.*

D

Gruselig betekent *griezelig* en niet *groezelig/goor*:
Nachdem im Reiseführer stand, dass hier früher Gespenster waren, fand ich die Höhle plötzlich <u>gruselig</u>. *Nadat ik in de reisgids had gelezen dat hier vroeger spoken waren, vond ik de grot ineens <u>griezelig</u>.*

N

Voor *groezelig* heb je **schmuddelig** nodig:
In studentenhuizen is het vaak heel <u>groezelig</u>. **In WGs (Wohngemeinschaften) ist es oft sehr <u>schmuddelig</u>.**

Grüß Gott

Ah, da sind die anderen. Grüß Gott! — *Ah, daar zijn de anderen. Gegroet!*

D

Grüß Gott wordt in Zuid-Duitsland als groet gebruikt. Als je bijvoorbeeld door het bos wandelt, moet je daarom niet verbaasd staan als iemand je opdraagt God te groeten.

N

In veel Nederlandse uitdrukkingen en spreekwoorden waar *god* in voorkomt, wordt ook **Gott** gebruikt, bijvoorbeeld:

Ik ga me voor een danscursus opgeven, omdat ik me van God en iedereen verlaten voel. — **Ich werde mich für einen Tanzkurs anmelden, weil ich das Gefühl habe, von Gott und der Welt verlassen zu sein.**

Oma, je hebt gezegd dat de jeugd god noch gebod kent. Waarom vind je dat? — **Großmutter, du hast gesagt, dass die Jugend weder Gott noch seine Gebote kennt. Warum denkst du das?**

We moeten niet vergeten dat de mens wikt, maar God beschikt, of niet? — **Wir sollen nicht vergessen, dass der Mensch denkt und Gott lenkt, oder?**

Verder is opvallend dat als je *godallemachtig* zegt de woorden in het Duits precies andersom staan: **allmächtiger Gott**. En bij *godverdomme* komt God helemaal niet voor, want die krachtterm wordt vertaald als **verdammt noch mal**. Voor *potverdomme* gebruik je **verflixt noch mal** of **zum Donnerwetter**.

Günstig

Dieses Haus ist sehr günstig. — *Dit huis is heel goedkoop.*

D

Günstig betekent *gunstig*, maar wordt vaker gebruikt voor *goedkoop*. Andere manieren om aan te geven dat iets goedkoop is, zijn **billig**, **preiswert**, **preisgünstig**, **etwas für einen Pappenstiel kaufen** (*iets voor een habbekrats kopen*) en **etwas kostet nur einen Apfel und ein Ei**. Het spreekwoord *goedkoop is duurkoop* vertaal je met **wohlfeil ist ein Taschendieb**.

N

Naast **günstig** kun je *gunstig* vertalen met **wohlwollend/wohlgesinnt** als het om *welwillend* gaat:

Het lot was mij gunstig gezind. — **Das Schicksal war mir wohlgesinnt / günstig gesinnt.**

H

HAHN

Ich habe vergessen, den Hahn zuzudrehen.	*Ik ben vergeten de kraan dicht te draaien.*

D

De enige betekenis van **Hahn** die niet overeenkomt met het Nederlandse *haan* is *kraan*. **Hahn** is de afkorting van **Wasserhahn** (*waterkraan*):

Es ist umweltfreundlich, den Hahn während des Zähneputzens zuzudrehen.	*Het is goed voor het milieu om tijdens het tandenpoetsen de kraan dicht te draaien.*
Der Hahn kräht. (zie ook SCHREIEN voor andere dierengeluiden)	*De haan kraait.*
Es wird kein Hahn danach krähen.	*Daar zal geen haan naar kraaien.*
Der Hahn zeigt, woher der Wind weht.	*De weerhaan laat zien waar de wind vandaan komt.*

Maar *haan* en *kraan* heb je niet nodig bij de uitdrukkingen **der Hahn im Korb sein** (*het middelpunt zijn*) en **jemandem den roten Hahn aufs Dach setzen** (*iemands huis in brand steken*).

N

En andersom heb je **Hahn** niet nodig bij:

Hij is een rare snoeshaan.	**Er ist ein richtiger Kauz.**
Heb je al eens sprinkhaan gegeten?	**Hast du schon mal Heuschrecke gegessen?**

HALF

Er half mir beim Umzug.	*Hij hielp mij bij de verhuizing.*

D

Half en *half* zijn twee verschillende woordsoorten. **Half** is een werkwoordsvorm en *half* een bijvoeglijk naamwoord. Het is handig het verschil te weten omdat **half** niet in het woordenboek staat. **Half** is namelijk de verleden tijd van **helfen** wat *helpen* betekent:

Der Mann half der gestürzten Frau auf die Beine.	*De man hielp de gevallen vrouw overeind.*

N

Half vertaal je met **halb**:

Ik heb een halve liter water bij me.	**Ich habe einen halben Liter Wasser dabei.**
Volgens mij luister je maar half.	**Ich glaube, du hörst nur mit halbem Ohr zu.**
Een goed begin is het halve werk.	**Frisch gewagt ist halb gewonnen.**

Is dit glas half vol of half leeg?	**Ist dieses Glas halb voll oder halb leer?**

Hals

Der Hals tut mir weh.	*Mijn keel doet pijn.*

D

Hals is in het Duits niet alleen een *hals*, maar ook wat wij de *keel(holte)* noemen:

Ich gehe morgen zum Hals-Nasen-Ohren-Arzt/HNO-Arzt.	*Ik ga morgen naar de keel-, neus-, en oorarts/ KNO-arts.*
Ich bekam die Bemerkung in den falschen Hals.	*Die opmerking schoot bij mij in het verkeerde keelgat.*
Der Luftzug hat bei mir einen steifen Hals verursacht.	*Door de tocht heb ik een stijve nek.*
Diese Flasche hat einen schlanken Hals.	*Deze fles heeft een slanke hals.*

Verder kom je **Hals** tegen in **jemanden am Hals haben** (*met iemand opgescheept zitten*), **viel am Hals haben** (*met veel dingen belast zijn / veel aan je hoofd hebben*), **Hals über Kopf** (*halsoverkop*) en **Hals- und Beinbruch** (*succes*; zie ook Bruch).

N

Alleen voor *hals* als aanduiding voor een persoon gebruik je in het Duits een ander woord, bijvoorbeeld:

Ach, wat is hij toch een onnozele hals.	**Ach, was für ein Einfaltspinsel.**

Halt

Ich meine halt, dass wir da eingreifen sollten.	*Wat ik bedoel is dat we daar moeten ingrijpen.*

D

1) In het dagelijks taalgebruik kom je **halt** vaak tegen. **Halt** is net als het Nederlandse woordje *er* (zie ook Er) een woord waar je gevoel voor moet ontwikkelen. Het woordenboek geeft aan dat het *nu eenmaal* betekent, maar dat werkt niet altijd even goed:

Das ist halt so.	*Dat is nu eenmaal zo.*
Das musst du dann halt vorher sagen.	*Dat moet je dan van tevoren zeggen.*

2) Verder betekent **halt** als uitroep, zoals te verwachten, *halt*:

Halt! Sie sind über Rot gefahren.	*Halt! U bent door rood licht gereden.*

3) Maar als zelfstandig naamwoord **Halt** betekent *houvast*:

Auf der Treppe kann man am Geländer Halt suchen.	*Op de trap kun je aan de leuning houvast zoeken.*

N

In de uitdrukking *een halt toeroepen* gebruik je **Einhalt**:

De regering heeft de criminaliteit een halt toegeroepen. — **Die Regierung hat der Kriminalität Einhalt geboten.**

HALTER

Wo ist der Halter? — *Waar is de houder/eigenaar?*

D

Mocht je dit boek *van A tot Z* (**von A bis Z**; zie ook BIS) lezen, dan ben je het woord HAUEN nog niet tegengekomen en kan het zijn dat je nog niet weet dat het werkwoord **halten** *houden* betekent. Als je dat wel weet, kun je daaruit afleiden dat **Halter** *houder/eigenaar* betekent:

Der Halter dieser Herde hat sich dort in die Wiese gesetzt. — *De houder/eigenaar van deze kudde is daar in de wei gaan zitten.*

Der Halter des Fahrzeuges mit dem Kennzeichen TÜ-IW 202 wird zum Eingang gebeten. — *De eigenaar van de auto met het nummerbord TÜ-IW 202 wordt verzocht naar de ingang te komen.*

In Duitsland beginnen nummerborden altijd met een lettercombinatie die aangeeft waar de auto geregistreerd staat. Meestal kun je uit die afkorting afleiden waar de auto vandaan komt, bijvoorbeeld **M** voor **München** en **TÜ** voor **Tübingen**. Soms lijkt de lettercombinatie willekeurig te zijn, maar zit er toch een logica achter: kleinere plaatsen hebben dezelfde afkorting als de stad in dezelfde **Landkreis**. Zo hoort **Buxtehude** bij **Landkreis Stade** en heeft daarom de afkorting **STD**.

Der Federhalter ist 14 cm lang. — *De penhouder is 14 cm lang.*

Es ist ärgerlich, wenn man auf der Toilette sitzt und der Toilettenpapierhalter ist leer! — *Het is irritant wanneer je op de wc zit en de toiletrolhouder is leeg!*

Verder is een **Halter** ook een *handvat*:

Der Halter dieser Kiste ist abgebrochen. (zie ook KISTE) — *Het handvat van deze kist is afgebroken.*

Let op: een **Anhalter** is niet een *aanhouder*, maar een *lifter*. Voor *aanhouder* bestaat in het Duits geen vertaling:

Hast du schon mal einen Anhalter mitgenommen? – Nein, noch nie. — *Heb jij al eens een lifter meegenomen? – Nee, nog nooit.*

Hij is een aanhouder. — **Er lässt nicht locker / gibt nicht gleich auf.**

Zie je, de aanhouder wint. — **Siehst du, Beharrlichkeit führt zum Ziel.**

N

Een *halter* om je spieren mee te versterken is een **Hantel**:

Wil je met halters van 1 of van 2 kilo trainen? — **Möchtest du mit Hanteln von 1 oder 2 Kilo trainieren?**

Bij de Olympische Spelen hebben de gewichtheffers halters van meer dan 200 kilo omhoog gebracht! — **Bei den Olympischen Spielen haben die Gewichtheber Hanteln mit über 200 Kilo gehoben!**

Hammer

Das ist der Hammer!	*Dat is geweldig!*

D

Hoewel een **Hammer** een *hamer* is, zul je het woord **Hammer** vooral in de uitdrukking **das ist der Hammer** horen. Dit zinnetje drukt uit dat je heel erg onder de indruk bent van iets. Zo onder de indruk, dat het is alsof je met een hamer geslagen bent:

Sie haben es bis hierher geschafft? Das ist der Hammer!	*U bent helemaal tot hier gekomen? Dat is ongelooflijk!*

Verder kom je **Hammer** tegen in **einen Hammer haben** (*een klap van de molen hebben*) en **Hammerpreise** (*hele lage prijzen*).

N

Ook in het Nederlands bestaat een aantal uitdrukkingen waarin *hamer* voorkomt, maar waarvoor je geen **Hammer** nodig hebt:

Hij kan geen hamer vasthouden.	**Er hat zwei linke Hände.** (zie ook Link)
Tijdens de marathon kwam ik de man met de hamer tegen.	**Während des Marathons habe ich einen Schwächeanfall erlitten.**

Hang

Ich bin alleine den steilen Hang heruntergegangen.	*Ik ben alleen de steile helling afgedaald.*

D

Hang betekent *helling*, maar ook gewoon *hang/neiging*:

Der Skifahrer ist den Hang heruntergeglitten.	*De skiër is van de helling afgegleden.*
Er hat einen krankhaften Hang zum Alkohol.	*Hij heeft een ziekelijke hang naar alcohol.*

N

In het Nederlands is *hang* ook nog de 1e persoon enkelvoud en de gebiedende wijs en van het werkwoord *hangen*:

Ik hang als een aap in de boom.	**Ich hänge wie ein Affe im Baum.**
Hang je jas toch op.	**Häng deine Jacke doch auf.**

In het Duits zijn er twee vormen van **hangen**. Als je in het Nederlands *ophangen* gebruikt, is de verleden tijd **hängte** en het voltooid deelwoord **gehängt**. Maar als iets op een vaste plaats hangt, is de verleden tijd **hing** en het voltooid deelwoord **gehangen**.

Let op: *ophangen* kun je vertalen met **aufhängen**, behalve als je de telefoon oplegt, dan gebruik je **auflegen**. En als iemand zichzelf ophangt, gebruik je **erhängen**.

Hart

Das ist eine <u>Hart</u>kapsel. — *Dat is een capsule met een <u>hard</u> omhulsel.*

D

Schrik niet als een huisarts je een **Hartkapsel** voorschrijft. Gelukkig zijn er twee belangrijke verschillen tussen **hart** en *hart* die je helpen deze woorden uit elkaar te houden. Een verschil is dat **hart** een bijvoeglijk naamwoord of bijwoord is, terwijl *hart* een zelfstandig naamwoord is. Het tweede verschil is dat **hart** niet alleen hetzelfde wordt uitgesproken als *hart* maar ook als *hard*, wat de juiste betekenis is:

Dieser Apfel ist sehr <u>hart</u>. — *Deze appel is heel <u>hard</u>.*
Ich muss noch eine <u>harte</u> Nuss knacken. — *Ik heb nog een <u>harde</u> noot te kraken.*
Ich trinke Mineralwasser, weil das Leitungswasser sehr <u>hart</u> ist. — *Ik drink mineraalwater, omdat het kraanwater heel <u>hard</u> is.*
Möchtest du auch ein <u>hart</u> gekochtes Ei? — *Wil je ook een <u>hard</u>gekookt ei?*

In sommige uitdrukkingen heb je in het Nederlands wel *hard* nodig, maar in het Duits geen **hart**:

Hij is te <u>hard</u> van stapel gelopen. — **Er hat überstürzt gehandelt.**
Daar heb ik een <u>hard</u> hoofd in. — **Da sehe ich schwarz.**

N

En een *hart* is in het Duits een **Herz**:

Zij heeft een <u>hart</u> van steen. — **Sie hat ein hartes <u>Herz</u>.**

Let op: de verbuiging van **Herz** is bijzonder, omdat het vergelijkbaar is met de verbuiging van een zwak zelfstandig naamwoord. Bij een zwak zelfstandig naamwoord eindigen alle vormen, behalve de nominatief enkelvoud, op -n (bijvoorbeeld **der Patient, des Patienten, dem Patienten, den Patienten** en meervoud ook altijd **Patienten**). Bij **Herz** is de verbuiging alleen net iets anders: **das Herz, des Herzens, dem Herzen, das Herz** en meervoud altijd **Herzen**.

Herz heb je niet nodig bij:

Ik ben een leraar in <u>hart</u> en nieren. — **Ich bin Lehrer mit Leib und Seele.**
Ik draag jullie een warm <u>hart</u> toe. — **Ich bin euch wohlgesonnen.**
Dat kan ik je met de hand op mijn <u>hart</u> verzekeren. — **Das schwöre ich dir hoch und heilig.**
Ik wil je graag een <u>hart</u> onder de riem steken. — **Ich möchte dir Mut machen.**

Hat

Er <u>hat</u> gegessen. — *Hij <u>heeft</u> gegeten.*

D

Hat is niet als trefwoord in een woordenboek te vinden, omdat het een verbuiging is van het werkwoord **haben** (*hebben*). Toch is het nuttig er aandacht aan te besteden. **Hat** is namelijk de tegenwoordige tijd van **haben**, terwijl *had* verleden tijd is. Verder wordt **hat** alleen voor 3^e^

persoon enkelvoud gebruikt, terwijl *had* voor zowel 1^e^, 2^e^ als 3^e^ persoon enkelvoud gebruikt wordt:

Er/sie/es hat Hunger.	*Hij/zij/het heeft honger.*
Ik/jij/hij/zij/het had honger.	**Ich/er/sie/es hatte Hunger. / Du hattest Hunger.**

N

Verder heb je in sommige gevallen in het Nederlands wel *hebben* nodig, maar in het Duits geen **haben**. Zo wordt bij een beweging in het Duits **sein** als hulpwerkwoord gebruikt:

Ik heb auto gereden.	**Ich bin Auto gefahren.**

Bij veel uitdrukkingen gebruik je ook geen **haben**:

Ik heb geen geld nodig.	**Ich brauche kein Geld.**
Ik heb veel aan dit boek.	**Ich kann dieses Buch gut gebrauchen.**
Ik kan het niet hebben dat hij al klaar is.	**Ich kann es nicht ertragen, dass er schon fertig ist.**
Ik kan veel hebben, maar dat gaat te ver.	**Ich kann viel vertragen, das geht aber zu weit.**
Dat heb je ervan.	**Das kommt davon.**
Daar zul je het hebben.	**Jetzt geht's los.**
Ik heb het koud.	**Ich friere. / Mir ist kalt.**
Ik weet zeker dat ik hem kan hebben.	**Ich bin mir sicher, dass ich mit ihm fertig werden kann.**
Dat mag geen naam hebben.	**Das ist nicht der Rede wert.**
Van je vrienden moet je het hebben.	**Das sind schöne Freunde.**
Waar wil je me hebben?	**Wohin soll ich mich setzen/stellen?**
Het is een drukte van heb-ik-jou-daar.	**Es ist sehr voll.**
Hij moet het niet van zijn intelligentie hebben.	**Intelligenz ist nicht meine Stärke.**
Zij vertelde een grap. Ik had het niet meer!	**Sie erzählte einen Witz. Ich konnte mich nicht mehr halten vor Lachen!** (zie ook VOR)
We moeten het nog hebben over je contractverlenging.	**Wir müssen deine Vertragsverlängerung noch besprechen.**

HAUEN

Ich darf den Hund nicht hauen.	*Ik mag de hond niet slaan.*

D

Hauen spreek je hetzelfde uit als *houden* als dat op een slordige manier gebeurt. Maar **hauen** betekent *slaan/meppen* en wordt ook in figuurlijke zin gebruikt:

Der Vater hat seinem ungehorsamen Sohn die Jacke vollgehauen.	*De vader heeft zijn ongehoorzame zoon een pak slaag geven.*
Das haut mich um.	*Daar sta ik van versteld.*

Verder komt **hau** nog voor in **hau ruck!** (*zet 'm op!*).

En **abhauen** betekent niet *afslaan* of *afhouden*, maar *weggaan*. In de veelgebruikte uitdrukking abhauen (*er snel vandoor gaan / afnokken*) komt hauen uit de tijd dat paarden met een zweep aangespoord werden om snel te lopen. Ab betekent hier *weg*, want als bijvoorbeeld een trein bij een station abfährt (*wegrijdt*), dan is ie weg.

N

1) *Houden* vertaal je met **halten** (zie ook HALTER):
Hij houdt zich op de vlakte. — **Er hält mit seiner Meinung hinter dem Berg.**

2) Tenzij het om *niet weggeven* gaat, dan gebruik je **behalten**:
Ik wil dit boek graag houden. — **Ich möchte dieses Buch behalten.**

3) Of om *houden van*, dan gebruik je **lieben**:
Ik houd van jou! — **Ich liebe dich!**

4) En er zijn veel uitdrukkingen waarbij je geen van deze vertalingen nodig hebt:

Zij houdt voet bij stuk. / Ze houdt haar poot stijf.	**Sie bleibt fest. / Sie gibt nicht nach. / Sie beharrt auf ihrem Standpunkt. / Sie lässt nicht locker.**
Ik houd het vanavond bij één glas.	**Ich bleibe heute Abend bei einem Glas.**
Volgens mij houdt zij zich van de domme.	**Ich glaube, dass sie sich dumm stellt.**
Ik kan vandaag mijn hoofd er niet bij houden.	**Ich kann heute nicht bei der Sache bleiben.**
Wil je nog een slag om de arm houden?	**Möchtest du dich noch nicht völlig festlegen? / Möchtest du die Hintertür offen lassen?**
Nee, ik wil een vinger aan de pols houden.	**Nein, ich möchte in Tuchfühlung bleiben.**
Ik wil graag een oogje in het zeil houden.	**Ich möchte es im Auge behalten.**
Ik word voor de gek gehouden.	**Ich werde auf den Arm genommen / an der Nase herumgeführt.**
Houd je handen thuis!	**Lass deine Finger davon!**

Heer

Das Heer wurde geschlagen. — *Het leger is verslagen.*

D

Heer heeft weinig met ons woord *heer* te maken. **Heer** is namelijk een *leger*:
Früher bestand ein Heer aus Männern mit Schwertern. Heutzutage besteht ein Heer aus Männern mit Gewehren. — *Vroeger bestond een leger uit mannen met zwaarden. Tegenwoordig bestaat een leger uit mannen met geweren.*

Deze betekenis van **Heer** bestond vroeger in het Nederlands ook, maar is nu verouderd.

N

Als je het over een *heer* of *heren* hebt, gebruik je **Herr** of **Herren**:
De heer werd door de dame ten dans gevraagd. — **Der Herr wurde von der Dame zum Tanz gefragt.**

De Heer heeft iedereen lief. — **Der Herr liebt alle.**

Dames en heren, attentie alstublieft. — **Meine Damen und Herren, ich bitte um Ihre Aufmerksamkeit.**

Geachte heer/mevrouw. — **Sehr geehrter Herr, sehr geehrte Frau.**

Voor een *heer* in een kaartspel gebruik je **König**:

Welke kaart heb je getrokken? – Harten heer. — **Welche Karte hast du gezogen? – Herz König.**

Maar **Herr** en **König** heb je niet nodig bij:

Wees een heer in het verkeer. — **Sei ein Kavalier am Steuer.**

Hell

In diesem Zimmer ist es hell. — *In deze kamer is het licht.*

D

1) Het woord **hell** is een bijvoeglijk naamwoord of bijwoord met de betekenis *licht/helder*:

Die demente Frau hatte noch helle Augenblicke. — *De demente vrouw had nog heldere momenten.*

Sie ist recht helle. — *Ze is heel helder/pienter.*

Vandaar het werkwoord **sich hellen** (*licht worden* en *ophelderen*), wat je niet moet verwarren met *hellen* (**sich neigen** of **schräg sein**).

2) Ook kan **hell** *enorm/veel* betekenen:

An ihm wirst du noch deine helle Freude haben. — *Van hem kun je nog veel plezier hebben.*

N

De plek waar een 'slecht' mens na zijn dood terecht komt, noemen wij *hel*. In het Duits is dat **Hölle**:

Mijn baas maakt op dit moment mijn leven tot een hel. — **Mein Chef macht mir gerade das Leben zur Hölle.**

Herd

Hast du den Herd schon benutzt? — *Heb je het fornuis / de haard al gebruikt?*

D

Vroeger werd een haard ook gebruikt om te braden en te bakken. Vandaar dat een *fornuis* in het Duits met **Herd** wordt aangeduid:

Mein Herd hat eine Herdplatte und einen Backofen. — *Mijn fornuis heeft een kookplaat en een oven.*

Herd betekent ook *haard*:

Wir müssen nur noch das Feuer im Herd anzünden und dann kann die Feier loslegen.
We moeten alleen het vuur in de haard nog aansteken en dan kan het feest beginnen.

Wo ist der Brandherd?
Waar is de brandhaard?

N

Een *hert* is een **Hirsch**:

Een hert dat over de weg liep, heeft een file veroorzaakt.
Ein Hirsch, der über die Straße lief, hat einen Stau verursacht.

Een *vliegend hert* is een kever, vandaar: **Hirschkäfer**.

HERSTELLEN

Wir müssen nur noch den Prototyp herstellen.
We moeten alleen nog het prototype produceren.

D

Behalve een groot verschil in betekenis is er een verschil in uitspraak tussen **herstellen** en *herstellen*. In het Duits ligt de klemtoon op **her-**, terwijl in het Nederlands de klemtoon op *-stel* ligt.

Herstellen betekent *produceren/maken*:

Diese Karten wurden von Hand hergestellt.
Deze kaarten zijn met de hand gemaakt.

N

In het Nederlands heeft *herstellen* verschillende betekenissen.

1) Voor *herstellen* als *in de vorige toestand brengen* gebruik je **korrigieren**:
Ik heb snel mijn dt-fout ~~herstelt~~ hersteld.
Ich habe schnell meinen „dt-Fehler" ~~korrigierd~~ korrigiert.

2) Voor *herstellen* als *weer in goede staat brengen* gebruik je **wiederherstellen**:
De politie moest tijdens de protesten de orde herstellen.
Die Polizei musste während der Proteste die Ordnung wiederherstellen.
Het evenwicht herstelt zich op het moment weer.
Das Gleichgewicht stellt sich gerade wieder her.

3) En voor *herstellen* als *beter worden* gebruik je **sich erholen**:
Ben je weer helemaal hersteld?
Hast du dich erholt?

Hosen

Ich habe zwei neue <u>Hosen</u> gekauft. *Ik heb twee nieuwe <u>broeken</u> gekocht.*

D

Hoewel **Hosen** en *hozen* hetzelfde uitgesproken worden, kun je door het verschil in woordsoort raden dat de betekenis niet hetzelfde is. **Hosen** is het meervoud van **Hose**, wat *broek* betekent:

Ich trage gerne eine <u>Hose</u>, aber noch lieber einen Rock. *Ik draag graag een <u>broek</u>, maar nog liever een rok.*

Hosen komt in een aantal uitdrukkingen voor, bijvoorbeeld:

Ich habe die <u>Hosen</u> heruntergelassen. *Ik heb de waarheid prijsgegeven.*
Ich hatte die <u>Hose</u> voll! *Ik was ontzettend bang!*
Jetzt setze ich mich endlich mal auf den <u>Hosen</u>boden. *Nu begin ik eindelijk serieus te studeren.*

N

Het werkwoord *hozen* als *hard regenen* vertaal je met **in Strömen gießen** en als *water uit een boot scheppen* met **schöpfen**:

Ik wacht nog even, want het <u>hoost</u> buiten. **Ich warte noch kurz, weil es draußen <u>in Strömen gießt</u>.**

We nemen een emmer mee voor het geval dat we moeten <u>hozen</u>. **Wir nehmen einen Eimer mit für den Fall, dass wir <u>schöpfen</u> müssen.**

Hut

Dieser <u>Hut</u> ist zu groß für mich. *Deze <u>hoed</u> is te groot voor mij.*

D

Als het woord **Hut** gebruikt wordt in de context van kleding zal het niet snel een valse vriend zijn, omdat de uitspraak vrijwel hetzelfde is als die van ons woord *hoed*. Maar op papier zou je kunnen denken dat het *hut* betekent:

Der Mann trägt einen <u>Hut</u>. Er sieht schick aus. *De man draagt een <u>hoed</u>. Hij ziet er chique uit.*

Hut met als betekenis *hoed* is een mannelijk woord. Maar **Hut** kan ook een vrouwelijk woord zijn en betekent dan *hoede*:

Ich muss auf der <u>Hut</u> sein. *Ik moet op mijn <u>hoede</u> zijn.*

Vandaar de werkwoorden **hüten** (*hoeden*) en **sich hüten** (*oppassen*).

Ook komt **Hut** voor in:

Das ist jetzt doch schon ein alter <u>Hut</u>! *Dat is nu toch oude koek!*
Im Januar muss er seinen <u>Hut</u> nehmen. *In januari krijgt hij ontslag.*
Mit der Sache habe ich nichts am <u>Hut</u>. *Daarmee heb ik niks te maken.*

N

Een *hut* om in te wonen/slapen vertaal je met **Hütte**, tenzij die op een boot is, dan gebruik je **Kabine**:

Zie je die <u>hut</u>? Daar gaan we heen. — **Siehst du die <u>Hütte</u>? Dort fahren wir hin.**

Om op de boot fatsoenlijk te kunnen slapen, hebben we een <u>hut</u> geboekt. — **Um auf dem Boot ordentlich schlafen zu können, haben wir eine <u>Kabine</u> gebucht.**

Hij woont in een <u>hutje</u> op de hei. — **Er führt ein einsames, zurückgezogenes Leben.**

En dat we in Nederland *hutje mutje* wonen, vertaal je met **nah zusammen**.

I

In

Ich bin <u>in</u> drei Monaten fertig. — *Ik ben <u>over</u> drie maanden klaar.*

D

Soms gebruik je voor **in** in het Nederlands een andere vertaling, zoals:

Er kommt <u>in</u> einer Stunde.	*Hij komt <u>over</u> een uur.*
Ich gehe heute Abend früh <u>ins</u> Bett.	*Ik ga vanavond vroeg <u>naar</u> bed.*
Ich kann nicht <u>in</u> Absatzschuhen gehen.	*Ik kan niet <u>op</u> schoenen met hakken lopen.*
Ich habe nur <u>in</u> Latein eine schlechte Note bekommen.	*Ik heb alleen <u>voor</u> Latijn een slecht cijfer gekregen.*

Maar in de meeste gevallen wordt **in** op dezelfde manier gebruikt als het Nederlandse *in*:

<u>In</u> der Kirche brennen Kerzen.	*<u>In</u> de kerk branden kaarsen.*
<u>In</u> deinem Fall würde ich das nicht machen.	*<u>In</u> jouw geval zou ik dat niet doen.*
Solche Hosen sind heutzutage <u>in</u>.	*Zulke broeken zijn tegenwoordig <u>in</u>.*

N

Ook voor het Nederlands *in* gebruik je soms andere vertalingen dan **in**:

<u>In</u> het begin was het saai.	**Am Anfang war es langweilig.**
Dat lukt me wel <u>in</u> een uur.	**Das schaffe ich innerhalb von einer Stunde.**

Het scheikundige element indium heeft zowel in het Duits als in het Nederlands de afkorting **In**/*In*.

Indien

Das wird in <u>Indien</u> hergestellt. — *Dat wordt in <u>India</u> geproduceerd.*

D

Indien is de naam van het land *India* en spreek je uit als [indiejun] met de klemtoon op **in-**:

Mir wurde am Telefon von einer Frau, die in <u>Indien</u> arbeitet, geholfen.	*Ik werd via de telefoon door een vrouw, die in <u>India</u> werkt, geholpen.*

Hier begint de zin met **mir** en niet met **ich**, omdat bij het werkwoord **helfen** de derde naamval (datief) komt. Deze geregeld voorkomende fout is beroemd geworden door de reclameslogan **da werden Sie geholfen** wat **da wird Ihnen geholfen** had moeten zijn.

N

Voor het voegwoord *indien* gebruik je **wenn/falls:**

<u>Indien</u> jullie een tweede bestelling plaatsen, krijgen jullie op die bestelling 10% korting.

<u>Wenn/Falls</u> ihr eine zweite Bestellung aufgebt, bekommt ihr auf diese Bestellung 10% Rabatt.

INNEN

Ich laufe lieber <u>innen</u> auf der Bahn.

Ik loop liever op de <u>binnen</u>baan.

D

Het bijwoord **innen** betekent *vanbinnen*:

Dieser Apfel ist nur <u>innen</u> faul.

Deze appel is alleen <u>vanbinnen</u> rot. (zie ook ROT)

Dieses Haus ist sowohl außen wie <u>innen</u> sehr schön. (zie ook WIE)

Dit huis is zowel vanbuiten als <u>vanbinnen</u> heel mooi.

N

Het werkwoord *innen* vertaal je op verschillende manieren.

1) Voor *innen* als *ontvangen* gebruik je **kassieren:**

De politieagent heeft de boete <u>geïnd</u>.

Der Polizist hat das Bußgeld <u>kassiert</u>.

2) Voor *innen* als *invorderen/opeisen van gelden* gebruik je **eintreiben:**

Ik heb gisteren mijn laatste schulden <u>geïnd</u>.

Ich habe gestern die letzten Schulden <u>eingetrieben</u>.

3) En bij het *innen* van bijvoorbeeld een cheque gebruik je **einlösen:**

Waar kan ik cheques <u>innen</u>?

Wo kann ich Schecks <u>einlösen</u>?

Let op: een **Innung** is een *gilde*. Een *inning* vertaal je met **Kassierung/Einlösung/Eintreibung/ Einziehung** en bij honkbal en cricket met **Durchgang/Inning.**

IRRITIEREN

Was du hier geschrieben hast, <u>irritiert</u> mich.

Wat je hier geschreven hebt, <u>verwart</u> me.

D

Het kan je overkomen dat bij commentaar op een Duitse tekst bepaalde woorden of zinnen als **irritierend** aangeduid worden. Verwarrend aangezien **irritieren** op de eerste plaats *irriteren/ergeren/boos maken* betekent. Maar **irritieren** kan in het dagelijks taalgebruik ook *in de war brengen* betekenen:

Das Ticken hat mich sehr <u>irritiert</u>.

Het tikken heeft me heel erg <u>geïrriteerd</u>.

Obwohl du diesen Satz geändert hast, <u>irritiert</u> er mich noch immer.

Hoewel je deze zin veranderd hebt, <u>verwart</u> hij me nog altijd.

Verder kan **irritieren** ook *irriteren/prikkelen* betekenen:

Eine irritierte Haut ist rot. (zie ook ROT) — *Een geïrriteerde huid is rood.*

N

Voor *irriteren* als *sterk prikkelen* gebruik je **reizen** (zie ook REIZEN):

Als de huid geïrriteerd is, moet je er crème op smeren. — **Wenn die Haut gereizt ist / Wenn man Juckreiz hat, sollte man sie / die Haut eincremen.**

J

Je

Hast du <u>je</u> noch etwas von ihm gehört?	*Heb je <u>ooit</u> nog iets van hem gehoord?*

D

De uitspraak van het Duitse **je** is [jee] en heeft verschillende betekenissen.

1) **Je** als bijwoord betekent *ooit*:

Das ist das Schönste, was ich <u>je</u> erlebt habe.	*Dit is het mooiste dat ik <u>ooit</u> heb meegemaakt.*

Hier gaat het wel alleen om *ooit* in het verleden. Voor *ooit* in de toekomst gebruik je namelijk **jemals/einstmals**.

2) **Je** als voorzetsel betekent *per*, *ieder* of *al naar gelang*:

Ich bekomme 10 Euro <u>je</u> geworbenem Kunden.	*Ik krijg 10 euro <u>per</u> geworven klant.*
Die Stäbchen sind <u>je</u> 10 cm groß.	*De staafjes zijn <u>ieder</u> 10 cm lang.*
<u>Je</u> <u>nach</u> Wetter findet die Feier in der Halle oder auf dem Innenhof statt.	*<u>Al</u> <u>naar</u> <u>gelang</u> / <u>afhankelijk</u> <u>van</u> het weer is het feest in de hal of op de binnenplaats.*

3) **Je** als voegwoord betekent *hoe*:

<u>Je</u> schneller, desto besser.	*<u>Hoe</u> sneller hoe beter.*

4) En **je** als uitroep betekent *jee*:

Oh <u>je</u>, ich bin in den Dreck getreten.	*Oh <u>jee</u>, ik heb in de viezigheid getrapt.*

N

1) De vertaling van *jij* hangt af van de grammaticale functie van het woord. Mogelijk zijn **du**, **dir** en **dich**:

Houd <u>je</u> van mij?	**Liebst <u>du</u> mich?**
Ja, daarom heb ik rozen voor <u>je</u> gekocht.	**Ja, deswegen habe ich <u>dir</u> Rosen gekauft.**
Ben <u>je</u> er blij mee?	**Freust du <u>dich</u>?**

2) Voor *je* als niet benadrukte vorm van *jouw* gebruik je **dein** of **euer**:

Is dat <u>je</u> moeder?	**Ist das <u>deine</u> Mutter?**
Hebben jullie <u>je</u> huiswerk af?	**Habt ihr <u>eure</u> Hausaufgaben fertig?**

3) Voor *je* als *men* gebruik je **man** (zie ook MAN):

Als <u>je</u> dorst hebt, moet <u>je</u> iets drinken.	**Wenn <u>man</u> Durst hat, soll <u>man</u> etwas trinken.**

4) Maar natuurlijk is er een uitzondering:
Dat is je-van-het! **Das ist das Gelbe vom Ei! / Das ist das Nonplusultra!**

5) Voor *-je* als achtervoegsel om een woord te verkleinen gebruik je **-chen**:
Ik heb zin in een broodje. **Ich habe Lust auf ein Brötchen.**

6) En de letter *j*, die je uitspreekt als [jeej], heet in het Duits **Jot**.

K

KACHEL

Achtung: Diese Kachel ist heiß! *Pas op: deze tegel is heet!*

D

In het Duits wordt met het woord **Kachelofen** een *tegelkachel* bedoeld. Je zou daardoor kunnen denken dat de twee helften precies andersom zijn en dat een **Kachel** dus een *kachel* is. Maar dat is niet zo, want een **Kachel** is een *tegel*. Zo'n tegel is een geglazuurde vierkante plaat uit gebakken klei. Ik kan me nu ook herinneren dat een collega klaagde dat bij haar vriend in de badkamer oerlelijke **Kacheln** waren aangebracht en dat ze daar daarom nooit zou kunnen wonen:

Dieses Badezimmer hat Kacheln aus den 60er Jahren. Ich finde sie hässlich. *Deze badkamer heeft tegels uit de jaren zestig. Ik vind ze lelijk.*

Als je het over *tegeltjeswijsheid* hebt, gebruik je **Wandspruch**.

N

Als je weet dat een **Kachelofen** een *tegelkachel* is, weet je ook dat een **Ofen** een *kachel* is. Maar aangezien *kachel* tegenwoordig ook naar de *verwarming* kan verwijzen, en niet per se een ouderwetse kachel is, kun je ook **Heizung** gebruiken:

We hebben een kachel in de woonkamer, maar die doet het al lang niet meer. **Wir haben einen Ofen im Wohnzimmer, aber der funktioniert schon lange nicht mehr.**

In de winter moet ik toch de kachel aan mogen zetten! **Im Winter sollte ich doch die Heizung nutzen dürfen!**

De uitdrukking *kachel zijn* betekent dat je *dronken* bent en vertaal je met **voll/blau sein** (zie ook VOLL).

KADER

Ich bin mit dem Kader sehr zufrieden! *Ik ben met de topspelers heel tevreden!*

D

Een **Kader** is een *topspeler* of *een (groep) leidinggevende perso(o)n(en)*:

Wurde der Kader von Feyenoord gefüllt? Die Ergebnisse zeigen das nicht. *Is de selectie topspelers van Feyenoord aangevuld? De resultaten laten dat niet zien.*

Der (Partei-)Kader hat sich unerwartet geändert: Johann Bauer hat uns verlassen und Karl Müller ist eingestiegen. *De (partij)leiding is onverwachts veranderd: Johann Bauer heeft ons verlaten en Karl Heinz is erbij gekomen.*

N

In het Nederlands betekent *kader* ook *een groep leidinggevenden*. Verder betekent *kader lijst*. De juiste vertaling daarvan is **Rahmen** (zie ook RAHM(EN)):

In het kader van de bezuinigingen moeten veertig banen geschrapt worden.	**Im Rahmen der Einsparungen müssen vierzig Stellen gekürzt werden.**

Tegenwoordig kan een *kader* ook een apart stuk tekst in bijvoorbeeld een krant zijn. Dit herken je dan aan bijvoorbeeld een ander lettertype. Oorspronkelijk heette dit een *kaderartikel*. Dit is in het Duits een **(Info-)Kasten** (zie ook KASTEN):

Het kader bevat informatie over het ontstaan van een tornado.	**Der Infokasten enthält Information über die Entstehung eines Tornados.**

KAPSEL

Möchtest du eine blaue oder eine braune Kapsel haben?	*Wil je een blauwe of een bruine koker?*

D

Het woord **Kapsel** heeft twee betekenissen.

1) De ene betekenis is een *kleine ronde of ovale doos/bus*. Dit kan een *koker* zijn, maar ook een *capsule met geneesmiddel*:

Möchtest du eine blaue oder eine braune Kapsel haben? – Eine blaue bitte, weil ich sie dann leicht wiedererkennen kann. (zie ook ERKENNEN)	*Wil je een blauwe of een bruine koker? – Doe maar een blauwe, omdat ik hem dan makkelijk kan herkennen.*
Ich finde es leicht, Kapseln hinunter zu schlucken, aber irgendwie klappt es nicht mit allen Tabletten. (zie ook LEICHT)	*Ik vind het makkelijk om capsules in te slikken, maar op een of andere manier lukt het niet met alle tabletten.*

2) Ook kan een **Kapsel** *een omhullend weefsel* zijn, waarvoor je ook in het Nederlands *kapsel* gebruikt:

Ich brauche Ruhe, weil die Kapsel meines rechten Sprunggelenks entzündet ist.	*Ik heb rust nodig omdat het kapsel van mijn rechter enkel ontstoken is.* (zie ook ENKEL)

N

Omdat *kapsel* in het Nederlands zo'n andere betekenis heeft, kunnen Duitsers niet raden dat een *kapsel* een **Frisur/Haarschnitt** is:

Voor mijn bruiloft wil ik een bijzonder kapsel.	**Für meine Hochzeit möchte ich eine besondere Frisur.**
Hé, je hebt een nieuw kapsel! Wat leuk!	**He, du hast einen neuen Haarschnitt! Wie hübsch!**

Het Nederlandse woord *kapsel* verwees vroeger naar de sierlijke hoofdkap van een vrouw. Pas later kreeg het voor vrouwen de meer algemene betekenis van *manier waarop het haar gedragen wordt*. En nog later werd het ook gebruikt voor de haardracht van mannen.

Kasten

Ich möchte diesen <u>Kasten</u> wieder abgeben. *Ik wil deze <u>krat</u> weer inleveren.*

D

Hoewel je in de meeste **Kasten** wel spullen kan stoppen, vertaal je **Kasten** meestal niet met *kast*. Er is wel een aantal uitzonderingen: **Bienenkasten** (*bijenkast*) en **Kasten** (*turnkast*).

1) Een van de andere mogelijke vertalingen is *krat*:

Die Saufbolde haben die leeren Flaschen mitgenommen. Jetzt kann ich keinen vollen <u>Kasten</u> abgeben. Wie ärgerlich! (zie ook LEER) — *De zatlappen hebben de lege flessen meegenomen. Nu kan ik geen volle <u>krat</u> inleveren. Wat irritant!*

2) Verder kan een **Kasten** ook een *bak/bus/kist* zijn:

Ich habe einen Hänge-<u>Blumenkasten</u> gekauft, so dass auf unserem Balkon schöne Blumen wachsen können. — *Ik heb een hang<u>bloembak</u> gekocht, zodat op ons balkon mooie bloemen kunnen groeien.* (zie ook GEKOCHT)

Zu Silvester sind viele <u>Briefkästen</u> verschlossen, damit man kein Feuerwerk hineinschmeißen kann. — *Met Oud en Nieuw zijn veel <u>brievenbussen</u> dicht, zodat je er geen vuurwerk in kan gooien.*

Mein Erste-Hilfe-<u>Kästchen</u> ist 15 Zentimeter breit, 20 Zentimeter tief und 10 Zentimeter hoch. — *Mijn EHBO-<u>kistje</u> is 15 centimeter breed, 20 centimeter diep en 10 centimeter hoog.*

3) Een **Kasten** kan ook een *kader* in een tekst zijn (zie ook KADER):

Die Wörter, die ihr für nächste Woche lernen sollt, stehen in diesem <u>Kasten</u>. — *De woorden die jullie voor volgende week moeten leren, staan in dit <u>kader</u>.*

4) Ook komt **Kasten** in een aantal uitdrukkingen voor:

Das zeigt wieder, dass er <u>nicht viel auf dem Kasten hat</u>. — *Dit laat weer zien dat <u>hij niet veel in zijn mars heeft</u>.*

Ich würde aufpassen, er <u>hat viel auf dem Kasten</u>. — *Ik zou oppassen, hij is <u>niet op zijn achterhoofd gevallen</u>.*

5) Tot slot is **Kasten** het meervoud van **Kaste**, wat een *kaste* is:

In Indien sind viele Leute Analphabeten, vor allem Leute in den niedrigeren <u>Kasten</u>. (zie ook INDIEN) — *In India zijn veel mensen analfabeet, vooral mensen uit de lagere <u>kasten</u>.*

N

Een *kast* waar je bijvoorbeeld kledingstukken in opbergt is een **Schrank**:

Ik heb twee uur nodig om alle kopjes in de <u>kast</u> te zetten. Het is ook zo'n grote verzameling! — **Ich brauche zwei Stunden, um alle Tassen in den <u>Schrank</u> zu stellen. Es ist auch so eine große Sammlung!** (zie ook TASSE)

Ook komt *kast*/**Schrank** in een aantal uitdrukkingen voor, maar daarbij heb je steeds andere vertalingen nodig:

Ik hoop niet dat ik hem met die opmerking op de kast heb gejaagd.	**Ich hoffe nicht, dass ich ihn mit dieser Anmerkung auf die Palme gebracht habe.**
Hij heeft geloof ik een lijk in de kast.	**Er hat, glaube ich, eine Leiche im Keller.**
Is hij al uit de kast gekomen? Het is zo overduidelijk dat hij homo is.	**Hat er sein Coming-out schon gehabt? Es ist so überdeutlich, dass er schwul ist.** (zie ook SCHWUL)
Er hat nicht alle Tassen im Schrank.	*Bij hem is een steekje los.*

KEHREN

Bist du an der Reihe mit Kehren?	*Ben jij aan de beurt om te vegen?*

D

De verwarrende betekenis van **kehren** wordt vooral in Midden- en Zuid-Duitsland gebruikt en is *vegen*:

Ich kehre eigentlich nie, ich staubsauge nur. (zie ook GEZOGEN voor **staubsaugen**)	*Ik veeg eigenlijk nooit, ik stofzuig alleen.*
Ich habe mit einem Besen das Wohnzimmer gekehrt.	*Ik heb een bezem door de woonkamer gehaald. / Ik heb met een bezem de woonkamer geveegd.*
Ich habe nächste Woche Kehrwoche.	*Volgende week is het mijn schoonmaakbeurt.*

In Zuid-Duitsland is het de gewoonte om af te wisselen met het schoonhouden van de gemeenschappelijke voorzieningen in en rondom een huis. Als je aan de beurt bent, zeggen ze dat je **Kehrwoche** hebt. In die week moet je bijvoorbeeld afval rondom het huis opruimen, het trappenhuis schoonmaken en in de winter sneeuwschuiven.

De niet verwarrende betekenis van **kehren** is *keren/wenden/omdraaien*:

Fahren wir weiter oder kehren wir um?	*Rijden we door of keren we om?*
Ich schlage vor, dass wir nach Hause zurückkehren.	*Ik stel voor om naar huis terug te keren.*
Besser umkehren als irregehen.	*Beter ten halve gekeerd dan ten hele gedwaald.*

N

In het Nederlands is er een aantal contexten en uitdrukkingen waarin *keren* voorkomt, maar waarbij je geen **kehren** gebruikt:

Het tij keert drie keer per dag, dus is het iedere dag twee keer eb en twee keer vloed.	**Die Gezeiten wechseln dreimal pro Tag, also gibt es jeden Tag zweimal Ebbe und zweimal Flut.** (zie ook FLUT)
Ik heb nog geprobeerd het tij te keren.	**Ich habe noch versucht, das Blatt zu wenden.**
Helaas, het tij is gekeerd.	**Leider ist die Stimmung umgeschlagen.**
Het kwaad is niet meer te keren.	**Das Übel ist nicht mehr abzuwenden.**

Ook is *keren* het meervoud van *keer*. In het Duits vertaal je dat met **Mal** met als meervoud **Male** (zie ook MAL). Interessant is dat je *verschillende keren* vertaalt met **mehrere Male** en dat wij daarvan *meerdere malen* hebben afgeleid. *Meerdere malen* is daarmee een germanisme. Andere germanismen zijn bijvoorbeeld *autobaan* (**Autobahn**, *autosnelweg*), *betrachten* (**betrachten**, *beschouwen*) en *uitproberen* (**ausprobieren**, *proberen*).

Kicker

Ich habe einen Kicker zu Hause. — *Ik heb thuis een tafelvoetbalspel.*

D

Hoewel het woordenboek als vertaling van **Kicker** *voetballer* geeft, zul je merken dat **Kicker** ook gebruikt wordt voor *tafelvoetbalspel*:

Die Kicker trainieren bereits für die neue Saison. — *De voetbalspelers trainen al voor het nieuwe seizoen.*

Wir haben einen Kicker auf der Arbeit. Das ist ja richtig toll! — *We hebben een tafelvoetbalspel op het werk. Dat is echt super gaaf!*

Vandaar het werkwoord **kickern**. Als tijdens de middagpauze de vraag **wer hat Lust zum Kickern** komt, is er meteen een stormloop richting het tafelvoetbalspel.

N

Een *kikker* is een **Frosch**:

De prinses moet de kikker kussen opdat hij weer een prins wordt. — **Die Prinzessin muss den Frosch küssen, damit er wieder ein Prinz wird.**

Ik heb een kikker in mijn keel. — **Ich habe einen Frosch im Hals.**

Die vent is een koude kikker. — **Dieser Bursche ist kalt wie ein Frosch.**

Ook in sommige samenstellingen gebruik je **Frosch** voor *kikker*, bijvoorbeeld bij *kikkerbil* (**Froschschenkel**) en *kikkerdril* (**Froschlaich**), maar niet bij *kikkererwt* (**Kichererbse**), *kikkerland* (**Sumpfland**) en *kikkervisje* (**Kaulquappe**). En een **(Knall-)Frosch** is een *rotje*.

Verwarrend is ook dat *kikker* van het woord *kikken* (*een zacht geluid voortbrengen*) komt, wat je weer niet moet verwarren met het werkwoord **kicken** (*voetbal spelen* en *een bal schieten*) waar **Kicker** van afgeleid is.

Kies

Ich habe keinen Kies mehr. — *Ik heb geen poen meer.*

D

In het dagelijks taalgebruik betekent **Kies** *poen/duiten*:

Fünfzigtausend Euro? Das ist ein Haufen Kies! — *Vijftigduizend euro? Dat is een hoop poen / smak geld!*

Maar als je weet dat **Kies** verwant is aan het Nederlandse *kiezel*, dan is het niet verrassend dat **Kies** ook *grind* betekent:

Auf dem Boden des Aquariums liegt Kies. (zie ook BODEN)	*Op de bodem van het aquarium ligt grind.*

In het Duits bestaat **Grind** ook, maar dat betekent *schurft* of *een korst op een wond*.

Let op dat je het Duitse **Kies** uitspreekt met een langere ie dan het Nederlandse *kies*.

N

Een *kies* als deel van het gebit kun je met **Zahn** of **Backenzahn** vertalen:

Ik moet naar de tandarts, omdat ik een gaatje in mijn kies heb.	**Ich muss zum Zahnarzt, weil ich ein Loch in meinem Backenzahn habe.** (zie ook LOCH)
Hij houdt zijn kiezen op elkaar.	**Er beißt die Zähne zusammen.**

Maar deze vertalingen gebruik je niet bij:

Hij heeft al heel wat achter de kiezen.	**Er hat schon viel hinter sich gebracht.**
Wat krijg ik nu weer voor mijn kiezen?	**Was muss ich jetzt aushalten/durchstehen?**

Kiezen kan ook een werkwoord zijn, dat je met **wählen** vertaalt. Dat moet je weer niet met **kiesen** (*storten van grind*) verwarren.

KIPPEN

Ich finde Kippen eklig.	*Ik vind peuken walgelijk.*

D

Het zelfstandig naamwoord **Kippe** met als meervoud **Kippen** is een *peuk*:

Mein Onkel hat meinen Neffen mit zwei Kippen erwischt.	*Mijn oom heeft mijn neef met twee peuken betrapt.*

Maar **Kippe** kan ook *kantelpunt* betekenen. Dit zelfstandig naamwoord komt van het werkwoord **kippen** (*kiepen*):

Das steht noch auf der Kippe.	*Dat is nog onzeker.*
Er hat ein Glas Sekt gekippt.	*Hij heeft een glas sekt naar binnen gekiept.*
Als ich nach hinten lehnte, kippte der Stuhl um.	*Toen ik naar achteren leunde, kiepte de stoel om.*

N

In het Nederlands is *kippen* het meervoud van *kip*. Een *kip* is in het Duits een **Huhn** met als meervoud **Hühner**:

Ik ga met de kippen op stok.	**Ich gehe mit den Hühnern zu Bett.**
Kippenvlees is minder vet dan rund- en varkensvlees. (zie ook RUND)	**Hühnerfleisch ist weniger fettig als Rind- und Schweinefleisch.** (zie ook ALS)

Ik heb ooit een discussie gehad over **Hühnchen** en **Hähnchen** (let op de ä): is dat hetzelfde? De conclusie was dat het hier om het vlees van het vrouwelijke (**Huhn**, *hen*) en het mannelijke dier (**Hahn**, *haan*) gaat. Bij de slager maakt het niet uit welke van de twee je bestelt, want in beide gevallen krijg je *kip*.

Huhn of **Hühner** heb je niet nodig bij:

Hij is er altijd als de kippen bij. — **Er ist immer blitzschnell dabei.**
Ik heb kippenvel. — **Ich habe Gänsehaut.**

KISTE

Sie hat eine dicke Kiste! — *Zij heeft een dikke kont!*

D

In het dagelijks taalgebruik is een **Kiste** een *kont*:

Schau mal, die da vorne läuft, hat eine ganz schön dicke Kiste! — *Moet je kijken, die daar voor loopt heeft echt een dikke kont!*

Maar zoals je zou verwachten kan **Kiste** ook gewoon *kist* betekenen:

Der Gefangene ist in einer Bücherkiste entkommen. — *De gevangene is in een boekenkist ontsnapt.*

In de uitdrukking **in die Kiste gehen** (*gaan slapen*) verwijst **Kiste** naar een *bed*. Een **Beziehungskiste** is een *(problematische) relatie tussen twee mensen*.

N

Een *kist* is een **Kiste** zoals we hebben gezien. Maar als het om een *doodskist* gaat, gebruik je **Sarg**:

De kist staat al naast het graf. (zie ook GRAF) — **Der Sarg steht schon neben dem Grab.**

Tot slot, het woord *cyste* (*ettergezwel*) wordt bijna hetzelfde uitgesproken als **Kiste**, namelijk als [kieste]. In het Duits is dat een **Zyste**:

Ze ligt in het ziekenhuis, omdat ze een cyste moet laten verwijderen. — **Sie ist im Krankenhaus, weil sie sich eine Zyste entfernen lassen muss.**

KLAPPEN/KLAPPER

Das wird bestimmt nicht klappen. — *Dat gaat vast niet lukken.*

D

1a) De betekenis van **klappen**, die voor Nederlanders verwarrend is, is *lukken*. Het is belangrijk om die betekenis te onthouden, omdat die veel gebruikt wordt:

Ich hoffe, dass es klappt. — *Ik hoop dat het lukt.*
Das klappt ja wie am Schnürchen. — *Dat gaat van een leien dakje.*

1b) De andere betekenis van **klappen** is *klappen* als *een klappend geluid maken*:

Seine Schuhe klappten beim Gehen auf den Boden. Darüber haben sich die Studenten während der Prüfung geärgert.
Zijn schoenen klapten bij het lopen op de grond. Daaraan hebben de studenten zich tijdens het examen geërgerd.

2) Het woord **Klapper** is afgeleid van de hiervoor genoemde betekenis van **klappen** en betekent *ratel/rammelaar*:

Schau mal, ein Baby hat seine Klapper/ Rassel verloren.
Kijk, een baby heeft zijn rammelaar verloren.

3a) Tot slot is **Klappen** het meervoud van **Klappe**. Een **Klappe** kan *klep* betekenen:

Die Klappe vom Briefkasten stand offen, so dass die Zeitung nass wurde.
De klep van de brievenbus stond open, zodat de krant nat werd.

Klappe zu, Affe tot.
Klaar is Kees.

3b) Maar **Klappe** heeft ook een figuurlijke betekenis, namelijk *mond/smoel*:

Halt jetzt endlich mal deine Klappe!
Houd nou eindelijk eens je mond/smoel!

Als seine Mutter gefragt hat, ob er sein Schlafzimmer aufräumen könnte, hat er eine große Klappe gehabt.
Toen zijn moeder vroeg of hij zijn slaapkamer op kon ruimen, zette hij een grote mond op. (zie ook MOND)

3c) Verder is een **(Fliegen-)Klappe** een *vliegenmepper*. En pas op, in de uitdrukking **das sind zwei Fliegen mit einer Klappe geschlagen** (*dat zijn twee vliegen in één klap*) verwijst **Klappe** niet naar de *klap* maar naar de *vliegenmepper*.

3d) De laatste betekenis van **Klappe** is *bed* die vooral in de uitdrukking **sich in die Klappe legen** (*naar bed gaan*) wordt gebruikt.

N

1a) Het Nederlandse *klappen* heeft drie betekenissen. Van de eerste betekenis *een klappend geluid maken* hebben we al gezien dat je dit kan vertalen met **klappen**.

1b) Een andere belangrijke betekenis van *klappen* is *applaudisseren*. De juiste vertaling daarvan is **klatschen**. Om pijnlijke situaties te vermijden is het handig om te weten dat in de wetenschappelijke wereld Duitsers alleen klappen als er geen tafel in de buurt is. Als er namelijk wel een tafel is, kloppen ze met de knokkels van hun vingers op de tafel.

1c) Tot slot kan *klappen uit elkaar springen / ontploffen* betekenen. In dat geval gebruik je **platzen**:

Ik vind het leuk de bubbels in bubbeltjesplastic te laten klappen.
Ich mag es, die Blasen in Luftpolsterfolie platzen zu lassen.

2a) En het Nederlandse *klapper* heeft weer hele andere betekenissen dan **klappen**, **Klapper**, **Klappe** en *klappen*. Zo kan een *klapper* een *opbergmap* zijn waarvoor je **Ringbuch/Ringheft** gebruikt:

Ik heb de klapper in de kast gezet.
Ich habe das Ringbuch/Ringheft in den Schrank gestellt.

2b) Ook kan een *klapper* een stuk *vuurwerk* zijn. Dat vertaal je met **Knallkörper**:

De jongetjes hebben klappers gevonden die niet zijn afgegaan. Ik houd mijn hart vast.
Die Knaben haben Knallkörper gefunden, die nicht losgegangen sind. Ich befürchte das Schlimmste.

2c) Verder kan een *klapper* een *succes(nummer)/hoogtepunt* zijn. Dat is in het Duits een **Reißer**:

Het nieuwe lied van Ilse de Lange is een klapper.
Das neue Lied von Ilse de Lange ist ein Reißer.

2d) Verder is een *klapper* een *kokosnoot* of een *kokospalm*. De vertalingen daarvan zijn eenvoudig, namelijk **Kokosnuss** en **Kokospalme**:

Ik heb een klapper op het strand gevonden.
Ich habe eine Kokosnuss am Strand gefunden.

Ik ga daar onder de klapper zitten.
Ich setze mich dort unter die Kokospalme.

3) Tot slot, *klappen* is het meervoud van *klap*. Een *klap* is een **Schlag** met als meervoud **Schläge**:

Daar gaan klappen vallen.
Es wird Schläge setzen.

Bij de voetbalwedstrijd vielen rake klappen.
Beim Fußballspiel gab es eine regelrechte Schlägerei.

Klar

Ich hoffe, dass das klar ist.
Ik hoop dat dat duidelijk is.

D

In het Duits en in het Nederlands betekenen **klar** en *klaar* allebei *helder* en *duidelijk*:

Mir ist noch nicht so ganz klar, was ich vorbereiten soll.
Het is me nog niet helemaal duidelijk wat ik moet voorbereiden.

Während dieser Kur darf man nur klares Wasser trinken.
Tijdens deze kuur mag je alleen helder water drinken.

Könntest du das für mich tun? – Aber klar!
Zou je dat voor mij kunnen doen? – Ja natuurlijk!

Ich werde das morgen fertig machen. – Alles klar!
Ik zal dat morgen afmaken. – Oké!

Erst eine Stunde später war ihm klar, was geschehen war.
Pas een uur later drong het tot hem door wat er gebeurd was.

Das ist doch klar wie Kloßbrühe.
Dat is zo klaar als een klontje.

Klar komt verder nog voor in een aantal werkwoorden die allemaal met *helderheid* of *duidelijkheid* te maken hebben: **klären** (*ophelderen* en *zuiveren*), **aufklaren** (let op de a, *opklaren* en *ophelderen*), **aufklären** (let op de ä, *ophelderen*, *informeren* en *helder maken*), **erklären** (*verklaren / duidelijk maken*), **klarkommen** (*klaarspelen* en *snappen*; zie ook KLARKOMMEN) en **klarmachen** (*aan het verstand brengen / duidelijk maken*).

N

Maar de betekenis van *klaar* als *af/voltooid* bestaat alleen in het Nederlands. In het Duits gebruik je daarvoor **fertig** of **bereit**:

Ben je al klaar?	**Bist du schon fertig?**
Houd je de toegangskaartjes alvast klaar?	**Hältst du die Eintrittskarten schon mal bereit?**
Ik ga me vast klaarmaken.	**Ich werde mich schon mal bereitmachen.**

Maar deze vertalingen heb je niet nodig bij:

Ik ben er helemaal klaar mee.	**Ich habe die Nase davon voll.**
Daar ben je dan mooi klaar mee.	**Daran kannst du dann deine Freude haben.**

KLARKOMMEN

Ich komme nicht mit ihm klar.	*Ik kan niet goed overweg met hem.*

D

Als Duitsers naar Nederland komen en het woord **klarkommen** in alle onschuld gebruiken, beginnen Nederlanders vaak te giechelen. Als je vertelt wat *klaarkomen* in het Nederlands betekent, zijn ze meestal *gechoqueerd* (**schockiert**). Voor **klarkommen** gebruik je in het Nederlands *klaarspelen/bolwerken* of *overweg kunnen*:

Ich dachte, ich komme alleine klar.	*Ik dacht dat ik het zelf wel zou kunnen bolwerken.*
Kommst du mit dem neuen Telefon gut klar?	*Kun je met je nieuwe telefoon goed overweg?*

N

Voor *klaarkomen* in de neutrale betekenis gebruik je **fertig werden**. Om ambiguïteit te voorkomen, wordt deze betekenis van *klaarkomen* niet zo vaak gebruikt:

Ik kom niet op tijd klaar met deze taak.	**Ich werde mit dieser Aufgabe nicht rechtzeitig fertig.**

Voor een orgasme gebruik je **kommen** (zie ook KOMMEN):

Zij is nog nooit klaargekomen.	**Sie ist noch nie gekommen.**

KLEID

Das ist ein schönes Kleid!	*Dat is een mooie jurk!*

D

Als **Kleid** als enkelvoud gebruikt wordt, verwijst het naar een *jurk*:

Wo hast du dein Brautkleid gekauft?	*Waar heb je jouw bruidsjurk gekocht?*

In het meervoud kan **Kleider** naar *jurken* verwijzen, maar ook naar *kleding* in het algemeen:

Ich habe meine Kleider taillieren lassen.	*Ik heb mijn jurken laten tailleren.*
Kleider machen Leute.	*Kleren maken de man.*

Als je veel Duits spreekt, kan het zijn dat je af en toe ook verward wordt door valse vrienden in je eigen taal. Zo las ik ooit de zin *Ik herinner me door mijzelf gekleide dieren*. Het duurde een tijdje voordat ik in de gaten had, dat *gekleide dieren* geen *aangeklede dieren* zijn maar *geboetseerde dieren*.

N

Een *kleed* is in het Nederlands een *stuk stof* dat je op bijvoorbeeld de tafel of de vloer legt. De vertaling wordt bepaald door waar het kleed ligt:

Het vloerkleed is vies geworden.	**Der Teppich ist schmutzig geworden.**
Het tafelkleed is nog schoon.	**Die Tischdecke ist noch sauber.**

Een *kleed* kan ook een *gewaad* zijn. In dat geval gebruik je **Gewand:**

De priester draagt een kleed/gewaad.	**Der Priester trägt ein Gewand.**
Zij heeft het boetekleed aangetrokken.	**Sie ist im Büßergewand erschienen.**

KLEINKIND

Ist das Ihr Kleinkind?	*Is dat uw kleuter?*

D

Als je aan een oma vraagt of zij **Kleinkinder** heeft, zal ze je vreemd aankijken. Een **Kleinkind** is namelijk een kind tussen de 3 en 6 jaar, oftewel een *kleuter*:

Das Kleinkind hat ein Auto gezeichnet.	*De kleuter heeft een auto getekend.*
Als Kleinkind bin ich in einer Menschenmenge fast verloren gegangen.	*Als kleuter ben ik in een mensenmassa bijna kwijtgeraakt.*

N

Een *kleinkind* is in het algemeen een **Enkelkind**. Als het een jongetje is, gebruik je ook wel **Enkel/ Enkelsohn** en voor een meisje **Enkelin/Enkeltochter**:

Thomas is een van de negen kleinkinderen.	**Thomas ist einer von neun Enkelkindern.**
Ze is zo blij dat ze eindelijk een kleindochter krijgt.	**Sie ist so froh, dass sie endlich eine Enkelin/ Enkeltochter bekommt.**

KLETTERN

Siehst du, wie er da klettert?	*Zie je hoe hij daar klautert/klimt?*

D

Tijdens een wandeling vroeg iemand mij welk woord je in het Nederlands gebruikt om aan te geven hoe water in een beekje naar beneden **klatscht**. Ik zei *kletteren* en het duurde even voordat ik in de gaten had dat dat heel gek moet klinken voor een Duitser. **Klettern** betekent namelijk *klimmen/klauteren* en dat doe je meestal omhoog. Het lijkt dus helemaal niet op *kletteren*, want dat gaat steevast naar beneden:

Früher bin ich oft auf Bäume geklettert.	*Vroeger heb ik vaak in bomen geklommen.*

N

Bij *kletteren* bepaalt wat er klettert welke vertaling je nodig hebt. Als regen klettert gebruik je **prasseln** of **klatschen:**

De regen klettert aan een stuk door tegen het raam. (zie ook RAHM(EN))	**Der Regen klatscht/prasselt unaufhörlich gegen das Fenster.**

Als wapens of metalen voorwerpen kletteren gebruik je **klirren:**

De zwaarden van de strijders kletterden tegen elkaar.
Die Schwerter der Kämpfer klirrten gegeneinander.

Knapp

Das ist knapp.
Dat is krap(aan).

D

Knapp betekent *krap* en heeft een aantal betekenissen die met *krap* te maken hebben:

Ich bin knapp bei Kasse, aber noch nicht pleite. (zie ook Pleite)
Ik zit krap bij kas maar ben nog niet blut. (zie ook Blut)

Er kommt in einer knappen Stunde.
Hij komt over een klein uur.

Knapp vor seiner Fahrprüfung brach er sich das Bein.
Kort voor zijn rijexamen brak hij zijn been.

Das war knapp!
Dat was op 't nippertje!

Er hat kurz vor knapp seine Papiere/Dokumente abgegeben.
Hij heeft op het laatste moment zijn papieren/documenten ingeleverd.

Als je weet dat **knapp** *krap* betekent, is het niet verwonderlijk dat je **Knappheit** met *schaarste* vertaalt.

N

In het Nederlands is *knap* een bijvoeglijk naamwoord of bijwoord.

1) Het bijvoeglijk naamwoord *knap* als *mooi* vertaal je met **hübsch**, *knap* als *intelligent* met **klug** en *knap* als *bekwaam* met **begabt/geschickt:**

   Dat is een knappe meid. — **Das ist ein hübsches Mädchen.**
   Dat is een knappe oplossing. — **Das ist eine kluge Lösung.**
   Dat is een knappe scholier. — **Das ist ein begabter Schüler.**

2) Het bijwoord *knap* betekent *tamelijk* en vertaal je met **ganz schön:**

   Dat wordt knap lastig. — **Das wird ganz schön schwierig.**

Bij het werkwoord **knappen**/*knappen* moet je opletten. **Knappen** betekent namelijk *schrapen/beknibbelen,* terwijl je *knappen* met **knacken/zerreißen** vertaalt. Een uitzondering is *een uiltje knappen* (**ein Nickerchen machen**).

Kneipen

Wir zeigen dir die tollsten Kneipen.
We laten je de leukste kroegen zien.

D

Omdat je **Kneipen** met een hoofdletter schrijft, kun je al zien dat *knijpen* niet de vertaling van **Kneipen** kan zijn. En dat klopt, want **Kneipen** is de meervoudsvorm van het zelfstandig naamwoord **Kneipe** (*kroeg*):

Es gibt in Frankfurt nur drei Kneipen, in die ich gerne gehe. — *Er zijn in Frankfurt maar drie kroegen waar ik graag heen ga.*

N

Het werkwoord *knijpen* lijkt erg op de juiste vertaling, namelijk **kneifen**:

Au, waarom knijp je me? — **Au, warum kneifst du mich?**

Maar **kneifen** gebruik je niet bij:

Ik ben 'm geknepen. — **Ich habe Schiss gehabt.**
Ik ben ertussenuit geknepen. — **Ich bin stiften gegangen.** (zie ook STIFT)

Verder komt *knijpen* in een aantal samenstellingen voor, waarbij je soms wel en soms geen **kneifen** nodig hebt: *afknijpen* (**abzwacken/abkneifen** en **in die Mangel nehmen**), *dichtknijpen* (**zudrücken/zukneifen**), *doodknijpen* (**totkneifen**), *fijnknijpen* (**zerdrücken**), *openknijpen* (**aufdrücken**), *samenknijpen* (**zusammenkneifen/zusammenpressen**) en *uitknijpen* (**auspressen**). En **ich habe gekniffen** betekent niet alleen *ik heb geknepen*, maar ook *ik heb me gedrukt*.

KOMISCH

Er ist komisch. — *Hij is vreemd.*

In het Nederlands betekent *komisch* altijd *grappig*, maar in het Duits wordt het ook gebruikt in de zin van *vreemd*. In het dagelijks taalgebruik kom je die laatste betekenis het vaakst tegen.

KOMMEN

Die Pflanze kommt auf die Fensterbank. — *De plant hoort op de vensterbank.*

D

1) **Kommen** kan *horen/thuishoren* betekenen:
Diese Teller kommen hier hin. (zie ook TELLER) — *Deze borden horen hier.*

2) Of *klaarkomen*:
Ich will, dass du auch kommst. — *Ik wil dat jij ook klaarkomt.* (zie ook KLARKOMMEN)

3) Maar in de meeste gevallen vertaal je **kommen** gewoon met *komen*:
Ich komme um 10 Uhr nach Hause. — *Ik kom om 10 uur thuis.*
Wer zuerst kommt, mahlt zuerst. — *Wie het eerst komt, het eerst maalt.*
Kommt Zeit, kommt Rat. — *Komt tijd, komt raad.*
Beim Tauschen kommt immer einer zu kurz. — *Van ruilen komt huilen.*

Bij sommige uitdrukkingen heb je wel *komen* in het Nederlands nodig, maar geen **kommen** in het Duits:

Boontje komt om zijn loontje.	**Unrecht schlägt den eigenen Herrn.**
Dat komt voor de bakker.	**Das ist alles in bester Butter.**
Na regen komt zonneschijn.	**Nach Regen folgt Sonne.**
Ik ben erachter gekomen dat hij liegt.	**Ich habe herausgefunden, dass er lügt.**

Kommen komt in heel wat werkwoorden voor: **abkommen** (*afdwalen* en *loskomen*), **ankommen** (*aankomen*), **aufkommen** (*opkomen*), **auskommen** (*uitkomen/rondkomen* en *klaarspelen*), **bekommen** (*krijgen*), **einkommen** (*binnenkomen* en *de finish bereiken*), **entkommen** (*ontkomen*), **herkommen** (*hierheen komen* en *vandaan komen*), **nachkommen** (*achternakomen* en *bijhouden/volgen*), **niederkommen** (*neerkomen*), **übereinkommen** (*overeenkomen*), **überkommen** (*overkomen* en *overvallen*), **umkommen** (*omkomen*), **unterkommen** (*terechtkomen* en *een onderkomen vinden*), **verkommen** (*aan lager wal raken*), **vorkommen** (*voorkomen*, *naar voren komen* en *gebeuren*) en **zukommen** (*toekomen*).

Let op: als bij **überkommen** de klemtoon op **über**- ligt, betekent het *overkomen* en als de klemtoon op **-kommen** ligt, betekent het *overvallen*.

N

1) *Kommen* is in het Nederlands het meervoud van *kom*. Een *kom* waar je bijvoorbeeld uit eet is een **Schale** met als meervoud **Schalen**:

De kommen staan hier.	**Die Schalen sind hier.**

2) Maar een *kom* waarin een vis zwemt is een **Fischglas** met als meervoud **Fischgläser**:

Ik vind het zielig als goudvissen in te kleine (vis) kommen zwemmen.	**Ich finde es jämmerlich, wenn Goldfische in zu kleinen Fischgläsern schwimmen.**

3) Een *kom* als *gewrichtsholte* is een **Pfanne** met als meervoud **Pfannen**:

Menselijke schouderkommen zijn relatief vlak.	**Menschliche Schultergelenkpfannen sind relativ flach.**

4) Een *kom* als *deel van een gemeente* is een **geschlossene Ortschaft**, met als meervoud **geschlossene Ortschaften**:

Ik rijd binnen de bebouwde kom altijd langzaam.	**Ich fahre in geschlossenen Ortschaften immer langsam.**

Konkurs

Der Laden geht in Konkurs.	*De winkel gaat failliet.*

D

In Konkurs gehen betekent *failliet gaan*, maar dan alleen voor een bedrijf. Het zelfstandig naamwoord **Konkurs** betekent *faillissement*:

Sie hat umsonst versucht, den drohenden Konkurs abzuwenden.	*Ze heeft tevergeefs geprobeerd het dreigende faillissement af te wenden.*

N

De uitspraak van het van oorsprong Franse woord *concours* komt bijna overeen met die van **Konkurs**. Het enige verschil is dat je bij **Konkurs** de s wel uitspreekt. Een *concours* is een *wedstrijd* en vertaal je met **Turnier/Wettbewerb**:

Mijn broer heeft ooit bijna een gitaar<u>concours</u> gewonnen.	**Mein Bruder hat einst fast einen Gitarren<u>wettbewerb</u> gewonnen.**
Ik heb kaartjes voor het <u>concours</u> hippique gekocht. (zie ook GEKOCHT)	**Ich habe Karten für das <u>Pferdeturnier</u> gekauft.**

KOPF

Kannst du mir den <u>Kopf</u> geben?	*Kun je me de <u>krop</u> geven?*

D

Ik fietste eens langs een tuindersbedrijf en vroeg me af wat de mensen in het veld toch aan het doen waren. Mijn Duitse vriendin zei dat ze **Köpfe** aan het **schneiden** waren (zie ook SCHNEIDEN). Gelukkig bleek het niets met *koppensnellen* te maken te hebben. Een **Kopf** is namelijk een *krop*:

Gerade als ich den <u>Kopf</u> Salat gewaschen hatte, habe ich ihn fallen lassen.	*Net toen ik de <u>krop</u> sla gewassen had, liet ik 'm op de grond vallen.*

De meest voorkomende betekenis van **Kopf** is *kop*. Een *kop* kan een *hoofd*, *boveneinde* en *uiteinde van een spijker* zijn:

Ich habe mir den <u>Kopf</u> gestoßen.	*Ik heb mijn <u>hoofd</u>/<u>kop</u> gestoten.*
Du musst den <u>Kopf</u> nicht hängen lassen.	*Je moet het <u>hoofd</u> niet laten hangen / de moed niet laten zakken.*
Der <u>Kopf</u> des Streichholzes ist abgebrochen.	*De <u>kop</u> van de lucifer is afgebroken.*
Damit hat er den Nagel auf den <u>Kopf</u> getroffen.	*Daarmee heeft hij de spijker op de <u>kop</u> geslagen.*

Let op: voor *hoofd* kun je ook **Haupt** gebruiken, maar dat is een deftig woord.

N

Een Nederlandse *kop* waaruit je drinkt is een **Tasse**:

Zal ik je <u>kop</u> nog een keer vullen?	**Soll ich deine <u>Tasse</u> noch mal füllen?** (zie ook TASSE)

En in sommige uitdrukkingen komt in het Nederlands *kop* voor, maar heb je in het Duits geen **Tasse** of **Kopf** nodig:

Hij gaat aan <u>kop</u>!	**Er liegt an der Spitze!**
Waar heb je die stoel op de <u>kop</u> getikt?	**Wo hast du diesen Stuhl ergattert?**
<u>Kop</u> dicht!	**Schnauze!**
Hij steekt met <u>kop</u> en schouders boven zijn leeftijdgenoten uit.	**Er ist seinen Altersgenossen haushoch überlegen.**

KOSTEN

Darf ich das kosten? — *Mag ik dat proeven?*

D

Kosten kan *proeven* betekenen:

Darf ich mal ein bisschen kosten? – Ja klar. Und? – Lecker! (zie ook KLAR) — *Mag ik een hapje proeven? – Ja natuurlijk. En? – Lekker!*

Maar zowel het werkwoord **kosten** als het zelfstandig naamwoord **Kosten** kunnen, zoals te verwachten, ook *kosten* betekenen:

Wie viel kostet das Auto? — *Hoeveel kost deze auto?*
Das wird dich nicht gleich den Kopf kosten. — *Dat zal je niet meteen de kop kosten.*
Er macht Witze auf Kosten seiner Schwiegermutter. — *Hij maakt grappen ten koste van zijn schoonmoeder.*

Let op: de werkwoordsvorm **koste** kan ook de verleden tijd van het werkwoord **kosen** (*liefkozen*) zijn en wordt dan met een lange o uitgesproken.

N

Hoewel je *kosten* met **kosten** vertaalt, wordt *op kosten van* met **zulasten** vertaald en *koste wat het kost* met **unbedingt**:

Hij reist op kosten van de baas. — **Er reist zulasten seines Chefs.**
Hij wil koste wat het kost de nieuwe Playstation hebben. — **Er will unbedingt die neue Playstation haben.**

KRAM

Kümmere dich um deinen eigenen Kram! — *Bemoei je met je eigen zaken!*

D

Het Duitse **Kram** spreek je hetzelfde uit als het Nederlandse *kraam*. Beide woorden komen van het Oudhoogduitse 'kram'. Onder 'kram' viel niet alleen de kraam op een markt, maar ook alle spullen die in die kraam werden aangeboden. Tegenwoordig verwijst **Kram** alleen nog naar die spullen:

Misch dich nicht in meinen Kram! — *Bemoei je met je eigen zaken!*
Ich werfe den ganzen Kram hin. — *Ik kap ermee.*
Ich finde es schwierig zu sagen, aber dein Besuch passt mir nicht in den Kram. — *Ik vind het vervelend om te zeggen, maar je bezoek komt niet goed uit.*

Deze uitdrukking komt van kooplui die zeiden, dat iets niet in hun kraampje paste als het niet in hun assortiment thuishoorde.

Was ist los? – Du weißt schon, der alte Kram. — *Wat is er aan de hand? – Je weet wel, hetzelfde oude liedje.*

Of naar *rommel*:

Was soll ich denn mit diesem <u>Kram</u> anfangen?	*Wat moet ik dan met deze <u>rommel</u> doen?*
Eine Dissertation schreiben ist so stressig, dass ich manchmal Lust habe, den <u>ganzen Kram</u> <u>hinzuschmeißen</u>.	*Een proefschrift schrijven geeft soms zo veel stress, dat ik soms zin heb <u>het bijltje erbij neer te gooien</u> / <u>de hele handel op te geven</u>.*

N

Een *kram* is een *u-vormig metalen verbindingsmiddel*. In het Duits is dat een **Krampe** of **Klammer**:

Hij zette het kippengaas met <u>krammen</u> vast.	**Er hat den Maschendraht mit <u>Klammern</u> fixiert.**

Verder is een *kraam* waarin een koopman zijn waren uitstalt een **Bude/Stand**:

Dit jaar hebben we een <u>kraam</u> op de kerstmarkt.	**Dieses Jahr haben wir eine <u>Bude</u> / einen <u>Stand</u> auf dem Weihnachtsmarkt.**

Tot slot komt *kraam* voor in samenstellingen die met een *bevalling* te maken hebben, bijvoorbeeld *kraambed* (**Wochenbett**), *kraamvisite* (**Besuch am Wochenbett**), *kraamzorg* (**Mütterfürsorge**) en *miskraam* (**Fehlgeburt**).

KRASS

Oh, <u>krass</u>!	*Oh, jeetje!*

D

Krass is tegenwoordig een modewoord en daarom kan bijna alles **krass** zijn. Een eenduidige vertaling is daardoor moeilijk te vinden. Over het algemeen wordt **krass** gebruikt om aan te geven dat iets *extreem/opvallend/ongehoord* is en drukt daarmee verrassing uit. Het Nederlandse *equivalent* (**äquivalent**) daarvoor is *kras*, maar dat wordt zelden gebruikt:

Er hat seinen Lehrer geschlagen. – <u>Krass</u>!	*Hij heeft zijn leraar geslagen. – <u>Jemig</u>!*
Ich habe sechs Stunden im Stau gestanden. – <u>Krass</u>!	*Ik heb zes uur in de file gestaan. – <u>Jeetje</u>!*
Ich muss morgen früh schon um fünf Uhr auf der Arbeit sein. – So früh? <u>Krass</u>!	*Ik moet morgenochtend al om vijf uur op het werk zijn. – Zo vroeg? <u>Poeh hé</u>!*
Ich konnte schon mit vier Fahrrad fahren. – Wirklich? <u>Krass</u>!	*Ik kon al fietsen toen ik vier was. – Echt? <u>Wauw</u>!*

N

1) Het zelfstandig naamwoord *kras* als *wond* is een **Kratzer**:

Hoe kom je aan die <u>kras</u>?	**Woher hast du diesen <u>Kratzer</u>?**

2) Het bijwoord betekent *energiek/vitaal*, wat je met **rüstig** vertaalt:

Hij is al 90, maar voor zijn leeftijd is hij nog heel <u>kras</u>.	**Er ist schon 90, aber für sein Alter ist er noch sehr <u>rüstig</u>.**

Met **rüstig** moet je ook weer oppassen, want dat betekent niet *rustig*. *Rustig* vertaal je met **ruhig**.

3) Tot slot, *kriskras* vertaal je met **kreuz und quer**:
Op het schoolplein rennen de kinderen kriskras door elkaar. **Auf dem Schulhof rennen die Kinder kreuz und quer durcheinander.**

Kreisen

Siehst du, wie der Vogel kreist? *Zie je hoe de vogel cirkelt?*

D

Omdat in dit voorbeeld gevraagd wordt of je het **kreisen** ziet, kun je al beredeneren dat **kreisen** geen *krijsen* kan betekenen, want dat zou je horen. **Kreisen** komt van het zelfstandig naamwoord **Kreis** (*cirkel/kring*) en betekent *draaien/cirkelen*:

Früher glaubte man, dass die Sonne um die Erde kreist. *Vroeger geloofde men dat de zon om de aarde draait.*
Der Adler kreist über dem Maisfeld. *De adelaar cirkelt boven het maïsveld.*

Het zelfstandig naamwoord **Kreis**, met als meervoud **Kreise**, wordt behalve als *cirkel/kring* ook in bredere zin gebruikt:

Unglaublich, er hat einen perfekten Kreis aus freier Hand gezeichnet! *Ongelooflijk, hij heeft een perfecte cirkel uit de hand getekend!*
Da ist ein Kreis neugieriger Zuschauer. – Das sind wahrscheinlich Gaffer. *Daar is een kring met nieuwsgierige toeschouwers. – Dat zijn waarschijnlijk ramptoeristen.*

Seine Forschung beschränkt sich auf einen sehr engen Kreis der Wissenschaft. (zie ook Eng) *Zijn onderzoek beperkt zich tot een heel smal gebied/domein in de wetenschap.*
Ich glaube, dass ich mich im Kreis drehe. *Ik geloof dat ik vast zit.*

Verder komt **Kreis** voor in samenstellingen: **Arbeitskreis** (*werkgroep*), **Landkreis** (*district*), **Stromkreis** (*stroomkring*), **Teufelskreis** (*vicieuze cirkel*), **Tierkreis** (*dierenriem/Zodiak*) en **Umkreis** (*omtrek/omgeving*),

N

Krijsen vertaal je met **kreischen**:

De baby van de buren krijst constant. Verschrikkelijk! **Das Baby der Nachbarn kreischt ständig. Furchtbar!**

Kuchen

Ich habe Kuchen mitgebracht. *Ik heb taart/gebak meegebracht.*

D

Aan de woordvorm kun je zien dat **Kuchen** geen *kuchen* kan betekenen. **Kuchen** betekent *taart/gebak*:

Wenn ich bei jeder Geburtstagsfeier Kuchen essen würde, würde ich stark zunehmen. *Als ik op ieder verjaardagsfeest taart zou eten, zou ik veel aankomen.*

Kuchen kun je makkelijk verwarren met **Küchen**, wat het meervoud is van **Küche** (*keuken*).

N

Het werkwoord *kuchen*, wat *kort en droog hoesten* is, vertaal je met **sich räuspern:**

Je kucht de laatste tijd vaak. **Du räusperst dich in letzter Zeit oft.**

Gekuch vertaal je met **Hüsteln**. Let op: *gekuch* moet je niet verwarren met **Gekeuche** (*gehijg*).

Kunde

Ich habe meine Kunden verloren. *Ik ben mijn klanten kwijt geraakt.*

D

Kunde betekende vroeger een *bekende*. Deze betekenis komt nog terug in het Nederlandse *kunde*. Later had **Kunde** betrekking op *iemand die (geregeld) iets in een winkel koopt*. Vandaar dat **Kunde** tegenwoordig *klant* betekent:

Die meisten Kunden legen Kleidung unordentlich zurück. Ich auch. *De meeste klanten leggen kleding slordig terug. Ik ook.*

Af en toe kom je **Kunde** tegen in de betekenis van *kunde*: **Bürgerkunde** (*maatschappijleer*), **Umweltkunde** (*milieukunde*) en **Astronomie/Sternkunde** (*sterrenkunde*). Maar **Kunde** wordt niet gebruikt bij: **Architektur** (*bouwkunde*), **Betriebswirtschaft** (*bedrijfskunde*), **Geburtshilfe** (*verloskunde*), **Geografie** (*aardrijkskunde*), **Mathematik** (*wiskunde*), **Medizin** (*geneeskunde*) en **Sprachwissenschaft** (*taalkunde*).

Let op: **Naturkunde** betekent *natuurhistorie*. Voor *natuurkunde* gebruik je **Physik**.

N

Het Nederlandse *kunde* als persoonlijke eigenschap wordt met **Können** vertaald:

Bij een sollicitatie is de kunde van de kandidaat heel belangrijk. **Bei einer Bewerbung ist das Können des Kandidaten sehr wichtig.**

Kurs

Wann fängt der Kurs an? *Wanneer begint de cursus?*

D

Kurs kan *cursus* betekenen:

Ich möchte einen Niederländischkurs besuchen. – Ja toll, ich habe auch schon verschiedene Sprachkurse besucht. *Ik wil graag een cursus Nederlands doen. – Ja leuk, ik heb ook al een paar taalcursussen gevolgd.*

Maar het kan ook, zoals te verwachten, *koers* betekenen:

Als der Wind sich legte, mussten wir unseren <u>Kurs</u> wechseln. — *Toen de wind ging liggen, moesten we onze <u>koers</u> veranderen.*

Ich habe Pfunde, brauche aber Euros. Wie ist der <u>Kurs</u>? — *Ik heb ponden, maar ik heb euro's nodig. Wat is de <u>koers</u>?*

En als je weet dat **Kurs** van het Latijnse 'cursus' (*loop/gang/reis/verloop*) komt, is het niet verwonderlijk dat **Kurs** ook *parcours* betekent:

Die Autos sind fehlerfrei über den <u>Kurs</u> gekommen. — *De auto's zijn zonder fouten over het <u>parcours</u> gegaan.*

Let op: **Exkurs** is een *excursie* en **Konkurs** is *bankroet* (zie ook KONKURS).

N

Alleen als een *koers* een *wedstrijd* is, gebruik je in het Duits een andere vertaling, namelijk **Rennen**:

De wieler<u>koers</u> begint dit jaar in Utrecht. — **Das Rad<u>rennen</u> fängt dieses Jahr in Utrecht an.**

KÜSSEN

Darf ich dich <u>küssen</u>? — *Mag ik je <u>kussen</u>?*

D

In dit geval is **küssen** niet verwarrend, omdat het *kussen/zoenen* betekent:

Wenn er mich nicht <u>küsst</u>, werde ich ihn <u>küssen</u>. — *Als hij mij niet <u>kust</u>, dan zal ik hem <u>kussen</u>.*

Let op: de verleden tijd van **küssen** is **küsste** (*kuste*) wat erg op **Küste** (*kust/strand*) lijkt.

N

Maar als je dat weet en je wilt het zelfstandig naamwoord *kussen* naar het Duits vertalen, dan moet je daar niet te gemakkelijk over denken. Een *kussen* is namelijk een **Kissen**:

Ik zit altijd op een <u>kussen</u>. — **Ich sitze immer auf einem <u>Kissen</u>.**

De kinderen houden een <u>kussengevecht</u>. Dekking! — **Die Kinder machen eine <u>Kissenschlacht</u>. Geh in Deckung!**

Maar **Kissen** heb je niet nodig bij:

Twee geloven op een <u>kussen</u>, daar slaapt de duivel tussen. — **Mischehen gehen meistens in die Brüche.**

L

Lachs

Ich mag <u>Lachs</u> nicht. *Ik houd niet van <u>zalm</u>.*

D

Het woord **Lachs** spreek je hetzelfde uit als het Nederlandse *laks*, maar betekent *zalm*. Vandaar dat **lachsrosa** *zalmroze* betekent (zie ook PINK voor *roze*):

Weil ich zu oft <u>Lachs</u> gegessen habe, mag ich ihn nicht mehr. *Omdat ik te vaak <u>zalm</u> heb gegeten, houd ik er niet meer van.*

Dieses T-Shirt ist <u>lachsrosa</u>. *Dit T-shirt is <u>zalmroze</u>.*

N

Als *laks traag* betekent, kun je de vertalingen **lasch/schlapp/träge** gebruiken. Als *laks onverschillig* betekent, is **lax** de juiste vertaling:

Als je zo <u>laks</u> blijft, bereik je nooit wat. **Wenn du so <u>lasch/schlapp/träge</u> bleibst, erreichst du nie was.**

Als je zelf <u>laks</u> bent in het nakomen van afspraken, verwacht dan niet dat anderen op tijd komen. **Wenn du selbst mit Verabredungen <u>lax</u> bist/ umgehst, erwarte dann nicht, dass andere rechtzeitig da sind.**

Laden

Die Kolleginnen sind nicht <u>geladen</u> worden. *De vrouwelijke collega's zijn niet <u>uitgenodigd</u>.*

D

1) Het werkwoord **laden** betekent naast *uitnodigen* ook *dagvaarden/oproepen*:

Leute, die keine Steuern zahlen, werden vor Gericht <u>geladen</u>. *Mensen die geen belasting betalen worden <u>gedagvaard</u> / voor de rechtbank <u>gedaagd</u>.*

Laden komt verder voor in de samenstelling **aufladen** (*opladen*), **ausladen** (*uitladen/afladen, uithalen (met arm)* en *afzeggen*), **beladen** (*beladen, belasten*), **entladen** (*ontladen*) en **herunterladen** (*downloaden*).

Let op: **geladen sein** betekent ook *woedend zijn op iemand*. Deze uitdrukking verwijst naar een (door)geladen pistool, gereed om mee te schieten.

2a) **Laden** kan in het Duits ook een zelfstandig naamwoord zijn. Vroeger verwees **Laden** naar een plank of plaat. Tegenwoordig wordt **Laden** specifieker gebruikt, namelijk voor een schot dat een raam aan de buitenkant beschermt, oftewel *luik*:

Es wird kalt, ich mache mal die (Fenster-) Läden zu. — *Het wordt koud, ik doe de luiken maar dicht.*

2b) Ook werd **Laden** gebruikt voor een *plank waarop dingen te koop aangeboden werden*. Van hieruit ontwikkelde zich de betekenis *winkel* (zie ook WINKEL):

Ich möchte einen Laden eröffnen, um Bastelzubehör zu verkaufen. — *Ik wil een winkel openen om knutselspullen te verkopen.*

2c) In spreektaal betekent **Laden** ook nog *gedoe/zaakje/toestand*:

Er hat den ganzen Laden hingeworfen. — *Hij heeft de boel / het bijltje erbij neergegooid. / Hij heeft opgegeven.*

N

In het Nederlands is *laden* het meervoud van *la/lade*. Een *lade* is een *schuifbak* wat je vertaalt met **Schublade:**

Ik heb alle laden op slot gedaan. — **Ich habe alle Schubladen verschlossen.**

LAGER

Ich möchte das Lager wechseln. — *Ik wil van partij wisselen.*

D

Omdat **Lager** een zelfstandig naamwoord is, kun je al vermoeden dat het niet *lager* betekent in de zin van *minder hoog*. Wel betekent **Lager** *lager* als het gaat om een *geleider waarin een as draait*, zoals in **Kugellager** (*kogellager*). Maar het zelfstandig naamwoord **Lager** heeft nog een aantal andere betekenissen:

1) Een van die betekenissen is *kamp/partij*:

Er versucht, in das feindliche Lager einzudringen. — *Hij probeert het vijandelijke kamp binnen te dringen.*

Weil es bei uns schlecht läuft, versucht er, das Lager zu wechseln. — *Omdat het bij ons slecht gaat, probeert hij van partij te wisselen / over te lopen naar de andere partij.*

Vandaar het werkwoord **lagern** dat *legeren* betekent. **Lager** komt voor in de volgende samenstellingen: **Konzentrationslager** (*concentratiekamp*), **Trainingslager** (*trainingskamp*) en **Zeltlager** (*tentenkamp*).

2) Ook is een **Lager** een *magazijn*:

Die Bücher, die nicht verkauft werden, werden im Lager aufgehoben. — *De boeken die niet verkocht worden, gaan naar het magazijn.*

Vandaar het werkwoord **lagern** dat *opslaan* betekent.

3) Een gerelateerde betekenis is *voorraad*:
Ich habe zu Hause ein <u>Lager</u> von / einen Vorrat an farbigem Papier, so dass ich immer was Schönes basteln kann.
Ik heb thuis een <u>voorraad</u> gekleurd papier, zodat ik altijd iets moois kan knutselen.

N

1) Het bijvoeglijk naamwoord en bijwoord *laag* heeft als *vergrotende trap* (**Komparativ**) *lager*. Dit vertaal je met **niedriger/flacher** als het om *niet hoger reikend* gaat (zie ook SCHICHT voor *laag*):
Haar schoenen hebben <u>lagere</u> hakken dan die van mij.
Ihre Schuhe haben <u>niedrigere/flachere</u> Absätze als meine. (zie ook ALS)

2) Als *lager geringer* betekent, kun je ook **niedriger** gebruiken:
Mijn bloeddruk is vandaag <u>lager</u> dan gisteren.
Mein Blutdruck ist heute <u>niedriger</u> als gestern.

3) Als *lager dieper* betekent, gebruik je **tiefer**:
Op deze bruidsfoto staat hij <u>lager</u> op de trap dan zij.
Auf diesem Hochzeitsbild steht er <u>tiefer</u> auf der Treppe als sie.
Zijn stem is <u>lager</u> dan de mijne.
Seine Stimme ist <u>tiefer</u> als meine Stimme.

4) Als *lager gemener* betekent, kun je alleen **niedriger/gemeiner** gebruiken:
Een <u>lagere</u> daad bestaat niet.
Eine <u>niedrigere/gemeinere</u> Tat gibt es nicht.

5) En als *lager* met rang/stand te maken heeft, gebruik je **niederer/niedriger**:
Sommige kinderen in India mogen niet naar school omdat zij van een <u>lagere</u> klasse zijn.
Manche Kinder in Indien dürfen nicht in die Schule gehen, weil sie aus einer <u>niederen/niedrigeren</u> Klasse kommen.

6) Maar geen van deze vertalingen heb je nodig bij:
Hij gaat vanzelf een toontje <u>lager</u> zingen.
Er wird von alleine kleinlaut.
Hij is aan <u>lager</u> wal geraakt.
Er ist verkommen.

LAND

Das wird vom <u>Land</u> bezahlt.
Dat wordt door de <u>deelstaat</u> betaald.

D

Hoewel **Land** in de meeste gevallen *land* betekent, moet je oppassen omdat met **Land** ook een *deelstaat*, zoals Bayern en Baden-Württemberg, wordt bedoeld. Eigenlijk heet een *deelstaat* **Bundesland**, maar dat wordt vaak afgekort tot **Land**:
Diese Stipendien werden vom <u>Land</u> bezahlt und nicht von der DFG / Deutschen Forschungsgemeinschaft.
Deze beurzen worden door de <u>deelstaat</u> betaald en niet door de DFG.
Israel ist das Gelobte <u>Land</u>.
Israël is het Beloofde <u>Land</u>.

Bundesland moet je niet verwarren met **Bundesrepublik**, want **Bundesrepublik** verwijst naar het hele land, dus naar Duitsland. Tenslotte, **etwas an Land ziehen** betekent *iets binnenhalen*.

N

Land heb je niet nodig bij:

Hij heeft daar het land aan. — **Er mag das nicht leiden.**
In het land der blinden is éénoog koning. — **Unter den Blinden ist der Einäugige König.**

Lassen

Das sollst du lassen. — *Dat moet je laten.*

D

Lassen is een werkwoord en betekent *laten*:

Er kann das Trinken nicht lassen. — *Hij kan het drinken niet laten.*
Lass das! — *Laat dat!*
Darf ich das Kaninchen herauslassen? — *Mag ik het konijntje eruit laten?*

Het werkwoord **gehenlassen** kan zowel *met rust laten* als *laten gaan* betekenen.

Een andere betekenis van **lassen** is *mogelijk zijn*:

Das lässt sich nicht ändern. — *Het is niet mogelijk dat te veranderen.*

N

Voor *lassen* als *het door hitte samensmelten van delen* gebruik je **schweißen**:

Ik moet de twee kabels nog aan elkaar lassen. — **Ich muss die zwei Kabel noch zusammenschweißen.**

Let op: **verlassen** heeft niets met deze betekenissen te maken. **Verlassen** betekent *verlaten* en **sich verlassen auf** betekent *vertrouwen op*.

Lecken

Sie leckte das Blut vom Arm. — *Ze likte het bloed van haar arm.*

D

Het werkwoord **lecken** betekent *likken*:

Der Hund leckte mich im Gesicht. — *De hond likte me in mijn gezicht.*
Darf ich das Schälchen auslecken? — *Mag ik het schaaltje uitlikken?*
Du siehst aus wie geleckt. — *Je ziet er gelikt uit.*
Deze uitdrukking komt van katten die hun vel schoonmaken door het te likken.

Let op: **auslecken** betekent *uitlikken* en kun je misschien verwarren met *uitlekken*. Maar *uitlekken* als *onbedoeld bekend worden* vertaal je met **durchsickern** en *uitlekken* als *droger worden* met **abtropfen**.

N

In sommige gevallen kun je **lecken** ook met *lekken* vertalen, maar andere vertalingen zijn ook mogelijk.

1) Voor *lekken* als *het doorlaten van vocht/gas* gebruik je **undicht sein / lecken**:

Ik heb een emmer in mijn kamer staan omdat het dak lekt. — **Ich habe einen Eimer in meinem Zimmer, weil das Dach undicht ist / leckt.**

2) Tot slot wordt *lekken* gebruikt wanneer vlammen iets bereiken. De juiste vertaling daarvoor is **züngeln**:

De vlammen lekken het droge hout. — **Die Flammen züngeln am trockenen Holz.**

LEDIG

Was soll ich ankreuzen? – Ledig. — *Wat moet ik aankruisen? – Ongetrouwd.*

D

Als je in Duitsland gaat wonen en je je inschrijft bij de gemeente moet je je burgerlijke staat (**Familienstand**) aangeven. Een van de opties is dan **ledig** wat *ongehuwd/ongetrouwd* betekent:

Ich bin eine ledige, junge Frau. — *Ik ben een ongetrouwde jonge vrouw.*

N

Ledig is in het Nederlands een ouderwets woord voor *leeg/werkeloos/vrij*. De formele variant in het Duits is **müßig**:

Sinds ik met pensioen ben, lijd ik een ledig/leeg bestaan. — **Seitdem ich im Ruhestand bin, führe ich ein müßiges Leben.**

LEER

Ich habe eine leere Tasche gefunden. — *Ik heb een lege tas gevonden.*

D

Van **leer** zou je kunnen denken dat het *leer/leder* betekent. Maar **leer** betekent *leeg*, vandaar het werkwoord **leeren** (*legen/leegmaken*; zie ook LEGEN):

Die Mülleimer sind leer. — *De prullenbakken zijn leeg.*

Die Mülleimer sind wohl geleert worden. — *De prullenbakken zijn blijkbaar geleegd.*

Die Badewanne ist immer noch nicht leergelaufen. Ich glaube, der Abfluss ist verstopft. — *Het bad is nog steeds niet leeggelopen. Ik denk dat de afvoer verstopt is.*

En een auto **in den Leerlauf schalten** betekent *in zijn vrij zetten*.

De vertaling *leeg* heb je niet nodig bij:

Wer alles haben will, geht leer aus. — *Wie het onderste uit de kan wil hebben, krijgt het deksel op zijn neus.*

N

1) Het bijvoeglijk naamwoord *leren / van leer* vertaal je met **ledern / aus Leder**:
Ik heb een leren tas / tas van leer gevonden. — **Ich habe eine lederne Tasche / Tasche aus Leder gefunden.**

2a) Het zelfstandig naamwoord *leer* vertaal je daarom met **Leder** als het om dierenhuid gaat. Maar als het gaat om *lering/les* of om *regels die een afgesloten geheel vormen* gebruik je **Lehre**:
Dit is slangenleer. — **Das ist Schlangenleder.**
Ik moet vandaag lesgeven. — **Ich habe heute Lehre.**
Is het mogelijk bij jou in de leer te gaan? — **Ist es möglich, bei dir in die Lehre zu gehen?**
De natuur gaat boven de leer. — **Natur geht vor Lehre.**

2b) En het zelfstandig naamwoord *leer* als *ladder* vertaal je met **Leiter**:
Ik durf niet onder een leer/ladder door te lopen. — **Ich habe Angst, unter einer Leiter durch zu gehen.**

Legen

Ich würde das auf deinen Schreibtisch legen. — *Ik zou dat op je bureau leggen.*

D

Ik las een keer een artikel over biologisch vlees, waarin het woord **Legebatterie** voorkwam. Door de context had ik er al zo'n voorgevoel van dat **Legebatterie** niet *lege batterij* betekent. En inderdaad, hier werden **Legebatteriehühner** (*legbatterijkippen*) met **Freilandhühner** (*scharrelkippen*) vergeleken. Toen realiseerde ik me dat **lege** van het werkwoord **legen** (*leggen*) komt:
Ich werde ab heute Geld zur Seite legen. — *Ik ga vanaf vandaag geld opzij leggen.*
Hühner legen Eier. — *Kippen leggen eieren.*

Let op: **sich (hin)legen** betekent *gaan liggen*.

N

Het werkwoord *legen* vertaal je met **leeren** (zie ook Leer en Lehren).

Lehnen

Darf ich mich dagegen lehnen? — *Mag ik daar tegenaan leunen?*

D

Lehnen heeft een bredere betekenis dan het Nederlandse *leunen*:
Als ich ihn zum ersten Mal sah, lehnte er am Laternenpfahl. — *Toen ik hem voor het eerst zag, leunde hij tegen een lantaarnpaal.*
Ich habe das Fahrrad gegen den Zaun gelehnt. — *Ik heb mijn fiets tegen het hek gezet.*

En hoewel **lehnen** geen *lenen* betekent, is een **Lehnwort** wel een *leenwoord*.

N

Voor het Nederlandse *lenen* gebruik je **(aus)leihen**:

Hoe lang mag ik dit boek lenen? — **Wie lange darf ich dieses Buch ausleihen?**

Dat boek lenen we niet uit. — **Das Buch leihen wir nicht aus.**

Voor *zich lenen* gebruik je **sich eignen**:

Deze roman leent zich zeer goed voor een verfilming. — **Dieser Roman eignet sich sehr gut für eine Verfilmung.**

LEHREN

Ich möchte gerne Niederländisch lehren. — *Ik wil graag Nederlands onderwijzen.*

D

Lehren is een van de eerste valse vrienden die je tegenkomt bij het leren van Duits. **Lehren** gebruik je alleen om aan te geven dat je iemand anders iets leert, en betekent dus *doceren/lesgeven*:

Wenn man lehrt, lernt man selbst auch sehr viel. — *Als je lesgeeft, leer je zelf ook heel veel.*

Was machst du, wenn du deine Doktorarbeit fertig hast? – Das wird die Zukunft lehren. — *Wat ga je doen als je je proefschrift af hebt? – Dat zal de toekomst uitwijzen.*

Vandaar dat een **Lehrer** een *leraar/onderwijzer* is.

N

1) Als je zelf iets wil *leren* gebruik je in het Duits **lernen**:

Ik wil graag Nederlands leren. — **Ich möchte gerne Niederländisch lernen.**

Op een oude fiets moet je het leren. — **Auf alten Schiffen lernt man segeln.**

Een mens is nooit te oud om te leren. — **Zum Lernen ist man nie zu alt.**

Maar **lernen** gebruik je niet bij gezegdes als:

Jong geleerd, oud gedaan. — **Jung gewohnt, alt getan.**

Al doende leert men. — **Übung macht den Meister.**

2) Verder betekent *leren* als bijvoeglijk naamwoord *van leer* (zie ook LEER). In het Duits gebruik je daarvoor **ledern / aus Leder**:

Dat is een leren tas. — **Das ist eine lederne Tasche / eine Tasche aus Leder.**

Dat is een leren broek. — **Das ist eine Hose aus Leder / Lederhose.**

LEHRLING

Der <u>Lehrling</u> hat einen Fehler gemacht. *De <u>leerjongen</u>/<u>leerling</u> heeft een fout gemaakt.*

D

Hoewel je **Lehrling** met *leerling* kan vertalen, moet je oppassen dat met **Lehrling** niet iedere *leerling* wordt bedoeld, maar alleen iemand die tot een bepaald beroep opgeleid wordt:

Der <u>Lehrling</u> hat zum ersten Mal selbst ein Rohr aus Stahl gebogen. *De <u>leerjongen</u>/<u>leerling</u> heeft voor de eerste keer zelf een stalen buis gebogen.*

Een ander woord voor **Lehrling** is **Auszubildender/Azubi**.

N

Voor een *leerling* op school gebruik je **Schüler(in)**:

De <u>leerling</u> stelt een vraag. **Der <u>Schüler</u> stellt eine Frage.**

LEICHT

Wenn du das Paket so hältst, ist es <u>leichter</u> zu tragen. *Als je het pakket zo vasthoudt, is het <u>makkelijker</u> te dragen.*

D

Het is verraderlijk dat **leicht** *eenvoudig* kan betekenen:

Die Prüfung war <u>leicht</u>. *De test was <u>gemakkelijk</u>.*

Het tegenovergestelde van **leicht**, **schwer** (*zwaar*; zie ook ZWAR), wordt ook vaak gebruikt voor *moeilijk* (**schwierig**).

Maar meestal kun je het bijvoeglijk naamwoord en bijwoord **leicht** ook gewoon met *licht* vertalen:

Dieser Karton ist <u>leicht</u>. *Deze doos is <u>licht</u>.*
Heute gab es <u>leichten</u> Schneefall. *Vandaag was er <u>lichte</u> sneeuwval.*
Ich fühle mich <u>leicht</u> im Kopf. *Ik voel me <u>licht</u> in mijn hoofd.*

N

Voor het zelfstandig naamwoord *licht* gebruik je **Licht**:

Kun je het <u>licht</u> uitdoen? **Könntest du das <u>Licht</u> ausschalten?**
Het <u>licht</u> van de zon is fel. **Das <u>Licht</u> der Sonne ist grell.**

En voor het bijvoeglijk naamwoord *licht* gebruik je **hell**:

Ik houd van <u>lichte</u> kleuren. **Ich mag <u>helle</u> Farben.**

Hier moet je ook weer oppassen dat **lichtes Haar** *dun haar* is en dat **Lichtung** een open plek is, terwijl een *lichting/jaargang* **Jahrgang**, *(bus)lichting* **Leerung** en *lichting/optillen* **Hebung** is.

Leiden

Was bleibt übrig, wenn es kein Leiden mehr gibt? — *Wat blijft er over als er geen lijden meer bestaat?*

D

De ij- en ei-problematiek in Nederlandse woorden is bekend. Naast enkele vuistregels zijn er allerlei ezelsbruggetjes die je hierbij kunnen helpen. Bijvoorbeeld pijn en lijden hangen samen en schrijf je beide met een lange ij. Gelukkig bestaat in het Duits alleen de korte ei, dus heb je daar geen ezelsbruggetje voor nodig. Wat je wel moet onthouden is dat **leiden** juist niet *leiden*, maar *lijden* betekent:

Er leidet an einer schlimmen Krankheit. (zie ook Schlimm) — *Hij lijdt aan een ernstige ziekte.*

Ich kann es nicht leiden. — *Ik kan het niet lijden / er niet tegen.*

N

Leiden met korte ei heeft in het Nederlands meerdere betekenissen die je in het Duits verschillend vertaalt.

1a) Het werkwoord *leiden* kan *richting geven aan iets of iemand* betekenen. Dat vertaal je met **führen** of **vorführen**:

De moeder leidt het kind aan de hand. — **Die Mutter führt das Kind an der Hand.**

Het is me gelukt hem om de tuin te leiden. — **Ich habe es geschafft, ihn hinters Licht zu führen.**

Dat leidt tot niks! — **Das führt zu nichts!**

De gevangene werd door twee bewakers voor de rechter geleid. — **Der Gefangene wurde von zwei Gefängniswärtern dem Richter vorgeführt.**

1b) Het werkwoord *leiden* kan ook *de leiding hebben over iets* betekenen. Dat vertaal je met **(an) leiten** of **(an)führen**:

De voorzitter leidt de vergadering. — **Der Vorsitzende leitet das Treffen.**

De favoriet leidt het peloton. — **Der Favorit führt die Spitzengruppe an.**

1c) Verder betekent het werkwoord *leiden voeren/brengen*. In dat geval gebruik je **leiten/lenken** of **führen**:

Ik probeer alles in goede banen te leiden. — **Ich versuche, alles in die richtige Bahn zu lenken.**

Alle wegen leiden naar Rome. — **Alle Wege führen nach Rom.**

Deze deur leidt naar de keuken. — **Diese Tür führt in die Küche.**

1d) *Leiden* gebruik je ook voor *het doorbrengen van je leven*. Ook dan gebruik je **führen**:

Hij leidt al jaren een treurig bestaan. — **Er führt schon seit Jahren ein trauriges Dasein.**

Let op: **Leidenschaft** heeft met geen van deze betekenissen iets te maken, want **Leidenschaft** betekent *hartstocht/passie*. **Leidenschaft** zou je ook nog kunnen verwarren met *leiderschap*, maar dat vertaal je met **Führerschaft/Führung** of **Autorität.**

2) Tot slot heet de stad *Leiden* ook in het Duits **Leiden** (zie ook Denn voor Nederlandse steden):

Ik woon in Leiden.	**Ich wohne in Leiden.**

Leider

Wer kommt nicht? – Piet, leider.	*Wie komt niet? – Piet, helaas.*

D

Ook wanneer je weet dat **leiden** *lijden* betekent en dat **leider** afgeleid is van **Leid** (*leed*), kun je waarschijnlijk nog niet raden dat **leider** *jammer/helaas* betekent (zie ook Schade voor *jammer*):

Ist es möglich, meinen Termin zu verschieben? – Nein, das ist leider nicht möglich.	*Is het mogelijk mijn afspraak te verzetten? – Nee, dat is helaas niet mogelijk.*

Het woord **Leiter** lijkt op **leider**. Maar **Leiter** is een zelfstandig naamwoord dat, zoals te verwachten *leider*, maar ook *ladder* of *geleider* kan betekenen:

Er ist Leiter einer großen politischen Partei.	*Hij is leider van een grote politieke partij.*
Die Leiter lehnt am Baumstamm.	*De ladder staat tegen de boomstam.*
Eine Tonleiter hat sieben Töne.	*Een toonladder heeft zeven tonen.* (zie ook Bis voor toonladder)
Metall ist ein guter Leiter.	*Metaal is een goede geleider.*

Hier is **Leiter** met als betekenis *leider* en *geleider* mannelijk en **Leiter** als *ladder* vrouwelijk.

N

Vroeger betekende *leider* in het Nederlands ook *helaas*, maar die betekenis bestaat niet meer. *Leider* is alleen nog een zelfstandig naamwoord waarvoor je behalve **Leiter** ook **Führer** kan gebruiken:

Ik ga op hem stemmen, omdat hij een ervaren leider is.	**Ich werde ihn wählen, weil er ein erfahrener Leiter/Führer ist.**

Führer gebruik je verder voor *dictator*. Door de loop van de geschiedenis wordt **Führer** vrijwel altijd met de persoon Adolf Hitler verbonden. Daarom wordt het woord **Führer** niet graag gebruikt.

Leisten

Dieses Gemälde können wir uns nicht leisten.	*Dit schilderij kunnen we ons niet veroorloven.*

D

1) Als het werkwoord **leisten** wederkerend is, is de juiste betekenis *zich permitteren/veroorloven*:

Ich kann es mir nicht <u>leisten</u>, zu spät zu kommen. — *Ik kan het <u>me</u> niet <u>permitteren/veroorloven</u> te laat te komen.*

2) Als het werkwoord **leisten** niet wederkerend is, betekent het *presteren/bieden/leveren*:

Wir haben tatkräftig Widerstand <u>geleistet</u>. — *We hebben daadkrachtig tegenstand <u>geboden</u>.*

Kannst du erste Hilfe <u>leisten</u>? — *Kun je eerste hulp <u>verlenen</u>?*

Mit dem Weiterleiten meiner Idee hat er mir einen Bärendienst <u>geleistet/erwiesen</u>. (zie ook BAR voor **Bär**) — *Met het doorspelen van mijn idee heeft hij mij een slechte dienst <u>bewezen</u>.*

Der Verdächtige hat einen Eid <u>geleistet</u>. — *De verdachte heeft een eed <u>afgelegd</u>.*

3) Verder betekent **Leisten** als zelfstandig naamwoord *leest*:

Ein <u>Leisten</u> ist ein Holzstück, mit dem ein Schuh gemacht wird. — *Een <u>leest</u> is een houten vorm waarmee een schoen wordt gemaakt.*

Schuster, bleib bei deinem <u>Leisten</u>! — *Schoenmaker, blijf bij je <u>leest</u>!*

Met dit spreekwoord wordt ook in het Duits bedoeld dat het beter is die dingen te doen waar je goed in bent.

4) Tot slot is **Leisten** het meervoud van **Leiste**, wat *plint* of *lies* betekent:

Es sieht schön aus: eine weiße Wand und blaue <u>Leisten</u>. — *Dat ziet er mooi uit: een witte muur en blauwe <u>plinten</u>.*

Mein Bruder hat einen <u>Leisten</u>bruch erlitten. — *Mijn broer heeft een <u>lies</u>breuk gehad.*

N

Het werkwoord *(in)lijsten* vertaal je met **(ein)rahmen** (zie ook RAHM(EN)):

Dit schilderij moeten we nog <u>inlijsten</u>. — **Dieses Gemälde sollten wir noch <u>einrahmen</u>.**

LIEBE

<u>Liebe</u> Anna Müller! — *<u>Beste</u> Anna Müller!*

D

1) Toen ik een e-mail kreeg van een Duitse collega, die ik pas een paar dagen eerder had leren kennen, met de aanhef **Liebe Erlijn van Genuchten**, verbaasde mij dat. Maar ik voelde me ook gevleid. Ik vond het heel aardig dat ze me al zo snel met *lieve* aanschreef. Pas later kwam ik erachter dat je **liebe** in deze context vrijwel altijd met *beste* moet vertalen en het daarom veel formeler is dan ik dacht:

<u>Liebe</u> Anna Müller,
herzlichen Dank für Ihre E-Mail.

<u>Beste</u> Anna Müller,
Hartelijk dank voor uw e-mail.

Let op: Nederlanders beginnen de zin na de aanhef met een hoofdletter, terwijl Duitsers daar een kleine letter gebruiken.

In andere contexten kun je **liebe** gewoon met *lieve* vertalen:

Dankeschön! Du bist ein <u>liebes</u> Mädchen. — *Dank je wel! Jij bent een <u>lief</u> meisje.*

2) Verder betekent **Liebe** als zelfstandig naamwoord *liefde*:

Das war <u>Liebe</u> auf den ersten Blick. — *Dat was <u>liefde</u> op het eerste gezicht.*

N

Voor *lief* kun je dus **lieb** gebruiken. Maar in de betekenis van *vriendelijk* mag je ook **freundlich** gebruiken. En bedoelen we *aangenaam* dan is **nett** de juiste vertaling (zie ook NETT):

Zij is een <u>lieve/vriendelijke</u> vrouw. Daarom vind ik het leuk als ik haar op straat zie. — **Sie ist eine <u>liebe/freundliche</u> Frau. Deswegen mag ich es, wenn ich sie auf der Straße treffe.**

Mijn kapster is een <u>lieve/aangename</u> vrouw. — **Meine Friseurin ist eine <u>liebe/nette</u> Frau.**

Verder vertaal je *liefhebben* met **lieben / lieb haben**, *liefkozen* met **liebkosen**, *liefje/schat* met **Schatz** en *lief en leed* met **Freud und Leid**.

En let op: **Lief** is de verleden tijd van **laufen** (*lopen*) in de eerste en derde persoon enkelvoud:

Ik <u>liep</u> naar het postkantoor. — **Ich <u>lief</u> zur Post.**

Hij <u>liep</u> naar huis. — **Er <u>lief</u> nach Hause.**

LIEGEN

Warum <u>liegst</u> du? — *Waarom <u>lig</u> je?*

D

1) Het werkwoord **liegen** betekent *liggen*:

Das Buch <u>liegt</u> auf dem Tisch. — *Het boek <u>ligt</u> op de tafel.* (zie ook TAFEL)

Das <u>liegt</u> auf der Hand. — *Dat <u>ligt</u> voor de hand.*

Ich würde ihn links <u>liegen</u> lassen. — *Ik zou hem links laten <u>liggen</u>.*

Maar soms heb je een net iets andere vertaling nodig:

Könntest du mir erzählen, wie die Dinge <u>liegen</u>? — *Zou je me kunnen vertellen hoe het ervoor staat?*

Das <u>liegt</u> bei dir. — *Dat laat ik aan jou over.*

Da <u>liegst</u> du richtig! — *Je hebt het bij het rechte eind!*

Er <u>liegt</u> mir auf der Tasche. — *Ik moet alles voor hem betalen.*

2) Als zelfstandig naamwoord is **Liegen** het meervoud van **Liege**, wat *stretcher/ligbank* betekent:

Wir stellen für euch <u>Liegen</u> ins Wohnzimmer. — *We zetten voor jullie <u>stretchers</u> in de woonkamer.*

N

Liegen vertaal je met **lügen**. Als je *tegen iemand liegt* gebruik je **anlügen**:

Hij <u>liegt</u> er weer op los! (zie ook LOS) — **Er <u>lügt</u> wieder das Blaue vom Himmel!**

Ik <u>lieg</u> helemaal niet tegen je! — **Ich <u>lüge</u> dich gar nicht <u>an</u>!**

De uitdrukking *dat liegt er niet om* in de betekenis van *dat is niet mis* vertaal je met **das hat sich gewaschen**. In de betekenis van *dat is geen kleinigheid* met **das ist kein Pappenstiel**. In de betekenis van *dat is duidelijk* gebruiken we **das ist nicht ohne**.

Verder moet je oppassen dat een *leugenaar* een **Lügner** is en geen **Leugner**. Een **Leugner** is een *loochenaar* en komt van het werkwoord **leugnen** (*loochenen/ontkennen*).

LINIE

Das ist eine gerade Linie.	*Dat is een rechte lijn.*

D

Zowel het Duitse **Linie** en het Nederlandse *linie* komen van het Latijnse 'linia' (*streep/lijn*). Het Duitse **Linie** heeft deze betekenis nog altijd:

Ich habe eine gerade Linie gezogen.	*Ik heb een rechte lijn getrokken.*
Ich fahre mit der Linie 16 zur Arbeit.	*Ik ga met lijn 16 naar mijn werk.*
Ich achte auf meine Linie.	*Ik doe aan de lijn.*

Let op: de uitspraak van **Linie** is [lieniejuh] en van *linie* is [lienie].

N

In het Nederlands beperkt de betekenis van *linie* zich tot de betekenis van een *rij* meestal in de militaire context. In het Duits gebruik je daarvoor ook **Linie**:

De soldaat heeft vanuit de eerste linie geschoten.	**Der Soldat hat aus der ersten Linie/Reihe geschossen.**
Wij garanderen veiligheid over de hele linie.	**Wir garantieren Sicherheit auf der ganzen Linie.**

Verder wordt in zeemanstaal voor *linie/evenaar* **Linie** gebruikt. Een andere naam voor de *evenaar* is **Äquator**.

LINK

Liest du *Het Parool*? **Das ist eine linke Zeitung.**	*Lees je Het Parool? Dat is een linkse krant.*

D

1a) Het bijvoeglijk naamwoord **link** betekent meestal *linker/links*:

Ich habe zwei linke Hände.	*Ik heb twee linkerhanden.*
Ich weiß noch nicht, welche Partei ich wähle, aber auf jeden Fall eine linke Partei.	*Ik weet nog niet op welke partij ik ga stemmen, maar in ieder geval op een linkse partij.*

(zie ook PARTEI)

Ook komt **link** voor in:

Heute Morgen bin ich mit dem linken Fuß zuerst aufgestanden. — *Vanmorgen ben ik met het verkeerde been uit bed gestapt.*

1b) Een minder vaak voorkomende betekenis van het bijvoeglijk naamwoord **link**, die vooral in spreektaal voorkomt, is *link/louche*:

Achtung: Er ist ein linker Vogel! — *Pas op: hij is een linke/louche gozer!*

2) Het zelfstandig naamwoord **Link** komt van het Engelse 'link' en betekent zoals je kunt raden *(hyper)link*:

Klicke auf den Link. — *Klik op de link.*

N

In het Nederlands heeft *link* de betekenissen *slim/gewiekst*, *riskant/gevaarlijk* en *kwaad/boos*. Het woord *link* is waarschijnlijk een afleiding van *links*, waarbij linkshandigheid als een afwijking van de norm werd beschouwd.

1) Voor *link* als *slim/gewiekst* gebruik je **pfiffig**:

Dat is een linke jongen. — **Das ist ein pfiffiger Junge.**

Maar niet bij:

Hij is zo link als een looien deur. — **Er ist sehr gerissen.**

2) Voor *link* als *riskant/gevaarlijk* gebruik je **brenzlig/riskant**:

Gaan we daar naar binnen? – Nee, dat is me te link. — **Gehen wir da hinein? – Nein, das ist mir zu riskant.**

Echter niet bij:

Dat is linke soep. — **Das ist eine linke Sache.**

3) Voor *(bloed)link* als *kwaad/boos* gebruik je **fuchsteufelswild**:

Gisteren was hij (bloed)link. Gelukkig is hij nu niet meer boos. — **Gestern war er fuchsteufelswild. Zum Glück ist er jetzt nicht mehr böse.**

4) Tot slot: het zelfstandig naamwoord *link* als *verband* vertaal je met **Verbindung**:

Kan er een link gelegd worden tussen het spelen van vechtgames en gewelddadigheid? — **Kann man das Spielen von Kampfspielen mit Gewalttätigkeit in Verbindung bringen?**

LOB

Das Lob ihres Rivalen ermunterte sie. — *De lof van haar rivaal bemoedigde haar.*

D

Bij **Lob** is zowel het lidwoord als de uitspraak belangrijk bij het bepalen van de betekenis. Als het **das Lob** is, is de uitspraak [loob] en de betekenis *lof*. Als het **der Lob** is, is de uitspraak [lob] en de betekenis *lob / hoge bal over de tegenstander*:

In der Wissenschaft wird Lob nicht oft geäußert / hört man nicht oft Lob. — *In de wetenschap wordt lof niet vaak geuit.*

Ich habe den Wettkampf mit einem Lob beendet. — *Ik heb de wedstrijd met een lob beëindigd.*

N

In het Nederlands kan een *lob* behalve *een hoge bal over de tegenstander* ook *een deel van een orgaan zijn*. De vertaling daarvan is **Lappen**:

Onze hersenen bestaan uit vier lobben/kwabben. — **Unser Gehirn besteht aus vier Lappen.**

Loch

Wie ist er in dieses Loch gekommen? — *Hoe is hij in dat gat terechtgekomen?*

D

1) De belangrijkste betekenis van **Loch** is *gat*:
   Der Schlüssel steckt im Schlüsselloch. — *De sleutel zit in het sleutelgat.*
   Sogar Licht verschwindet in einem schwarzen Loch. — *Zelfs licht verdwijnt in een zwart gat.*
   Über Australien gibt es ein Loch in der Ozonschicht. — *Boven Australië zit een gat in de ozonlaag.*

2) Verder heeft **Loch** nog andere betekenissen, waarvan een aantal ook met *gat* te maken heeft. Een van die betekenissen is *hol*:
   Das Kaninchen wohnt in einem Loch. — *Het konijntje woont in een hol.*

3) Ook is een **Loch** het gat ('hole') waarin bij golf het balletje geslagen moet worden:
   Er hat mit einem Schlag den Ball ins Loch gespielt; das war also ein Hole-in-one! — *Hij heeft met één slag de bal in de hole gespeeld; dat was dus een hole-in-one!*

4) Andere betekenissen die met *gat* te maken hebben zijn *kont* en *vagina*. Net als bij *gat* is **Loch** in dit geval een grof woord.

5) Een betekenis die niets met *gat* te maken heeft is *gevangenis/bak*:
   Er ist ins Loch geflogen. — *Hij is de bak in gevlogen.*

6) Verder komt **Loch** nog in een aantal uitdrukkingen voor waarbij je geen van deze vertalingen nodig hebt:
   Er guckt/starrt schon seit Stunden Löcher in die Luft. — *Hij zit al uren voor zich uit te staren.*
   Sie hat mir ein Loch in den Bauch geredet. — *Zij heeft me de oren van mijn kop gepraat.*
   Ich glaube, dass er auf dem letzten Loch pfeift. — *Ik geloof dat hij aan het eind van zijn krachten/latijn is.*
   Deze uitdrukking komt van blaasinstrumenten waarbij men niet hoger kan spelen dan het laatste gat.

Let op: hoewel **Gatte** op *gat* lijkt, betekent het *echtgenoot* en vertaal je *gat* als een *klein, wat achtergebleven dorp* met **Kaff**.

N

In het Nederlands is *log* een bijvoeglijk naamwoord. Als mensen of dieren *log* zijn, gebruik je **plump** en voor objecten gebruik je **schwerfällig**:

Hoewel hij helemaal niet dik is, beweegt hij zich log.	**Obwohl er gar nicht dick ist, bewegt er sich plump.**
Het paard van Troje was een log gevaarte.	**Das Trojanische Pferd war ein schwerfälliges Ungetüm.**

In het Duits is **log** ook nog de verleden tijd van **lügen** (*liegen*; zie ook Liegen). Een *logboek* in de scheepvaart vertaal je met **Logbuch/Bordbuch**. In andere gevallen is een *logboek* een **Tagebuch** (wat ook *dagboek* kan betekenen).

Locker

Das sieht locker aus.	*Dat ziet er losjes uit.*

D

In het Duits is het woord **locker** een bijvoeglijk naamwoord wat *los(jes)/luchtig* betekent:

Deine Schnürsenkel sind locker.	*Je veter zit los.* (zie ook Los)
Bei ihm ist eine Schraube locker.	*Bij hem zit er een steekje los.*
Sie wollte nicht lockerlassen, deswegen habe ich 'ja' gesagt.	*Ze wilde niet toegeven, daarom heb ik 'ja' gezegd.*
Bevor wir anfangen, solltet ihr eure Muskeln lockern.	*Voor we beginnen, moeten jullie je spieren losmaken.*

De vergrotende trap van **locker** is **lockerer** (zie ook Meer voor vergrotende en overtreffende trappen).

N

In het Nederlands is het woord *locker* een zelfstandig naamwoord dat *bagagekluis* betekent. Dat vertaal je met **Schließfach**:

Ik heb de boeken in mijn locker gelegd.	**Ich habe die Bücher in mein Schließfach gelegt.**

Locker moet je niet verwarren met *lokker* wat je met **Lockvogel** vertaalt. Een *kinderlokker* is een **Kinderverführer**.

Lokal

Ich habe ihn im <u>Lokal</u> gesehen.	*Ik heb hem in het <u>café</u> gezien.*

D

Hoewel het zelfstandig naamwoord **Lokal** ook *een (deel van een) gebouw* is, is het ook specifiek een *(eet)café*:

Wir trinken ein Feierabendbier im <u>Lokal</u>. (zie ook Feierabend)	*We drinken een biertje in het <u>café</u> ter afsluiting van de werkdag.*
Wir bleiben hier, weil es auch ein <u>Tanzlokal</u> ist.	*We blijven hier, omdat het ook een <u>dansgelegenheid</u> is.*
Man wählt in einem <u>Wahllokal</u>.	*Men stemt in een <u>stemlokaal</u>.*

Het bijwoord en bijvoeglijk naamwoord **lokal** betekent net als in het Nederlands *lokaal* of *plaatselijk*.

N

Hoewel je *lokaal* met **Lokal** kan vertalen, vertaal je een *lokaal in een school* met **Klassenzimmer**:

De scholieren zitten in het <u>(klas)lokaal</u>.	**Die Schüler sitzen im <u>Klassenzimmer</u>.**

In Duitsland is het gebruikelijk dat scholieren in hetzelfde lokaal blijven en dat de leraren van lokaal wisselen, terwijl in Nederland de leraren in hetzelfde lokaal blijven en de scholieren van lokaal wisselen.

Los

Er weiß, was <u>los</u> ist.	*Hij weet wat er <u>aan de hand</u> is.*

D

Een belangrijk verschil tussen **los** en *los* is dat het Duitse **los** als [looz] en het Nederlandse *los* als [los] uitsproken wordt.

1a) **Los** als bijvoeglijk naamwoord en bijwoord heeft een aantal betekenissen die niet veel op elkaar lijken. Eén betekenis van **los** is *aan de hand*:

Ich siehe viele Polizisten. Was ist dort <u>los</u>?	*Ik zie veel politieagenten. Wat is daar <u>aan de hand</u>? / Wat is daar <u>loos</u>?*
Auf dem Markt ist eine Menge <u>los</u>.	*Op de markt is het heel druk.*

1b) Een andere betekenis is *kwijt / er vanaf*:

Ich bin diesen alten Kühlschrank endlich <u>los</u>geworden.	*Ik ben deze oude koelkast eindelijk <u>kwijt</u> / ben eindelijk <u>van</u> deze oude koelkast <u>af</u>.*

1c) Ook kom je **los** in de betekenis *vooruit* tegen:

Auf die Plätze, fertig, <u>los</u>!	*Op de plaatsen, klaar, <u>af</u>!*
Wann legen wir <u>los</u>?	*Wanneer steken we <u>van</u> <u>wal</u>?* (zie ook Wal)

2a) Verder is **Los** een zelfstandig naamwoord en betekent dan *lot (in een loterij)*:
Ich habe bestimmt das große Los gezogen! *Ik heb vast het winnende lot getrokken!*
(zie ook GEZOGEN)

2b) In een formele context kan **Los** ook *(nood)lot* betekenen, maar in dat geval wordt vaker **Schicksal** gebruikt.

N

Los kun je ook op verschillende manieren in het Duits vertalen.

1) Bij LOCKER hebben we al gezien dat je *los* met **locker** kan vertalen:

De flamencodanseres beweegt heel losjes.	**Die Flamencotänzerin bewegt sich sehr locker.**
Deze knoop is te los gelegd.	**Dieser Knoten ist zu locker/lose.**

2) Voor *los* als *afzonderlijk* gebruik je **einzeln**:

We verkopen eieren niet los.	**Wir verkaufen Eier nicht einzeln.**

3) En voor *los* als *niet vast* gebruik je **offen**:

Ik heb mijn haren nooit los.	**Ich trage meine Haare nie offen.**

4) Verder komt *los* voor in een aantal uitdrukkingen waarbij je geen van deze vertalingen nodig hebt:

Ook dit plan staat op losse schroeven.	**Auch dieser Plan ist ungewiss.**
Kijk mama, ik kan met losse handen fietsen.	**Schau mal Mama, ich kann freihändig fahren.**
Ik heb dat uit de losse pols gedaan.	**Ich habe das mit links gemacht.**
Maak je geen zorgen, dat zal wel loslopen.	**Mach dir keine Sorgen, das wird schon schiefgehen.**

M

MACHEN

Das <u>macht</u> nichts. — *Dat geeft niks.*

D

Er is een aantal uitdrukkingen, waarin **machen** geen *maken* betekent, bijvoorbeeld:

Ups, ich habe versehentlich diesen Knopf gedrückt. – Das <u>macht</u> nichts, nichts passiert. — *Oeps, ik heb per ongeluk op deze knop gedrukt. – Dat geeft niks, er is niks gebeurd.*

Als ich das erzählte, hat er große Augen <u>gemacht</u>. — *Toen ik dat vertelde, zette hij grote ogen op.*

Die neue Lehrerin <u>macht</u> uns richtig Dampf. Das ist gut. — *Die nieuwe lerares zet ons flink aan het werk. Dat is goed.*

Dampf (*stoom*) wordt gebruikt in uitdrukkingen als *stoom achter iets zetten* oftewel vaart maken.

<u>Mach</u> dir darüber keine Gedanken. — *Zit daar niet over in.*

Wann <u>machen</u> wir Mittagspause? — *Wanneer houden we middagpauze?*

Maar in de meeste gevallen vertaal je **machen** gewoon met *maken*:

Kleider <u>machen</u> Leute. — *Kleren <u>maken</u> de man.*

Pass auf, sonst <u>mache</u> ich dich einen Kopf kleiner. — *Pas maar op, anders <u>maak</u> ik je een kopje kleiner.*

Ich verstehe nicht, warum über das neue Telefon so viel Theater <u>gemacht</u> wird. — *Ik begrijp niet, waarom er over die nieuwe telefoon zoveel poeha <u>gemaakt</u> wordt.*

<u>Mach</u> dir keine Sorgen, das wird schon schiefgehen. — *<u>Maak</u> je geen zorgen, dat zal wel loslopen.*

N

Maken als *repareren* vertaal je met **reparieren**:

Papa, zou je het licht van mijn fiets kunnen <u>maken</u>? — **Papa, könntest du mir die Lampe meines Fahrrads <u>reparieren</u>?**

En er is een aantal uitdrukkingen waarbij je geen **machen** nodig hebt, bijvoorbeeld:

Met die actie heb ik een goede beurt <u>gemaakt</u>. — **Bei dieser Aktion habe ich gut abgeschnitten.**

Ik <u>maak</u> er geen halszaak van. — **Ich nehme es nicht allzu schwer.**

Ik wil daar geen woorden aan vuil<u>maken</u>. — **Ich möchte darüber nicht viele Worte verlieren.**

Hij heeft er een potje van <u>gemaakt</u>. — **Er hat geschlampt.**

MAL

Ich habe gestern nur ein <u>Mal</u> gegessen. — *Ik heb gisteren maar één <u>keer</u> gegeten.*

D

De betekenis van **Mal/mal** is *maal/keer* (vandaar **malnehmen**, *vermenigvuldigen*). Ik ben me altijd zeer bewust van dit woord, omdat het zowel met een hoofdletter als een kleine letter, zowel los als aan elkaar geschreven kan worden.

1) **Mal** wordt los en met een hoofdletter geschreven als het een zelfstandig naamwoord is:
Ich habe ihn gestern zum ersten <u>Mal</u> gesehen. — *Ik heb hem gisteren voor de eerste <u>keer</u> / voor het eerst gezien.*
Ich habe ihn schon mehrere <u>Male</u> gesehen. — *Ik heb hem al meerdere <u>keren</u> gezien.*

Mal komt met een andere betekenis ook voor in de samenstellingen **Denkmal** (*monument*) en **Muttermal** (*moedervlek*).

2) Schrijf **mal** met een kleine letter als het een bijwoord is:
Sag <u>mal</u>, hast du meine Schlüssel gesehen? — *Zeg <u>eens</u>, heb je mijn sleutels gezien?*
So geht das nun <u>mal</u>. — *Zo gaat dat nu een<u>maal</u>.*

3) Of **Mal/mal** aan elkaar en/of met hoofdletter wordt geschreven hangt ook af van de klemtoon. Als de nadruk op beide delen ligt, worden de woorden los geschreven, anders aan elkaar:
Er hat die Tüte Chips auf ein<u>mal</u> leergegessen. (zie ook LEER) — *Hij heeft de zak chips in één <u>keer</u> opgegeten.*
Wie oft warst du schon zu Besuch? – Erst ein <u>Mal</u>. (zie ook ERST) — *Hoe vaak ben je al op bezoek geweest? – Pas één <u>keer</u>.*
Drei<u>mal</u> darfst du raten. — *Je mag drie <u>keer</u> raden.*
Du hast schon drei <u>Mal</u> für sie gekocht. — *Je hebt nu al drie <u>keer</u> voor haar gekookt.*

Zie ook ALLEMAL

N

1a) **Mal** als zelfstandig naamwoord zou je door de uitspraak kunnen verwarren met het Nederlandse *maal* als *maaltijd*, maar dat vertaal je met **Mahl**:
Ik heb gisteren maar één <u>maaltijd</u> gegeten. — **Ich habe gestern nur ein <u>Mahl</u> gegessen.**

1b) Door de schrijfwijze zou je **Mal** kunnen verwarren met *mal* als *vorm*. In dat geval gebruik je **Schablone**:
Ik werk met een <u>mal</u>, zodat ik steeds exact dezelfde vorm kan tekenen. — **Ich arbeite mit einer <u>Schablone</u>, damit ich immer genau die gleiche Form zeichnen kann.**

2) *Mal* als bijvoeglijk naamwoord of bijwoord vertaal je met **albern/verrückt**:
Stel niet zo'n <u>malle</u> vraag! — **Stelle nicht so eine <u>verrückte</u>/<u>alberne</u> Frage!**
Ben je <u>mal</u>? — **Bist du <u>verrückt</u>?** (zie ook VERRÜCKT)
Doe niet zo <u>mal</u>! — **Sei nicht so <u>albern</u>!**

Maar **albern/verrückt** heb je niet nodig bij *iemand voor de mal houden* (**jemanden zum Narren halten, jemanden an der Nase herumführen**).

MALEN

Ich male oft Pflanzen. — *Ik schilder vaak planten.*

D

Omdat **malen** hetzelfde geschreven en uitgesproken wordt als *malen*, moet je oppassen omdat **malen** *schilderen* of *kleuren* betekent (vandaar **Maler**, *schilder*):

Hast du das gemalt? Das ist ein wunderbares Bild! — *Heb jij dat geschilderd? Dat is een prachtig schilderij!*

Das Kind hat einen Baum gemalt. — *Het kind heeft een boom getekend/gekleurd.*

Andere manieren van *schilderen/tekenen* zijn **lackieren** (*lakken*), **porträtieren** (*portretteren*), **skizzieren** (*schetsen*), **streichen** (bijvoorbeeld een huis *schilderen*) en **zeichnen** (*tekenen*).

Maar *schilderen* of *kleuren* heb je niet nodig bij:

Du malst den Teufel an die Wand. — *Je daagt het noodlot uit.*

N

1) De juiste vertaling van *malen* als *water verplaatsen* is **auspumpen**:

Windmolens malen het water uit de polders. — **Windmühlen pumpen das Wasser aus den Poldern.**

2) *Malen* als *piekeren* vertaal je met **sich Gedanken machen**:

In bed lig ik vaak uren lang te malen. — **Im Bett mache ich mir stundenlang Gedanken.**

3) En voor *malen* als *fijnmaken* gebruik je **mahlen** wat hetzelfde uitgesproken wordt als **malen**:

Als graan gemalen is, heb je meel. — **Wenn Getreide gemahlen ist, hat man Mehl.**

Wie het eerst komt, het eerst maalt. — **Wer zuerst kommt, mahlt zuerst.**

MAN

Man sagt, dass das ein schlechtes Omen ist. — *Men zegt dat dit een slecht voorteken is.*

D

Het woord **man** is afgeleid van **Mann** (*man*) en betekende oorspronkelijk *een of ander mens* en kreeg daarna de betekenis van *ieder willekeurig mens*, waarvoor wij *men/je* gebruiken:

Zuerst nimmt man 200 Gramm Mehl. — *Eerst neem je 200 gram meel.*

Interessant is dat voor het bereiden van gerechten in het Nederlands de gebiedende wijs en in het Duits de infinitief wordt gebruikt. Zo vertaal je de instructie *voeg de paprika toe* met **Paprika hinzufügen.**

N

Voor *man* gebruik je **Mann**:

Als de nood aan de man komt, dan ben ik er voor je. — **Wenn Not am Mann ist, bin ich für dich da.**

Je bent een man naar mijn hart! — **Du bist ein Mann nach meinem Herzen!**

Ik probeer deze waren aan de man te brengen. — **Ich versuche, diese Waren an den Mann zu bringen.**

De uitroep *man!* als je ergens niet blij mee bent kun je in Duits met **Mann!** vertalen. Maar ik heb mensen om mij heen ook vaak **Mannomann!** of **o manno!** horen verzuchten.

Mann heb je niet nodig bij:

We waren met acht man. — **Wir waren mit acht Leuten da.**

We hebben met man en macht geholpen. — **Wir haben mit aller Macht geholfen.**

Er is geen man overboord. — **Das ist doch kein Beinbruch.**

MEER

Wir machen Urlaub am Meer. — *We houden vakantie aan zee.*

D

De valse vrienden **Meer** en *meer* en **See** en *zee* blijven geniepig, omdat de betekenissen precies omgedraaid zijn (zie ook SEE):

Die meisten Kinder schwimmen gerne im Meer. — *De meeste kinderen zwemmen graag in zee.*

Im Becher ertrinken mehr als im Meer. — *Er verdrinken er meer in het glas dan in de zee.*

Sardinien liegt im Mittelmeer. — *Sardinië ligt in de Middellandse Zee.*

N

1) *Meer* vertaal je met **See**, maar verwarrend is dat **See** soms wel weer *zee* betekent:

Heb je zin om in het meer te gaan zwemmen? — **Hast du Lust im See schwimmen zu gehen?**

Den Helder ligt aan de Noordzee. — **Den Helder liegt an der Nordsee.**

Rostock ligt aan de Oostzee. — **Rostock liegt an der Ostsee.**

Let op: **See** als *meer* is een mannelijk woord terwijl **See** als *zee* een vrouwelijk woord is.

2) *Meer* kan in het Nederlands ook de overtreffende trap van *veel* (**viel**) zijn. In dat geval is de Duitse vertaling **mehr**:

Ik heb dit jaar meer geld kunnen sparen. — **Ich konnte dieses Jahr mehr Geld sparen.**

Drank maakt meer kapot dan je lief is. — **Alkohol macht mehr kaputt als dir lieb ist.** (zie ook ALS)

Dat is meer geluk dan wijsheid. — **Das ist mehr Glück als Verstand.**

Maar niet bij:

Wie waren er nog meer? — **Wer war sonst noch da?**

Als er één schaap over de dam is, volgen er meer. — **Ein Schaf folgt dem anderen.**

Hoe meer zielen hoe meer vreugd. — **Je größer die Gesellschaft, desto größer das Vergnügen.**

Meer en *meest* zijn de vergrotende en overtreffende trap van *veel*. In het Duits is het **viel, mehr, am meisten**. De algemene regel voor de trappen van vergelijking is stam + **-er** en voor de overtreffende trap **am** + stam + **-sten**:

dick, dicker, am dicksten — *dik, dikker, dikst*
dünn, dünner, am dünnsten — *dun, dunner, dunst*

Maar natuurlijk zijn er uitzonderingen, zoals:

schlecht, schlechter, am schlechtesten (let op de extra e) — *slecht, slechter, slechtst*
teuer, teurer (let op het wegvallen van de e), **am teuersten** — *duur, duurder, duurst*
gut, besser, am besten — *goed, beter, best*

MEIN(EN)

Was meinst du? — *Wat bedoel je?*

D

1a) Het werkwoord **meinen** wordt vaak in de betekenis van *bedoelen* gebruikt, maar betekent ook, zoals te verwachten, *menen/vinden*:

Oh entschuldige, das war nicht böse gemeint. — *O sorry, dat was niet kwaad bedoeld.*
Ich bin mir nicht sicher, ob ich diese Zeitschrift kaufen soll. Was meinst du? (zie ook SOLLEN) — *Ik weet niet zeker of ik dit tijdschrift zal kopen. Wat denk/vind/meen jij?*

Als iemand vraagt **was meinst du?** kun je aan de klemtoon horen wat de betekenis is. Als de klemtoon op **meinst** ligt, dan is de betekenis *wat bedoel je?* en als de klemtoon op **du** ligt, dan is de betekenis *wat denk/vind jij?*.

1b) Verder kan **meinen** *zeggen* betekenen:

Was hast du gerade gemeint? — *Wat heb je zojuist gezegd?*

2) Ook kan **meinen** de verbuiging zijn van het bezittelijk voornaamwoord **mein**:

Wer hat meinen Schlüssel gesehen? — *Wie heeft mijn sleutel gezien?*

N

1) Het zelfstandig naamwoord *mijn* (meervoud *mijnen*) als *een plek waar bijvoorbeeld erts of steenkool wordt opgegraven*, vertaal je met **Grube**:

Hij werkte als kind al in de mijnen. — **Er arbeitete schon als Kind in der Grube.**

Vandaar dat een *goudmijn* een **Goldgrube** is tenzij het figuurlijk wordt gebruikt, dan is het een **Fundgrube**.

2) Een *mijn* als *bom* vertaal je met **Mine**:
Binnenkort wordt dit mijnenveld geruimd. — **Bald wird dieses Minenfeld geräumt.**

MENGEN

Das sind eine Menge Leute. — *Dat zijn een hoop mensen.*

D

Mengen is in het Duits het meervoud van **Menge** en betekent *een hoop*, *hoeveelheid* of *een grote groep mensen*:

Das sind eine Menge Bananen. Wirst du sie alle essen? (zie ook ALLE) — *Dat zijn een hoop bananen. Ga je ze allemaal opeten?*

Zum Backen benutze ich eine sehr geringe Menge Öl. — *Om te bakken gebruik ik maar een heel klein beetje / kleine hoeveelheid olie.*

Die Menge lief in die Richtung der Botschaft. (zie ook BOTSCHAFT) — *De menigte liep in de richting van de ambassade.*

N

Mengen is in het Nederlands een werkwoord en vertaal je met **mischen**:

Ze verliet het sollicitatiegesprek met gemengde gevoelens. — **Sie verließ das Bewerbungsgespräch mit gemischten Gefühlen.**

Als je appelsap met spa rood mengt, krijg je **Apfelschorle.** — **Wenn man Apfelsaft und Sprudel mischt, bekommt man Apfelschorle.**

Ik meng me niet in dit gesprek. — **Ich mische mich nicht in dieses Gespräch ein.**

MERKEN

Habt ihr euch das gemerkt? — *Hebben jullie dat onthouden?*

D

Als jong meisje heb ik een duikcursus gevolgd die in het Duits gegeven werd. Ik moest toen oefenen hoe je water uit je duikbril krijgt als je onder water zwemt. De instructeur drukte me op het hart, dat het belangrijk was dat ik dat **merkte**. Veel later besefte ik pas dat ik dat toen verkeerd begrepen heb. **Merken** betekent namelijk niet alleen *merken* maar ook *onthouden* als het wederkerend is:

Hast du das gemerkt? – Nein, was ist los? — *Heb je dat gemerkt? – Nee, wat is er aan de hand?*

Hast du dir das gemerkt? – Ja, ich werde es nie mehr vergessen. — *Heb je dat onthouden? – Ja, dat zal ik nooit meer vergeten.*

N

1) Het Nederlandse *merken* als *van een merk voorzien* vertaal je met **markieren**:
Het is wettelijk verplicht om koeien te merken. — **Es ist gesetzlich vorgeschrieben, Kühe zu markieren.**

2) Ook is *merken* het meervoud van *merk*. Een *merk* om producten te onderscheiden is een **Marke** en een *merk* als *herkenningsteken* is een **Markierung**:

Welke koffiemerken verkoopt u? — **Welche Kaffeemarken verkaufen Sie?**

Deze kleurspray is geschikt voor het merken van schapen. — **Dieses Farbspray ist für die Markierung von Schafen geeignet.**

Messen

Wie viele Messen hast du dieses Jahr besucht? — *Hoeveel jaarbeurzen heb je dit jaar bezocht?*

D

1a) Als je in de buurt van Stuttgart bent, dan zie je op de snelweg regelmatig borden met **Messe**. Dat is geen plaatsnaam maar een verwijzing naar de locatie waar de *jaarbeurs* gehouden wordt:

Ich habe dieses Jahr die Frankfurter Buchmesse besucht. — *Ik heb dit jaar de Frankfurtse boekenbeurs bezocht.*

1b) Verder kan **Messe** ook *mis/kerkdienst* betekenen:

Nur zu Weihnachten besuchen wir die Messe. — *Alleen met kerstmis bezoeken we de mis.*

2) Als **messen** een werkwoord is, dan betekent het *meten*:

Ich habe den Tisch gemessen. Er sollte genau in die Küche passen. — *Ik heb de tafel gemeten. Ze zou precies in de keuken moeten passen.*

Wie groß ist der Tisch? – Er misst 1 mal 0,75 Meter. — *Hoe groot is de tafel? – De tafel is 1 bij 0,75 meter. / De afmeting van de tafel is 1 bij 0,75 meter.*

Der Amateur wollte sich mit dem Profi messen. — *De amateur wilde zich met de professional meten.*

N

Een *mes*, met als meervoud *messen*, vertaal je met **Messer** voor zowel het enkelvoud als het meervoud:

Hier komen we nog twee messen tekort. — **Hier fehlen noch zwei Messer.**

Let op: een **Messer** is ook een *meter* als *meetapparaat*.

Ander keukengerei is *aardappelschilmesje* (**Kartoffelschäler**), *broodmes* (**Brotmesser**) en *kaasschaaf* (**Käsehobel**).

Mist

Das ist so ein <u>Mist</u>! — *Dat is zo'n <u>gedoe</u>!*

D

1) Vergelijkbare betekenissen van **Mist** zijn *onzin* of *ellende*:

Ich möchte mit dem ganzen <u>Mist</u> nichts zu tun haben. — *Ik wil met die <u>onzin</u> niets te maken hebben.*

Sie haben mich durchfallen lassen. – Oh nein, das ist so ein <u>Mist</u>! / Oh nein, <u>Mist</u>! — *Ze hebben me laten zakken. – Oh nee, wat een <u>ellende</u>!*

Mist kan ook als vloek gebruikt worden. Opvallend is dat in het Duits vooral anaal gevloekt wordt (bijvoorbeeld **Scheiße**), terwijl in het Nederlands vaak de genitalien daarvoor in aanmerking komen (bijvoorbeeld *kut*). Een alternatief voor mensen die geen **Scheiße** willen zeggen is **Scheibenkleister**. De eerste lettergreep klinkt als **Scheiße**, maar het woord zelf is heel onschuldig en betekent zoiets als *stopverf*.

2) De letterlijke betekenis is *mest*:

Der <u>Mist</u> im Stall muss noch weggeräumt werden. — *De <u>mest</u> in de stal moet nog opgeruimd worden.*

Kleinvieh macht auch <u>Mist</u>. — *Alle beetjes helpen.*

N

1) Door het Engelse 'mist' is de Nederlandse betekenis van *mist* minder verwarrend voor Duitsers. In het Duits gebruik je daarvoor **Nebel**:

Door de <u>mist</u> kan ik niet zo snel rijden. — **Wegen des <u>Nebels</u> kann ich nicht so schnell fahren.**

Maar **Nebel** heb je niet nodig bij *de mist in gaan* (**schiefgehen/scheitern**).

2) Ook is *mist* de 2e en 3e persoon enkelvoud van *missen* wat je met **vermissen** of **verpassen** vertaalt:

Waarom huilt ze? – Ze <u>mist</u> haar moeder. — **Warum weint sie? – Sie <u>vermisst</u> ihre Mutter.**

Ik vrees dat je de trein <u>mist</u>. — **Ich befürchte, dass du den Zug <u>verpasst</u>.**

Mobil

Wo ist mein <u>Mobil</u>? — *Waar is mijn <u>auto</u>?*

D

In het dagelijks taalgebruik wordt **Mobil** ook voor *auto* gebruikt. Maar meestal wordt **Automobil** afgekort tot **Auto**.

N

Omdat *mobiel* in het Nederlands wel vaak gebruikt wordt, is het toch de moeite waard te vermelden dat een *mobiel(tje)* een **Handy** is:

Ik ben mijn mobiel(tje) kwijt. — **Ich habe mein Handy verloren.**

Handy is weer een valse vriend met het Engelse 'handy' wat *handig* betekent. Daarom geloven veel Duitsers in eerste instantie niet dat een *mobiel* in het Engels geen 'handy' is. Een vergelijkbaar geval is het Nederlandse *beamer* dat in het Engels alleen in spreektaal voor BMW wordt gebruikt. Voor *beamer* gebruik je in het Engels 'projector'.

Mögen

Das mag ich nicht. — *Daar houd ik niet van. / Dat vind ik niet lekker.*

D

De meest voorkomende betekenissen van **mögen** zijn *lusten / lekker vinden* en *graag willen*. Bij de betekenis van *graag willen* wordt meestal de aanvoegende wijs (conjunctief) gebruikt om beleefdheid uit te drukken:

Ich mag diesen Zitronentee gar nicht. — *Ik vind deze citroenthee helemaal niet lekker.*

Ich möchte gerne zwei Kürbiskernbrötchen. — *Ik wil graag twee pompoenpitbroodjes.*

Mögen lijkt wel op het Nederlands in de betekenis *mogen / aardig vinden*:

Ich mag die neue Kollegin sehr gerne. — *Ik vind de nieuwe collega heel aardig.*

Een andere betekenis die minder vaak voorkomt is *kunnen*:

Er mag wohl älter sein, aber er ist nicht klüger. — *Hij kan dan wel ouder zijn, maar hij is niet wijzer.*

N

Mogen als *toestemming hebben* vertaal je met **dürfen** (zie ook Dürfen):

Mag ik van jou de boter? — **Darf ich die Butter haben?**

Dit voorbeeld brengt mij op het geslacht (genus) van de Duitse woorden. Hier kun je zien dat **Butter** een vrouwelijk woord is, maar er is onder de Duitsers geregeld discussie over of het **die** of **der Butter** is. Dat maakt het voor een buitenlander extra lastig om te onthouden of een woord mannelijk, vrouwelijk of onzijdig is; zeker als meningsverschillen zoals bij **Butter** onopgelost blijven.

Dürfen heb je niet nodig bij:

Joost mag het weten. — **Weiß der Geier.**

Dat mag geen naam hebben. — **Das ist nicht der Rede wert.**

Je had me wel eens mogen waarschuwen. — **Du hättest mich zumindest verständigen können.**

Mocht hij komen, zou je hem dan dit briefje kunnen geven? — **Falls er kommt, könntest du ihm diesen Zettel geben?**

MOND

Der <u>Mond</u> ist heute ganz rund. *De <u>maan</u> is vandaag helemaal rond.*

D

Hoewel **Mond** hetzelfde geschreven wordt als *mond*, betekent **Mond** *maan*:

Der <u>Mond</u> dreht sich um die Erde. *De <u>maan</u> draait om de aarde.*

De verschillende fasen van de maan zijn **Neumond** (*nieuwe maan*), **erstes Viertel** (*eerste kwartier*), **Vollmond** (*volle maan*) en **letztes Viertel** (*laatste kwartier*).

N

Mond vertaal je vrijwel altijd met **Mund** (zie ook MUND):

Let op: <u>mond</u> opendoen. **Achtung: <u>Mund</u> aufmachen.**

Je moet weten dat het woord **auf** en **offen** beide voor *open* gebruikt worden. Maar **offen** gebruik je als iets open is, terwijl je **auf** gebruikt als iets open gemaakt wordt. Als je die regel kent, weet je meer dan de meeste Duitsers.

Zij heeft haar <u>mond</u> voorbij gepraat. **Sie hat sich den <u>Mund</u> verbrannt.**

Dat meisje is niet op haar <u>mondje</u> gevallen. **Das Mädchen ist nicht auf den <u>Mund</u> gefallen.**

Waar het hart vol van is, loopt de <u>mond</u> van over. **Wem das Herz voll ist, dem geht der <u>Mund</u> über.**

Je haalt me de woorden uit mijn <u>mond</u>. **Du nimmst mir das Wort aus dem <u>Mund</u>.**

Ik heb hem de <u>mond</u> gesnoerd. **Ich habe ihm den <u>Mund</u> gestopft.**

Zij neemt geen blad voor de <u>mond</u>. **Sie nimmt kein Blatt vor den <u>Mund</u>.**

Mund gebruik je niet bij *een grote mond hebben* (**eine große Klappe haben**; zie ook KLAPPEN/KLAPPER) en *met de mond vol tanden staan* (**sprachlos sein**).

MUND

Du hast einen großen <u>Mund</u>! *Jij hebt een grote <u>mond</u>!*

D

Bij MOND hebben we al gezien dat **Mund** *mond* betekent.

N

Daarom ligt hier het accent op wat *munt* in het Duits is.

1) Als *munt* een *geldstuk* is, gebruik je **Münze**:

   Heb je een <u>munt</u> bij je? **Hast du eine <u>Münze</u> dabei?**

2) Het gebouw waar munten geslagen worden heet **Münze/Münzstätte**:

   De Koninklijke Nederlandse <u>Munt</u> in Utrecht slaat de Nederlandse euromunten. **Die Königliche Niederländische <u>Münze</u> prägt die niederländischen Euromünzen.**

3) Als het alleen om de *zijde van een muntstuk met de waarde erop* gaat, dan gebruik je **Zahl** (zie ook ZAHL):
Kies je kop of munt? **Wählst du Kopf oder Zahl?** (zie ook KOPF)

4) En meer algemeen vertaal je *munt* als *valuta* met **Währung**:
De munt van Duitsland was vroeger de **D-Mark.** **Die Währung Deutschlands war früher die D-Mark.**

5) En *munt* als plant vertaal je met **Minze**:
Ah, hier hebben ze verse muntthee. **Ah, hier gibt es frischen Minztee.**

Let op: als *je het op iemand gemunt hebt*, dan **hast du jemanden auf dem Kieker**.

N

NA(H)

Na, wie geht es dir? — *En, hoe gaat het ermee?*

D

Na is een tussenwerpsel en betekent *(wel)nu/nou*. Maar aangezien het ook een stopwoord is, is een iets vrijere vertaling vaak beter:

Na und? — *Nou en?*
Na komm, ich wiederhole es nicht zum dritten Mal! — *Nou kom op zeg, ik herhaal het niet voor de derde keer!*
Holst du mich morgen ab? – Na klar! (zie ook KLAR) — *Haal je me morgen op? – Ja natuurlijk!*

Na moet je niet verwarren met **nah**, dat betekent *dichtbij*.

N

1) *Na* is een voorzetsel en vertaal je met **nach:**
Foto's verbleken na verloop van tijd. — **Bilder verblassen nach einiger Zeit.**
Hij is na mij aan de beurt. — **Er ist nach mir an der Reihe.**

2) Bij *op...na* gebruik je **bis auf:**
Op mijn tante na was iedereen op mijn bruiloft. — **Bis auf meine Tante war jeder auf meiner Hochzeit.**

3) Verder is *Na*/**Na** zowel in het Nederlands als in het Duits de afkorting van het scheikundige element natrium.

NERV

Hör auf! Du gehst mir richtig auf die Nerven! — *Hou op! Je werkt me enorm op mijn zenuwen!*

D

Een belangrijke betekenis van **Nerv** is *zenuw:*

Um das machen zu können, braucht man Nerven wie Drahtseile/Stahl. — *Om dat te kunnen doen, moet je stalen zenuwen hebben.*
Er ist gelähmt, weil er einen eingeklemmten Nerv hat. — *Hij is verlamd omdat hij een afgeknelde zenuw heeft.*

Vandaar ook het werkwoord **nerven** (*op de zenuwen werken*).

Een andere betekenis van **Nerv** is *(blad)nerf*:

Die Blattlaus läuft über den <u>Nerv</u> / die <u>Blattader</u>. — *De bladluis loopt over de <u>(blad)nerf</u>.*

N

Een *bladnerf* is een **Nerv**. Maar een *nerf* in *hout* is een **Faser**:

De <u>nerf</u> in het hout zorgt voor een warme uitstraling. — **Die <u>Faser</u> im Holz sorgt für eine warme Ausstrahlung.**

Interessant is dat vroeger *nerf* in het Nederlands ook *zenuw* betekende, afkomstig van het Latijnse 'nervus'. Deze betekenis zie je nog terug in *nerveus* (**nervös**). Maar de nerf in hout komt van het Middelnederlandse 'narwe' wat *litteken* betekende. Een litteken is in het Duits een **Narbe**.

Nett

Er ist echt <u>nett</u>. — *Hij is echt <u>aardig</u>.*

D

Misschien valt het niet meteen op dat de betekenis van **nett** verwarrend is, omdat zowel **nett** als *net* bijvoeglijke naamwoorden zijn. Maar **nett** betekent *aardig* of *leuk*:

Der neue Nachbar ist sehr <u>nett</u>. — *De nieuwe buurman is heel <u>aardig</u>.*

Heute war es <u>nett</u>! — *Het was vandaag <u>leuk</u>!*

Soms wordt **nett** ook gebruikt om niets negatiefs te hoeven zeggen:

Und wie findest du meinen neuen Freund? – Ja, schon <u>nett</u>. — *En hoe vind je mijn nieuwe vriend? – Ja, wel <u>aardig</u>.*

In Zuid-Duitsland hoor je wel eens: **das wollte ich 'net' sagen**. Omdat **nicht** in die regio als [net] uitgesproken wordt (zie ook NICHT), kun je denken dat bedoeld wordt, *dat wilde ik net zeggen*. Dat laatste vertaal je echter met, **das wollte ich gerade sagen**.

N

1) *Net* als bijvoeglijk naamwoord vertaal je met **säuberlich geordnet** als het om een toestand gaat, **ordentlich** voor opgeruimd en **anständig** voor beschaafd:

Hij heeft van de slordige stapel een <u>nette</u> stapel gemaakt, maar daarmee is het probleem nog niet opgelost. — **Er hat aus dem unordentlichen Stapel einen <u>säuberlich</u> <u>geordneten</u> Stapel gemacht, aber damit ist das Problem noch nicht gelöst.**

Ik heb mijn kamer opgeruimd. Nu is het weer <u>netjes</u>. — **Ich habe mein Zimmer aufgeräumt. Jetzt ist es wieder <u>ordentlich</u>.**

Dat zijn <u>nette</u> mensen. — **Das sind <u>anständige</u> Leute.**

2) *Net* als bijwoord vertaal je met **gerade** of **genau**:

Is Fritz er nog? – Nee, hij is <u>net</u> naar huis gegaan. — **Ist Fritz noch da? – Nein, er ist <u>gerade</u> nach Hause gegangen.**

Het is <u>net</u> zomer. — **Es ist <u>gerade</u> Sommer.**

Het is <u>net</u> (zoals in de) zomer. — **Es ist <u>genau</u> wie im Sommer.**

Maar **gerade** en **genau** heb je niet altijd nodig:

Deze pop is net echt. — **Diese Puppe sieht täuschend echt aus.**
Het is net een sprookje. — **Es ist wie im Märchen.**

3) *Net* als zelfstandig naamwoord vertaal je met **Netz**:

De vis heeft zich in het net verstrikt. — **Der Fisch hat sich im Netz verfangen.**
Het antwoord op die vraag kun je vast en zeker op het net/internet vinden. — **Die Antwort auf diese Frage kannst du bestimmt im Netz finden.**

Netz heb je niet nodig bij *achter het net vissen*: **in die Röhre gucken**. **In die Röhre gucken** wordt ook voor tv-kijken gebruikt.

4) Tot slot kun je ook iets *in het net schrijven*. Dat vertaal je met **etwas ins Reine schreiben**.

Nicht

Das ist es nicht. — *Dat is het niet.*

D

Het woord **nicht** komt zo vaak voor dat je waarschijnlijk de betekenis van het woord kent voordat je in de gaten hebt dat de betekenis verwarrend kan zijn. **Nicht** betekent namelijk *niet*:

Das stimmt doch, nicht? — *Dat klopt toch, niet(waar)?*
Nein, das stimmt eben nicht. (zie ook Eben) — *Nee, dat klopt juist niet.*

N

1) In het Duits wordt een onderscheid gemaakt tussen een *nicht* als *dochter van een broer of zus* (**Nichte**) en een *nicht* als *dochter van een oom of tante* (**Cousine**):

Ik ben de enige nicht van tante Mien. — **Ich bin die einzige Nichte von Tante Mien.**
Mijn nicht is precies even oud als ik. — **Meine Cousine ist genauso alt wie ich.** (zie ook Wie)

Ook bij een neef gebruik je twee verschillende woorden. Een **Neffe** is een *zoon van een broer of zus* en een **Cousin/Vetter** is een *zoon van een oom of tante*.

2) Verder kan in het Nederlands een *nicht* ook nog een negatieve benaming voor een *homoseksuele man* zijn. Dat is in het Duits een **Tunte** (zie ook Schwul voor *homo*):

Zie je wat hij aan heeft? Dat is duidelijk een nicht. — **Siehst du seine Kleidung? Das ist deutlich eine Tunte.**

Note

Die Kinder zeigten sich gegenseitig ihre Noten. — *De kinderen lieten elkaar hun cijfers zijn.*

D

Note heeft een aantal betekenissen die niets met *noot* te maken hebben.

1) Zo kan een **Note** een *(school)cijfer* zijn:
Ihre <u>Noten</u> waren besser als erwartet. *Haar <u>cijfers</u> waren beter dan verwacht.*

2) Of een *bankbiljet/briefje* als verkorte vorm van **Banknote**:
Wir akzeptieren keine 100-Euro-<u>Noten</u>. *Wij accepteren geen <u>briefjes</u> van 100 euro.*

3) Of een *nota*:
Die Dokumente, die freigegeben wurden, sind diplomatische <u>Noten</u>. *De documenten die zijn vrijgegeven, zijn diplomatieke <u>nota's</u>.*

4) De enige niet verwarrende betekenis van **Note** is *muzieknoot*:
Kannst du <u>Noten</u> lesen? *Kun je <u>noten</u> lezen?*

5) Geen van deze vertalingen heb je nodig bij **das ging nach Noten** (*dat ging van een leien dakje*).

N

Een *noot* die je kunt eten is een **Nuss**:
Ik hou vooral van wal<u>noten</u>. **Ich mag vor allem Wal<u>nüsse</u> sehr gerne.**
Hij heeft nog een harde <u>noot</u> te kraken. **Er muss noch eine harte <u>Nuss</u> knacken.**

Maar een *noot* als *een kanttekening* is een **Anmerkung**:
Daar wil ik nog graag een kritische <u>noot</u> bij plaatsen. **Dazu möchte ich noch gerne eine kritische <u>Anmerkung</u> machen.**

O

OBER

Soll ich den Ober spielen? *Zal ik de vrouw spelen?*

D

1a) Hoewel **Ober** naar een *vrouw in een kaartspel* verwijst, is het een mannelijk woord:

Weil ich den Herz-Ober gespielt habe, gewinnen wir jetzt. *Omdat ik hartenvrouw gespeeld heb, hebben we nu gewonnen.*

1b) Een verouderde betekenis van **Ober** is *ober.* **Ober** is de afkorting van **Oberkellner** dat *eerste/hoogste kelner* betekent.

2) **Ober** kan ook een bijvoeglijk naamwoord zijn en betekent dan *bovenste*. Deze vorm komt vooral in samenstellingen voor, zoals in **Oberarm** (*bovenarm*), **Oberfläche** (*oppervlakte*) en **Oberkante** (*bovenkant*). En let op: een **Oberlehrer** is een *hoofdonderwijzer*, maar **oberlehrerhaft** betekent *betweterig*.

N

Een *ober* noemen we tegenwoordig in het Duits een **Kellner**. Dit is makkelijk te onthouden omdat wij ook nog steeds het woord *kelner* gebruiken:

De ober is vergeten me een servet te geven. **Der Kellner hat vergessen, mir eine Serviette zu bringen.**

OFFENBAR

Ich bin offenbar am falschen Tag gekommen. *Ik ben blijkbaar op de verkeerde dag gekomen.*

D

Offenbar betekent *duidelijk/blijkbaar*, terwijl het werkwoord **offenbaren** zoals te verwachten *openbaren* betekent:

Plötzlich wurde ihm alles offenbar/klar. *Plotseling werd hem alles duidelijk.*

Ich würde nicht auf ihn achten, er offenbart ständig sogenannte Geheimnisse. *Ik zou niet op hem letten, hij openbaart alsmaar zogenaamde geheimen.*

N

Voor *openbaar* gebruik je niet **offenbar**, maar **öffentlich**. Geruststellend is dat Duitsers ook moeite hebben met het verschil tussen **offenbar** en **öffentlich**:

Ligt het openbaar vervoer op een autovrije zondag stil? **Stehen die öffentlichen Verkehrsmittel an einem autofreien Sonntag still?**

Ik gebruik liever geen <u>openbare</u> toiletten.

Ich benutze lieber keine <u>öffentlichen</u> Toiletten.

Maar *openbaar maken* vertaal je met **bekannt machen**, **veröffentlichen** betekent *publiceren* en het *Openbaar Ministerie* heet **Staatsanwaltschaft**.

P

PAPPE

Ist das aus Pappe?
Is dat van karton?

D

Hoewel het woord **Papp** ook bestaat en *pap/brei* of *plaksel* betekent, moet je oppassen **Pappe** daar niet mee te verwarren. Die fout is makkelijk gemaakt, omdat **Pappe** in het dagelijks leven geregeld voorkomt. **Pappe** betekent *karton*:

Die Kinder haben Schlangen aus Pappe gebastelt.
De kinderen hebben slangen van karton geknutseld/gemaakt.

En om het nog verwarrender te maken: **Pappe** betekent soms ook *pap*:

Er ist bestimmt nicht aus Pappe!
Hij is zeker niet van pap! / Hij is echt sterk!

In dit spreekwoord betekent **nicht aus Pappe sein** dat iemand niet meer met pap gevoerd wordt, maar met iets stevigers, zoals vlees. Door het eten van vlees zou je gezonder en sterker worden dan een kleine papeter.

Maar een **Pappenstiel** en een **Pappnase** zijn beide niet van karton of pap. Een **Pappenstiel** is een *kleinigheid* en een **Pappnase** is zo'n rode *feestneus*:

Diese Kleidung wird für einen Pappenstiel verkauft.
Deze kleding wordt voor heel weinig geld / een appel en een ei verkocht.

Nicht nur Bassie hat eine Pappnase.
Niet alleen Bassie heeft een feestneus.

Ist die Milch schon wieder übergekocht? Du hast bestimmt telefoniert, oder? Du Pappnase!
Is de melk alweer overgekookt? Je was zeker aan het bellen? Suffie!

N

1) *Pap* vertaal je met **Brei**:

Vroeger at ik altijd pap als ontbijt.
Früher aß ich immer Brei zum Frühstück.

Pap komt ook in een aantal spreekwoorden voor, waarbij je in het Duits geen **Brei** nodig hebt:

Hij verdient het zout in de pap niet.
Damit verdient er nicht das Salz zur Suppe.

Wat oneerlijk, hij haalt altijd de krenten uit de pap.
Wie ungerecht, er pickt sich immer die dicksten Rosinen aus dem Kuchen/Teig.

Ik kan geen pap meer zeggen.
Ich bin fix und fertig.

Ik kan geen pap meer zeggen.
Ich bin pappsatt.

De vertaling **fix und fertig sein** gebruik je als je heel moe bent, terwijl je **pappsatt** gebruikt als je je helemaal volgegeten hebt.

Hij heeft een vinger in de pap.
Er hat seine Finger/Hand im Spiel.

Leren, daar lust ik wel pap van!
Ich habe sehr viel Lust zum Lernen!

2) Voor de afkorting *pap* van *pappa*, gebruik je in het Duits **Vati:**
Pap, hoe laat moet ik vannacht thuis zijn? **Vati, wie spät muss ich heute Nacht zu Hause sein?**

Verder moet je *aanpappen* niet verwarren met **anpappen. Anpappen** komt namelijk van **Papp** met de betekenis *plaksel* en betekent daarom *vastplakken*. *Aanpappen met* vertaal je met **sich anbiedern bei.**

Parken

Man darf hier nicht parken. *Je mag hier niet parkeren.*

D

Door de woordsoort wordt al duidelijk dat **parken** niet het meervoud van *park* kan zijn. Het werkwoord **parken** betekent *parkeren*:

Dieses Auto ist schief geparkt. *Deze auto is scheef geparkeerd.*
Ich kann unser Auto nicht mehr daneben parken. *Ik kan onze auto er niet meer naast parkeren.*

Maar als *parkeren* figuurlijk gebruikt wordt als *laten rusten*, dan gebruik je geen **parken** maar **vorerst ausklammern** of **beiseite legen** (zie ook Legen).

En een **Parker** is niet alleen een *pen van het merk Parker*, maar ook een *parkeerder*.

N

Het meervoud *parken* vertaal je met **Parks:**

Hoewel Londen een metropool is, zijn er relatief veel parken. **Obwohl London eine Großstadt ist, gibt es relativ viele Parks.**

Part

Mein Part ist schwierig genug. *Mijn rol is moeilijk genoeg.*

D

Part betekent *rol in een theaterstuk, deel/gedeelte* of een *stem in een muziek- of zangstuk*. **Part** is overgenomen uit het Engels waar 'part' hetzelfde betekent. Het Duitse meervoud is daarom **Parts**, maar kan ook **Parte** zijn. De Duitse variant van **Part** is **Teil:**

Mein Part in diesem Stück war der eines glücklichen jungen Mannes. *Mijn rol in dit stuk was die van een gelukkige jonge man.*
Mein Part/Teil ist jetzt auch fertig. *Mijn deel is nu ook klaar.*
In diesem Lied singe ich den zweiten Part / die zweite Stimme. *In dit lied zing ik de tweede stem.*

N

In het Nederlands betekent *part* ook *deel/gedeelte* en *aandeel*:

Ik heb part noch deel aan dit project. — **Ich bin unbeteiligt an / ich habe nichts zu schaffen mit diesem Projekt.**

Voor mijn part ga je ook mee. — **Von mir aus / Meinetwegen kommst du auch mit.**

Maar *part* kan ook *poets/streek* betekenen. In dat geval is het *de part* en kom je vooral het meervoud tegen:

Mijn geheugen heeft mij alweer parten gespeeld. — **Mein Gedächtnis hat mich schon wieder im Stich gelassen / hat mir einen Streich gespielt.**

Partei

Es geht ihrer Partei nicht darum, so viel wie möglich Leute einzuladen. — *Het gaat er haar partij niet om zo veel mogelijk mensen uit te nodigen.*

D

Zowel **Partei** als *partij* komen van het Franse 'partie'. **Partei** kun je dan ook met *partij* vertalen.

N

Daarom is het vooral belangrijk te weten wanneer je *partij* niet met **Partei** kan vertalen.

1) Een *partij* als *feest* vertaal je met **Party**:
Mijn dochter is nu op het partijtje van haar vriendin. Die viert haar 6^e verjaardag. — **Meine Tochter besucht gerade eine Party von ihrer Freundin. Sie feiert ihren 6. Geburtstag.**

2) Voor *partij* als *rol in een theaterstuk* gebruik je **Part** (zie ook Part):
Omdat ze zwanger werd, moest ze haar rol/partij opgeven. — **Weil sie schwanger wurde, musste sie ihren Part abgeben.**

3) Voor *partij* als *wedstrijd* gebruik je **Spiel**:
De laatste partij van het toernooi wordt op zondag gespeeld. — **Das letzte Spiel des Turniers findet am Sonntag statt.**

4) Voor *partij* als *onbepaalde hoeveelheid* gebruik je **Partie**:
Het verhuisbedrijf heeft een partij dozen afgeleverd. — **Der Möbelspediteur hat eine Partie Kartons geliefert.**

5) Verder kom je *partij* tegen in **eine gute Partie machen** (*een goed huwelijk aangaan*) en in **mit von der Partie sein** (*van de partij zijn*).

6) Tot slot vertaal je *partij* heel anders in:

Hij is in de verste verte geen partij voor mij. — **Er kann mir nicht im Entferntesten das Wasser reichen.** (zie ook Reichen)

Hij is naar de andere partij overgelopen. — **Er ist ins andere Lager gewechselt.** (zie ook Lager)

Pech

Im Märchen von Frau Holle spielt Pech eine wichtige Rolle. — *In het sprookje van Vrouw Holle speelt pek een belangrijke rol.*

D

Het Duitse **Pech** betekent tegenwoordig *pek* en *pech*. Vroeger betekende **Pech** alleen *pek*. Later werd door Duitse studenten **Pech** gebruikt voor *tegenslag*, waarbij *pek* naar de hel, maar ook naar een zwarte kleverige substantie kon verwijzen. Als je namelijk **im Pech steckt**, dan *blijf je aan iets kleven*. Zo is een **Pechvogel**/*pechvogel* letterlijk een *vogel die aan iets blijft kleven*. In de 18e eeuw werd **Pech** als *tegenslag* in het Nederlands overgenomen:

Wer Pech anfasst, besudelt sich. — *Wie met pek omgaat, wordt ermee besmet.*

Das Elend klebt an ihm wie Pech. — *Het ongeluk achtervolgt hem.*

Da habe ich Pech gehabt. — *Daarmee heb ik pech gehad.*

N

Dus als je *pech* hebt, kun je dat vertalen met **Pech**, tenzij het om *pech met de auto* gaat. Dat vertaal je met **Panne**:

We hebben pech. Als we niet geholpen worden, komen we hier niet weg. — **Wir haben eine Panne. Wenn uns keiner hilft, kommen wir hier nicht weg.**

Bij het benzinestation ging bij de automobilist alles mis. (zie ook Station) — **Pleite, Pech und Pannen erlebte ein Autofahrer an der Tankstelle.** (zie ook Pleite en Pech)

Peinlich

Das war sehr peinlich. — *Dat was heel pijnlijk.*

D

Peinlich mag je alleen met *pijnlijk* vertalen, als daarmee *gênant* wordt bedoeld. Vandaar dat Duitsers je raar aankijken als je het over een **peinliches Handgelenk** (*pols*) hebt:

Er hat eine sehr peinliche Frage gestellt. — *Hij heeft een hele pijnlijke vraag gesteld.*

Als iemand per ongeluk pijnlijke vraag stelt, dan is dat een geval van **ins Fettnäpfchen treten** (zie ook Abgang voor **Fettnäpfchen**).

N

Voor *pijnlijk* als *pijn* of *leed/verdriet veroorzakend* gebruik je **schmerzhaft**:

Hij heeft een gebroken elleboog. Dat is vast heel pijnlijk. — **Er hat einen gebrochenen Ellbogen. Das ist bestimmt sehr schmerzhaft.**

Voor *pijnlijk* als *blijk gevend van pijn* gebruik je **gequält**:

Ze trok een pijnlijk gezicht, toen ik op haar tenen ging staan. — **Sie machte ein gequältes Gesicht, als ich ihr auf die Zehen trat.**

PENNEN

Er hat im Unterricht gepennt. — *Hij heeft tijdens de les geslapen.*

D

Het werkwoord **pennen** betekent niets anders dan *slapen/pitten*:

Er hat den ganzen Abend gepennt. — *Hij heeft de hele avond geslapen/gepit.*

Als je je **verpennt** hebt, dan heb je je *verslapen*; maar als je iets **verpennt** hebt, dan heb je wat *gemist*.

N

1a) Het Nederlandse *pennen* kan *schrijven* of *met pennen/pinnen vastmaken* betekenen. Voor *schrijven* gebruik je **schreiben**:

Hij heeft tijdens de les ijverig zitten pennen. — **Er hat im Unterricht fleißig geschrieben.**

1b) Voor het *met pennen vastmaken* gebruik je **anstecken**:

De houten platen moeten nog vastgepend worden. — **Die Holzplatten müssen noch angesteckt/festgesteckt werden.**

2) Maar *pennen* kan ook het meervoud zijn van *pen*. Een *pen* waarmee je schrijft is een **Stift** (zie ook STIFT). Vroeger schreef je niet met een pen maar met een *veer* (**Feder**):

Ik ben mijn pennen verloren. — **Ich habe meine Stifte verloren.**

Vanwege dit onrecht, klim ik in de pen. — **Wegen dieses Unrechts greife ich zur Feder.**

PFAND

Dafür hast du Pfand gezahlt. — *Daarvoor heb je statiegeld betaald.*

D

Pfand betekent *onderpand* of *statiegeld*:

Ich habe mein Auto als Pfand abgeben müssen. — *Ik heb mijn auto als onderpand af moeten geven.*

Für diese Flasche habe ich Pfand bezahlt. — *Voor deze fles heb ik statiegeld betaald.*

In Duitsland wordt veel moeite gedaan om afval op alle mogelijke manieren te scheiden. Bij de supermarkt lever je alle flessen met statiegeld in en staan er vaak containers voor oude kledingstukken en glas, en bakken voor lege batterijen. De reinigingsdienst komt langs voor *gft-afval* (**Bioabfall**), plastic (in de **gelber Sack**), *oud papier* (**Altpapier**), *hout* (**Holz**), *grofvuil* (**Sperrmüll**), *versnipperd afval* (**Häckselgut**), *kerstbomen* (**Weihnachtsbäume**) en *overig afval* (**Restmüll**).

N

Voor een *pand* als *gebouw* gebruik je **Gebäude**, tenzij het om een *woonhuis* gaat, dan gebruik je **Haus:**

Dit pand ziet er niet bepaald nieuw uit. (zie ook Er)	**Dieses Gebäude sieht nicht gerade neu aus.**
Hoeveel kost dit pand?	**Wie viel kostet dieses Haus?**

En als je kleding aan het maken bent, dan kom je *pand* tegen als deel van een kledingstuk dat je aan een ander deel vast moet maken. Dat vertaal je met **Teil:**

Ik heb het voor- en achterpand uitgeknipt.	**Ich habe das Vorder- und Hinterteil ausgeschnitten.**

Piepen

Das ist zum Piepen!	*Dat is om te gillen!*

D

1) **Piepen** als werkwoord heeft in het voorbeeld en in de volgende uitdrukking een andere betekenis dan *piepen*:

Bei ihm piept es wohl.	*Hij is niet goed snik.*

Vroeger werd gedacht dat verwardheid werd veroorzaakt door muizen of vogels die zich in het hoofd nestelen.

Wel gebruik je de vertaling *piepen* als het om *een hoog geluid maken* gaat:

Ich glaube, dass die Küken aus den Eiern geschlüpft sind! Ich höre die Kleinen piepen!	*Ik geloof dat de eieren zijn uitgekomen! Ik hoor de kleintjes piepen!*

2) Het zelfstandig naamwoord **Piepen** betekent *poen*:

Hast du noch Piepen? Ich bin pleite. (zie ook Pleite)	*Heb jij nog geld? Ik ben blut.* (zie ook Blut)

N

1) Voor *piepen* als *een hoog geluid maken* kun je ook andere vertalingen gebruiken, afhankelijk van de context: zo **piep(s)en** vogels, **quieken** muizen, **quietschen** deuren en **pfeift** ademhaling. Maar deze werkwoorden heb je weer niet nodig bij:

Zoals de ouden zongen, zo piepen de jongen.	**Wie die Alten sungen, so zwitschern auch die Jungen.**

2) Als *piepen* figuurlijk bedoeld is en *klagen* betekent, dan gebruik je **jammern:**

Niet piepen! Het is zo voorbij.	**Nicht jammern! Es ist gleich vorbei.** (zie ook Vorbei)

3) Verder kan *piepen* ook *zich even vertonen* betekenen. In dat geval gebruik je **hervorgucken:**

Je onderbroek piept boven je broek uit.	**Deine Unterhose guckt aus deiner Hose hervor.**

4) En tot slot vertaal je de uitdrukkingen *gepiept zijn* (*gelukt zijn*) en *'m piepen* (*er tussenuit knijpen/er vandoor gaan*) met:

Het is gepiept.	**Das wäre geschafft.**
Hij piepte 'm toen hij hoorde dat hij de prijs niet gewonnen had.	**Er machte sich davon / ging stiften, als er hörte, dass er den Preis nicht gewonnen hatte.**

Pink

Das Kind hat das pink gemalt.	*Het kind heeft dat roze gekleurd.*

D

Net als in het Engels betekent **pink** in het Duits *roze*. En hoewel sommigen van mening zijn dat **pink** hetzelfde is als **rosa**, is **pink** eerder *knalroze* en **rosa** meer *babyroze*.

Verder moet je **pink** niet met **Pinke** verwarren, wat *poen* betekent. Dit woord komt van **pinken** (*tikken/hameren*) zodat er een metaalachtig geluid ontstaat. **Pinke** verwijst dus letterlijk naar het gerinkel van munten.

N

1) In het Nederlands is een *pink* de *kleinste vinger*. Als je dat in je achterhoofd houdt, is het makkelijk te onthouden dat het in het Duits **kleiner Finger** is:

Ik heb mijn pink bij het volleyballen gebroken.	**Ich habe mir meinen kleinen Finger beim Volleyball spielen gebrochen.**

De andere vingers zijn de **Ringfinger** (*ringvinger*), **Mittelfinger** (*middelvinger*), **Zeigefinger** (*wijsvinger*) en **Daumen** (*duim*).

2) Ook is een *pink* een *jong rund van ongeveer een half tot anderhalf jaar oud*. In het Duits noem je dit dier **Jungrind/Jungstier**:

De pink rende naar de boer toen hij met hooi de stal binnenkwam.	**Das Jungrind / Der Jungstier rannte zum Bauern, als dieser mit Heu in den Stall hereinkam.**

Van deze betekenis komt waarschijnlijk de uitdrukking *bij de pinken zijn* (*iets snel begrijpen*, **Köpfchen haben**). *Pinken* zouden namelijk nieuwsgierige dieren zijn en er daarom snel bij zijn als er iets interessants te zien is.

Platte

Ich habe eine Platte.	*Ik heb een kaal hoofd.*

D

De betekenissen van **Platte** en woorden die daarvan zijn afgeleid, hebben allemaal iets met *plat* te maken. Maar ze zijn toch zo divers dat het zinvol is ze op een rijtje te zetten.

1) Zo heb je een *kaal hoofd* als je een **Platte** hebt:
Sein Vater hat schon eine <u>Platte</u>, ich befürchte also, dass er seine Haare auch verlieren wird. — *Zijn vader heeft al een <u>kaal</u> <u>hoofd</u> dus ik vrees dat hij zijn haar ook gaat verliezen.*

Let op: als je **einen Platten** hebt (let op de n), dan heb je een *lekke band*:
Mein Fahrrad hat schon seit Wochen einen <u>Platten</u>. — *Mijn fiets staat al weken met een <u>lekke</u> <u>band</u>.*

2) Ook is een **Platte** een *tafelblad*:
Unser neuer Tisch hat eine <u>Platte</u> aus Glas. — *Onze nieuwe tafel heeft een <u>tafelblad</u> van glas.*

3) Verder betekent **Platte** *plaat(je)*, bijvoorbeeld waar je op kookt:
In Studentenhäusern sind <u>Kochplatten</u> fast immer schmutzig. — *In studentenhuizen zijn <u>kookplaten</u> bijna altijd vies.*

4) Tot slot betekent **Platte** *schijf*, zoals in de samenstellingen **Festplatte** (*harde schijf*) en **Langspielplatte** (*langspeelplaat*):
Da ich zu viele Daten habe, brauche ich eine neue <u>Festplatte</u>. — *Omdat ik te veel gegevens heb, heb ik een nieuwe <u>harde</u> <u>schijf</u> nodig.*
Obwohl es altmodisch ist, kaufe ich nur <u>Langspielplatten</u>. — *Hoewel het ouderwets is, koop ik alleen <u>langspeelplaten</u>.*

Platte wordt ook in een aantal figuurlijke uitdrukkingen gebruikt:
Wir kennen diese <u>Platte</u> schon. — *We weten het nu wel.*
Kann er nicht eine andere <u>Platte</u> auflegen? — *Kan hij niet over iets anders beginnen?*
Endlich habe ich diesen Trick auf der <u>Platte</u>. — *Eindelijk heb ik deze truc onder de knie.*

N

Het bijvoeglijk naamwoord en bijwoord *plat* kun je op verschillende manieren vertalen.

1) Als *plat* betekent dat iets *alleen lengte en breedte* heeft, dan gebruik je **flach**:
Vroeger dacht men dat de aarde <u>plat</u> is. — **Früher dachte man, dass die Erde <u>flach</u> ist.**

2) Als *plat* te maken heeft met *taalgebruik*, dan gebruik je **platte**:
Hij gebruikt vaak <u>platte</u> taal. — **Er benutzt oft <u>platte</u> Sprache.**
Zijn humor is heel <u>plat</u>. — **Sein Humor ist sehr <u>platt</u>.**

3) **Flach** en **platte** heb je niet nodig bij:
Dat is een <u>platte</u> knoop. — **Das ist ein Kreuzknoten.**
Het <u>platte</u> water is op. — **Das stille Wasser ist alle.** (zie ook ALLE)

PLATZEN

Der Autoreifen ist geplatzt.	*De autoband is geklapt.*

D

Hoewel **platzen** met een korte a en *plaatsen* met een lange a wordt uitgesproken, kun je deze woorden gemakkelijk verwarren. Maar er is een groot verschil, want **platzen** betekent *klappen/ springen/openbarsten*:

Durch Überhitzung ist der Autoreifen geplatzt. (zie ook REIFEN)	*Door oververhitting is de autoband geklapt.* (zie ook KLAPPEN/KLAPPER)
Nach fünf Krügen Bier platzt mir fast die Blase.	*Na vijf pullen bier staat mijn blaas op springen.*
Der Sack fiel herunter, aber ist zum Glück nicht geplatzt.	*De zak viel op de grond maar is gelukkig niet opengebarsten.* (zie ook ZACK)
Endlich ist bei ihm der Knoten geplatzt.	*Eindelijk begint hij het te snappen.*

N

Voor het Nederlandse *plaatsen* met de betekenis *een plek geven* gebruik je **stellen/aufstellen**, hoewel daarop veel uitzonderingen zijn:

Ik plaats deze e-mail vanwege een virus in quarantaine.	**Ich stelle diese E-Mail wegen eines Virus unter Quarantäne.**
Ik heb een advertentie geplaatst om de oude auto te verkopen.	**Ich habe inseriert / eine Anzeige aufgegeben, um das alte Auto zu verkaufen.**
Hij heeft de feiten in de juiste context geplaatst.	**Er hat die Tatsachen ins rechte Licht gerückt.**
De baas heeft een order geplaatst.	**Der Chef hat einen Auftrag vergeben.**
Ik plaats mijn vraagtekens bij deze resultaten. Denk je dat ze vervalst zijn?	**Ich versehe diese Ergebnisse mit einem Fragezeichen. Denkst du, dass sie gefälscht sind?**
Gelieve hier geen rijwielen te plaatsen.	**Bitte hier keine Fahrräder abstellen.**

Verder kun je bij verschillende sporten een bal *plaatsen*. Dan gebruik je **platzieren**. Als je je *plaatst* binnen een toernooi gebruik je **sich platzieren/qualifizieren**. Maar als je voor een toernooi *geplaatst* of toegelaten bent, dan spreek je van **gesetzt**:

Hij plaatste de laatste bal heel goed.	**Er hat den letzten Ball sehr gut platziert.**
Hij heeft zich voor de finale geplaatst.	**Er hat sich für das Finale platziert/ qualifiziert.**
Het is niet verwonderlijk dat hij bij het toernooi als eerste geplaatst werd. Hij is gewoon de beste.	**Es ist nicht verwunderlich, dass er als Erster im Turnier gesetzt wurde. Er ist einfach der Beste.**

Pleite

Ich bin <u>pleite</u>. — *Ik ben <u>blut</u>.*

D

Pleite betekent in het Duits *faillissement/failliet* of *afgang/fiasco*:

Ich bin <u>pleite</u>. Kannst du mir Geld leihen? — *Ik ben <u>blut</u>. Kun je me wat geld lenen?*
Das Fest war eine völlige <u>Pleite</u>. — *Dat feest was een compleet <u>fiasco</u>.*

N

Net als het Nederlandse *pleite* is **pleite** afkomstig van het Jiddische woord voor *redding/vlucht*. Alleen het Nederlandse woord heeft zich via *(met schulden) er vandoor gaan* ontwikkeld tot *weg/verdwenen*:

Mijn rekenmachine is <u>pleite</u>. Heb jij die ergens gezien? — **Mein Taschenrechner ist <u>verschwunden</u>. Hast du ihn irgendwo gesehen?**

Andere betekenissen voor **pleite sein** zijn in het Duits: **bankrott sein**, **zahlungsunfähig sein**, **in Konkurs gegangen sein** en **über die Wupper sein**, en in het Nederlands: *blut zijn*, *geen rooie cent hebben*, *failliet zijn*, *op de fles gegaan zijn* en *platzak zijn* (zie ook BLUT en KONKURS).

Tot slot vertaal je het werkwoord *pleiten* met **plädieren**:

Ik <u>pleit</u> voor meer blauw op straat. — **Ich <u>plädiere</u> für mehr Polizei auf der Straße.**

Po

Das ist mein <u>Po</u>. — *Dat is mijn <u>achterwerk</u>.*

D

Po is de afkorting van **Popo** en betekent *achterwerk/billen*:

Sehr gut, das ist mein <u>Po(-po)</u>. Und wo ist mein Bauch? — *Heel goed, dat zijn mijn <u>billen</u>. En waar is mijn buik?*

N

1) In het Nederlands is een *po* een *pot waarop kleine kinderen hun behoeften (leren) doen*. In het Duits gebruik je daarvoor **(Nacht-)Topf**:

   De kleine heeft naast de <u>po</u> geplast. — **Der Kleine hat neben den <u>(Nacht-)Topf</u> gepinkelt.**

2) Maar *Po* is ook de naam van een rivier in Noord-Italië, de naam van de rode Teletubbie en de afkorting van het scheikundige element **polonium**. In het Duits heten ze alle drie **Po**.

3) Tot slot heeft de afkorting *p.o.* verschillende betekenissen. Voor *per order* gebruik je **im Auftrag (i.A.)**, voor *per omgaand* gebruik je **umgehend (umg.)** en voor *primair onderwijs* gebruik je **Grundschulunterricht**.

Pol

Kannst du mir den Pol zeigen? — *Kun je mij de pool laten zien?*

D

1) Hoewel je **Pol** in het Duits met één o spelt, is de uitspraak vergelijkbaar met die van *pool*. En als je dat onthoudt, dan heb je ook direct de juiste vertaling:

   Ein Magnet hat einen Plus- und einen Minuspol. — *Een magneet heeft een plus- en een minpool.*

   Der Südpol ist ein Kontinent, weil unter dem Schnee und dem Eis Land liegt. — *De Zuidpool is een continent, omdat onder de sneeuw en het ijs land ligt.*

   Der Nordpol ist kein Kontinent, weil der Schnee auf dem Eis liegt und dieses Eis auf dem Wasser treibt. (zie ook Eis) — *De Noordpool is geen continent, omdat onder de sneeuw alleen ijs is dat drijft op het water.*

Maar als je deze betekenis van **Pol** eenmaal kent, dan is ook het woord **Polster** verwarrend, omdat het zoveel op *Poolster* lijkt. Een **Polster** is een *kussen*, een *(schouder)vulling* of een *appeltje voor de dorst*. Bijvoorbeeld als je **ein finanzielles Polster besitzt**, dan *heb je een financiële buffer*. De *Poolster* heet in het Duits **Polarstern**.

2) De afkorting **Pol.** heeft met *politicologie* te maken. Bijvoorbeeld iemand met **Dipl.-Pol.** (**Diplom-Politologe/-Politologin**) voor zijn naam, heeft een studie politicologie afgerond. En iemand met **Dr. rer. pol.** voor zijn naam is gepromoveerd in de politicologie. Let op: in het Duits vallen in **Politologie** de i en de c weg.

N

Een Nederlandse *pol* is een *samengegroeide klomp planten*. Dat vertaal je met **Büschel**:

Bij de vrije trap schopte de voetballer een graspol uit het veld. — **Beim Freistoß trat der Fußballspieler einen Grasbüschel aus dem Rasen.**

Tot slot wordt het Engelse 'poll' zowel in het Nederlands als het Duits gebruikt voor *enquête*.

Prüfen

Das Forum wird den Geschmack dieses Kuchens prüfen. — *Het panel gaat de smaak van deze taart testen.*

D

Zowel **prüfen** als *proeven* komen van het Latijnse werkwoord 'probare' dat *(goed)keuren/bewijzen* betekent. Bij het werkwoord **prüfen** is de oorspronkelijke betekenis behouden, vandaar dat **prüfen** nog altijd *controleren/testen* betekent:

Ich werde diesen Kuchen prüfen, um sicher zu gehen, dass er nicht zu süß ist. — *Ik zal deze taart testen/proberen om er zeker van te zijn dat hij niet te zoet is.*

Nach jedem Einkauf prüfe ich die Rechnung. — *Na iedere aankoop controleer ik de bon.*

Ich habe diesen Text <u>auf</u> <u>Herz</u> <u>und</u> <u>Nieren</u> / <u>auf</u> <u>Schale</u> <u>und</u> <u>Kern</u> <u>geprüft</u>. Ich habe keine Fehler gefunden. — *Ik heb deze tekst <u>grondig</u> <u>onderzocht</u>. Ik heb geen fouten gevonden.*

Die Schüler wurden in Deutsch <u>geprüft</u>. — *De scholieren moesten een <u>proefwerk</u> Duits <u>maken</u>.*

Sie ist schlecht drauf, weil sie ihre <u>Prüfung</u> nicht bestanden hat. — *Ze heeft een slecht humeur, omdat ze het <u>examen</u> niet gehaald heeft.*

In het Duits betekent **gut/schlecht drauf sein** *een goed/slecht humeur hebben*. Maar **drauf und dran sein** betekent iets heel anders, namelijk *op het punt staan*.

N

1) In het Nederlands is de betekenis *(goed)keuren* van het Latijnse werkwoord 'probare', vervangen door *oordelen over hoe iets smaakt*. Voor *proeven* gebruik je **schmecken**:

Ik ben verkouden, daarom <u>proef</u> ik niks. — **Ich bin erkältet, deswegen <u>schmecke</u> ich nichts.**

Het verschil is tussen *proeven* en *smaken* is, dat een gerecht of een drankje smaakt, terwijl een persoon proeft. In het Duits gebruik je voor beide woorden **schmecken**:

De wijn <u>smaakt</u> goed. — **Der Wein <u>schmeckt</u> gut.**

Ik <u>proef</u> het verschil tussen beide soorten witte wijn. — **Ich <u>schmecke</u> den Unterschied zwischen den beiden Sorten Weißwein.**

2) Voor *proeven* als *bemerken* gebruik je **(ver)spüren**:

Ik <u>proef</u> scepsis in jullie commentaar. — **Ich <u>verspüre</u> Skepsis in euren Anmerkungen.**

3) En als het om *leren kennen* gaat, dan gebruik je **kosten/probieren** (zie ook Kosten):

Ik wil deze wijn graag <u>proeven</u>. — **Ich möchte gerne diesen Wein <u>probieren</u>.**

Heb je dat al <u>geproefd</u>? — **Hast du das schon <u>gekostet</u>?**

Puffen

Er <u>puffte</u> sie in die Seite. — *Hij <u>porde</u> haar in haar zij.*

D

Het werkwoord **puffen** heeft drie betekenissen.

1) Ten eerste betekent **puffen** *stompen/porren*:

Er <u>puffte</u> sie in die Seite, weil sie fast einschlief. — *Hij <u>porde</u> haar in haar zij, omdat ze bijna in slaap viel.*

Van deze betekenis van **puffen** komen de zelfstandige naamwoorden **Puff** (*stomp*) en **Puffer** (*buffer/stootkussen*). Vandaar dat bijvoorbeeld de dopjes op Nordic Walking-stokken **Puffer** heten. Maar let op: een **Puff** kan ook nog een *poef om op te zitten*, *het spelletje triktrak/backgammon* en een *bordeel* zijn.

2) Ten tweede betekent **puffen** *ploffen / dof knallen*, maar vaak wordt ook gewoon **knallen** gebruikt:
   Am 1. Januar puffte/knallte nur ein wenig Feuerwerk. — *Op 1 januari knalde maar een beetje vuurwerk.*

De laatste lettergreep in **Auspuff** (*uitlaat*) heeft met dof knallen te maken.

3) Tot slot betekent **puffen** *poffen*:
   Wenn man Mais pufft, bekommt man Popcorn. — *Als je maïs poft, krijg je popcorn.*

N

Het Nederlandse werkwoord *puffen* betekent *blazen*, vooral van de warmte, en vertaal je met **ersticken**:

In de overvolle bus zaten de reizigers te puffen van de hitte. — **Im überfüllten Bus erstickten die Reisenden fast vor Hitze.**

En een *puffer* is een *apparaatje waarmee je medicijnen in poedervorm kunt inhaleren*. Zo'n apparaatje heet in het Duits een **Inhalator**.

Q

Quetschen

Er hat mich beim Umarmen gequetscht. — *Hij heeft me bij het omarmen platgedrukt.*

D

Hoewel **quetschen** en *kwetsen* waarschijnlijk dezelfde voorouders hebben, is de betekenis van **quetschen** niet *zo één, twee, drie* (**auf die Schnelle**) te raden. **Quetschen** betekent namelijk *platdrukken* of *persen*:

Ich habe meinen Finger in der Tür gequetscht. Jetzt ist mein Nagel blau. — *Ik ben met mijn vinger tussen de deur gekomen. Nu is mijn nagel blauw.*

Wir haben es geschafft, uns in den Fahrstuhl zu quetschen. — *Het is ons gelukt ons in de lift te persen/dringen.*

N

In het Nederlands betekent *kwetsen psychisch pijn doen / beledigen*. Daarvoor gebruik je **kränken/verletzen:**

Zijn woorden hebben me diep gekwetst. — **Seine Worte haben mich richtig gekränkt/verletzt.**

Quote

Es gibt eine hohe Quote von weiblichen Kandidaten. — *Het (aan)deel vrouwelijke kandidaten ligt erg hoog.*

D

Het Duitse **Quote** kun je met *quote/quotum* vertalen, beide woorden komen van het Latijns 'quot' (*hoeveel*):

Die Arbeitslosenquote ist in den letzten Jahren stark gestiegen. — *Het quotum werklozen is de laatste jaren sterk gestegen.*

N

Maar *quote* kun je niet altijd met **Quote** vertalen. Het Nederlandse *quote* heeft namelijk ook aan het Engels ontleende betekenissen. Als het om een *citaat* gaat, gebruik je **Zitat** en als het om *aanhalingstekens* gaat, gebruik je **Anführungszeichen**:

Die quote is niet van mij. — **Das Zitat ist nicht von mir.**

Die quotes staan op de verkeerde plaats. — **Die Anführungszeichen sind an der falschen Stelle.**

R

RAHM(EN)

Sie ist noch nie aus dem <u>Rahmen</u> gefallen.	*Ze is nog nooit uit de toon gevallen.*

D

Rahmen en **Rahm** zijn twee zelfstandige naamwoorden die weliswaar op elkaar lijken maar totaal andere betekenissen hebben.

1) **Rahmen** betekent *raam/kader*, *raam/lijst* of *kozijn*:

Im <u>Rahmen</u> der Kulturwoche veranstalten wir eine Serie/Reihe von Auftritten.	*In het <u>kader</u> van de cultuurweek organiseren wij een reeks optredens.*
Der <u>Rahmen</u> dieses Gemäldes ist aus Gold.	*De <u>lijst</u> van dit schilderij is van goud.*
Der <u>Rahmen</u> dieses Fensters ist aus Holz.	*Het <u>kozijn</u> van dit raam is van hout.*

Vandaar dat het werkwoord **rahmen** *inlijsten* betekent.

2) **Rahm** betekent *room*, hoewel *room* vaker wordt vertaald met **Sahne** (bijvoorbeeld **Schlagsahne**, *slagroom*):

Den <u>Rahm</u> muss man schlagen bis er steif ist.	*De <u>room</u> moet je kloppen tot hij stijf is.*

Rahm komt in het spreekwoord **den Rahm abschöpfen** voor. Dit betekent dat je jezelf voorziet van het beste.

Let op: de stad *Rome* spreek je uit als [room], maar schrijf je als **Rom**. En het Engelse 'room' (*kamer* of *ruimte*) vertaal je met **Zimmer** of **Raum**.

N

Een *raam* met als meervoud *ramen* vertaal je met **Fenster**. Het meervoud van **Fenster** is ook **Fenster**:

De oude vrouw zit de hele dag bij het <u>raam</u>. Ze houdt de straat in de gaten.	**Die alte Frau sitzt den ganzen Tag am <u>Fenster</u>. Sie behält die Straße im Auge.**
Opvallend is dat deze kerk geen glas-in-lood<u>ramen</u> heeft.	**Auffällig ist, dass diese Kirche keine Bleiglas<u>fenster</u> hat.** (zie ook BLEI)

Het werkwoord *ramen* betekent *begroten/schatten*. De vertaling daarvoor is **schätzen/ veranschlagen**:

De kosten worden op vijfhonderdduizend euro <u>geraamd/geschat</u>.	**Die Kosten werden auf fünfhunderttausend Euro <u>geschätzt/veranschlagt</u>.**

Rar

Das ist eine rare Briefmarke! *Dat is een zeldzame postzegel!*

D

Het Duitse **rar(e)** heeft net als het Engelse 'rare' de betekenis *zeldzaam* (zie ook Seltsam):

Pfeffer war früher ein rares Gewürz. *Peper was vroeger een zeldzame specerij.*

De betekenis *zeldzaam* zie je nog terug in het Nederlandse *rariteit* (*zeldzaamheid / zeldzaam voorwerp*).

N

Maar hoewel je *raar/vreemd* met **rar** kan vertalen, gebruik je meestal andere vertalingen zoals **merkwürdig/komisch** (zie ook Komisch):

Die jongen kan soms zo raar doen. **Der Junge benimmt sich manchmal so merkwürdig.**

Die rare kerel/snuiter is wel heel aardig. **Der komische Kauz/Kerl ist schon sehr nett.** (zie ook Nett)

En soms heb je geen van deze vertalingen nodig:

Daar zul je raar van opkijken! **Da wirst du dich wundern!**

Doe niet zo raar! **Stell dich nicht so an!** (zie ook Anstellen)

Rat

Du hättest mir diesen Rat geben sollen. *Je had mij die raad / dat advies moeten geven.*

D

Als je weet dat **Rat** op dezelfde manier als *raad* uitgesproken wordt, is het niet verwonderlijk dat het zelfstandige naamwoord **Rat** *raad* betekent:

Kommt Zeit, kommt Rat. *Komt tijd, komt raad.*

Rat vind je terug in woorden die met het huishouden te maken hebben, zoals **Vorrat** (*voorraad*), **Unrat** (*vuilnis*) en **Gerät** (*apparaat*). Ook komt **Rat** in **Heirat** (*huwelijk*) voor. Hier wordt de link met *raad* duidelijk als je weet dat het Oudhoogduitse woord 'hirat' *huisraad* betekende.

Denk erom dat **ratschlagen** *adviseren* betekent, maar dat **radschlagen** (let op de d) *het maken van een radslag* is.

Let op: **Rat** moet je niet verwarren met **Rate**, wat *termijn* of *percentage* betekent:

Mit der letzten Rate habe ich meine Schulden endlich beglichen. *Met mijn laatste termijn heb ik mijn schulden eindelijk afgelost.* (zie ook Termin)

N

Een *rat* noem je in het Duits een **Ratte**:

Ik zit als een rat in de val. (zie ook ALS) — **Ich sitze wie eine Ratte in der Falle.**

RAU

Du solltest ihn nicht so rau behandeln. — *Je moet hem niet zo lomp behandelen.*

D

Rau heeft met *ruw* te maken en kan verschillende betekenissen hebben.

1) Een betekenis van **rau** is *ruw/lomp*, zoals hierboven en in het onderstaande voorbeeld:
   Wenn du ihn wieder so rau behandelst, wird er uns nächstes Mal nicht mehr helfen. (zie ook MAL) — *Als je hem weer zo lomp behandelt, zal hij ons de volgende keer niet meer helpen.*

2) Een andere betekenis is *guur/ruw/bar*:
   Verglichen mit dem warmen Süden ist der Norden rau. — *Vergeleken met het warme Zuiden is het Noorden guur.*

3) Ook kan **rau** *ruw/oneffen* betekenen:
   Eine raue Oberfläche streut die Lichtstrahlen in alle Richtungen. — *Een ruw/oneffen oppervlak verstrooit lichtstralen in alle richtingen.*

4) Tot slot kan **rau** *schor* betekenen:
   Diese Sängerin hat eine raue Stimme. — *Deze zangeres heeft een schorre stem.*

N

Als in het Nederlands iets *rauw* is, is het *ongekookt*. De enige juiste vertaling daarvoor is **roh**, hoewel je die vertaling niet in iedere context nodig hebt:

Ik wist niet dat je spinazie rauw kan eten. — **Ich wusste nicht, dass man Spinat roh essen kann.**

Ik lust hem rauw! — **Den mache ich fertig!**

Honger maakt rauwe bonen zoet. — **Der Hunger treibt's rein. / Hunger ist der beste Koch.**

Tot slot is *rauw* in uitspraak niet te onderscheiden van *rouw*. De vertaling daarvan is **Trauer**:

Sinds de dood van mijn vrouw ben ik in rouw. — **Seit dem Tod meiner Frau bin ich in Trauer.** (zie ook TOT voor **Tod**)

Recht

Das ist mir nicht <u>recht</u>. — *Dat vind ik niet <u>oké</u>.*

D

In het Duits kan **recht** verschillende betekenissen hebben.

1) De betekenis *goed/juist* kom je in verschillende nuancen tegen. Een nuance is *goed / naar wens*:

Mir ist alles <u>recht</u>. — *Ik vind het allemaal <u>best</u>. / Bij mij is alles <u>naar wens</u>.*

Een andere nuance is *gelijk*:

Es sind vier Welpen, du hast <u>Recht</u>. — *Het zijn vier puppies, je hebt <u>gelijk</u>.*
Wir haben noch zwei Wochen Zeit. – Nein, da hast du <u>Unrecht</u>, wir haben nur noch eine Woche Zeit. — *We hebben nog twee weken tijd. – Nee, je hebt <u>ongelijk</u>, we hebben nog maar één week tijd.*

De laatste nuance is *juist/correct*:

Er hat im <u>rechten</u> Moment eine kritische Frage gestellt. — *Hij heeft op het <u>juiste</u> moment een kritische vraag gesteld.*
Ich finde <u>Rechtschreibung</u> ganz wichtig. — *Ik vind <u>foutloos</u> <u>schrijven</u> erg belangrijk.*
Lege die <u>rechten</u> Seiten des Stoffs aufeinander. — *Leg de <u>goede</u> zijden van de stof op elkaar.*
Du solltest unbedingt <u>rechtzeitig</u> da sein. — *Je moet er per se <u>op</u> <u>tijd</u> zijn.*

Deze nuance zie je ook terug in de Nederlandse uitdrukking *het bij het rechte eind hebben* (**recht haben**).

2) Een andere betekenis van **recht** is *rechts*:

Ich bin Linkshänder, aber schreibe mit meiner <u>rechten</u> Hand. — *Ik ben linkshandig maar schrijf met mijn <u>rechter</u>hand.*
Die NPD ist eine <u>rechte</u> Partei. (zie ook Partei) — *De NPD is een <u>rechtse</u> partij.*

3) Verder kun je **recht** voor *heel/behoorlijk* gebruiken:

Sie ist ein <u>recht</u> hübsches Mädchen. — *Zij is een <u>heel</u> knap meisje.*
Im Winter ist es im Büro <u>recht</u> kalt. (zie ook Büro) — *In de winter is het op kantoor <u>behoorlijk</u> koud.*
In der Kälte arbeiten ist <u>recht</u> unangenehm. — *In de kou werken is <u>behoorlijk</u> onaangenaam.*

N

Zoals beschreven kun je soms *recht* met **recht** vertalen:

Deze hoek is 90 graden en is dus een <u>rechte</u> hoek. — **Dieser Winkel hat 90 Grad und ist daher ein <u>rechter</u> Winkel.** (zie ook Winkel)
Niemand heeft het <u>recht</u> om te doden. — **Keiner hat das <u>Recht</u> zum Töten.**
Ik kan alleen <u>rechte</u> steken breien. — **Ich kann nur <u>rechte</u> Maschen stricken.** (zie ook Stricken)

Maar dat kan niet altijd:

Driemaal is scheepsrecht. — **Aller guten Dinge sind drei.**

De stangen van het tafelvoetbalspel zijn niet meer recht. — **Die Stangen im Kicker sind nicht mehr gerade.**

Die opmerking was recht voor zijn raap. — **Die Anmerkung war aber deutlich.**

Hij heeft me recht op de man af gevraagd of ik homo ben. — **Er hat mich unumwunden gefragt, ob ich schwul bin.** (zie ook SCHWUL)

REDEN

Er hat versucht, mit großen Reden das Publikum zu überzeugen. — *Hij heeft geprobeerd met grootse redevoeringen het publiek te overtuigen.*

D

1) Het zelfstandig naamwoord **Rede** met als meervoud **Reden** kun je vertalen met *rede* met als meervoud *redes*, of met *gerucht*:

Nur wenn er eine Rede hält, stottert er. — *Alleen als hij een rede houdt, stottert hij.*

Es geht die Rede, dass der Nachbar eine Geliebte hat. — *Het gerucht gaat dat de buurman een minnares heeft.*

Er schwingt nur große Reden ohne was zu tun. — *Hij verkoopt alleen maar praatjes zonder dat hij wat doet.*

2) **Reden** is afgeleid van het werkwoord **reden** en heeft met een **Rede** als *rede/praatje* te maken. **Reden** betekent namelijk *praten/spreken*:

Er redet die ganze Zeit über Geld. — *Hij praat de hele tijd over geld.*

Liebe Kinder, redet bitte nicht durcheinander. (zie ook LIEBE) — *Lieve kinderen, praat alsjeblieft niet door elkaar.*

Reden ist Silber, Schweigen ist Gold. — *Spreken is zilver, maar zwijgen is goud.*

Ich habe mit dir ein Wörtchen zu reden. — *Ik moet een hartig woordje met jou spreken.*

Diese Schwätzerin hat mir ein Loch in dem Bauch geredet. — *Die kletsmajoor heeft me de oren van mijn hoofd gepraat.*

N

In het Nederlands is een *reden* een *verklaring* of *argument*. In beide gevallen gebruik je de vertaling **Grund** (zie ook GRUND):

Alleen als je een goede reden hebt, mag je thuiswerken. — **Nur wenn du einen guten Grund hast, darfst du zu Hause arbeiten.**

Jij hebt werk, dus jij hebt geen reden tot klagen. — **Du hast einen Job, also hast du keinen Grund zum Klagen.**

Heeft u advies nodig, om welke reden dan ook, bel dan 0800-0000. — **Brauchen Sie Beratung, aus welchem Grund auch immer, rufen Sie an unter der Nummer 0800-0000.**

En *reden geven tot* vertaal je met **Anlass geben zu.**

Regen

Du darfst dich nicht regen. *Je mag je niet bewegen.*

D

In het Duits betekent het zelfstandig naamwoord **Regen** *regen* (bijvoorbeeld **nach Regen folgt Sonnenschein**, *na regen komt zonneschijn* en **vom Regen in die Traufe kommen**, *van de regen in de drup raken*). Maar er bestaat ook een werkwoord **regen**. Dat vertaal je met *(zich) verroeren/bewegen*:

Ich kann mich vor Kälte nicht mehr regen. *Ik kan me van de kou niet meer bewegen.*
(zie ook Vor)

Ich habe dir gesagt, dass du dich nicht regen solltest. Weil du es trotzdem getan hast, können wir die MRT-Daten nicht benutzen. *Ik heb gezegd dat je je niet moest bewegen/verroeren. Omdat je dat toch gedaan hebt, kunnen we de MRI-gegevens niet gebruiken.*

Sich regen bringt Segen. *Wie zaait zal oogsten.*

Het zelfstandig naamwoord **Regen** komt in verschillende samenstellingen voor waarvoor je in de vertaling geen *regen* gebruikt, bijvoorbeeld in **Regenguss** (*stortbui*), **Regenrinne** (*dakgoot*) en **Regenschirm** (*paraplu*).

N

In veel samenstellingen gebruik je zowel in het Duits als in het Nederlands het woord **Regen**/*regen*, bijvoorbeeld in **Kugelregen** (*regen van kogels*), **Regenanzug** (*regenpak*), **Regenbogen** (*regenboog*), **Regenfall** (*regenval*), **Regenschauer** (*regenbui*), **Regentropfen** (*regendruppel*), **Regenwald** (*regenwoud*), **Regenwurm** (*regenworm*) en **Regenzeit** (*regenseizoen*).

Maar **Regenbogenpresse** vertaal je met *sensatiepers* vanwege de veelkleurige en schreeuwerige koppen die gebruikt worden.

Reichen

Ja, das reicht. *Ja, dat is voldoende.*

D

De meest voorkomende betekenis van **reichen** is *voldoende/beu zijn*:

Du hast schon fünf Mal gesagt, dass du meine neue Frisur nicht magst. Jetzt reicht es mir! *Je hebt al vijf keer gezegd dat je mijn nieuwe kapsel niet leuk vindt. Nu ben ik het zat!*

De andere betekenis is, zoals te verwachten, *(aan)reiken*:

Könntest du mir die Butter reichen? *Zou je mij de boter kunnen aanreiken/aangeven?*

Ich möchte dir gerne hilfreich die Hand reichen, ich weiß aber nicht wie. *Ik wil je graag een helpende hand reiken, ik weet alleen niet hoe.*

Nach dem Schneiden reichen meine Haare wieder bis zu meinen Schultern. *Na het knippen reiken mijn haren weer tot mijn schouders.*

Reichen komt ook voor in de werkwoorden **ausreichen** (*uitreiken*), **einreichen** (*inleveren* en *indienen*) en **erreichen** (*bereiken*). *Aanreiken* heb je niet nodig bij:

Ich glaube, dass sie dir nicht das Wasser reichen kann. — *Ik geloof dat zij niet aan jou kan tippen.* (zie ook Tippen)

Dit spreekwoord komt uit de tijd waarin dienaren schotels met water aan gasten aanboden, om hun handen te wassen. Maar bij hele hoge gasten mocht zelfs dit wasritueel niet door bedienden uitgevoerd worden.

N

Alleen als *reiken* wordt gebruikt in de context van *reiken naar iets*, gebruik je de vertaling **langen**:

Kun jij die doos voor mij van de kast halen? Ik kan niet zover reiken. — **Könntest du mir den Karton vom Schrank holen? Ich kann nicht so weit langen.**

Reifen

Ich muss meinen Reifen noch flicken. — *Ik moet mijn band nog plakken.*

D

Het werkwoord **reifen** zal niet snel verwarring veroorzaken, want het betekent *rijpen*. Maar **Reifen** kan ook een zelfstandig naamwoord zijn en dan moet je oppassen:

Ich habe einen Platten, muss aber schnell weg. Könntest du meinen Reifen flicken? — *Ik heb een lekke band, maar moet snel weg. Zou jij mijn band kunnen plakken?*

Früher hatte ich einen rosaroten (Hula-Hoop-)Reifen. — *Vroeger had ik een roze hoepel.* (zie ook Pink voor *roze*)

Ich habe die M(atsch)-und-S(chnee)-Reifen/ Winterreifen selber angebracht. — *Ik heb de winterbanden zelf gemonteerd.*

N

Als het om *het rijpen* gaat, gebruik je de vertaling **Gärung(-sprozess)**:

Bij kaas heeft het rijpen invloed op de smaak. — **Bei Käse hat die Gärung / der Gärungsprozess Einfluss auf den Geschmack.** (zie ook Geschmack)

Reiten

Möchtest du Reiten lernen? — *Wil je graag leren paardrijden?*

D

Je zou **reiten** met *rijten* kunnen verwarren, maar **reiten** betekent *(be)rijden*:

Hast du schon mal einen Esel geritten? — *Heb je al eens op een ezel gereden?* (zie ook Fahren voor *rijden*)

Ook komt **reiten** in **jemanden reinreiten** voor, wat betekent dat je *iemand in grote verlegenheid brengt*.

N
Rijten kom je tegen in de zegswijze *iets aan stukken rijten / verscheuren*. Dat vertaal je met **etwas in Stücke reißen:**

De leeuw heeft het hert in stukken gereten. — **Der Löwe hat den Hirsch in Stücke gerissen.**

REIZEN

Weshalb versuchst du, mich zu reizen? — *Waarom probeer je mij te prikkelen?*

D
Dat **reizen** en *reizen* precies hetzelfde geschreven worden is *puur toeval* (**reiner Zufall**). De betekenissen hebben niets met elkaar te maken. **Reizen** betekent namelijk *prikkelen*:

Sie hat ihn aufs Äußerste gereizt, damit er die Beziehung beenden würde. — *Zij heeft hem tot het uiterste geprikkeld, opdat hij hun relatie zou beëindigen.*

Hör auf! Du reizt mich bis aufs Blut! (zie ook BLUT) — *Hou op! Je haalt het bloed onder mijn nagels vandaan!*

Telefonate im Zug reizen oft meine Neugier. — *Telefoongesprekken in de trein prikkelen vaak mijn nieuwsgierigheid.*

Het bijbehorende zelfstandig naamwoord is **Reiz** (*bekoring* of *prikkel*).

N
Als je eenmaal weet dat *reizen* geen **reizen** is, is het waarschijnlijk makkelijk te onthouden dat de juiste vertaling **reisen** is:

Als je in Duitsland bij het leger werkt, mag je gratis eerste klas reizen. — **Wenn man in Deutschland bei der Bundeswehr arbeitet, darf man umsonst in der ersten Klasse reisen.**

En in het Nederlands moet je *reizen* niet verwarren met *rijzen*. *Rijzen* betekent namelijk *omhoog gaan*:

De prijs van benzine is de pan uit gerezen. — **Der Preis für Benzin ist in die Höhe geschossen.**

Japan is het land van de rijzende zon. — **Japan ist das Land der aufgehenden Sonne.** (zie ook LAND)

De haren rijzen mij te berge! — **Mir haben sich die Haare gesträubt!**

In de context van **reizen**, *reizen*, **reisen** en *rijzen* is er nog een aantal woorden die tot verwarring kunnen leiden. Een daarvan is dat *rijst* als derde persoon enkelvoud van *rijzen* ook een zelfstandig naamwoord is. De vertaling daarvoor is **Reis**. Maar een *reis* in het Nederlands is een **Reise** in het Duits.
Verder vertaal je *reiziger* met **Reisender** en niet met **Reisiger**. Een **Reisiger** is namelijk een woord dat in de middeleeuwen werd gebruikt voor een *krijgsknecht te paard*.
Tot slot kan het voltooid deelwoord van deze werkwoorden en de schrijfwijzen daarvan ook verwarrend zijn: **reizen (gereizt)**, **reisen (gereist)**, en *reizen* (*gereisd*). Ook *rijzen* (*gerezen*) moet je niet verwarren met **reißen (gerissen**; *scheuren* en *rukken*).

RENTE

Ich bekomme eine hohe Rente.	*Ik krijg een hoog pensioen.*

D

In de middeleeuwen verwees *rente* naar een *periodieke uitkering* die men kreeg uit bijvoorbeeld belastingen en de opbrengst van onroerend goed. In het Duits heeft deze betekenis zich ontwikkeld naar *pensioen*:

Ich spare für meine Rente.	*Ik spaar voor mijn pensioen.*
Nächstes Jahr gehe ich in Rente.	*Volgend jaar ga ik met pensioen.*

N

In het Nederlands heeft deze oude betekenis van *rente* zich ontwikkeld naar *een vergoeding voor het lenen van geld*. De vertaling daarvan is **Zins**:

Ik spaar, dus ik krijg rente.	**Ich spare, also bekomme ich Zinsen.**
Studenten in Duitsland kunnen zonder rente geld lenen. (zie ook LEHNEN)	**Studenten in Deutschland können zinsfrei Geld leihen.**

RINGEN

Er ringt schon seit einigen Jahren.	*Hij worstelt al sinds een paar jaar.*

D

Vroeger hadden *ringen* en **ringen** in het Nederlands en het Duits dezelfde betekenis, namelijk *worstelen*. Deze betekenis bestaat nog altijd in het Duits:

Ringen ist schon sehr lange ein olympischer Sport.	*Worstelen is al heel lang een Olympische sport.*
Er hat verloren. Er ringt mit seinen Tränen, siehst du?	*Hij heeft verloren. Hij vecht tegen zijn tranen, zie je?*
Ich ringe mit mir, ob ich das tun soll.	*Ik kan niet beslissen of ik dat moet doen.*

Tegenwoordig kan **ringen** ook nog *(handen)wringen* betekenen:

Weinend rang sie ihre Hände.	*Huilend wrong ze haar handen.*

N

Het Nederlandse *ringen* betekent tegenwoordig alleen *iets van een ring voorzien*:

Ik heb de duif geringd.	**Ich habe die Taube beringt.**

Als zelfstandig naamwoord kan *ringen* ook naar een onderdeel van het turnen verwijzen dat ook in het Duits **Ringen** heet. En natuurlijk is *ringen* het meervoud van *ring*. Maar let op: het meervoud van het Duitse **Ring** is **Ringe**.

Rot

Diese Tomate ist <u>rot</u>. — *Deze tomaat is <u>rood</u>.*

D

Als iets **rot** is in het Duits, dan is dat helemaal niet vies, omdat **rot** *rood* betekent:

Ich sehe den <u>roten</u> Faden leider nicht.	*Ik zie helaas de <u>rode</u> draad niet.*
Das <u>Rote</u> <u>Kreuz</u> hat mir Informationen über Erste-Hilfe-Übungen geschickt.	*Het <u>Rode</u> <u>Kruis</u> heeft me informatie over eerste hulp oefeningen gestuurd.*
Oh nein, ich stehe in den <u>roten</u> Zahlen! Wie ist das denn möglich? (zie ook Denn)	*Oh nee, ik sta in het <u>rood</u>! Hoe is dat nou mogelijk?*

N

In het Nederlands is *rot* een bijvoeglijk naamwoord, bijwoord of voorvoegsel.

1) Het bijvoeglijk naamwoord vertaal je met **faul**:

Deze tomaat is <u>rot</u>.	**Diese Tomate ist <u>faul</u>.**
Een <u>rotte</u> appel in de mand, maakt al het gave fruit te schand.	**Ein <u>fauler</u> Apfel steckt alle anderen an.**

2a) Het bijwoord *rot* vertaal je met **mies/beschissen**, waarbij **beschissen** iets grover is:

Ik voel me <u>rot</u>.	**Ich fühle mich <u>mies/beschissen</u>.**

2b) Maar *rot* vertaal je in sommige contexten anders:

Hij heeft me ver<u>rot</u> gescholden. Dat pik ik niet!	**Er hat mich zusammengestaucht. Das schlucke ich nicht!**
We hebben ons gisteren bij de cabaretvoorstelling <u>rot</u> gelachen.	**Wir haben uns gestern beim Cabaret totgelacht.**

3) Verder komt *rot* ook als voorvoegsel voor. Dat kun je met **Scheiß-/Mist-** (zie ook Mist) vertalen, maar niet altijd:

Ik had vandaag echt een <u>rot</u>dag op het werk.	**Ich hatte heute wirklich einen <u>Scheiß</u>tag auf der Arbeit.**
Hij is met de auto zijn huis ingereden, en wel met een <u>rot</u>gang.	**Er ist mit seinem Auto in sein Haus gefahren, und wohl mit Karacho.**

4) Tot slot komt **rot** voor in de uitdrukking *een oude rot in het vak zijn*. De vertaling daarvoor is **ein alter Hase im Geschäft sein.**

RÜCKEN

Könntest du das zur Seite rücken? — *Zou je dat aan de kant kunnen schuiven?*

D

1) Het werkwoord **rücken** betekent *(op)schuiven* of *verplaatsen*:

Wenn ihr alle ein bisschen zur Seite rückt, passt noch genau eine Person dazu. — *Als jullie allemaal een beetje opschuiven, dan kan er nog precies één persoon bij.*

Du musst den Tisch an die Wand rücken, um vorbeigehen zu können. — *Je moet de tafel naar de muur verplaatsen om er langs te kunnen.*

Rücken komt ook in veel samenstellingen voor. Let daarbij op dat **aufrücken** en **verrücken** ook andere betekenissen hebben dan je zou verwachten: **abrücken** (*wegschuiven*), **aufrücken** (*aansluiten* of *opklimmen*), **ausrücken** (*uitrukken* of *uitspringen*), **einrücken** (*binnentrekken*, *inschakelen* of *inspringen*), **verrücken** (*verplaatsen*; zie ook VERRÜCKT) en **vorrücken** (*vorderen* of *vooruitschuiven*).

2) **Rücken** moet je niet verwarren met het werkwoord **rucken. Rucken** betekent *zich met schokken voortbewegen* en ligt daarmee dichter bij de betekenis van *rukken* dan **rücken**:

Das alte Auto ruckte noch einige Meter und blieb dann stehen. — *De oude auto schokte nog enkele meters vooruit en bleef toen staan.*

3) Het zelfstandig naamwoord **Ruck** is daarvan afgeleid en betekent *ruk/schok*:

Mit einem Ruck versuchte ich, mich von dem gruseligen Mann zu befreien. (zie ook GRUSELIG) — *Met een ruk probeerde ik me van de griezelige man te bevrijden.*

Daarvan is **ruck, zuck** (*in een vloek en een zucht*) afgeleid.

4) Tot slot is er het zelfstandig naamwoord **Rücken** dat *rug* betekent:

Warum hat sie dir den Rücken zugedreht? — *Waarom heeft ze jou de rug toegekeerd?*

Van **Rücken** als *rug* komt ook **zurück** (*achter* en *terug*) en **rück-** (*achter-*), bijvoorbeeld **rückwärts** (*achteruit*).

N

Rukken kun je vaak met **reißen** vertalen:

Hij heeft mijn woorden uit hun verband gerukt. — **Er hat meine Worte aus ihrem Zusammenhang gerissen.**

Rukken komt ook voor in de samenstellingen *wegrukken* (**wegreißen/fortreißen**), *oprukken* (**nachrücken/vorrücken**) en *verrukken* (**entzücken**). Voor *rukken* als *masturberen* gebruik je **wichsen**.

RUND

Im weiten Rund gibt es keine Bäume.	*In de verre omtrek zijn geen bomen.*

D

Het zelfstandig naamwoord **Rund** (*kring*), zoals in het voorbeeld, is een deftig woord en zul je daarom niet zo vaak tegenkomen. Maar het zelfstandig naamwoord **Runde** en het bijvoeglijk naamwoord of bijwoord **rund** worden wel veel gebruikt.

1) **Runde** betekent *ronde*:

In dieser Runde werden wir zuerst die Ziele der Evaluation besprechen. (zie ook ZIEL)	*In deze ronde zullen we eerst de doelen van de evaluatie bespreken.*
Wollen wir eine Runde spazieren gehen?	*Zullen we een rondje gaan wandelen?*
Im letzten Monat sind wir gerade so über die Runden gekommen.	*Afgelopen maand zijn we er nog net (financieel) uitgesprongen.*

In deze uitdrukking verwijst **Runde** naar een ronde van een bokswedstrijd. Als het je lukte om niet 'knock out' te gaan, dan was je in ieder geval wel een ronde verder.

2) De belangrijkste betekenis van **rund** is *rond*:

Ein Rugbyball ist nicht rund sondern oval.	*Een rugbybal is niet rond maar ovaal.*
Wir sind rund um die Uhr für Sie da.	*We zijn 24 uur per dag, 7 dagen per week voor u beschikbaar.*
Er ist leider nicht anwesend. Er macht gerade eine Reise rund um die Welt.	*Hij is helaas niet aanwezig. Hij maakt op het moment een reis rond/om de wereld.* (zie ook REIZEN voor *reis*)

Dit wetende is het makkelijk om te raden dat het werkwoord **runden** *rond maken* betekent.

3) Een andere betekenis die met *rond* te maken heeft, is *afgerond en volmaakt*:

Bei dem Kurs haben wir gelernt, dass dieser Wein einen runden Geschmack hat.	*Bij de cursus hebben we geleerd dat deze wijn een volle smaak heeft.*
Wie geht es euch? – Bei uns läuft alles rund.	*Hoe gaat het met jullie? – Met ons gaat alles perfect.*

Verder moet je in de context van **rund**/*rond* oppassen om **rundweg** en *rondweg* en **Rundweg** en *rondweg* niet te verwarren. Het bijwoord **rundweg** betekent *beslist/onomwonden*, terwijl *rondweg ronduit* betekent. In het Duits zou je daarvoor **glattweg** gebruiken. En een **Rundweg** is een *rondlopend wandelpad*, terwijl een *rondweg* een weg is *om het verkeer om de stad te leiden*. Zo'n weg heet in het Duits een **Ring(-straße)**.

N

Een *rund* vertaal je met **Rind** als het om het dier gaat:

Hindoes mogen geen rundvlees eten.	**Hindus dürfen kein Rindfleisch essen.**

Maar bij *bloeden als een rund* gebruik je in het Duits geen *rund* maar *varken* (**bluten wie ein Schwein**).

Als het om *rund* in de betekenis van *stommeling* gaat, gebruik je **Dummkopf**:

Je bent een rund als je met vuurwerk stunt! — **Du bist ein Dummkopf, wenn du mit Feuerwerk/Feuerwerkskörpern rumspielst.**

RÜSTEN

Die Hofdame wartete ruhig, während die Königin sich für das Galadinner rüstete. — *De hofdame wachtte rustig terwijl de koningin zich klaarmaakte voor het galadiner.*

D

Rüsten kan wederkerend gebruikt worden, maar dat hoeft niet. **Rüsten** heeft twee betekenissen.

1) Een betekenis, die deftig is, is *klaarmaken/gereedmaken*:
   Ab dem 11.11. rüsten wir uns für Karneval. — *Vanaf 11 november maken we ons op voor carnaval.* (zie ook Klar)

2) De andere betekenis, die ook in het Nederlands voorkomt in het woord *(zich) uitrusten*, is *(zich) bewapenen*:
   Heutige Soldaten sind viel besser gerüstet als frühere Soldaten. — *Soldaten van nu zijn veel beter bewapend dan soldaten van vroeger.*

N

Voor *rusten* als *rust nemen*, gebruik je **ruhen** of **rasten**:

Als je veel sport, moet je ook voldoende rust nemen. — **Wenn man viel Sport macht, muss man auch ausreichend ruhen.**
Hier rust Jan. Hij is 91 geworden. — **Hier ruht Jan. Er ist 91 Jahre alt geworden.**
Hij rust al 10 jaar op zijn lauweren. — **Er ruht sich schon seit 10 Jahren auf seinen Lorbeeren aus.**

Rust roest. — **Wer rastet, der rostet.**

S

SACHT

Sie schloss <u>sacht</u> die Tür. — *Ze deed de deur <u>zacht/langzaam</u>* dicht.

D

Sacht betekent *zacht/langzaam*:

Der Schnee fällt <u>sacht</u> hinunter. — *De sneeuw valt <u>zacht/langzaam</u> naar beneden.*

N

Maar *zacht* kun je niet altijd vertalen met **sacht**.

1) Voor *zacht* als *niet snel* gebruik je ook wel **langsam**:

In de bebouwde kom rijd ik altijd <u>zacht</u>.	**In der geschlossenen Ortschaft fahre ich immer <u>langsam</u>.**

2) Als *zacht* betekent dat iets *niet hard* is, gebruik je **weich**:

Jij hebt een <u>zachte</u> muts.	**Du hast eine <u>weiche</u> Mütze.**
Het vliegtuig maakte ondanks de storm een <u>zachte</u> landing.	**Das Flugzeug landete trotz des Sturms <u>weich</u>.**
Het water dat uit onze kraan komt is <u>zacht</u>.	**Das Wasser, das aus unserem Wasserhahn kommt, ist <u>weich</u>.**

3) Als *zacht* betekent dat iets *niet luid* is, dan gebruik je **leise**:

Kun je de muziek <u>zachter</u> zetten?	**Könntest du die Musik <u>leiser</u> stellen?**

4) Voor *zacht* als *niet ruw* en voor *zacht weer* gebruik je **mild**:

Afgelopen jaar was het weer zelfs in december <u>zacht</u>.	**Letztes Jahr gab es sogar im Dezember <u>mildes</u> Wetter.**

5) Voor *zacht* bij overlijden en bij *zacht* als *niet grof* gebruik je **sanft**:

Hij is <u>zacht</u> gestorven.	**Er ist <u>sanft</u> gestorben.**
Hij heeft een warm hart en een <u>zacht</u> gemoed.	**Er hat ein warmes Herz und ein <u>sanftes</u> Gemüt.**

6) Verder vertaal je een *zacht prijsje* en een *zachte g* als volgt:

Ik heb deze bank voor een <u>zacht</u> <u>prijsje</u> kunnen kopen.	**Ich habe dieses Sofa zum <u>Freundschaftspreis</u> kaufen können.**
Ik kom uit het zuiden van Nederland en spreek daarom met een <u>zachte</u> g.	**Ich komme aus dem Süden der Niederlande und spreche das G deswegen mit einem <u>Ich-Laut</u>.**

Sagen

Du hast hier nichts zu sagen. — *Jij hebt hier niets te zeggen.*

D

Sagen betekent *zeggen*:

Sage mir, mit wem du umgehst, und ich sage dir, wer du bist. — *Zeg mij wie je vrienden zijn en ik zal je zeggen wie je bent.*

De uitspraak van de **s** in **sagen** is hetzelfde als van een Nederlandse *z* en lijkt daarom veel op *zagen*. **Zagen** bestaat ook in het Duits en betekent *schromen/aarzelen*. **Zagen** komt ook voor in de uitdrukking **mit Zittern und Zagen** wat *met angst en beven* betekent. Vergeet niet dat **z** als [ts] wordt uitgesproken, dus **zagen** spreek je uit als [tsaagen] en niet als [zaagen] wat weer wel de uitspraak is van **sagen**.

N

1) Het Nederlandse *zagen* vertaal je met **sägen**:

We zagen de boom om, om het hout te kunnen verkopen. — **Wir sägen den Baum ab, um das Holz verkaufen zu können.**

Het is brutaal de boom van de buren zonder toestemming in stukken te zagen. (zie ook Brutal) — **Es ist frech, den Baum der Nachbarn ohne Zustimmung zu zersägen.**

Het is niet eenvoudig om 10 cm dikke takken door te zagen. — **Es ist keine leichte Aufgabe, 10 cm dicke Äste durchzusägen.**

Ik vind het leuk om figuren uit te zagen. — **Ich mag es, Figuren auszusägen.**

Let op: **durchsagen** zonder umlaut betekent *omroepen* en **aussagen** zonder umlaut betekent *getuigen*.

2) Voor *zagen* als *luid snurken*, gebruik je **sägen/schnarchen**:

Mijn vriend woelt, zaagt/snurkt en tandenknarst als hij slaapt. — **Mein Freund wühlt, schnarcht/sägt und knirscht mit den Zähnen, wenn er schläft.**

3) En als je heel slecht viool speelt, ben je ook aan het *zagen*. De Duitse vertaling daarvoor is **fiedeln:**

Hou alsjeblieft op! Dat is geen vioolspelen, dat is zagen! — **Hör bitte auf! So spielt man nicht Geige, das ist Fiedeln!**

Samen

Wie kann man <u>Samen</u> gewinnen? — *Hoe kun je <u>zaad</u> winnen?*

D

Samen betekent *zaad*, zowel voor zaad van planten als voor mannelijke voortplantingscellen:

Diese <u>Samen</u> soll man in der Frühlingszeit säen. — *Dit <u>zaad</u> moet je in het voorjaar zaaien.*
Ein Freund von mir überlegt, <u>Samen</u> zu spenden. — *Een vriend van mij overweegt <u>zaad/sperma</u> te doneren.*

N

In het Nederlands is *samen* de verkorte vorm van *tesamen*. Als je dat weet, is het misschien makkelijker te onthouden dat je *samen* met **zusammen** vertaalt:

Zullen we daar <u>samen</u> heen rijden? — **Wollen wir <u>zusammen</u> dort hinfahren?**
Dat is <u>samen</u> 209,20 euro. — **Das macht <u>zusammen</u> 209,20 Euro.**

En een aanhef in e-mails kan in Duitsland **hallo zusammen** zijn, wat *hallo allemaal* betekent (zie ook Allemal).

Soms heb je voor *samen* andere vertalingen nodig:

Ze hebben alweer <u>samen</u> ruzie. — **Sie haben schon wieder Streit miteinander.**
<u>Samen</u> uit, <u>samen</u> thuis. — **Mitgegangen, mitgehangen.**

Schade

Diese Vase ist kaputt gegangen. – <u>Schade</u>! — *Deze vaas is gesneuveld. – <u>Jammer</u>!*

D

De meest voorkomende betekenis van **schade** is *jammer*:

Echt <u>schade</u>, dass wir das Vorprogramm verpasst haben! — *Echt <u>jammer</u> dat we het voorprogramma gemist hebben!*

Maar **schade** komt ook nog in andere contexten voor waarin je *jammer* niet nodig hebt:

Du bist zu <u>schade</u> für ihn! — *Je bent veel te goed voor hem!*
Die Zeit ist ihm zu <u>schade</u>. — *Hij heeft er te weinig / geen tijd voor.*

N

In het Nederlands is *schade* een zelfstandig naamwoord en heeft twee betekenissen (*nadeel* en *waardevermindering*), waarvoor je in het Duits altijd **Schaden** gebruikt:

Door <u>schade</u> en schande wordt men wijs. — **Durch <u>Schaden</u> wird man klug.**
De aanrijding heeft voor meer dan 1000 euro <u>schade</u> veroorzaakt. — **Der Zusammenstoß hat einen <u>Schaden</u> von mehr als 1000 Euro verursacht.**

Het werkwoord *schaden* is ook in het Duits **schaden**:

Deze uitspraak heeft de goede naam van de president geschaad. — **Diese Aussage hat dem guten Ruf des Präsidenten geschadet.**

Schaf

Da steht ein Schaf. — *Daar staat een schaap.*

D

Schaf betekent *schaap* en wordt uitgesproken als [sjaaf]:

Ein Schaf folgt dem anderen. — *Als één schaap over de dam is, volgen er meer.*

Er ist das schwarze Schaf in der Familie. — *Hij is het zwarte schaap in de familie.*

Deze uitdrukking komt van het feit dat de wol van zwarte schapen minder waard is dan witte wol, omdat je witte wol beter kunt verven.

Er hat seine Schäfchen ins Trockene gebracht. — *Hij heeft zijn schaapjes op het droge.*

N

Een *schaaf* is in het Duits een **Hobel**:

Met een schaaf heb ik de planken op maat gemaakt. — **Mit einem Hobel habe ich die Bretter nach Maß angefertigt.**

Een *kaasschaaf* (**Käsehobel**) is een typisch Nederlandse keukenhulp. In het buitenland kom je ze zelden tegen. Als je Duitse vrienden te lunchen krijgt, kun je bewondering oogsten door snel mooie dunne plakken kaas te schaven!

Schal

Darf ich deinen Schal ausleihen? — *Mag ik jouw sjaal lenen?*

D

Schal kan een zelfstandig naamwoord en een bijvoeglijk naamwoord zijn.

1) Het zelfstandig naamwoord betekent *sjaal* en wordt ook zo uitgesproken:

Meine Oma hat mir zu Weihnachten einen Schal gestrickt. (zie ook STRICKEN) — *Mijn oma heeft voor kerstmis een sjaal voor mij gebreid.*

Let op: **Schall** met dubbele l betekent *geluid* en wordt uitgesproken met een korte a:

Wenn ein Flugzeug schneller fliegt als der Schall, hat es die Schallmauer durchbrochen. — *Als een vliegtuig sneller is dan het geluid, heeft het de geluidsbarrière doorbroken.*

2) Als bijvoeglijk naamwoord betekent **schal** *verschaald / geur en kracht verloren zijn*:

Das Bier schmeckt mir nicht, es ist schal geworden. — *Dat bier smaakt niet, het is verschaald.*

N

Schaal heeft een aantal betekenissen waarbij verschillende vertalingen horen.

1) Een *schaal* om eten in te doen is een **Schale/Schüssel**:

Heb je een schaal waar ik de salade in kan doen? — **Hast du eine Schale/Schüssel, in die ich den Salat hinein tun kann?**

2) Voor een *schaal* als *schil* gebruik je **Schale**:

De schaal van een ei is niet om op te eten. — **Die Schale eines Eies ist nicht zum Essen.**

Vandaar het werkwoord **schälen** (*schillen*) en **sich schälen** (*vervellen*).

3) Een *schaal* voor het aflezen van metingen vertaal je met **Skala**:

Laatste nieuws: aardbeving met de kracht van 6,0 op de schaal van Richter. — **Letzte Nachricht: Erdbeben mit einer Stärke von 6,0 auf der Richterskala.**

4) Voor de *schaal* van een kaart gebruik je **Maßstab**:

Ik zoek een kaart met een schaal van 1 op 10.000. — **Ich suche eine Karte mit einem Maßstab 1 zu 10.000.**

5) Een *schaal* waarbinnen een salaris valt, is een **Lohngruppe**:

Afhankelijk van de schaal stijgen de inkomens tussen de 2 en 5%. — **Je nach Lohngruppe steigen die Einkommen zwischen 2 und 5%.** (zie ook JE)

6) Maar deze vertalingen heb je niet nodig bij:

Bezuinigingen worden op grote schaal doorgevoerd. — **Einsparungen werden in großem Umfang durchgeführt.**

Ik heb vanmorgen op de weegschaal gestaan. – En? – Laten we het over wat anders hebben. — **Ich habe heute Morgen auf der Waage gestanden. – Und? – Ich würde vorschlagen, dass wir über etwas anderes reden.**

SCHAR

Die Kinderschar ist heiter. — *De groep kinderen is opgewekt.*

D

Een **Schar** is een *schare/groep*:

Viele Scharen Flüchtlinge haben die Grenze überquert. — *Vele groepen vluchtelingen zijn de grens overgestoken.*

N

Maar een *schaar* is een **Schere**, zowel als grijporgaan en als hulpmiddel om te knippen:

Ik heb een filmpje gezien waarin een krab zijn eigen schaar amputeert. — **Ich habe ein Video gesehen, auf dem eine Krabbe ihre eigene Schere amputiert.**

Kunt u een schaar voor linkshandigen bestellen? — **Können Sie eine Schere für Linkshänder bestellen?**

SCHATTEN/SCHATTIG

Hier ist es schattig. — *Hier is het schaduwrijk.*

D

1) Het bijvoeglijk naamwoord **schattig** komt van **Schatten** en betekent *schaduwrijk*.

2a) **Schatten** is een zelfstandig naamwoord waarbij zowel het enkelvoud als het meervoud **Schatten** is. De belangrijkste betekenis is *schaduw*:
Im Sommer versuche ich, so viel wie möglich im Schatten zu bleiben. — *In de zomer probeer ik zoveel mogelijk in de schaduw te blijven.*

2b) Een andere betekenis is *schim*:
Ich erschrak, als plötzlich ein Schatten aus dem Dunkeln auftauchte. — *Ik schrok toen er plotseling een schim uit het donker opdoemde.*

Let op: het werkwoord **erschrecken** wordt zowel gebruikt voor *schrikken* als voor *iemand laten schrikken*. In het eerste geval is de verleden tijd **erschrak** en het voltooid deelwoord **erschrocken**. In het tweede geval is de verleden tijd **erschreckte** en het voltooid deelwoord **erschreckt**.

2c) En nog een andere betekenis is *kringen (onder de ogen)*:
Du bist zu oft zu spät ins Bett gegangen, oder? – Wieso, habe ich Schatten unter meinen Augen? — *Je bent te vaak te laat naar bed gegaan, of niet? – Hoezo, heb ik kringen onder mijn ogen?*

N

1) Het zelfstandig naamwoord *schatten* is de meervoudsvorm van *schat*. Een *schat* is een **Schatz** en heeft als meervoud **Schätze**:
De piraten begroeven hun schatten op een onbewoond eiland. — **Die Piraten begruben ihre Schätze auf einer unbewohnten Insel.**

Let op: **Schatz** wordt ook als *schat* gebruikt om je geliefde aan te spreken:
Schat, is de koffie al klaar? — **Schatz, ist der Kaffee schon fertig?**

2a) Ook is *schatten* een werkwoord. Dat vertaal je met **schätzen**:
Ik schat dat ik dit boek over een jaar af heb. — **Ich schätze, dass ich dieses Buch in einem Jahr fertig habe.**

Vandaar **einschätzen** (*inschatten*), **überschätzen** (*overschatten*) en **unterschätzen** (*onderschatten*).

2b) *Naar waarde schatten* vertaal je met **würdigen**:
Cultuur wordt steeds meer naar waarde geschat. — **Kultur wird immer mehr gewürdigt.**

3) En het bijvoeglijk naamwoord *schattig* vertaal je met **süß**:
Oh kijk toch eens, wat schattig! — **Oh, schaue doch mal, wie süß!**

Schau

Ich werde das zur <u>Schau</u> stellen. — *Ik ga dat <u>tentoonstellen</u>.*

D

Het zelfstandig naamwoord **Schau** betekent *tentoonstelling/vertoning* en komt vooral voor in de uitdrukkingen **zur Schau stellen** (*tentoonstellen*), **zur Schau stehen** (*vertoond/tentoongesteld worden*) en **zur Schau tragen** (*tonen/tentoonspreiden*):

Das Kunstwerk wird ab nächster Woche <u>zur Schau gestellt</u>. — *Het kunstwerk wordt vanaf volgende week <u>tentoongesteld</u>.*

Das Kunstwerk <u>steht</u> drei Monate <u>zur Schau</u>. — *Het kunstwerk <u>wordt</u> drie maanden <u>tentoongesteld</u>.*

Die Fußballspieler <u>tragen</u> den Pokal <u>zur Schau</u>. — *De voetballers <u>tonen</u> de cup aan de toeschouwers in het stadion.*

Hoewel **Schau** dus niet met *schouw* vertaald kan worden, komt de betekenis van **Schau** nog wel terug in *schouwburg*.

N

Een *schouw* als *haard* wordt vertaald met **Kamin**:

Bij mijn oma staan bovenop de <u>schouw</u> de foto's van de kleinkinderen. — **Bei meiner Großmutter stehen über dem <u>Kamin</u> Bilder der Enkelkinder.**

Schein

Ich habe gestern meinen <u>Schein</u> bekommen. — *Ik heb gisteren mijn <u>bewijs(stuk)</u>/<u>tentamenbriefje</u> gekregen.*

D

Schein heeft een aantal betekenissen die soms ver uit elkaar liggen:

1) Een betekenis is *officieel bewijsstuk*:
Ihm wurde sein Führer<u>schein</u> abgenommen. — *Hij moest zijn rij<u>bewijs</u> inleveren.*

2) Een *bankbiljet* is ook een **Schein**:
Können Sie fünf Euro wechseln? – Nein, ich habe leider nur <u>Scheine</u>. — *Kunt u vijf euro wisselen? – Nee, ik heb helaas alleen <u>briefjes</u>.*

3) Maar **Schein** kun je ook vertalen met het vergelijkbare Nederlandse *schijn*:
Er wahrt den <u>Schein</u>, dass er super intelligent ist! — *Hij houdt de <u>schijn</u> op dat hij super intelligent is!*
Tja, der <u>Schein</u> trügt. — *Tja, <u>schijn</u> bedriegt.*
Es ist nicht alles eitel Sonnen<u>schein</u>. — *Het is niet allemaal rozengeur en maneschijn.*

4) en met *schijnsel*:

Im Schein der Straßenlaterne kannst du sehen, dass es regnet.

In het schijnsel van de straatlantaarn kun je zien dat het regent.

N

Maar **Schein** heb je niet nodig bij:

Wacht maar af, jullie hebben geen schijn van kans.

Warte mal ab, ihr habt nicht die geringste Chance.

Het werkwoord *schijnen* vertaal je met **scheinen**:

Deze website schijnt betrouwbaar te zijn.
Diese Website scheint zuverlässig zu sein.

Hij schijnt mij heel geschikt te zijn. (zie ook GESCHICKT)
Er scheint mir sehr geeignet.

De zon schijnt!
Die Sonne scheint!

SCHICHT

Wolken gibt es auch in der oberen Schicht der Luft.

Er zijn ook wolken in de bovenste laag van de atmosfeer.

D

Een **Schicht** is in het Nederlands een *laag*, zowel in de letterlijke betekenis als in de betekenis van *klasse*:

In der Ecke liegt eine dicke Schicht Staub.
In de hoek ligt een dikke laag stof.

Ihre Familie gehört zu der sogenannten oberen Schicht.
Haar familie behoort tot de zogeheten hogere klasse.

Ook wordt **Schicht** voor *dienst/ploeg* gebruikt:

Früher habe ich in Schichten gearbeitet.
Vroeger heb ik in ploegendienst gewerkt.

Kommst du heute Abend mit? – Nein, ich habe heute Spätschicht.
Ga je vanavond mee? – Nee, ik heb vanavond late dienst.

N

Een *(bliksem)schicht* is in het Duits een **Blitz**:

Ik heb gezien hoe een (bliksem)schicht de boom in tweeën spleet.

Ich habe gesehen, wie ein Blitz den Baum zweiteilte.

Het bijvoeglijk naamwoord *schichtig* vertaal je met **scheu**:

Voorzichtig, dit is een schichtig paard.
Vorsicht, das ist ein scheues Pferd.

Schicht betekende in Oudnederlands *pijl*. De snelheid van een afgeschoten pijl werd vergeleken met snelle en plotselinge bewegingen van mensen en dieren. Via die betekenis ontwikkelde zich het woord *schichtig* tot *schuw/schrikachtig*.

Schicken

Ich werde es dir <u>schicken</u>. *Ik zal het naar jou <u>sturen</u>.*

D

Het werkwoord **schicken** kom je in het *digitale tijdperk* (**digitale Zeitalter**) bijna dagelijks tegen, want het betekent *sturen/zenden*:

<u>Schickst</u> du mir eine SMS, wenn du wieder zu Hause bist? *<u>Stuur</u> je me een sms als je weer thuis bent?*

Sonnige Grüße aus Italien! Wir <u>schicken</u> bald eine E-Mail, um ausführlicher von unserem Urlaub zu erzählen. *Zonnige groetjes uit Italië! We <u>sturen</u> binnenkort een e-mail om uitgebreider over onze vakantie te vertellen.*

Er hat mich absichtlich in die falsche Richtung <u>geschickt</u>. *Hij heeft me expres in de verkeerde richting <u>gestuurd</u>.*

Ook wordt **schicken** wederkerend gebruikt voor *(be)horen / gepast zijn*:

Wenn Frauen breitbeinig sitzen, <u>schickt sich</u> das <u>nicht</u>. *Als vrouwen met de benen wijd zitten, is dat <u>ongepast</u>.*

En let op: **schick** betekent *chic/deftig* (zie ook Deftig) en spreek je uit als [shjik].

Zie ook Geschickt

N

1) Een betekenis van *schikken* is *in orde brengen* waarvoor je in het Duits **ordnen** gebruikt:

Voordat het overleg begint, <u>schik</u> ik mijn papieren. **Bevor das Treffen anfängt, <u>ordne</u> ich meine Papiere.**

2) De andere betekenis is *gelegen komen*, wat je vertaalt met **passen / recht sein:**

<u>Schikt</u> het u dat ik op bezoek kom? **<u>Ist</u> es Ihnen <u>recht</u> / <u>Passt</u> es Ihnen, dass ich zu Besuch komme?**

3) En *schik* als zelfstandig naamwoord vertaal je met **Spaß:**

Ik heb er <u>schik</u> in hem een beetje te plagen. **Ich habe <u>Spaß</u> daran, ihn ein bisschen zu quälen.**

Schild

Das <u>Schild</u> zeigt dir den Weg. *Het <u>bord</u> wijst je de weg.*

D

1) **Schild** als onzijdig woord betekent *(uithang)bord*:

Das <u>Schild</u> zeigt, dass diese Straße eine Einbahnstraße ist. *Het <u>bord</u> zegt dat deze straat eenrichtingsverkeer is.*

Siehst du das Schild mit dem kupfernen Topf? Wir gehen zu diesem Restaurant. *Zie je dat uithangbord met die koperen pot? We gaan naar dat restaurant.*

2) Maar als **Schild** een mannelijk woord is, is het een *schild ter verdediging*:
Der Schild des Ritters ist stark eingedellt. *Het schild van de ridder zit vol deuken.*
Er führt etwas im Schilde; ich sehe es seinem Gesicht an. *Hij voert iets in zijn schild; ik zie het aan zijn gezicht.*
Een ridder met schild heeft de mogelijkheid om daarachter een wapen verborgen te houden en zo onverhoeds aan te kunnen vallen.
Der Sieger wurde auf den Schild gehoben. *De winnaar werd tot leider aangesteld.*
Bij de Germanen was het gebruikelijk om een nieuw gekozen leider op een schild rond te dragen, zodat iedereen hem goed kon zien.

Let op: een **Schildkröte** is een *schildpad* terwijl **Schildpatt** de *hoornachtige stof* is waaruit het schild van een schildpad bestaat. Toen ik een keer iets over een schildpad wilde vertellen, maar het over een **Schilddrüse** (*schildklier*) had, werd er besmuikt gelachen. *Door schade en schande wordt men wijs* (**aus Schaden wird man klug**; zie ook SCHADE voor **Schaden**), **sozusagen** (*zogezegd*).

N

Het *schild* van een schilpad heet **Panzer**:
Weet je of een schildpad voelt wanneer zijn schild aangeraakt wordt? **Weißt du, ob eine Schildkröte spürt, wenn ihr Panzer berührt wird?**

SCHLAGEN

Er wurde geschlagen. *Hij is verslagen/overwonnen.*

D

Schlagen heeft een aantal betekenissen waarvan *verslaan/kloppen* er een is:
Ich wurde beim Tennisspielen schon lange nicht mehr geschlagen. *Ik ben met tennis al lang niet meer verslagen/geklopt.*
Der Boxer musste sich wegen einer gebrochenen Nase geschlagen geben. *De bokser moest zich vanwege een gebroken neus gewonnen geven.*

Een andere belangrijke betekenis is *slaan*:
Der Regen schlug schon stundenlang ans Fenster. *Het regen sloeg al urenlang tegen het raam.*
Zum Glück waren wir nicht zu Hause, als der Blitz in unser Haus einschlug. *Wij waren gelukkig niet thuis toen de bliksem insloeg.*
Die Uhr schlägt 12 Uhr: Es ist höchste Zeit für die Abreise. *De klok slaat 12 uur: het is hoog tijd om te vertrekken.*
Schlage bitte seine Mahnung nicht in den Wind! *Sla alsjeblieft zijn waarschuwing niet in de wind!*

Verder kan **Schlag** *slag* betekenen. Maar als **Schlag** een onderdeel is van een samengesteld woord heeft het andere betekenissen dan je zou verwachten, zoals bij **Abschlag** (*korting*, *aanbetaling* en *uittrap*), **Gegenschlag** (*tegenaanval*), **Schlager** (*hit*), **Schläger** (*racket*), **Umschlag** (*omslag* en *envelop*) en **Verschlag** (*kot*). Daar staat tegenover dat *afslag* met **Ausfahrt**, *tegenslag* met **Rückschlag**, *slager* met **Metzger** en *verslag* met **Bericht** vertaald wordt.

N

Slagen voor een examen vertaal je met **bestehen**:

Ik ben voor mijn vwo-eindexamen geslaagd.	**Ich habe mein Abitur bestanden.**

Slagen als lukken vertaal je met **gelingen**:

Ik ben erin geslaagd mijn band zelf te plakken.	**Es ist mir gelungen, selbst meinen Fahrradschlauch zu flicken.**
Mijn eindexamenfeest was zeer geslaagd.	**Mein Abifest war sehr gelungen.**

En *met kans van slagen* vertaal je met **aussichtsreich** en *zonder kans van slagen* met **aussichtslos**.

Schlimm

Das ist nicht schlimm.	*Dat is niet erg.*

D

Schlimm is gemakkelijk te verwarren met *slim*, maar betekent *slecht/erg* en *erg/ernstig*:

Ach, es hätte schlimmer kommen können.	*Ach, het had erger/slechter gekund.*
Es sieht schlimmer aus, als es tatsächlich ist.	*Het ziet er erger/ernstiger uit dan het is.*

De betekenis van **schlimm**/*slim* was oorspronkelijk *scheef/schuin*. Aangezien *scheef* werd gezien als het tegenovergestelde van *recht/goed*, kregen deze woorden de betekenis *slecht*. Alleen in het Nederlands ontwikkelde *slim* zich verder via *sluw/gewiekst* tot *intelligent*.

N

1) Voor *slim* als *intelligent* gebruik je **klug**:

Dat is niet slim.	**Das ist nicht klug.**

2) Voor *slim* als *sluw* gebruik je **schlau**:

De vos uit Roald Dahls "De fantastische Meneer Vos" is heel slim/sluw.	**Der Fuchs aus Roald Dahls „Der fantastische Mr. Fox" ist sehr schlau.**

3) En voor *slim* als *snugger* gebruik je **gescheit**:

Met bril zie je er slim/snugger uit.	**Mit Brille siehst du gescheit aus.**

Maar deze vertalingen heb je niet nodig bij *wie niet sterk is, moet slim zijn*: **Wo Stärke nicht hilft, muss man List versuchen.**

Schminken

Ich soll noch <u>geschminkt</u> werden. *Ik moet nog <u>opgemaakt</u> worden.*

D

Schminken betekent zowel in het Duits als in het Nederlands *grimeren*. Maar in het Duits wordt **schminken** ook gebruikt voor *opmaken*:

Sie hat ihr Gesicht sorgfältig <u>geschminkt</u>. *Ze heeft haar gezicht met veel zorg <u>opgemaakt</u>.*

Als een vrouw overdreven opgemaakt is, dan is ze **aufgedonnert**.

Let op: **ungeschminkt** betekent niet alleen *ongeschminkt*, maar ook *onomwonden*:

Sie sagte ihm die <u>ungeschminkte</u> Wahrheit. *Ze vertelde hem <u>onomwonden</u> de waarheid.*

N

Voor *schminken* als *van kleur voorzien* gebruik je ook **anmalen**:

Voor het straatfeest heb ik mijn gezicht blauw <u>geschminkt</u>. **Für das Straßenfest habe ich mein Gesicht blau <u>angemalt</u>.**

Schmusen

Das Kind <u>schmust</u> gern. *Het kind <u>knuffelt</u> graag.*

D

Schmusen wordt bijna hetzelfde uitgesproken als *smoezen*, maar betekent *kussen/knuffelen*:

Das Mädchen <u>schmust</u> gerne und braucht viel Aufmerksamkeit. *Het meisje <u>knuffelt</u> graag en heeft veel aandacht nodig.*

Maar **schmusen** kan ook *vleien* betekenen en heeft dan een negatieve bijsmaak:

Die Mitarbeiterin <u>schmust</u> ihrem Chef. *De medewerkster <u>vleit</u> haar baas.*

En **Schmus** is in spreektaal geen *smoes* maar *gezwets/gezwam*.

N

Voor *smoezen* gebruik je in het Duits **tuscheln**:

Niet <u>smoezen</u> in het openbaar! **Nicht in der Öffentlichkeit <u>tuscheln</u>!**

En een *smoes* is een **Ausflucht/Ausrede**:

Ik heb hoofdpijn. – Dat is een slechte <u>smoes</u>! **Ich habe Kopfschmerzen. – Das ist eine schlechte <u>Ausrede</u>!**

Schnappen

Ich habe ihn <u>geschnappt</u>. — *Ik heb hem <u>te pakken gekregen</u>.*

D

1) De meest gebruikte betekenis van **schnappen** is *pakken/snappen*:

Der Polizei hat den Benzindieb <u>geschnappt/ erwischt</u>.	*De politie heeft de benzinedief <u>gepakt/gesnapt</u>.*

2) Een andere belangrijke betekenis van **schnappen** is *happen*:

Das ist ein gemeiner Hund, weil er stets nach meiner Hand <u>schnappt</u>!	*Dat is een gemene hond, omdat hij steeds naar mijn hand <u>hapt</u>!*

N

Voor *snappen* als *begrijpen* gebruik je **verstehen**:

Oké, ik <u>snap</u> het probleem. Het is makkelijk op te lossen.	**Okay, ich <u>verstehe</u> das Problem. Es ist leicht zu lösen.**
Hij <u>snapt</u> er geen bal van.	**Er <u>versteht</u> immer nur Bahnhof.** (zie ook Station voor **Bahnhof**)

Dit spreekwoord dateert waarschijnlijk van kort na de Eerste Wereldoorlog. Tijdens de demobilisatie konden de uitgeputte soldaten alleen nog maar denken aan naar huis gaan. In hun gesprekken werd er vaak naar **Bahnhof** (*treinstation*) verwezen, omdat dat symbool stond voor de terugreis.

Schnee

Der <u>Schnee</u> ist rot geworden. — *De <u>sneeuw</u> is rood geworden.*

D

1) **Schnee** is een vaste vorm van *neerslag* (**Niederschlag**), namelijk *sneeuw*:

Auf <u>Schnee</u> kann man Skifahren.	*Op <u>sneeuw</u> kun je skiën.*
Mit einem Schneemobil sollte man nur über <u>Schnee</u> oder Eis fahren.	*Met een sneeuwscooter kun je beter alleen over <u>sneeuw</u> of ijs rijden.*

Andere vormen van neerslag zijn **Hagel** (*hagel*), **Nassschnee** (*natte sneeuw*; let op de drie maal s), **Pulverschnee** (*poedersneeuw*), **Regen** (*regen*; zie ook Regen) en **Nieselregen** (*motregen*).

2) Verder kan **Schnee** ook *opgeklopt eiwit* zijn:

1: Trenne das Ei. 2: Schlage das Eiweiß mit einem Schneebesen zu <u>Schnee</u>.	*1: Splits het ei. 2: Klop het eiwit met een garde op.*

N

Snee heeft in het Nederlands een aantal betekenissen die in het Duits verschillend vertaald worden.

1) Voor een *snee* als *wond* of *inkerving* gebruik je **Schnitt**:
Hoe kom je aan die snee? — **Woher kommt dieser Schnitt?**
De tweeling is met een keizersnee geboren. — **Die Zwillinge sind per Kaiserschnitt geboren.**

2) Voor een *snee* als *schijf/plak* gebruik je **Scheibe**:
Ik eet nog snel een snee brood. — **Ich esse noch schnell eine Scheibe Brot.**

Maar **Schnitt** en **Scheibe** heb je niet nodig bij:
Zij vechten de strijd op het scherpst van de snede uit. — **Sie tragen den Streit bis aufs Messer aus.**

SCHNEIDEN

Ich muss zuerst den Stoff schneiden. — *Ik moet eerst de stof knippen.*

D

Als je een naaicursus gaat volgen kom je er al snel achter dat **schneiden** *knippen* betekent; dat geldt ook voor een bezoek aan de kapsalon:
Die Friseurin hat meine Haare viel zu kurz geschnitten. – Ja, das kann man sehen. — *De kapster heeft mijn haar veel te kort geknipt. – Ja, dat is te zien.*

Ook betekent **schneiden** *monteren*:
Der Film soll nur noch geschnitten werden. — *De film moet alleen nog gemonteerd worden.*

Maar **schneiden** betekent ook gewoon *snijden*:
Er hat sich ins eigene Fleisch geschnitten. — *Hij heeft in zijn eigen vlees gesneden.*
Au! – Was ist passiert? – Ich habe mich in den Finger geschnitten. — *Au! – Wat is er gebeurd? – Ik heb in mijn vinger gesneden.*
Es ist gefährlich eine Kurve zu schneiden. — *Het is gevaarlijk om een bocht af te snijden.*

En een **Schneider** is niet alleen een *kleermaker* maar ook een *hooiwagen* (*soort spin*). En **frieren wie ein Schneider** betekent *bibberen van de kou.*

N

Maar **schneiden** heb je niet nodig bij:
Het mes snijdt aan twee kanten. — **Das bringt doppelten Vorteil.**
Hij heeft zich in de vingers gesneden. — **Er hat sich die Finger verbrannt.**
Het plakken van een band is voor haar gesneden koek. — **Das Flicken eines Reifens ist für sie ein Kinderspiel.**

Schnellen

Der Pfeil <u>schnellte</u> durch die Luft. — *De pijl <u>schoot</u> door de lucht.*

D

Hoewel **schnell** *snel* betekent, betekent **schnellen** *slingeren/(af)schieten* en niet *snellen*:

Als sie den Knall hörte, <u>schnellte</u> sie vor Schreck in die Höhe. — *Toen ze de knal hoorde, <u>sprong</u> ze van schrik <u>op</u> / <u>schoot</u> van schrik <u>overeind</u>.*

Bij **Schnellweg/Schnellstraße** ligt verwarring op de loer, want dat is een *autoweg*. Een *autosnelweg* is daarentegen een **Autobahn** (zie ook WEGEN voor *weg*). Bij snelheidsduivels is de **Autobahn** geliefd omdat daar (nog) geen maximumsnelheid geldt.

N

Voor *snellen / zich haasten* gebruik je **eilen**:

Hij <u>snelde</u> naar de bus, omdat hij aan de late kant was. — **Er <u>eilte</u> zum Bus, weil er spät dran war.**

Schon

Ich bin <u>schon</u> da. — *Ik ben er <u>al</u>.*

D

Bij **schon** is het voor de betekenis belangrijk of er een umlaut op de o staat of niet.

1a) Zonder umlaut kan **schon** *al/reeds* betekenen:

Ich habe das Abendessen <u>schon</u> vorbereitet. — *Ik heb het avondeten <u>al</u> voorbereid.*
Auf der Party legt ein sehr bekannter DJ auf. <u>Schon</u> deshalb fahre ich dahin. — *Bij het feest draait een hele bekende dj. <u>Alleen</u> <u>al</u> daarom ga ik erheen.*
Oh nein, nicht <u>schon</u> wieder! — *Oh nee, niet <u>al</u>weer!*

1b) Ook kan **schon** *wel* betekenen en benadrukt daarmee de waarschijnlijkheid van een uitspraak:

Das bekommst du <u>schon</u> hin. — *Dat gaat je <u>wel</u> lukken.*
Ja, das stimmt <u>schon</u>. — *Ja, dat klopt <u>wel</u>.*
Hier wordt **schon** gebruikt om een twijfelende instemming uit te drukken.

1c) Ook kan **schon** *(toch) eens* betekenen en drukt daarmee ongeduld uit:

Hör <u>schon</u> auf! — *Hou <u>toch</u> <u>eens</u> op!*

1d) Maar **schon** kan ook gebruikt worden zonder dat je daarvoor in het Nederlands een vaste vertaling hebt, zoals bij:

Das will <u>schon</u> was heißen. — *Dit zegt inderdaad wel iets.*
Hier wordt **schon** gebruikt om een uitspraak te versterken.
Wenn wir <u>schon</u> ein neues Auto kaufen müssen, dann aber einen BMW. — *Als we dan toch een nieuwe auto moeten kopen, dan ook een BMW.*

Wen interessiert das <u>schon</u>? *Wie interesseert dat nou?*
Hier wordt **schon** gebruikt om aan te geven dat het om een *retorische vraag* (**rhetorische Frage**) gaat, maar heeft vaak ook een minachtende ondertoon.

2a) Met umlaut kan **schön** *mooi* betekenen:
Du hast eine <u>schöne</u> Tochter! *Jij hebt een <u>mooie</u> dochter!*
Ja, ich finde sie auch <u>bildschön</u>. *Ja, ik vind haar ook <u>beeldschoon</u>.*

Verder betekent **schön machen** *mooi maken* en **sich schönmachen** *zich opmaken / zich mooi maken* (zie ook Schminken voor *opmaken*).

2b) Maar **schön** kan ook *prettig/fijn/leuk* betekenen:
Wir haben einen <u>schönen</u> und erholsamen Urlaub gehabt. *We hebben een hele <u>fijne</u> en ontspannende vakantie gehad.*
<u>Schön</u>, dass Sie da sind. *<u>Fijn</u> dat u er bent.*

2c) Of *flink*:
Ihr Ehemann ist ein <u>schöner</u> Schwätzer. *Haar echtgenoot is een <u>flinke</u> kletsmajoor.*

N

1) In het Nederlands vertaal je *schoon* als bijvoeglijk naamwoord met **sauber**:
Het is zo heet dat ik 's middags <u>schone</u> kleren aan moet trekken. **Es ist so heiß, dass ich nachmittags <u>saubere</u> Kleidung anziehen muss.**
Mijn vriend heeft de koelkast <u>schoon</u>gemaakt. **Mein Freund hat den Kühlschrank <u>sauber</u> gemacht.**

De vertaling **sauber** heb je niet nodig bij:
Zullen we <u>schoon</u> schip maken? **Sollen wir klar Schiff machen?**
Zullen we met een <u>schone</u> lei beginnen? **Sollen wir einen neuen Anfang machen?**
We zijn blij met onze nieuwe collega, want nieuwe bezems vegen <u>schoon</u>. **Wir sind froh mit unserem neuen Kollegen, weil neue Besen gut kehren.** (zie ook Kehren)

2) Als *schoon* een zelfstandig naamwoord is, vertaal je dat met **Schöne/Schönheit**:
Ik word afgeleid door vrouwelijk <u>schoon</u>. **Ich werde abgelenkt von weiblicher <u>Schönheit</u>.**

3) Als *schoon* een bijwoord is, vertaal je dat met **völlig/absolut**:
Ik heb er <u>schoon</u> genoeg van. **Ich habe es <u>absolut</u> satt.**

En **ich bin völlig satt** (let op het werkwoord **sein** in plaats van **haben**) betekent *ik zit helemaal vol* (zie ook Voll).

Schreien

Das Kind schreit. — *Het kind schreeuwt.*

D

Schreien betekent *schreeuwen*, maar is ook wat kraaien en uilen doen:

Schrei bitte nicht so, ich stehe gerade neben dir. — *Schreeuw alsjeblieft niet zo, ik sta vlak naast je.*

Die Krähe schrie, als ich zu nah an ihr Nest kam. — *De kraai kraste toen ik te dicht bij haar nest kwam.*

Ich höre eine Eule schreien, aber ich sehe sie nicht. — *Ik hoor een uil huilen/roepen, maar ik zie hem niet.*

Voor andere dieren heb je andere werkwoorden nodig: **Bären brummen** (*beren grommen*), **Tauben girren/gurren** (*duiven koeren*), **Esel iahen** (*ezels balken*), **Ziegen meckern** (*geiten mekkeren*), **Hähne krähen** (*hanen kraaien*), **Hunde bellen** (*honden blaffen*; zie ook BELLEN), **Katzen miauen** (*katten miauwen*), **Frösche quaken** (*kikkers kwaken*), **Hühner gackern** (*kippen kakelen*), **Kühe muhen** (*koeien loeien*), **Löwen brüllen** (*leeuwen brullen*), **Mäuse piepsen** (*muizen piepen*; zie ook PIEPEN), **Elefanten trompeten** (*olifanten trompetten*), **Pferde schnauben** (*paarden hinniken*), **Schafe blöken/mähen** (*schapen blaten*), **Schlangen zischen** (*slangen sissen*), **Schweine grunzen** (*varkens knorren*) en **Vögel zwitschern** (*vogels fluiten*).

N

Voor *schreien* als *(zachtjes) huilen* gebruik je **weinen** (zie ook WEINEN):

Schreiende vrouwen zijn niet te vertrouwen. — **Weinenden Frauen kann man nicht (ver-) trauen.**

Schub

Der erste Schub Fische ist schon verkauft. — *De eerste partij/lading vis is al verkocht.*

D

1) Hoewel **Schub** precies hetzelfde geschreven wordt als het Nederlandse *schub*, heeft **Schub** een heel andere betekenis, namelijk *partij/lading*:

   Ein Schub neuer Grippeviren hat viele Krankmeldungen verursacht. — *Een golf van nieuwe griepvirussen heeft veel ziekmeldingen veroorzaakt.*

2) **Schub** heeft ook betrekking op *stuwkracht*:

   Diese Pumpe hat einen Schub von 30 Newton. — *Deze pomp heeft een stuwkracht van 30 Newton.*

3) En kan *stoot/duw* betekenen:

   Mit einem kräftigen Schub wurde der Gegner von der Matte gestoßen. — *Met een krachtige stoot/duw werd de tegenstander van de mat geduwd.*

Vandaar ook **Schubs** (*duwtje/por*) en **Schublade/Schubfach** (*schuifla*).

N

Een *schub* van een vis is een **Schuppe**:

Deze vis heeft gouden schubben. — **Dieser Fisch hat goldene Schuppen.**

Schüren

Diese Nachricht hat meine Hoffnung geschürt. — *Dit bericht heeft me weer nieuwe hoop gegeven.*

D

Schüren betekent *aanwakkeren* en kan zowel letterlijk als figuurlijk gebruikt worden:

Soll ich das Feuer noch mal schüren? — *Zal ik het vuur nog een keer aanwakkeren?*

Diese gehässige Anmerkung hat seine Wut weiterhin geschürt. — *Die hatelijke opmerking heeft zijn boosheid verder aangewakkerd.*

N

1) Als *schuren* een werkwoord is, gebruik je **scheuern** als het om *schuren / ergens tegenaan komen* gaat:

Ik draag deze bloes niet graag, omdat de kraag schuurt. — **Ich trage dieses Hemd nicht gerne, weil der Kragen scheuert/kratzt.**

Als het om *schuren / bewerken met schuurpapier* gaat, gebruik je **(ab-)schmirgeln**:

Voordat we de tafel kunnen schilderen, moeten we haar eerst schuren. — **Bevor wir den Tisch lackieren können, müssen wir ihn zuerst abschmirgeln/abschleifen.**

2) *Schuren* als zelfstandig naamwoord is het meervoud van *schuur*. Hiervoor gebruik je **Scheunen**:

Huizen met een grote tuin hebben vaak ook een of meer schuren. — **Häuser mit einem großen Garten haben oft eine oder mehrere Scheunen.**

Schwalbe

Hast du die Schwalbe gesehen? — *Heb je de zwaluw gezien?*

Een Duitse **Schwalbe** is niet alleen een *zwaluw*, maar ook, net als in het Nederlands, een *opzettelijke val / schwalbe*:

Eine Schwalbe macht noch keinen Sommer. — *Eén zwaluw maakt nog geen zomer.*

Der Fußballspieler hat für seine Schwalbe die gelbe Karte bekommen. — *De voetballer heeft voor zijn schwalbe geel gekregen.*

Schwul

Er ist <u>schwul</u>. *Hij is <u>homo(seksueel)</u>.*

D

Schwul is een bijvoeglijk naamwoord en spreek je uit als [shwoel]. **Schwul** betekent *homoseksueel* (zie ook NICHT voor *homoseksueel*):

Mir ist egal, ob mein Sohn <u>schwul</u> ist. Das Wichtigste ist, dass er glücklich ist. *Mij maakt het niet uit of mijn zoon <u>homoseksueel</u> is. Het belangrijkste is dat hij gelukkig is.*

N

Zwoel vertaal je met **schwül** wat je uitspreekt als [shwuul]:

Vandaag is het een <u>zwoele</u>/benauwde dag. **Heute ist ein <u>schwüler</u> Tag.**

Heeft niet iedereen af en toe <u>zwoele</u>/erotische fantasieën? **Hat nicht jeder manchmal <u>schwüle</u>/erotische Fantasien?**

See

Wir wohnen an einem <u>See</u>. *Wij wonen aan een <u>meer</u>.*

D

Het woord **See** is verwarrend, omdat het *meer* betekent, maar in sommige namen toch naar een *zee* verwijst (zie ook MEER):

Ich schwimme lieber in einem <u>See</u> als in einem Schwimmbad. *Ik zwem liever in een <u>meer</u> dan in een zwembad.*

Wir machen dieses Jahr Urlaub am Boden<u>see</u>. *We gaan dit jaar met vakantie naar het Boden<u>meer</u>.*

Nächstes Jahr fahren wir zur Ost<u>see</u>. *Volgend jaar gaan we naar de Oost<u>zee</u>.*

Let op: **See** spreek je uit als [zee] en moet je niet verwarren met **Zeh** (*teen*) en **zäh** (*taai*) wat je beide uitspreekt als [tsee].

N

Het is verwarrend: *zee* vertaal je met **Meer**:

We vliegen nu boven <u>zee</u>. **Wir fliegen jetzt über dem <u>Meer</u>.**

De stad Brighton ligt aan <u>zee</u>. **Die Stadt Brighton liegt am <u>Meer</u>.**

Maar **Meer** gebruik je niet bij:

Ik zou niet met hem in <u>zee</u> gaan. **Ich würde mich nicht mit ihm einlassen.**

Voor deze klus heb ik nog <u>zeeën</u> van tijd. **Für diese Aufgabe habe ich noch sehr viel Zeit.**

SEGEL

Das Segel ist gerissen. *Het zeil is gescheurd.*

D

Segel wordt hetzelfde uitgesproken als *zegel*, maar betekent *zeil*:

Sie ist mit einem Segelboot um die Welt gefahren. (zie ook FAHREN) *Ze is met een zeilboot rond de wereld gevaren.*

Er hat mir den Wind aus den Segeln genommen. *Hij heeft mij de wind uit de zeilen genomen.*

Deze uitdrukking vindt zijn oorsprong in de scheepvaart. Zeilboten kunnen namelijk zo gemanoeuvreerd worden dat een andere boot geen wind meer vangt en daarmee in een geslagen positie terecht komt.

N

1) Een *zegel* om iets te verzegelen is een **Siegel**:

Het zegel is al verbroken. **Das Siegel ist schon gebrochen.**

Vandaar **siegeln** (*verzegelen*) en als iemand **ein Buch mit sieben Siegeln ist**, dan blijft die persoon *onbegrijpelijk / een gesloten boek*.

2) Maar een *zegel* die je bijvoorbeeld in een winkel kan sparen of een *postzegel* is een **Marke**:

Spaart u onze zegels? **Sammeln Sie unsere Marken?**

Ik heb nog een (post)zegel nodig. **Ich brauche noch eine (Brief-)Marke.**

SEIL

Könntest du das Seil spannen? *Zou je het touw kunnen spannen?*

D

Seil is weliswaar in schrijfwijze en in uitspraak, namelijk [zajl], net iets anders dan *zeil*, maar toch kun je deze twee woorden gemakkelijk verwarren. **Seil** betekent *touw*:

Wenn du am Seil ziehst, läutest du die Glocke. *Als je aan het touw trekt, luid je de bel.*

Vandaar **seiltanzen** (*koorddansen*) en **seilspringen** (*touwtjespringen*).

Maar **Seil** vertaal je niet met *touw* in:

Er hängt in den Seilen. *Hij ligt voor pampus.*

Ich habe ihn am Seil heruntergelassen. *Ik heb hem voor de gek gehouden.*

Es wäre besser, wenn wir am gleichen Seil/ Strang ziehen. *Het zou beter zijn als we één lijn trekken.*

Andere soorten *draad/touw* zijn **Draht** (*draad/kabel*), **Faden** (*draad(je)*), **Kabel** (*kabel*), **Schnur** (*snoer*) en **Tau** (*touw*). Vandaar ook **Stacheldraht** (*prikkeldraad*).

N

Voor *zeil* heb je afhankelijk van de context verschillende vertalingen nodig.

1) *Zeil* dat op de vloer ligt, vertaal je met **Linoleum**:

Zeil als vloerbedekking kun je makkelijk schoonmaken.	**Linoleum als Fußbodenbelag ist leicht sauber zu machen.**

2) Een *zeil* om de wind in op te vangen is een **Segel** (zie ook SEGEL):

De zeilen op de wieken zorgen ervoor dat ook bij weinig wind de molen kan blijven malen.	**Die Segel der Windmühlenflügel sorgen dafür, dass auch mit wenig Wind die Mühle weiterhin mahlen kann.**

3) Andere soorten *zeil* noem je **Segel(-tuch)** of **Plane**:

Het zeil van de tent is gescheurd.	**Das Segeltuch des Zeltes ist gerissen.**
Het zeil dat over de aanhangwagen gespannen is wappert.	**Die Plane, die über den Anhänger gespannt ist, flattert.**

4) Maar deze vertalingen heb je niet nodig bij:

Ik zal wel een oogje in het zeil houden.	**Ich werde wohl nach dem Rechten sehen.**
Ik geloof dat we alle zeilen bij moeten zetten.	**Ich glaube, dass wir mit aller Kraft arbeiten müssen.**
Ik ben meteen onder zeil gegaan. Ik was zo moe!	**Ich bin sofort eingeschlafen. Ich war so müde!**

En een **Zeile** (let op de e) is een *regel*, bijvoorbeeld in een tabel of tekst.

SEIN(EN)

Er hat sein Handy verloren.	*Hij is zijn mobiel verloren.*

D

1) **Sein** is een bezittelijk voornaamwoord dat wordt gebruikt voor de eerste naamval (nominatief) mannelijk en onzijdig en betekent *zijn*. Voor de vierde naamval (accusatief) mannelijk gebruik je **seinen**:

Sein Vater hat heute Geburtstag.	*Zijn vader is vandaag jarig.*
Er hat noch immer kein Geschenk für seinen Vater.	*Hij heeft nog altijd geen cadeau voor zijn vader.*

2) **Sein** als werkwoord betekent *zijn*:

Das darf/kann nicht wahr sein!	*Dat kan niet waar zijn!*

3) Verder betekent **Sein** als zelfstandig naamwoord *het bestaan/zijn*:

Das Sein bestimmt das Bewusstsein.	*Het zijn bepaalt het bewustzijn.*

N

1) Voor het zelfstandig naamwoord *sein* gebruik je in het Duits **Signal/Zeichen**:
Heeft hij het sein al gegeven? — **Hat er das Signal/Zeichen schon gegeben?**
Ik zal je een seintje geven als ik klaar ben. — **Ich werde dir ein Zeichen geben / dich benachrichtigen / dir Bescheid geben, wenn ich fertig bin.**

Vandaar dat **Zeichen geben** tijdens het spelen van een kaartspel *seinen* betekent.

2) Voor het werkwoord *seinen* gebruik je in het geval van radio **funken**, bij morsecodes **morsen** en voor lichtsignalen **blinken**:
De scheepsradio zond een SOS-signaal uit. — **Das Radio funkte ein SOS-Signal.**
Een SOS-signaal is in morse drie keer kort, drie keer lang, drie keer kort. — **Ein gemorstes SOS-Signal ist in Morsezeichen drei Mal kurz, drei Mal lang, drei Mal kurz.**

De vuurtoren "Brandaris" seint zodat schepen kunnen zien waar Terschelling ligt. — **Der Leuchtturm „Brandaris" blinkt, damit die Schiffe sehen können wo Terschelling liegt.**

En *morsen* als *knoeien* vertaal je in het Duits met **kleckern**.

Seltsam

Das ist ein seltsamer Vogel. — *Dat is een vreemde vogel.*

D

Seltsam betekent meestal *vreemd/merkwaardig*:
Ich wohne im Umweg 24. – Das ist ein seltsamer Straßenname. — *Ik woon in de Omweg 24. – Dat is een merkwaardige straatnaam.*
Dieser Professor kommt den Studierenden immer seltsam vor. — *Die professor komt bij zijn studenten altijd merkwaardig/vreemd over.*

N

Voor *zeldzaam* in de betekenis van *niet vaak voorkomend* gebruik je **selten/rar** (zie ook Rar voor *zeldzaam*):
Pandaberen worden steeds zeldzamer. — **Pandas werden immer seltener.**

Set

Könntest du den Becher auf das Set stellen? — *Zou je de beker op de placemat kunnen zetten?*

D

Een **Set** kan een *placemat* zijn, maar is net als in het Nederlands ook een *set* als *verzameling*:
Wir benutzen Sets, damit das Tischtuch nicht sofort schmutzig wird. — *We gebruiken placemats, zodat het tafelkleed niet meteen vies wordt.*

Ich habe dieses Bücher<u>set</u> sehr günstig kaufen können. *Ik heb deze <u>set</u> boeken heel voordelig kunnen kopen.*

N

In het Nederlands wordt *set* niet alleen voor een verzameling gebruikt. *Set* als Engels leenwoord wordt ook in de sport gebruikt, bijvoorbeeld bij tennis en volleybal. Zo'n *set* wordt met **Satz** vertaald:

De favoriet Nadal heeft de eerste <u>set</u> met gemak gewonnen. **Der Favorit Nadal hat den ersten <u>Satz</u> leicht gewonnen.**

Ook wordt *set* gebruikt voor de plaats waar filmopnames gemaakt worden. Dit vertaal je met **Drehort**:

De jonge filmster stond wat onwennig op de <u>set</u>. **Der junge Filmstar stand unbehaglich am <u>Drehort</u>.**

SINN

Er redete immer über seinen sechsten <u>Sinn</u>. *Hij had het steeds over zijn zesde <u>zintuig</u>.*

D

Sinn heeft een aantal betekenissen die meestal met *zin/gevoel* te maken hebben:

Mit unseren fünf <u>Sinnen</u> können wir hören, riechen, schmecken, sehen und tasten. *Met onze vijf <u>zintuigen</u> kunnen we horen, ruiken, proeven, zien en voelen.*

Ich hätte keinen <u>Sinn</u> für Humor. Quatsch! *Ik zou geen <u>gevoel</u> voor humor hebben. Onzin!*

Er ist nicht ganz bei <u>Sinnen</u>. *Hij is niet goed bij <u>zinnen</u> / <u>zijn</u> <u>hoofd</u>. / Hij is niet goed wijs.*

Verder betekent **Sinn** ook nog *zin/betekenis* en *nut*:

Der <u>Sinn</u> seiner Aussagen ist mir völlig entgangen. *De <u>betekenis</u> van wat hij zei, ontging mij totaal.*

Das macht keinen <u>Sinn</u>. / Das ergibt keinen <u>Sinn</u>. *Dat slaat nergens op. / Dat is niet logisch.*

Tegenwoordig hoor je vaak **das macht keinen Sinn**, een letterlijke vertaling van het Engelse 'that doesn't make sense'. Maar dat is geen goed Duits, correct is: **das ist nicht sinvoll.**

Obwohl es langweilig ist, erkenne ich trotzdem den <u>Sinn</u> dieser Arbeit. *Hoewel het saai is, zie ik toch het <u>nut</u> van dit werk in.*

Sinn komt ook voor in de samenstellingen **Blödsinn** (*onzin*), **Eigensinn** (*eigenzinnigheid*), **Schwachsinn** (*zwakzinnigheid*), **Unsinn** (*onzin*) en **Wahnsinn** (*waanzin*) en in de uitdrukkingen **im gewissen Sinne** (*in zekere zin*) en **aus den Augen, aus dem Sinn** (*uit het oog, uit het hart*).

N

Maar het Nederlandse *zin* heeft nog andere betekenissen waarvoor je in het Duits geen **Sinn** nodig hebt:

Ik heb nu <u>zin</u> in friet. **Ich habe jetzt Lust auf Pommes.**

Ik had hem zijn zin niet moeten geven. **Ich hätte nicht auf seine Wünsche eingehen sollen.**

Vandaag heb ik goede zin. **Heute habe ich gute Laune.**
Dit is een korte zin. **Dies ist ein kurzer Satz.**

SOLLEN

Er soll zu Hause bleiben. *Hij moet thuisblijven / zou thuis moeten blijven.*

D

1) De verwarrende betekenis van **sollen** is *moeten*. Hier is het belangrijk om een verschil te maken tussen **sollen** en **müssen**, wat allebei *moeten* betekent. **Müssen** is een hele dwingende vorm van *moeten*, terwijl **sollen** minder dwingend is:
Ich muss morgen meine Arbeit abgeben. *Ik moet morgen (perse) mijn werk inleveren.*
Hättest du nicht bei ihr anrufen sollen? *Had je haar niet moeten bellen?* (zie ook BELLEN)

Maar als je zegt dat je zelf iets **soll**, dan is het door iemand anders opgelegd en kan het juist wel weer heel dwingend zijn:
Ich soll aufpassen, dass ich das Verb „sollen" richtig verwende. *Ik moet erop letten, dat ik het werkwoord* **sollen** *op de juiste manier gebruik.*

Als je een minder dwingende vorm van **sollen** nodig hebt, kun je beter de aanvoegende wijs (conjunctief) gebruiken:
Ich sollte morgen meine Arbeit abgeben. *Ik zou morgen (eigenlijk) mijn werk in moeten leveren.*

Vooral voor Nederlanders die sowieso al direct zijn, is het goed om hier rekening mee te houden.

2) In het openingsvoorbeeld zou je aanvankelijk kunnen denken dat in de Nederlandse vertaling het verkeerde woord onderstreept is, omdat **sollen** ook *zullen* kan betekenen:
Er soll zurück sein. *Hij zou terug zijn.*

N

In plaats van **sollen** wordt vaker **werden** gebruikt als vertaling voor *zullen* (zie ook WERDEN):
Wees niet bang, de laatsten zullen de eersten zijn. **Kein Angst, die Letzten werden die Ersten sein.**
Pas maar op, ik zal je! **Pass mal auf, ich werde dich schon noch kriegen!**

Maar **werden** of **sollen** heb je niet nodig bij:
Wat zullen we nou krijgen? **Was ist denn jetzt los?** (zie ook DENN)

Sosehr

Ich muss dich verlassen, <u>sosehr</u> ich dich auch liebe. — *Ik moet je verlaten, <u>hoeveel</u> ik ook van je hou.*

D

Bij **sosehr** moet je opletten hoe het geschreven wordt. Als **sosehr** aan elkaar geschreven wordt, betekent het *hoezeer*, terwijl het *heel erg/veel* betekent als het los geschreven wordt:

<u>Sosehr</u> wir auch unterschiedliche Meinungen haben, ich werde dich nie im Stich lassen. — *<u>Hoezeer</u> wij ook van mening verschillen, ik zal je nooit in de steek laten.*

Ich liebe dich <u>so</u> <u>sehr</u>! — *Ik hou <u>zo</u> <u>veel</u> van je!*

N

Maar voor *zozeer* als *in de eerste plaats* bestaat geen vaste vertaling in het Duits:

Ik doe het niet <u>zozeer</u> om het geld. — **Ich mache es weniger wegen des Geldes.** (zie ook Wegen)

Het gaat mij niet <u>zozeer</u> om de roem. — **Es geht mir nicht um den Ruhm.**

Spannend

Dein Vortrag war sehr <u>spannend</u>. — *Jouw presentatie was heel <u>interessant</u>.*

Spannend betekent niet alleen *spannend*, maar ook *boeiend/interessant*.

Spinnen

Die Frauen <u>spinnen</u>. — *Die vrouwen <u>zijn</u> <u>niet</u> <u>goed</u> <u>wijs</u>.*

D

1) **Spinnen** wordt in het dagelijks taalgebruik gebruikt om aan te geven dat iemand *niet goed wijs* is (zie ook Verrückt voor andere manieren om te zeggen dat iemand gek is):

Dieser Mann <u>spinnt</u>, weil er immer im Garten pinkelt. — *Die man <u>is</u> <u>niet</u> <u>goed</u> <u>wijs</u>, omdat hij altijd in de tuin plast.*

2) Ook betekent **spinnen** letterlijk *spinnen* en figuurlijk *beramen/smeden*:

Zuerst <u>spinne</u> ich das Garn, danach stricke ich davon einen Pullover. (zie ook Stricken) — *Eerst <u>spin</u> ik het garen, daarna brei ik er een trui van.*

Eine Spinne <u>spinnt</u> vor dem Fenster ein Netz. — *Een spin <u>spint</u> voor het raam een web.*

Die Buben haben sich einen Überfall zusammen<u>gesponnen</u>. — *De schurken hebben een overval <u>beraamd</u>.*

Er <u>spinnt</u> schon stundenlang Gedanken. — *Hij is al uren lang aan het <u>piekeren</u>.*

N

In het Nederlands zijn *spinnen achtpotige dieren* maar ook een soort *snelbinder*:

Ik ben bang voor spinnen. — **Ich habe Angst vor Spinnen.**

Ik heb voor alle zekerheid spinnen meegenomen. — **Ich habe für alle Fälle Gepäckspinnen mitgenommen.**

Station

Welche Station suchen Sie? — *Welke afdeling zoekt u?*

D

1) **Station** heeft een aantal betekenissen. Een daarvan is *afdeling in een ziekenhuis*:

Auf welcher Station musst du heute arbeiten? — *Op welke afdeling moet je vandaag werken?*

Ich arbeite auf der chirurgischen Station. — *Ik werk op de afdeling chirurgie.*

2) Een andere betekenis is *halte*:

Ich steige an der nächsten Station aus. — *Ik stap bij de volgende halte uit.*

3) Tot slot kan **Station** *station* betekenen als het om een *waarnemingspost* voor bijvoorbeeld wetenschappelijke doeleinden gaat:

In De Bilt gibt es eine wichtige meteorologische Station. — *In De Bilt staat een belangrijk meteorologisch station.*

N

Bij een *station* in het Nederlands denk je als eerste aan een *treinstation*. Voor een *(trein)station* gebruik je in het Duits **Bahnhof**:

Spreken we om 12 uur op het station af? — **Treffen wir uns um 12 Uhr im Bahnhof?**

Andere stations zijn *busstation* (**Busbahnhof**), *eindstation* (**Zielbahnhof**), *krachtstation* (**Kraftwerk**), *metrostation* (**U-Bahnhof**), *tankstation* (**Tankstelle**) en *tussenstation* (**Zwischenbahnhof**).

Stecken

Wo steckst du? — *Waar ben je?*

D

Stecken wordt bijna hetzelfde uitgesproken als het Nederlandse *stekken en* vertaal je met *zijn / zich bevinden*:

Wo steckt mein Stift? – Hinter deinem Ohr. — *Waar is mijn pen? – Achter je oor.*

Of met *steken/stoppen*:

Ich habe deinen Lippenstift in meine Tasche gesteckt. — *Ik heb jouw lippenstift in mijn tas gestopt.*

En **stecken** kun je gemakkelijk met **stechen** verwarren (let op de h), omdat **stechen** ook *steken* betekent. **Stechen** gebruik je als bijvoorbeeld een mug je *steekt/prikt*.

N

Voor *stekken* gebruik je **ziehen**:

Helaas is het niet gelukt om deze plant te stekken. — **Leider ist es nicht gelungen, diese Pflanze zu ziehen.**

STEIGERN

Das Pferd hat sich im Laufe des Wettkampfes gesteigert. — *Het paard is in de loop van het concours beter geworden.*

D

Steigern heeft te maken met iets *verhogen*:

Als die Spannung sich steigerte, ist sie ohnmächtig geworden. — *Toen de spanning steeg, is ze flauwgevallen.*

Was bekommt man, wenn man das Akjektiv 'gut' steigert? – Besser und am besten. — *Wat krijg je als je het bijvoeglijk naamwoord 'goed' in de vergrotende en overtreffende trap zet? – Beter en best.*

N

Ook het Nederlandse *steigeren* heeft met omhoog gaan te maken als het om een paard gaat. In dat geval gebruik je **sich aufbäumen**:

Het paard steigerde tijdens de wedstrijd. — **Das Pferd bäumte sich im Wettkampf auf.**

Maar dat geldt niet als *steigeren* figuurlijk wordt gebruikt, zoals bij *fel in verzet komen*. In dat geval gebruik je **sich sträuben**:

Ze steigerde toen ze hoorde dat ze geen promotie kreeg. — **Sie sträubte sich, als sie hörte, dass sie keine Promotion bekommen würde.**

STELLEN

Er ist gestern von der Polizei gestellt worden. — *Hij is gisteren door de politie aangehouden.*

D

Hoewel de werkwoorden **stellen** en *stellen* hetzelfde worden geschreven en bijna hetzelfde worden uitgesproken, hebben ze niet altijd dezelfde betekenis.

1a) Als werkwoord kan **stellen** *aanhouden* betekenen:

Die Polizei hat den Dieb sofort gestellt. — *De politie heeft de dief meteen aangehouden.*

1b) **Stellen** betekent wel *stellen* als het om een vraag gaat:
Er hat mir eine verfängliche Frage gestellt. — *Hij heeft mij een strikvraag gesteld.* (zie ook STRICKEN voor *strikvraag*)

1c) Of om *plaatsen/zetten*:
Wir sollen uns auf eine Linie stellen. (zie ook LINIE) — *We moeten ons op één lijn stellen.*
Die Berichterstatterin hat den Politiker an den Pranger gestellt. — *De journaliste heeft de politicus aan de kaak gesteld.*
Ich glaube, dass ich hier auf eine harte Probe gestellt werde. — *Volgens mij word ik hier flink op de proef gesteld.*

2a) Verder is **Stellen** als zelfstandig naamwoord het meervoud van **Stelle** dat *plaats/plek* betekent:
Ich habe an allen möglichen Stellen gesucht. — *Ik heb op alle mogelijk plaatsen/plekken gezocht.*

2b) Of *baan/job* (zie ook BAHN):
Ich habe mich bisher auf drei Stellen beworben. — *Ik heb tot nu toe op drie banen gesolliciteerd.*

Zie ook ANSTELLEN, AUSSTELLEN, EINSTELLEN, HERSTELLEN en VORSTELLEN

N

1) *Stellen* als *beweren* vertaal je met **annehmen/sagen**:
Stel dat hij niet komt, wat dan? — **Angenommen, er kommt nicht, was machen wir dann?**
Zij stelt dat haar privacy is aangetast. — **Sie sagt, dass ihre Intimsphäre verletzt wurde.**

2) *Stellen* als *in een toestand verkeren* vertaal je met **gehen** (zie ook GEHEN):
Het is niet zo best met haar gesteld. — **Es geht ihr nicht so gut. / Um ihre Gesundheit ist es schlecht bestellt.**

Stellen heb je niet nodig bij:
Ik zou als eis stellen dat hij vooraf betaalt. — **Ich würde zur Anforderung machen, dass er im Voraus bezahlt.**
Ik hoop niet dat ik het zonder jou moet stellen. — **Ich hoffe nicht, dass ich ohne dich auskommen muss.**
We gaan eerst orde op zaken stellen. — **Wir werden zuerst Ordnung schaffen.**
Daarmee stel je je leven in de waagschaal. — **Damit setzt du dein Leben aufs Spiel.**
Het had niet gehoeven, maar ik stel het wel op prijs. — **Es war nicht nötig, aber ich lege Wert darauf.**

3) En *stellen* kan ook een zelfstandig naamwoord zijn en is dan het meervoud van *stel*. In het Duits vertaal je dat met **Paar/Pärchen** en als meervoud **Paare/Pärchen**:
We zijn met vier stellen op vakantie gegaan. — **Wir sind mit vier Paaren/Pärchen in den Urlaub gefahren.**

Stemmen

<u>Gewichte</u> <u>stemmen</u> ist nichts für mich. — *<u>Gewichtheffen</u> is niets voor mij.*

D

Stemmen betekent behalve *gewichtheffen* ook *duwen/drukken*:

Ich <u>stemme</u> mich mit dem Rücken gegen die Tür, damit er nicht hineinkommen kann. — *Ik <u>duw/druk</u> met mijn rug tegen de deur, zodat hij niet binnen kan komen.*

Er <u>stemmte</u> sich mir entgegen, als ich versuchte, ihn wegzudrücken. — *Hij <u>zette</u> zich <u>schrap</u> toen ik hem probeerde weg te duwen.*

N

Voor *stemmen* als *een stem uitbrengen*, als *de juiste toonhoogte krijgen* en als *in een bepaalde gemoedstoestand brengen* gebruik je **stimmen**:

Ik <u>stem</u> voor dit besluit. — **Ich <u>stimme</u> für diesen Beschluss.**

Deze gitaar is niet <u>gestemd</u>. — **Diese Gitarre ist nicht <u>gestimmt</u>.**

Ik ga proberen hem gunstig te <u>stemmen</u>. — **Ich werde versuchen, ihn günstig zu <u>stimmen</u>.**

Maar als het over *stemmen* voor verkiezingen gaat, dan gebruik je **wählen**:

Ik <u>stem</u> op GroenLinks. — **Ich <u>wähle</u> die Grünen.**

Steppen

In meiner Freizeit <u>steppe</u> ich. — *In mijn vrije tijd <u>tapdans</u> ik.*

D

Het woord **steppen** betekent zowel *tapdansen* als *stikken* met een naaimachine:

Wenn man Schlagzeug spielen und tanzen kombinieren möchte, sollte man <u>steppen</u> lernen. — *Als je drummen en dansen wil combineren, moet je leren <u>tapdansen</u>.*

Ich muss nur noch den Saum <u>steppen</u>. — *Ik moet alleen nog de zoom <u>stikken</u>.*

Verder is het zelfstandig naamwoord **Steppen** ook het meervoud van **Steppe** en betekent *steppe*:

Antilopen leben in der <u>Steppe</u>. — *Antilopen leven op de <u>steppe</u>.*

N

Steppen zoals kinderen graag doen, is **fahren mit dem Roller**:

Ik vind <u>steppen</u> heel vermoeiend, dus fiets ik liever. — **Ich finde es sehr anstrengend, <u>mit</u> <u>einem</u> <u>Roller</u> zu <u>fahren</u>, also fahre ich lieber mit dem Fahrrad.**

Stift

Darf ich deinen Stift kurz benutzen? *Mag ik jouw pen even lenen?*

D

Het Duitse **Stift** is de afkorting van allerlei schrijfgerei dat op **-stift** eindigt, maar wordt meestal gebruikt voor een *pen*:

Dieses Formular soll man mit einem schwarzen oder blauen Stift ausfüllen. *Dit formulier moet je met zwarte of blauwe pen invullen.* (zie ook PENNEN)

Andere voorbeelden van schrijfgerei zijn **Bleistift** (*potlood*; zie ook BLEI), **Buntstift** (*kleurpotlood*), **Drehbleistift** (*vulpotlood*), **Filzstift** (*viltstift*), **Füllfederhalter** (*vulpen*), **Kugelschreiber/Kuli** (*balpen*) en **Marker** (*markeerstift*).

2) Ook is een **Stift** een *klooster*, maar in dat geval is **Stift** niet een mannelijk maar een onzijdig woord:

Weil das Stift oben auf dem Berg steht, kann man es von weit weg schon sehen. *Omdat het klooster boven op de berg staat, kun je het al van verre zien.*

N

Een **stift** als *stift/vulling* vertaal je met **Mine**:

Mijn pen is leeg. Zou je voor mij een nieuwe vulling kunnen bestellen? **Mein Stift ist leer. Könntest du für mich eine neue Mine bestellen?**

Stil

Ich mag den Stil dieses Malers. *Ik houd van de stijl van deze schilder.*

D

Hoewel **Stil** hetzelfde geschreven wordt als *stil*, wordt het niet hetzelfde uitgesproken en is het niet dezelfde woordsoort. Het zelfstandig naamwoord **Stil** spreek je uit als [stiel] en betekent *stijl*:

Er hat ein Porträt im Stil des Kubismus gemalt. (zie ook MALEN) *Hij heeft een portret in de stijl van het kubisme geschilderd.*

Stil heb je niet nodig bij *schrijfstijl* (**Schreibweise**).

N

In het Nederlands is *stil* een bijvoeglijk naamwoord of bijwoord en vertaal je met **still** (let op de dubbele l):

De Stille/Grote Oceaan heet ook wel de Pacific. **Der Stille Ozean heißt auch der Pazifische Ozean.**

Ik moet stil zijn. **Ich muss still sein.**

Het werkwoord **stillen** kun je met *stillen*, maar ook met *borstvoeding geven* vertalen. En hoewel je in het Nederlands *dorst lest*, *honger stilt* en *bloed stelpt*, kun je in het Duits in alle gevallen **stillen** gebruiken (**Durst stillen/löschen**, **Hunger stillen** en **Blut stillen**).

Straffen

Diese Seife <u>strafft</u> die Haut. — *Deze zeep <u>trekt</u> de huid <u>strak</u>.*

D

Op de verpakking van douchegel staat soms dat deze **Haut straffend** is. Dat heeft niets te maken met ons *straffen,* maar betekent letterlijk *strak trekken*:

Soll ich das Seil <u>straffen</u> / <u>straff ziehen</u> oder locker hängen lassen? (zie ook Seil) — *Moet ik het touw <u>strak</u> trekken of losjes laten hangen?*

En figuurlijk *inkorten*:

Das Programm muss <u>gestrafft</u> werden, weil wir sonst zwei zusätzliche Tage brauchen. — *Het programma moet <u>ingekort</u> worden, omdat we anders twee extra dagen nodig hebben.*

Als **straffen** wederkerend is, betekent het *strak worden* of *zich oprichten*:

Wenn du diese Kurbel drehst, <u>strafft</u> <u>sich</u> das Seil langsam. — *Als je aan deze zwengel draait, <u>komt</u> het touw <u>strak</u> <u>te</u> <u>staan</u>.*

Als ich hineinkam, <u>straffte</u> sie <u>sich</u>. — *Toen ik binnenkwam, <u>richtte</u> ze zich <u>op</u>.*

N

Voor *straffen* heb je **strafen** nodig dat uitgesproken wordt als [straafen]:

Het is beter om een kind te belonen als het iets goed doet, dan te <u>straffen</u> als het iets niet goed doet. — **Es ist besser ein Kind zu belohnen, wenn es etwas richtig macht, als zu <u>strafen</u>, wenn es etwas falsch macht.**

Streiken

Wirst du morgen auch <u>streiken</u>? — *Ga je morgen ook <u>staken</u>?*

D

Streiken betekent *staken* en *weigeren*, denk maar aan het Engelse 'to strike':

Die <u>streikenden</u> Arbeiter versammelten sich zum Demonstrationszug. — *De <u>stakende</u> arbeiders verzamelden zich voor de demonstratieve optocht.*

N

1) In veel gevallen kan *strijken* vertaald worden met **streichen**:

Op de snaren van een viool kun je zowel <u>strijken</u> als tokkelen. — **Die Saiten einer Geige kann man sowohl <u>streichen</u> als auch zupfen.**

Kijk uit dat hij niet weer met de eer gaat <u>strijken</u>! — **Pass auf, dass er nicht wieder den Ruhm <u>einstreicht</u>!**

Let op: andere betekenissen van **streichen** zijn *doorstrepen*, *annuleren* en *verven/schilderen*.

2) De juiste vertaling voor *strijken* van kleding is **bügeln:**

Ik vind strijken heel ontspannend. — **Ich finde Bügeln sehr entspannend.**

Ik ga een strijkplank kopen. — **Ich werde mir ein Bügelbrett kaufen.**

Geen van deze vertalingen heb je nodig voor:

In dit geval zal ik met de hand over het hart strijken. (zie ook HART) — **In diesem Fall werde ich es durchgehen lassen.**

STREITEN

Streiten sie sich schon wieder? — *Hebben ze nu alweer ruzie?*

D

Streiten levert een *wirwar* (**Wirrwarr**) van valse vrienden op maar betekent *ruzie maken*:

Ja, sie streiten sich schon wieder, weil das Problem immer noch nicht gelöst ist. — *Ja, ze hebben alweer ruzie, omdat het probleem nog steeds niet is opgelost.*

N

1) *Strijden/vechten* vertaal je met **kämpfen:**

Die twee jongemannen vochten om het mooiste meisje van het dorp. — **Die zwei jungen Männer kämpften um das schönste Mädchen des Dorfes.**

En verwarrend is ook dat je *vechten* niet kunt vertalen met **fechten**, want **fechten** is de sport *schermen*.

2) En *in strijd zijn* als *in tegenspraak zijn* vertaal je met **verstoßen:**

Als ik taart zou eten, zou dat in strijd zijn met mijn goede voornemens. — **Wenn ich Kuchen äße, verstieße ich gegen meine guten Vorsätze.**

STRICKEN

Könntest du mir stricken beibringen? — *Zou je me kunnen leren breien?*

D

Stricken is geen *strikken* maar betekent *breien*:

Ich trage im Winter gerne gestrickte Socken. — *Ik draag 's winters graag gebreide sokken.*

Ook kan **stricken** *opzetten / in elkaar zetten* betekenen:

Ich kann nicht gut mit ihr umgehen, weil sie kompliziert gestrickt ist. — *Ik kan niet goed met haar omgaan, omdat ze een moeilijk persoon is / een uitgebreide gebruiksaanwijzing heeft.*

N

In het Nederlands heeft *strikken* verschillende betekenissen.

1) Voor *strikken* als *knopen* gebruik je **knüpfen**:

Ik ben bijna klaar, ik moet alleen nog mijn veters strikken. (zie ook Klar) — **Ich bin fast fertig, ich muss nur noch meine Schnürsenkel knüpfen/binden.**

2) Voor *strikken* als *vangen* gebruik je **in einer Schlinge fangen**:

Ik heb een haas gestrikt. — **Ich habe einen Hasen in der Schlinge gefangen.**

3) Voor *strikken* als *overhalen* gebruik je **ködern**:

Ik heb vandaag twee vriendinnen gestrikt om te helpen bij mijn verhuizing. — **Ich habe heute zwei Freundinnen geködert / dazu gekriegt, mir bei meinem Umzug zu helfen.**

En een *strikvraag* kun je niet letterlijk vertalen met 'Strickfrage' maar is een **Fangfrage**.

Stur

Der sture Patient wollte die Tabletten nicht einnehmen. — *De koppige patiënt wilde de pillen niet innemen.*

D

Stur betekent *koppig* en *onwrikbaar/onverzettelijk* en heeft maar weinig met *stoer* te maken:

Bitte, sei doch nicht so stur. — *Alsjeblieft, wees toch eens niet zo koppig.*

Obwohl es viel einfacher wäre, es zuzugeben, hat er sich stur gestellt. — *Hoewel het veel makkelijker zou zijn om toe te geven, blijft hij onwrikbaar / staat hij op zijn strepen.*

Ich bin ein sturer Bock. — *Ik ben een stijve hark.*

N

1) Het Nederlandse *stoer* vertaal je met **stark**:

Ach, laat hem maar, hij is weer de stoere bink aan het uithangen. — **Ach, lass ihn doch, er markiert wieder den starken Mann.**

Maar voor *stoer doen* gebruik je **sich aufspielen**:

Hij is helemaal niet zo moedig, hij doet alleen stoer. — **Er ist gar nicht so mutig, er spielt sich nur auf.**

2) En voor *stoer* als *leuk/vlot* gebruik je **cool**:

Wauw, jij hebt een stoere tas! — **Wow, du hast eine coole Tasche!**

Cool wordt in spreektaal ook gebruikt als *oké / dank je wel / super*:

Ich habe dir das Dokument geschickt. – Cool/Danke! — *Ik heb het document naar je opgestuurd. – Oké / dank je wel / super!*

T

TAFEL

Ich darf nicht an die <u>Tafel</u> schreiben.	*Ik mag niet op het <u>(school)bord</u> schrijven.*

D

1) **Tafel** heeft een aantal betekenissen die heel anders zijn dan het Nederlandse *tafel*. Een daarvan is *(school)bord*:

Der Lehrer schreibt die Hausaufgaben an die <u>Tafel</u>.	*De leraar schrijft het huiswerk op het <u>bord</u>.*

2) Een andere betekenis is *afbeelding* of *tabel* in een publicatie:

Die wichtigsten Ergebnisse sind auf <u>Tafel</u> 4 abgebildet.	*De belangrijkste resultaten zijn in <u>tabel</u> 4 weergegeven.*

3) Ook kan **Tafel** een *tablet/reep* zijn:

Ich habe mir eine <u>Tafel</u> Schokolade gekauft.	*Ik heb voor mezelf een <u>reep</u> chocolade gekocht.*

4) Maar het Nederlandse *tafel* komt wel terug in **Tafel** als *gedenksteen* en als *grote, feestelijk gedekte tafel*:

Weißt du, wo die zwölf Gesetzes<u>tafeln</u> aufgehoben werden?	*Weet jij waar de twaalf stenen <u>tafelen</u> bewaard worden?*
Die <u>Tafel</u> muss gedeckt werden.	*De <u>tafel</u> moet gedekt worden.*
Die <u>Tafel</u> wird aufgehoben. / Die Mahlzeit ist beendet.	*De <u>maaltijd</u> is ten einde.*

Deze uitdrukking komt uit de tijd waarin na een maaltijd tijdens een groot feest niet de borden en schalen werden weggehaald, maar het hele tafelblad met alles erop werd weggedragen.

N

Ook het Nederlandse *tafel* heeft een aantal betekenissen.

1) Een *tafel* waaraan je kunt zitten vertaal je met **Tisch**:

Ik mag niet op de <u>tafel</u> schrijven.	**Ich darf nicht auf den <u>Tisch</u> schreiben.**
Je doet er verstandig aan de bezwaren niet onder de <u>tafel</u> te schuiven.	**Du solltest die Einwände nicht unter den <u>Tisch</u> fallen lassen / unter den Teppich kehren.** (zie ook KEHREN)
Wij zijn van <u>tafel</u> en bed gescheiden.	**Wir sind/leben von <u>Tisch</u> und Bett getrennt.**
Als de kat van huis is, dansen de muizen op <u>tafel</u>.	**Wenn die Katze aus dem Hause ist, tanzen die Mäuse (auf dem <u>Tisch</u>).**
Heb je zin om te <u>tafeltennissen</u>?	**Hast du Lust, <u>Tischtennis</u> zu spielen?**

We zien elkaar iedere week aan de stamtafel in het café. — **Wir sehen uns jede Woche beim Stammtisch in der Kneipe.**

Stammtisch wordt niet alleen voor *stamtafel*, maar ook voor een *regelmatige bijeenkomst* gebruikt.

2) Een *tafel* is in het Nederlands ook een *tabel van vermenigvuldiging*. In het Duits is dat het **Einmaleins.** De **kleine Einmaleins** zijn de tafels van getallen van een tot en met de tien, en de **große Einmaleins** zijn de tafels van elf tot en met twintig:
Vroeger oefende ik onder de douche de tafels. — **Früher übte ich unter der Dusche das Einmaleins.**

3) Maar **Tisch** en **Einmaleins** heb je niet nodig bij:
Ik onderhandel met het mes op tafel. — **Ich nehme beim Verhandeln eine unnachgiebige Haltung ein / bin beim Verhandeln zu keinem Zugeständnis bereit.**
Hebben jullie een tafeltennistafel? — **Habt ihr eine Tischtennisplatte?**

TAKT

Er hat Schwierigkeiten, im Takt zu bleiben. — *Hij heeft moeite om in de maat te blijven.*

D

Takt heeft in het Duits twee betekenissen.

1) De verwarrende betekenis van **Takt** is *ritme/maat*:
Dieses Lied ist im Dreivierteltakt. — *Dit lied is in driekwartsmaat.*
Der Oxford-Achter ist in unvergleichlichem Takt zum Ziel gerudert. — *De Oxford Acht roeide in een weergaloos ritme naar de finish.*

Deze betekenis wordt ook figuurlijk gebruikt in:
Du hast mich aus dem Takt gebracht! — *Je hebt me van de wijs gebracht!* (zie ook WEIß)
Ich muss mit dir ein paar Takte reden. — *Ik moet met jou nog een hartig woordje spreken.*

2) De andere betekenis die niet verwarrend is, is hetzelfde als het Nederlandse *tact*, oftewel *gevoel voor hetgeen gepast of wenselijk is*:
Er ist taktlos. — *Hij heeft geen tact.*

Beide betekenissen komen van het Latijnse woord 'tactus' dat vertaald wordt met *aanraking*. Deze betekenis ontwikkelde zich via *slag/stoot* tot *ritme*.

N

Als het om *gevoel voor tact* gaat gebruik je in het Duits **Taktgefühl**:
Hij heeft geen enkel gevoel voor tact. — **Er hat wirklich kein Taktgefühl.**

TAL

Ihr seid im Tal?
Zijn jullie in het dal?

D

In het Duits is **Tal** een *vallei/dal*:

Wir sind jodelnd ins Tal gerodelt.
We zijn jodelend het dal in gerodeld.

Die Ökonomie befindet sich in einem Tal / in einer Rezession.
De economie bevindt zich in een dal/recessie.

N

In het Nederlands is *tal* een *grote hoeveelheid* en vertaal je met **Menge/Masse**:

Tal van mensen zijn bij de lawine omgekomen.
Eine Menge Leute sind durch die Lawine ums Leben gekommen.

Ook is *tal* een achtervoegsel. Zo is *tweetal* **zwei**, vandaar dat je *een tweetal mensen* met **zwei Leute** vertaalt. Maar let op: *het tweetal* is **Duo**, een *tiental* is een **Zehner**, *tientallen mensen* zijn **zig Leute / Dutzende von Leuten**, *elftal* vertaal je met **die Elf**, tenzij het om een team gaat, dan is het een **Mannschaft**, *het honderdtal* vertaal je met **das Hundert** en *een honderdtal mensen* vertaal je met **etwa hundert Leute**. Dit laatste geldt ook voor *duizendtal*: **das Tausend** en **etwa tausend Leute**.

TAPETE

Ich finde Blümchentapeten schrecklich.
Ik vind bloemetjesbehang vreselijk.

D

Tapete is een typische valse vriend. Hoewel **Tapete** net als het Nederlandse *tapijt* van het Latijnse 'tapete' komt, betekent **Tapete** *behang*:

Die Tapete ist beim Fenster total verfärbt.
Het behang is aan de kant van het raam helemaal verkleurd.

Ich brauche mal einen Tapetenwechsel.
Ik moet maar weer eens gaan verhuizen.

N

Voor *tapijt* gebruik je in het Duits **Teppich**:

Het tapijt is geel, daarom past de roze stoel er niet goed bij.
Der Teppich ist gelb, deswegen passt der rosarote Stuhl nicht gut dazu.

Het kind had een vliegend tapijt voor zijn verjaardag gevraagd.
Das Kind hatte sich zum Geburtstag einen fliegenden Teppich gewünscht.

Maar in de uitdrukking **etwas aufs Tapet bringen** (*iets naar voren brengen / iets aanspreken*) verwijst **Tapet** naar het groene vilt waarmee vroeger onderhandelingstafels bekleed werden. Daarom betekent dit spreekwoord letterlijk *iets op de onderhandelingstafel leggen*.

Tasse

Habt ihr <u>Tassen</u> dabei? *Hebben jullie <u>kopjes</u> meegenomen?*

D

Tasse, en vooral het meervoud **Tassen** kun je gemakkelijk verwarren met *tas*, met het meervoud *tassen*. Maar een **Tasse** is een *kop(je)*:

Wir haben <u>Tassen</u> dabei, damit wir Kaffee trinken können. Die Untertassen haben wir zu Hause gelassen. *We hebben <u>koppen</u> meegenomen, zodat we koffie kunnen drinken. De schoteltjes hebben we thuisgelaten.*

Een *schotel* is een **Untertasse**, vandaar dat een *vliegende schotel* een **fliegende Untertasse** is. Maar een *schotel* kun je als *schaal* ook vertalen met **Schüssel**, als *gerecht* met **Platte** en als *schotelantenne* met **Parabolantenne/Schüssel**.

Verder komt **Tasse** voor in de volgende uitdrukkingen:

Er hat nicht alle <u>Tassen</u> im Schrank. *Hij is niet goed snik. / Hij heeft ze niet allemaal op een rijtje.* (zie ook Verrückt voor alternativen om te zeggen dat iemand niet goed snik is)

Er ist eine trübe <u>Tasse</u>. *Hij is een slome duikelaar.*

Let op: in het Brabants kan een *tas* wel een *kopje* zijn.

N

Een Nederlandse *tas* is in het Duits een **Tasche**:

Mijn <u>tas</u> is gestolen. **Meine <u>Tasche</u> ist gestohlen worden.**

Er zijn verschillende soorten *tassen*: *aktetas* (**Aktenmappe**), *boekentas* (**Schultasche**), *boodschappentas* (**Einkaufstasche**), *draagtas* (**Tragetasche**), *handtas* (**Handtasche**), *schoudertas* (**Schultertasche/Umhängetasche**), *sporttas* (**Sporttasche**) en *toilettas* (**Toilette(n)tasche/ Kulturbeutel**).

Tasten

Wie kann man die <u>Tasten</u> saubermachen? *Hoe kun je de <u>toetsen</u> schoonmaken?*

D

Het werkwoord **tasten** betekent gewoon *tasten*:

Als plötzlich das Licht ausfiel, musste ich nach den Kerzen <u>tasten</u>. *Toen plotseling het licht uitviel, moest ik <u>op de tast</u> de kaarsen <u>zoeken</u>.*

Maar het zelfstandig naamwoord **Taste** met als meervoud **Tasten** betekent *toets*, bijvoorbeeld van een piano of een toetsenbord:

Ein Klavier hat 88 Tasten: 52 weiße und 36 schwarze. — *Een piano heeft 88 toetsen: 52 witte en 36 zwarte.*
Die Leertaste funktioniert nicht mehr. — *De spatiebalk doet het niet meer.*

Over toetsenborden gesproken: houd er rekening mee dat Duitse toetsenborden er anders uitzien dan Nederlandse. Omdat de **ä**, **ö** en **ü** vaak gebruikt worden, zitten die, als je blind typt, in de buurt van je rechter pink. Ook de leestekens zitten onder andere toetsen. Maar het meest onhandige is dat de z en de y van plaats verwisseld zijn!

N

Tasten kun je met *tasten* vertalen. Maar als je er *tasten grijpen/vatten* mee bedoelt, vertaal je het met **greifen:**

Om die schoenen te kunnen kopen, moest zij diep in haar beurs tasten. — **Um diese Schuhe kaufen zu können, musste sie tief in ihre Tasche greifen.**

TEIL

Wie groß ist mein Teil? — *Hoe groot is mijn deel?*

D

Het Duitse **Teil** heeft niets met een *teil* als *bak/kom* te maken, maar wel met *deel.*

1) In de betekenis van *deel/gedeelte/portie/part* is **Teil** een mannelijk woord:

Ich habe die Arbeit zum größten Teil allein erledigt. — *Ik heb het werk voor het grootste deel alleen gedaan.*
Ich habe den Kuchen in acht Teile geschnitten. — *Ik heb de taart in acht stukken gesneden.*
Ich habe meinen Teil schon gehabt. — *Ik heb mijn portie al gehad / heb er al van langs gekregen.*
Nach Johan Cruijff hat jeder Nachteil einen Vorteil. — *Volgens Johan Cruijff heeft ieder nadeel een voordeel.*

Een **Vorteil** was oorspronkelijk het gedeelte dat je van tevoren kreeg.

Van deze betekenis is het werkwoord **teilen** (*delen*) afgeleid:

Wir teilen uns das Zimmer. — *Wij delen een kamer.*
Geteiltes Leid ist halbes Leid. — *Gedeelde smart is halve smart.*

2) Een andere betekenis is *onderdeel*. In dit geval is **Teil** een onzijdig woord:

Das Lego Auto hat über tausend Teile. — *De Lego-auto heeft meer dan duizend onderdelen.*

De Duitse band Rammstein heeft een lied dat **Mein Teil** heet, waarbij **Teil** naar het mannelijke geslachtsdeel verwijst.

N

Een *teil* is in het Nederlands een *bak/kom* die je voor het huishouden gebruikt en vertaal je met **Wanne**:

Ik ben blij dat ik mijn kleding niet in een teil hoef te wassen. — **Ich bin froh, dass ich meine Kleidung nicht in einer Wanne waschen muss.**

Teller

Gib mir mal deinen Teller. — *Geef me je bord maar.*

D

De meest voorkomende betekenis van **Teller** is een *bord om van te eten*:

Während eines ehelichen Streites flogen die Teller durch die Luft. — *Tijdens een echtelijke ruzie vlogen de borden door de lucht.*

Een minder vaak voorkomende betekenis is de *draaitafel die een diskjockey gebruikt*.

N

Een *teller* heeft in het Nederlands verschillende betekenissen, zoals een *apparaat dat telt* en het *bovenste getal van een breuk*. In beide gevallen gebruik je de vertaling **Zähler**:

De kilometerteller van mijn fiets is onnauwkeurig. — **Der Kilometerzähler meines Fahrrads ist ungenau.**

Als de teller 4 is en de noemer 8, welk deel van de taart geef ik je dan? – De helft. — **Wenn der Zähler 4 ist und der Nenner 8, welchen Teil des Kuchens gebe ich dir dann? – Die Hälfte.** (zie ook Teil)

Tempo

Du hast dein Tempo verloren. — *Je bent je zakdoek verloren.*

D

Het Duitse **Tempo** kun je inderdaad met *tempo* vertalen. Maar toen iemand aan mij vroeg of ik een **Tempo** had, kreeg ik zo'n voorgevoel dat het niets met ons *tempo* te maken had. Pas toen iemand anders een papieren zakdoekje pakte (uit een pakje waarop met grote letters Tempo stond) begreep ik dat Duitsers de merknaam **Tempo** in het dagelijks taalgebruik voor de soortnaam *(papieren) zakdoekje* gebruiken:

Mach doch mal Tempo. — *Maak toch eens tempo.*

Mir läuft die Nase. – Hier hast du ein Tempo. — *Mijn neus loopt. – Hier heb je een papieren zakdoekje.*

Ook in het Nederlands zijn er merknamen die als soortnaam gebruikt worden. In sommige gevallen gebruik je in het Duits niet de merknaam, zoals bij *chocomel* (**Schokoladenmilch**), *kliko* (**Entsorgungsbehälter**), *spa rood* (**Sprudel**) en *tomtom* (**Navi**). En in Duitsland wordt de merknaam **Tesa** voor *plakband* gebruikt.

N

Het Nederlandse *tempo* kun je behalve met **Tempo** ook met **Geschwindigkeit** vertalen:

Het tempo in deze cursus ligt hoog. — **Die Geschwindigkeit / Das Tempo in diesem Kurs ist hoch.**

Termin

Kann ich einen Termin ausmachen? — *Kan ik een afspraak maken?*

D

1) **Termin** kan *afspraak/ontmoeting* betekenen:
Ich habe heute keine Termine. — *Ik heb vandaag geen afspraken.*

2) Ook kan **Termin** *tijd(stip)/datum* betekenen:
Leider musste eine Freundin ihre Hochzeit auf einen späteren Termin verlegen. — *Helaas moest een vriendin van mij haar bruiloft naar een andere datum/dag verschuiven.*

3) Maar **jemandem einen Termin setzen** vertaal je met *iemand een termijn stellen.*

N

1) Een *termijn* als een *bepaalde hoeveelheid tijd* vertaal je met **Frist**:
Mijn baas heeft mij een termijn gesteld om het document af te maken. — **Mein Chef hat mir eine Frist gesetzt, um das Dokument fertig zu schreiben.**
Hij heeft op korte termijn afgezegd. — **Er hat kurzfristig abgesagt.**

2) Een *termijn* als een *deel van een schuld* vertaal je met **Rate**:
Je moet 25 euro meer betalen als je in termijnen betaalt. — **Man muss 25 Euro mehr zahlen, wenn man in Raten zahlt.**

Tinte

Ich habe rote Tinte. — *Ik heb rode inkt.*

D

Hoewel **Tinte** wel met kleur te maken heeft, en **Tinte** en *tint* beide van het Latijnse 'tingere' (*verven/kleuren*) komen, betekent **Tinte** niet *tint* maar *inkt*:

Ich habe versehentlich mit Tinte auf meinen Pulli gekleckert. – Das kriegst du nicht mehr raus. — *Ik heb per ongeluk met inkt op mijn trui geknoeid. – Dat krijg je er niet meer uit.*

Tinte komt ook in een aantal uitdrukkingen voor:

Ich sitze schon eine Weile in der Tinte. — *Ik zit al een tijdje in de puree/penarie.*
Über diese Sache ist schon viel Tinte verschwendet worden. — *Over deze zaak is al heel wat geschreven.*

N

Een *tint* is een *kleur(schakering)* en vertaal je met **(Farb-)Ton** (zie ook TON/TÖNEN):

De muren krijgen een lichte tint. — **Die Wände bekommen einen hellen Farbton.**

Maar als *tint* figuurlijk wordt gebruikt is **Note** de juiste vertaling:

Het draaiorgel gaf de druilerige middag toch nog een vrolijk tintje. — **Die Drehorgel hat dem trüben Nachmittag doch noch eine fröhliche Note gegeben.**

TIPPEN

Ich muss richtig viel tippen. — *Ik moet echt veel typen.*

D

De verwarrende betekenissen van **tippen** zijn *typen*, *tikken* en *gokken*:

Kannst du blind tippen? — *Kun jij blind typen?*

Weil die Klingel defekt war, tippte sie gegen die Scheibe. — *Omdat de bel defect was, tikte ze tegen de ruit.*

Ich tippe normalerweise nie, aber möchte es doch mal versuchen. — *Ik gok normaalgesproken nooit, maar wil het toch een keer proberen.*

Maar **tippen** kan, net als in het Nederlands, ook *tippen* als *de grootste kanshebber aanwijzen* betekenen:

Für die EM (Europameisterschaft) tippe ich auf Deutschland. — *Ik tip Duitsland voor het EK (Europees kampioenschap).*

N

Als met *tippen inlichten* bedoeld wordt, gebruik je de vertaling **einen Tipp geben**:

Als je een interessante baan ziet, kun je me dan tippen? — **Wenn du einen interessanten Job siehst, könntest du mir dann einen Tipp geben?**

In het Nederlands kan *tippen* ook *een fooi geven* betekenen. Dat vertaal je met **Trinkgeld geben.**

TON/TÖNEN

Mit Ton kann man töpfern. — *Van klei kun je potten bakken.*

D

Ton heeft drie heel verschillende betekenissen.

1) De eerste betekenis is *klei*:

Dieser Ton enthält viel Sand. — *Deze klei bevat veel zand.*

Ich habe eine Tontafel beschrieben. (zie ook TAFEL) — *Ik heb een kleitablet beschreven.*

2) De tweede betekenis van **Ton**, met als meervoud **Töne**, is *toon*:

Sie wunderte sich über den vertraulichen Ton des Gespräches.	*Ze verbaasde zich over de vertrouwelijk toon van het gesprek.*

Deze betekenis van **Ton** komt terug in het zelfstandig naamwoord **Betonung** (*klemtoon*) en in het werkwoord **tönen** (*te horen zijn*):

Die Betonung von "vergleichen" liegt auf der zweiten Silbe.	*De klemtoon bij* **"vergleichen"** *komt op de tweede lettergreep.*
Bei den Nachbarn tönte die ganze Nacht laute Musik.	*Bij de buren was de hele nacht harde muziek te horen.*

3) Tot slot kan **Ton** de afkorting van **Farbton** zijn, wat *tint* betekent (zie ook TINTE):

Mir ist das Gelb einen Ton zu grell.	*Ik vind het geel een tint te fel.*

Deze betekenis van **Ton** komt terug in het werkwoord **tönen** (*kleuren*):

Ich habe meine Haare violett getönt.	*Ik heb mijn haar paars gekleurd/geverfd.*

N

In het Nederlands heeft *ton* hele andere betekenissen.

1) *Ton* in de betekenis van een *vat*, vertaal je met **Tonne/Fass**:

Wij verzamelen regenwater in een ton.	**Wir sammeln Regenwasser in einer Tonne.**
Hij is zo rond als een ton.	**Er ist dick wie eine Tonne / ist kugelrund.** (zie ook RUND)
We hebben een vat bier gewonnen.	**Wir haben ein Fass Bier gewonnen.**

Tonne of **Fass** heb je niet nodig bij *als haringen in een ton zitten* (**wie die Heringe sitzen**).

2) Een *ton* kan ook *honderdduizend euro* zijn. In het Duits is dat eenvoudigweg **hunderttausend Euro**:

Dit huis kost drie ton.	**Dieses Haus kostet dreihunderttausend Euro.**

3) Als *ton* een gewichtsmaat is van *duizend kilo* gebruik je **Tonne**:

Deze boot weegt drie ton.	**Dieses Boot wiegt drei Tonnen.**

4) De betekenis van het werkwoord *tonen* heeft niets met de betekenissen van het zelfstandig naamwoord *ton* te maken. Ook de vertaling in het Duits is anders, namelijk **zeigen**:

De voetbalwedstrijd wordt op het doek getoond.	**Das Fußballspiel wird auf der Leinwand gezeigt.**

Zeigen gebruik je niet bij *toonbank* (**Ladentisch**).

Top

Ich habe das <u>Top</u> gefunden. — *Ik heb het <u>topje</u> gevonden.*

D

Het zelfstandig naamwoord **Top** met één p staat in Nederland bekend als *topje*:

Das <u>Top</u> ist ziemlich eng. Ich glaube, ich habe zugenommen. — *Dit <u>topje</u> zit nogal strak. Ik geloof dat ik ben aangekomen.*

Het zelfstandig naamwoord **Topp** met twee p's is ook in het Nederlands een *top*, namelijk de *top van een mast*:

Die Flagge wird im <u>Topp</u> geführt. — *De vlag hangt in de <u>top</u> <u>van</u> <u>de</u> <u>mast</u>.*

De uitroep **top** is in het Nederlands ook *top*:

Ich habe die leeren Flaschen weggebracht. – <u>Top</u>/super! — *Ik heb de lege flessen weggebracht. – <u>Top</u>!*

N

Als in het Nederlands een *top van een berg* bedoeld wordt, gebruik je in het Duits **Gipfel**. Als het de *top van een boom* is **Wipfel**, en anders **Spitze**:

De <u>bergtop</u> heeft geen begroeiing. — **Der <u>Gipfel</u> hat keine Bewaldung.**

De <u>boomtoppen</u> wiegen in de wind. (zie ook WIEGEN) — **Die <u>(Baum-)Wipfel</u> schwanken im Wind.**

Dat is pas het <u>topje</u> van de ijsberg. — **Das ist nur die <u>Spitze</u> des Eisbergs.**

Maar **Gipfel**, **Wipfel** en **Spitze** heb je niet altijd nodig:

Hij is op-en-<u>top</u> marinier. — **Er ist ganz und gar Marinesoldat.** (zie ook GAR)

Dat is de brutaliteit ten <u>top</u>! — **Das ist die Krönung der Unverschämtheit / der Gipfel der Frechheit!**

Ik ben van <u>top</u> tot teen nat. — **Ich bin von Kopf bis Fuß nass.** (zie ook BIS)

In het **Schwäbisch**, dat vooral in Baden-Württemberg wordt gesproken, is een **Fuß** niet alleen een *voet* maar ook een heel *been*. Dat kan ook voor Duitsers nog wel eens voor verwarring zorgen.

Tor

Das <u>Tor</u> steht auf dem Rasen. — *De <u>goal</u> staat op het gras.*

D

Een **Tor** is in het Duits geen insect maar een *goal/doel* en spreek je uit als [toor]:

Ich habe den Ball ins <u>Tor</u> geschossen. — *Ik heb de bal in het <u>doel</u> geschoten.*

Van deze betekenis is *goal/doelpunt* afgeleid:

Wie viele <u>Tore</u> hast du geschossen? — *Hoeveel <u>doelpunten</u> heb je gemaakt?*

En *goal/doel* is zelf weer afgeleid van de betekenis *poort*:

Die Stadtmauer hat drei Tore. Zwei davon kann man besichtigen.
De stadsmuur heeft drie poorten. Twee daarvan kun je bezichtigen.

N

Het diertje dat wij een *tor* noemen, heet in het Duits **Käfer**:

De tor kruipt over de vensterbank.
Der Käfer kriecht über die Fensterbank.

Tot

Sie lag tot im Bett.
Ze lag dood in bed.

D

Bij **tot** en **Tod** moet je altijd even goed opletten op de schrijfwijze. **Tot** met een t is een bijvoeglijk naamwoord en betekent *dood*. **Tod** met een d is een zelfstandig naamwoord en betekent *de dood*:

Er war auf der Stelle tot.
Hij was op slag dood.

Er hat dem Tod ins Antlitz geblickt.
Hij heeft de dood in de ogen gekeken.

Vandaar dat je een *dode* vertaalt met een **Tote(r)** en *ter dood brengen* met **zu Tode bringen**.

N

1a) In het Nederlands is *tot* een voorzetsel en kun je met **bis** vertalen (zie ook Bis):

Het water komt me tot de lippen.
Das Wasser steht mir bis zum Hals.

Dan kun je wachten tot je een ons weegt!
Dann kannst du warten, bis du schwarz wirst!

Ze is tot over haar oren verliefd.
Sie ist bis über beide Ohren verliebt.

1b) Voor *tot* kun je ook **zu** gebruiken:

Zij is verkozen tot Miss Holland.
Sie wurde zur Miss Holland gewählt.

Ik wil dit project tot een goed einde brengen.
Ich möchte dieses Projekt zu einem guten Abschluss bringen.

Het zit me tot hier!
Es hängt mir zum Hals heraus!

2) Maar **bis** en **zu** heb je niet nodig bij:

Het wordt van kwaad tot erger.
Es wird immer schlimmer.

3 tot de macht 3 is 27.
3 hoch 3 ist 27.

Ik heb een paar vragen met betrekking tot de prijsverhoging.
Ich habe ein paar Fragen in Bezug auf die Preiserhöhung.

Tot ziens!
Auf Wiedersehen!

Trauen

Ich traue ihm nicht.
Ik vertrouw hem niet.

D

1) De meest voorkomende betekenis van **trauen** is *vertrouwen*:
Weil er schon so oft gelogen hat, <u>traue</u> ich ihm nicht mehr. — *Omdat hij al zo vaak gelogen heeft, <u>vertrouw</u> ik hem niet meer.*

2) **Trauen** kan ook *trouwen* betekenen, maar alleen als *iemand anders in de echt verbinden*:
Der <u>Beamte</u> traut das Paar. — *De beambte <u>trouwt</u> het paar.*

3) En als **trauen** wederkerend is, betekent het *durven*:
Ich <u>traue</u> <u>mich</u> nicht, in die Geisterbahn zu gehen. — *Ik <u>durf</u> niet in het spookhuis.*

N

Voor *trouwen* als *in het huwelijk treden* gebruik je **heiraten:**

Wij gaan <u>trouwen</u>. — **Wir werden <u>heiraten</u>.**
Met wie ga je trouwen? – Ik ga met mijn ex-man <u>trouwen</u>. — **Wen wirst du heiraten? – Ich <u>heirate</u> meinen Exmann.**

Opvallend is dat echtparen in Duitsland veel vaker dan in Nederland op verschillende dagen voor de wet en voor de kerk trouwen. Soms zit daar wel een jaar tussen.

TROTZ

<u>Trotz</u> seiner Arroganz ist er sehr nett. — *<u>Ondanks</u> zijn arrogantie is hij heel aardig.*

D

1) **Trotz** kan in het Duits net als in het Nederlands een voorzetsel zijn. In dat geval is de betekenis *ondanks*. **Trotz** gaat samen met de tweede naamval (genitief):
<u>Trotz</u> des Beweismaterials ist er noch nicht verurteilt worden. — *<u>Ondanks</u> het bewijsmateriaal is hij nog niet veroordeeld.*

2) **Trotz** kan ook een zelfstandig naamwoord zijn. De betekenis is dan *koppigheid*:
Sein <u>Trotz</u> wird Probleme verursachen. — *Zijn <u>koppigheid</u> gaat problemen veroorzaken.*

3) Ook komt **trotz** voor in **Trotz bieten** (*trotseren*), **trotzdem** (*toch/desondanks*) en **trotzig** (*koppig*):
Mit ihm habe ich schon vielen Gefahren <u>Trotz</u> <u>geboten</u>. — *Met hem heb ik al vele gevaren <u>getrotseerd</u>.*
Wie kann man aufhören zu rauchen und <u>trotzdem</u> verhindern zuzunehmen? — *Hoe kun je stoppen met roken en <u>desondanks</u>/<u>toch</u> niet aankomen?*
Kein Pferd ist ohne Grund <u>trotzig</u>. (zie ook GRUND) — *Geen paard is zonder reden <u>koppig</u>.*

N

Voor het Nederlandse *trots* gebruik je **Stolz:**

Ik ben <u>trots</u> op mijn dochter. — **Ich bin <u>stolz</u> auf meine Tochter.**
Ik ben zo <u>trots</u> als een pauw. — **Ich bin <u>stolz</u>/eitel wie ein Pfau.**

U

ÜBERHOLEN

Du solltest nicht versuchen, ihn zu überholen.	*Je moet niet proberen hem in te halen.*

D

Als je weet dat **über** *over* en **holen** *halen* betekent, zou je kunnen denken dat **überholen** misschien *overhalen* betekent. Maar **überholen**, waarbij de klemtoon op **-holen** ligt, moet je vertalen met *inhalen* of *voorbijstreven/overtreffen*:

Lastwagen dürfen hier nicht überholen.	*Vrachtwagens mogen hier niet inhalen.*
Ajax wurde von PSV überholt.	*Ajax is door PSV ingehaald/voorbijgestreefd.*

Het voltooid deelwoord is in dit geval **überholt**.

Als de klemtoon op **über-** ligt, betekent **überholen** *naar de overkant halen*:

Das Boot kann man mit einem Seil (hin-) überholen.	*De boot kan je met een touw naar de overkant halen.*

Het voltooid deelwoord is in dit geval **übergeholt**.

N

Voor het Nederlandse *overhalen* als *iemand overreden* gebruik je **überreden**:

Laat je niet overhalen!	**Lass dich nicht überreden!**

Maar *overhalen* kan ook *spannen* en *eraan trekken* betekenen. Voor *spannen* gebruik je **spannen** en voor *eraan trekken* gebruik je **umlegen**:

Hij heeft de trekker overgehaald.	**Er hat den Abzug gespannt.**
Kun je de hendel overhalen? Ik kan er niet bij.	**Könntest du den Hebel umlegen? Ich komme nicht hin.**

ÜBERLEGEN

Das solltest du dir überlegen.	*Dat moet je overwegen.*

D

Überlegen betekent letterlijk *overleggen*, maar dat is niet de goede vertaling. De juiste vertaling hangt, net als bij **überholen**, af van waar de klemtoon ligt.

1) Als de klemtoon op **-legen** ligt, betekent **überlegen** *overwegen / nadenken (over)*:
Du solltest dir <u>überlegen</u>, ob du bleiben möchtest. — *Je moet <u>overwegen</u> / <u>erover</u> <u>nadenken</u> of je wilt blijven.*

Het voltooid deelwoord is in dit geval **überlegt**.

2) Als de klemtoon op **über-** ligt, betekent **überlegen** *leggen over*:
Soll ich ein Tuch <u>über</u> den Teig <u>legen</u>? — *Moet ik een doek <u>over</u> het deeg <u>leggen</u>?*

Het voltooid deelwoord is dan **übergelegt**.

3) Ook kan **überlegen** een bijvoeglijk naamwoord zijn en betekent dan *superieur*:
Die Gegner sind deutlich <u>überlegen</u>. — *De tegenstanders zijn duidelijk <u>superieur</u>.*

N

Ook in het Nederlands geldt dat de betekenis van *overleggen* afhangt van waar de klemtoon ligt.

1) Als de klemtoon op *-leggen* ligt, gebruik je **beratschlagen/beraten**:
Dat moet ik nog even met mijn leidinggevende <u>overleggen</u>. — **Das muss ich noch mit meinem Chef <u>beratschlagen/beraten</u>.**

Het voltooid deelwoord is in deze gevallen *overlegd*.

2) Als de klemtoon op *over-* ligt, betekent het *laten zien* en gebruik je **vorlegen/vorzeigen**:
Zou u me de bewijsstukken alstublieft kunnen <u>overleggen</u>? — **Könnten Sie mir bitte die Unterlagen <u>vorlegen/vorzeigen</u>?**

Het voltooid deelwoord is in dit geval *overgelegd*.

Uhr

Wie viele <u>Uhren</u> hast du? — *Hoeveel <u>horloges</u> heb je?*

D

Het woord **Uhr** als *klok/horloge* is afgeleid van het woord **Uhr** *(uur)* dat gebruikt wordt als je een tijdstip wilt aangeven:
Ich werde die Pizzen um 11 <u>Uhr</u> bestellen. — *Ik ga de pizza's om 11 <u>uur</u> bestellen.*

Deze laatste betekenis wordt breder gebruikt dan in het Nederlands:
Wie viel <u>Uhr</u> ist es? — *Hoe laat is het?*

Hoe laat kun je ook vertalen met **um welche Uhrzeit. Uhrzeit** moet je niet verwarren met **Urzeit** (let op de weggevallen h; *oertijd*).

In het Duits moet je bij het afspreken van een tijd goed opletten of je wel echt begrijpt wat de ander voorgesteld heeft. Zo betekenen **viertel vor sieben, 6 Uhr 45** en **dreiviertel sieben** allemaal *kwart voor zeven*. De laatste variant kan er toe leiden dat niet-Duitsers soms een uur te laat zijn voor een afspraak.

N

De tijdseenheid *uur* is in het Duits een **Stunde**:

Ze doet er een uur over om met de fiets op het werk te komen.	**Sie fährt mit dem Fahrrad eine Stunde zur Arbeit.**
Zijn laatste uur heeft geslagen.	**Seine letzte Stunde hat geschlagen.**

Maar **Stunde** heb je niet nodig bij:

Deze kaas stinkt een uur in de wind.	**Der käse stinkt sieben Meilen gegen den Wind.**
De staking werd te elfder ure afgelast.	**Der Streik wurde im letzten Moment abgeblasen/abgesagt.**

Andere *tijdseenheden* (**Zeiteinheiten**) zijn: *seconde* (**Sekunde**), *minuut* (**Minute**), *kwartier* (**Viertelstunde**), *dag* (**Tag**), *week* (**Woche**), *maand* (**Monat**), *jaar* (**Jahr**), *decennium* (**Jahrzehnt**), *eeuw* (**Jahrhundert**) en *millennium* (**Jahrtausend**).

UNTERHALTEN

Wir unterhalten uns jeden Tag miteinander.	*We kletsen/praten iedere dag met elkaar.*

D

Net als bij **überholen** en **überlegen** bepaalt de plaats van de klemtoon in **unterhalten** de betekenis.

1) Als de klemtoon op **-halten** ligt, betekent het *onderhouden, amuseren/vermaken* of *met elkaar praten*:

Er arbeitet, um seine Familie unterhalten/versorgen zu können. (zie ook FAMILIE)	*Hij werkt om zijn gezin te kunnen onderhouden.*
Obwohl ich keine Lust hatte, habe ich mich auf der Party gut unterhalten.	*Hoewel ik geen zin had, heb ik me op het feest goed vermaakt.*
Ich frage mich, weshalb er sich mit mir unter vier Augen unterhalten will.	*Ik vraag me af waarom hij met mij onder vier ogen wil praten.*

2) Als de klemtoon op **unter-** ligt, betekent **unterhalten** *houden onder*:

Schnell, halte deinen verbrannten Finger unter das Wasser.	*Snel, houd je verbrande vinger onder water.*

N

Bij *onderhouden* hangt het van de context af welke vertaling je gebruikt:

Het nadeel van een huis kopen is dat je het zelf moet onderhouden.	**Der Nachteil von einem eigenen Haus ist, dass man es selbst instand halten muss.**
Kleine geschenken onderhouden de vriendschap.	**Kleine Geschenke erhalten die Freundschaft.**

URNE

In zwei Jahren findet ein Gang zur <u>Urne</u> statt.

Over twee jaar vindt een gang naar de <u>stembus</u> plaats.

D

Een **Urne** is een *aarden pot.* Maar dit Duitse woord voor *urn* wordt voor meer gebruikt dan alleen een *vaas* waar as van een overledene in gaat. **Urne** kan namelijk ook een *stembus* zijn of een *trommel waaruit je een lot trekt bij een loterij*:

Das Volk wird zu den <u>Urnen</u> gerufen.

Het volk wordt opgeroepen om naar de <u>stembus</u> te gaan.

Wenn du das grüne Los aus der <u>Urne</u> ziehst, hast du den Hauptgewinn gewonnen.

Als je het groene lot uit de <u>trommel</u> trekt, heb je de hoofdprijs gewonnen.

N

Vroeger had het Nederlandse *urn* net als het Duitse **Urne** een e aan het einde. Beide komen van het Latijnse 'urna':

Ik bewaar de <u>urn</u> van mijn opa nog altijd.

Ich bewahre die <u>Urne</u> meines Großvaters immer noch auf.

V

VANDALE

Das ist der <u>Vandale</u>. — *Dat is de <u>vandaal</u>.*

D

Als je veel in de weer bent met taal en woordenboeken, ben je misschien geneigd het Duitse woord **Vandale** als 'Van Dale' te lezen. Maar **Vandale** betekent *vandaal*:

Der <u>Vandale</u> hat verschiedene Windschutzscheiben zertrümmert. — *De <u>vandaal</u> heeft verschillende voorruiten aan diggelen geslagen.*

N

De Duitse *Van Dale* heet **Duden**:

In de <u>Van</u> <u>Dale</u> staat wat "erkennen" betekent. — **Im <u>Duden</u> steht, was „erkennen" bedeutet.**

VERBAND

Der <u>Verband</u> ist deutlich gewachsen. — *De <u>bond</u>/<u>unie</u> is duidelijk gegroeid.*

D

In het Duits betekent **Verband** niet alleen *verband* dat je voor een wond gebruikt, maar ook een *bond/unie* (bijvoorbeeld **der Bayerische Fußball Verband**, *de Beierse voetbalbond*).

N

1) Voor *verband* in medische en hygiënische zin kun je behalve **Verband** ook **Binde/Bandage** gebruiken:

Ik kan mijn vingers niet meer bewegen, omdat het <u>verband</u> zo strak zit. — **Ich kann meine Finger nicht mehr bewegen, weil der <u>Verband</u> / die <u>Binde</u>/<u>Bandage</u> so eng ist.** (zie ook ENG)

Geen maand<u>verband</u> in het toilet deponeren s.v.p. — **Bitte keine Damen<u>binden</u> in die Toilette werfen.**

2) Voor een *verband* waarmee je *samenhang* bedoelt, gebruik je **Zusammenhang**:

Wetenschappers hebben een gen gevonden dat <u>in</u> <u>verband</u> <u>staat</u> <u>met</u> diabetes. — **Wissenschaftler haben ein Gen gefunden, das <u>im</u> <u>Zusammenhang</u> <u>mit</u> Diabetes <u>steht</u>.**

Let op: *in verband met* kan ook *vanwege/omdat* betekenen. In dat geval gebruik je **wegen** (zie ook Wegen):

In verband met wegwerkzaamheden kunnen we deze week niet bij ons in de straat parkeren.

Wegen einer Baustelle können wir diese Woche nicht bei uns in der Straße parken. (zie ook Parken)

Verbrechen

Hat er schon wieder etwas verbrochen?

Heeft hij alweer iets misdaan?

D

Verbrechen is afgeleid van **brechen** (*breken*) en betekent *misdrijven*. Het zelfstandig naamwoord **Verbrechen** staat voor *misdrijf*:

Was hat er verbrochen, um den Gehweg mit einer Zahnbürste sauber machen zu müssen?

Wat heeft hij misdaan om de stoep met een tandenborstel schoon te moeten maken?

Er hat seine Zähne nicht geputzt. – Das ist doch kein Verbrechen!

Hij heeft zijn tanden niet gepoetst. – Dat is toch geen misdrijf!

N

Het Nederlandse *verbreken* betekende in de middeleeuwen, net als in het Duits, *zondigen tegen / zich niet houden aan een verbintenis*. Later werd *verbreken* ook gebruikt in de zin van *iets kapot maken*. Tegenwoordig kennen we alleen nog deze laatste betekenis.

1) De vertaling van *verbreken* als *stukbreken* is **zerbrechen**:

Hun relatie is door hun constante ruzie verbroken.

Ihre Beziehung ist an ihren andauernden Streitigkeiten zerbrochen.

2) De vertaling van *verbreken* als *beëindigen* is **abbrechen/lösen**:

Na de ruzie heeft hij alle banden met zijn familie verbroken.

Nach dem Streit hat er alle Beziehungen mit seiner Familie abgebrochen.

3) En de vertaling van *verbreken* als *schenden* is **brechen**:

De stilte werd door een harde schreeuw verbroken.

Die Stille wurde durch einen lauten Schrei gebrochen.

Verflucht

Wat staat hierboven? Duitsers kennen dit woord als een veelgebruikte vervloeking: **ver-flucht** (*verdomme*). Nederlanders zullen bij het lezen in eerste instantie denken aan (het zelfstandig naamwoord) *verf-lucht,* wat je in het Duits vertaalt met **Farbgeruch**.

Verkehrung

Das ist aber eine ganz plötzliche Verkehrung deiner Ansichten!

Dat is wel een heel plotselinge verandering van mening!

D

Verkehrung komt van het werkwoord **verkehren** dat behalve *zich bevinden*, *contact hebben* en *rijden/lopen* (vandaar ook **Verkehr**, *verkeer*) ook *veranderen* betekent.

N

Vroeger betekende *verkeren* in het Nederlands ook *contact hebben / met elkaar omgaan*. Daar is *verkering* van afgeleid. De vertaling daarvoor is **Verhältnis / (feste) Beziehung** voor volwassenen:

Gisteren is mijn verkering uitgegaan. — **Gestern ist meine Beziehung in die Brüche gegangen.**

En **gehen** voor kinderen en pubers:

Wil je verkering met mij / met mij gaan? — **Willst du mit mir gehen?** (zie ook GEHEN)

VERKRACHT

Er hat sich mit seiner Freundin verkracht. — *Hij heeft ruzie met zijn vriendin gekregen.*

D

Het woord **verkracht** heeft niets te maken met ons werkwoord *verkrachten*. Het komt van **verkrachen** wat *failliet gaan* of *mislukken* betekent:

Das kann nicht wahr sein! Der Staat ist wirklich verkracht? — *Dat kan niet waar zijn! Is de staat echt failliet?*

Es tut mir Leid, das zu sagen, aber er ist eine verkrachte Existenz. — *Het spijt me dat ik het moet zeggen, maar hij is een mislukkeling.*

Als **verkrachen** wederkerend gebruikt wordt, betekent het *ruzie krijgen*:

Er hat sich mit seiner Freundin verkracht, weil sie eine Affäre hatte. — *Hij heeft ruzie met zijn vriendin gekregen, omdat ze vreemd is gegaan.*

N

Voor *verkrachten/aanranden* bestaan verschillende vertalingen, afhankelijk van de context.

1) Als *verkrachten* betrekking heeft op een persoon, kun je dit werkwoord vertalen met **vergewaltigen**, **notzüchtigen** of **schänden**:

   Zie je dat zwangere meisje? Zij is door haar buurman verkracht. — **Siehst du das schwangere Mädchen? Sie wurde von ihrem Nachbar vergewaltigt.**

   Sinds ik aangerand/verkracht ben, durf ik 's avonds niet meer alleen het huis uit. — **Seitdem ich geschändet/missbraucht wurde, habe ich Angst nachts alleine das Haus zu verlassen.**

2) Als *verkrachten* betrekking heeft op andere zaken dan personen, dan kun je ook **vergewaltigen** gebruiken, tenzij het over de wet gaat, dan gebruik je **beugen**:

   Greenpeace heeft met haar optreden de wet niet verkracht. — **Greenpeace hat mit seinem Auftritt das Gesetz nicht gebeugt.**

VERLAGERN

Wenn man hockt, verlagert man seinen Schwerpunkt nach unten. — *Als je hurkt, verplaats je je zwaartepunt naar beneden.*

D

Zowel **verlagern** als **sich verlagern** betekenen *verplaatsen*:

Beim Dehnen verlagert man das Gewicht vom einen auf das andere Bein. — *Bij het stretchen verplaats je je gewicht van het ene op het andere been.*

Verlagern is samengesteld uit **ver-** en **-lagern. Lagern** betekent *opslaan* (zie ook LAGER) en in combinatie met **ver-** kreeg het de betekenis *op een andere plaats opslaan*, wat later *verplaatsen* werd.

N

Het Nederlandse *verlagen* lijkt op **verlagern.** *Verlagen* heeft twee betekenissen.

1) Voor *verlagen* als *lager maken* gebruik je **senken**:

De prijzen voor sigaretten en alcohol zijn verlaagd. — **Die Preise für Zigaretten und Alkohol wurden gesenkt.**

2) *Verlagen* kan ook *vernederen* betekenen. In dat geval gebruik je **erniedrigen** of, nog erger, **entwürdigen**:

Toen de leraar een ongepaste grap over haar had gemaakt, voelde ze zich vernederd/verlaagd. — **Als der Lehrer einen unanständigen Witz über sie gemacht hatte, fühlte sie sich erniedrigt.**

Zulke hartstochten verlagen de mens. — **Solche Leidenschaften erniedrigen/entwürdigen den Menschen.**

Het zelfstandig naamwoord **Verlag** met als meervoud **Verlage** betekent *uitgeverij* (zie ook VERLEGEN).

VERLEGEN

Der neue Eigentümer hat das Parkett im Wohnzimmer verlegt. — *De nieuwe eigenaar heeft het parket in de woonkamer verkeerd gelegd.*

D

1) Het voorvoegsel **ver-** betekent *verkeerd*. Vandaar dat **verlegen** *fout liggen* kan betekenen:

Ich habe mich heute Nacht verlegen, deshalb schmerzt mein Nacken. — *Ik heb vannacht verkeerd gelegen, daarom doet mijn nek pijn.*

2) Maar de meest voor de hand liggende betekenis van het werkwoord **verlegen** is *verleggen*:

Der Patient wurde in ein anderes Zimmer verlegt. — *De patiënt werd naar een andere kamer verplaatst/gebracht.*

3) **Verlegen** kan ook *versperren/afzetten* betekenen, wat soms uit de context lastig te onderscheiden is van de betekenis *verleggen*:
   Weil der Asphalt löchrig ist, müssen wir den Weg verlegen. — *Omdat er gaten in het asfalt zitten, moeten we de weg afzetten.* (zie ook Er)

4) Verder betekent **verlegen**, in combinatie met geld, *geld beleggen*:
   Er hat all sein Geld verlegt. — *Hij heeft al zijn geld belegd.*

5) Bij Verlagern hebben we gezien dat een **Verlag** een *uitgeverij* is. Dit zelfstandig naamwoord komt van het werkwoord **verlegen** met als betekenis *uitgeven*:
   Welchen Verlag hast du gewählt, um dein Buch verlegen zu lassen? — *Welke uitgeverij heb je gekozen om jouw boek uit te geven?*

6) Als **verlegen** wederkerend is, wordt het meestal gebruikt in combinatie met **auf**. Dat vertaal je met *overgaan (tot)* of *zich toeleggen op*:
   Wenn du mit deiner Doktorarbeit fertig bist, worauf verlegst du dich dann? — *Als je klaar bent met je promotieonderzoek, waar ga je je dan op toeleggen?*
   Nachdem er in einer Bank gearbeitet hat, verlegt er sich von nun an auf Bildhauerei. — *Nadat hij jarenlang bij een bank gewerkt had, legt hij zich vanaf nu toe op beeldhouwen.*

N

In het Nederlands is *verlegen* een bijvoeglijk naamwoord. Daarvoor gebruik je in het Duits eenvoudigweg **verlegen**:

Het is duidelijk dat hij verlegen is, anders zou hij niet rood worden. — **Es ist klar, dass er verlegen ist, sonst würde er nicht rot werden / erröten.**
Mijn vriendin zit altijd om geld verlegen. — **Meine Freundin ist immer um Geld verlegen.**

Verpflegen

Ich habe den alten Mann verpflegt. — *Ik heb de oude man te eten gegeven.*

D

Verpflegen heeft te maken met zorgen voor iemand, maar vooral in de zin van *eten geven*. **Die Verpflegung** is daarom *het eten en drinken*:

Die Verpflegung auf dem Fest war ausgezeichnet. — *Het eten en drinken op dit feest was subliem.*

N

De vertaling van *verplegen* is **pflegen**:

Ik werk in de verpleging. — **Ich arbeite in der Krankenpflege.**
Dat houdt in dat ik zieken in het ziekenhuis verpleeg. — **Das heißt, dass ich Kranke im Krankenhaus pflege.**
Ik geloof dat ik mijn planten niet zo goed verzorg, omdat ze altijd heel snel dood gaan. — **Ich glaube, dass ich meine Pflanzen nicht so gut pflege, weil sie immer sehr schnell sterben/eingehen.**

Het werkwoord *verplegen* is afgeleid van *plegen* dat vroeger *zich voor iets inzetten* betekende. Deze betekenis had **pflegen** aanvankelijk ook. Later werd **pflegen** gebruikt voor *zorgen voor,* dat wij vertalen met *verplegen*.

Verrückt

Bist du verrückt?	*Ben je gek?*

D

Als iemand vraagt of je **verrückt** bent, kun je dat maar beter ontkennen. **Verrückt** betekent namelijk *dwaas/gek* en komt van het werkwoord **verrücken** dat in het Middelhoogduits voor *van de wijs brengen / verwarren* gebruikt werd:

Er ist aus mehr als 10 Metern Höhe in ein Aufblasbecken gesprungen! Er ist verrückt!	*Hij is van meer dan 10 meter hoogte in een opblaasbadje gesprongen! Hij is gek!*
Ich werde verrückt vor Rückenschmerzen.	*Ik word gek van die rugpijn.*
Ich werde verrückt und ziehe aufs Land.	*Dat had ik nooit verwacht.*

Het Duits heeft naast **verrückt** een groot assortiment aan woorden en uitdrukkingen die je kunt gebruiken om aan te geven dat iemand gek is:

Du bist komisch. / Du bist seltsam. / Du bist merkwürdig. (zie ook Seltsam)	*Je bent raar.*
Du bist albern. / Du bist eine verdrehte Schraube. / Du bist meschugge. / Du hast Flusen im Kopf.	*Je bent mal.*
Du bist idiotisch. / Du spinnst. / Du hast nicht mehr alle Tassen im Schrank. / Bei dir ist eine Schraube locker. / Du tickst wohl nicht richtig. / Bei dir piept es wohl. / Du hast sie nicht mehr alle.	*Je bent getikt.*
Du bist irrsinnig. / Du bist wahnsinnig.	*Je bent niet helemaal in orde.*
Du bist bekloppt. / Du bist bescheuert. / Du bist ein Vollidiot.	*Je bent geschift.*

Vooral deze laatste drie uitdrukkingen worden als zeer negatief beschouwd. Pas daar dus mee op.

N

Voor *verrukt* als *zeer enthousiast/opgetogen* gebruik je **entzückt/begeistert**:

Mijn kleindochter is verrukt over haar nieuwe fiets. (zie ook Kleinkind)	**Meine Enkelin ist begeistert/entzückt von ihrem neuen Fahrrad.** (zie ook Enkel)
Ik ben zeer enthousiast over deze film.	**Ich bin total begeistert von diesem Film.**

VERS

Ich habe mir einen Vers zu deinem Geburtstag ausgedacht. — *Ik heb een gedichtje voor je verjaardag gemaakt.*

D

Het zelfstandige naamwoord **Vers** betekent net als in het Nederlands een *versregel* of een *klein gedicht*.

N

Maar het bijvoeglijke naamwoord *vers* met de betekenis *nieuw* vertaal je met **frisch**:

Hoe blijft mijn brood langer vers en knapperig? — **Wie bleibt mein Brot länger frisch und knusprig?**

Deze sneeuw is vers/net gevallen. — **Dieser Schnee ist frisch gefallen.** (zie ook GEFALLEN en SCHNEE)

In het Duits wordt net als in het Engels geen verschil gemaakt tussen *fris* en *vers*. Voor beide woorden gebruik je **frisch:**

Deze groenten komen vers van het land. — **Dieses Gemüse ist frisch geerntet worden.**

Vanmorgen was het buiten fris. — **Heute Morgen war es draußen frisch.**

VERSCHLAG(EN)

Der Stürmer hat den Torhüter verschlagen. — *De aanvaller heeft de keeper afgeranseld.*

D

1a) Het werkwoord **verschlagen** heeft een breed scala betekenissen die geen van alle iets met *verslaan* te maken hebben. In sommige landstreken wordt **verschlagen** gebruikt voor *aftuigen/afranselen*:

Der Gefangene hat den Gefangenenaufseher verschlagen. — *De gevangene heeft de gevangenisbewaarder afgetuigd.*

1b) Een andere betekenis is *dichtspijkeren/vastspijkeren*:

Nachdem ich alle meine Wertsachen im Schuppen gelagert hatte, habe ich die Tür mit Brettern verschlagen / dicht vernagelt. — *Nadat ik al mijn waardevolle spullen naar de schuur had gebracht, heb ik de deur met planken dichtgespijkerd.*

1c) Ook betekent **verschlagen** *door elkaar roeren / kloppen*:

Zuerst sollen Sie das Eigelb und das Mehl verschlagen. — *Eerst moet u het eigeel en het meel door elkaar kloppen.*

1d) Verder kan **verschlagen** ook *uit de koers drijven / terecht doen komen* betekenen:

Ihre Promotion hatte sie nach Tübingen verschlagen. — *Vanwege haar promotie is zij in Tübingen terechtgekomen/beland.*

1e) Of *beroven*:

Diese Show hat mir den Atem verschlagen! — *Deze show heeft mij de adem benomen!*

1f) **Verschlagen** als samenstelling van **schlagen** (*slaan*) en **ver-** (*mis-*) betekent *misslaan* (zie ook VERLAGERN voor **ver-**):

Als ich mit dem Tennisspielen angefangen habe, habe ich viele Bälle verschlagen. — *Toen ik met tennissen begon, heb ik veel ballen misgeslagen / niet geraakt.*

1g) Of *de verkeerde bladzijde opslaan*:

Egal, ob Sie sich verschlagen haben oder ob Sie absichtlich diese Seite angucken: Ich freue mich, dass Sie sich für die Bedeutung von „verschlagen" interessieren. (zie ook EGAL) — *Los van het feit of u per ongeluk op deze pagina bent beland, of dat u expres deze bladzijde bekijkt: ik ben blij dat u zich voor de betekenis van* **"verschlagen"** *interesseert.*

2) Verder kan **verschlagen** ook nog een bijvoeglijk naamwoord zijn. In dat geval betekent het *sluw/listig*:

Er hat einen verschlagenen Blick. Ich frage mich, was er vor hat. — *Hij heeft een listige/sluwe blik. Ik vraag me af wat hij van plan is.*

3) En tot slot bestaat ook nog het zelfstandig naamwoord **Verschlag** met als meervoud **Verschläge**. Dit verwijst naar *een met planken afgezonderde ruimte*. Je kunt **Verschlag** daarom vertalen als *hok/kot*:

Der Diener musste für seine Herrin den Verschlag öffnen. — *De dienaar moest voor zijn bazin het hok/kot open maken.*

N

1) In het Nederlands is *verslagen* het voltooid deelwoord van *verslaan*. *Verslaan* vertaal je met **besiegen** of **schlagen**:

Hoewel hij mij al tien keer verslagen heeft, weet ik zeker dat ik vandaag ga winnen. — **Obwohl er mich schon zehn Mal besiegt hat, bin ich mir sicher, dass ich heute gewinne.**

Helaas is het me wederom niet gelukt om hem te verslaan. Ik ben weer verslagen. — **Leider habe ich es wieder nicht geschafft, ihn zu besiegen. Ich bin wieder geschlagen worden.**

Verslaan vertaal je met **berichten** als het om *verslag uitbrengen* gaat (zie ook BERICHT en VERSCHLAG(EN)):

De oorlogscorrespondent was in Afghanistan om de oorlog daar te verslaan. — **Der Kriegs-Korrespondent war in Afghanistan, um über den Krieg dort zu berichten.**

2) En het zelfstandig naamwoord *verslag* met als meervoud *verslagen* vertaal je met **Bericht**, meervoud **Berichte**:

Ik moet nog twee verslagen schrijven en dan ben ik klaar met deze opdracht. (zie ook KLAR) — **Ich muss noch zwei Berichte schreiben und dann bin ich mit diesem Auftrag fertig.**

Verschonen

Bitte, <u>verschone</u> mich! — *<u>Spaar</u> me alsjeblieft!*

D

De uitdukking **verschone mich!** komt van **verschonen** dat *sparen/ontzien* betekent:

<u>Verschone</u> mich mit den Einzelheiten, bitte. — *<u>Bespaar</u> me de details, alsjeblieft.*

Verder lijkt **verschonen** erg op **verschönen** en op **verschönern** (let op de r). Deze woorden komen van het bijwoord **schön** (*mooi* en *goed*; zie ook SCHON) en betekenen *verfraaien*:

Ich habe das Wohnzimmer mit Weihnachtsschmuck <u>verschönt</u>/<u>verschönert</u>. — *Ik heb de woonkamer met kerstversiering <u>verfraaid</u>.*

N

Voor het *verschonen van een baby* gebruik je **sauber machen**:

Welke van deze baby's moet ik het eerst <u>verschonen</u>? — **Welches von diesen Babys soll ich zuerst <u>sauber</u> <u>machen</u>?**

Als je in het Nederlands iets anders dan een baby wilt *verschonen*, gebruik je **wechseln**:

Ik moet vandaag het beddengoed <u>verschonen</u>. — **Ich sollte heute die Bettwäsche <u>wechseln</u>.**

Versprechen

Du hast es <u>versprochen</u>. — *Je hebt het <u>beloofd</u>.*

D

Omdat **sprechen** *spreken* betekent, lijkt het logisch om **versprechen** met *verspreken* te vertalen. Maar het werkwoord **versprechen** betekent *beloven* en het zelfstandig naamwoord **Versprechen** *belofte*:

Du hast <u>versprochen</u>, meine Waschmaschine zu reparieren. Wann kommst du endlich mal vorbei? (zie ook VORBEI) — *Je hebt <u>beloofd</u> mijn wasmachine te repareren. Wanneer kom je dan eindelijk eens langs?*

<u>Versprechen</u> müssen eingehalten werden. — *<u>Belofte</u> maakt schuld.*

N

Maar als *verspreken* wederkerend is, dan is **sich versprechen** inderdaad de juiste vertaling:

Tijdens zijn toespraak heeft hij <u>zich</u> tenminste tien keer <u>versproken</u>. — **Während seiner Rede hat er <u>sich</u> mindestens zehn Mal <u>versprochen</u>.**

Versuchen

Ich habe <u>versucht</u>, es zu kaufen. — *Ik heb <u>geprobeerd</u> het te kopen.*

D

In dagelijks taalgebruik betekent **versuchen** *proberen* of *proeven*:

Er <u>versuchte</u> alles, um an die Schokolade zu kommen. — *Hij <u>probeerde</u> van alles om de chocolade te bemachtigen.*

Willst du dein Glück <u>versuchen</u>? — *Wil je je geluk <u>beproeven</u>?*

Als er die Schokolade <u>versuchte</u>, fand er sie übel. — *Toen hij de chocolade <u>proefde</u>, vond hij het vies.* (zie ook FIES)

In een formele context kan **versuchen** ook *verzoeken* betekenen, maar alleen in de betekenis van *verleiden*:

Das heißt Gott <u>versuchen</u>. — *Dat is de goden <u>verzoeken</u>.*

N

1a) De meest gebruikte betekenis van *verzoeken* is *iemand iets vragen*. De juiste vertaling daarvoor is **bitten**:

Als ik er niet ben, <u>verzoek</u> ik mensen die opbellen mij een e-mail te sturen. — **Wenn ich nicht da bin, <u>bitte</u> ich die Leute, die anrufen, mir eine E-Mail zu schicken.**

1b) Tenzij het *dringend verzoeken* is, dan is de juiste vertaling **auffordern**:

De conducteur heeft me <u>dringend</u> <u>verzocht</u> mijn voeten van de bank te halen. — **Der Schaffner hat mich <u>aufgefordert</u>, meine Füße vom Sitz zu nehmen.**

2) Verder is iets **auf Verlangen** als het *op verzoek* is:

Nederland staat onder strenge voorwaarden doding <u>op</u> <u>verzoek</u> toe. Dat heet euthanasie. — **Die Niederlande erlauben unter strengen Bedingungen Tötung <u>auf</u> <u>Verlangen</u>. Das heißt Sterbehilfe.**

In Duitsland is euthanasie toepassen of een patiënt laten versterven vooralsnog niet toegestaan.

3) Het zelfstandig naamwoord *verzoek* vertaal je met **Bitte** en *verzoekschrift* met **Antrag**:

Kunt u dit <u>verzoek</u> inwilligen als ik een <u>verzoekschrift</u> indien? — **Können Sie diese <u>Bitte</u> genehmigen, wenn ich einen <u>Antrag</u> stelle?**

Vertonen

Ich habe dieses Gedicht <u>vertont</u>. — *Ik heb dit gedicht <u>op</u> <u>muziek</u> <u>gezet</u>.*

D

Een Duitse collega wees mij op de valse vrienden **vertonen** en *vertonen*. **Vertonen** is afgeleid van het zelfstandig naamwoord **Ton**, dat *toon* betekent (zie ook TON/TÖNEN). Vandaar dat **vertonen** niets met ons *laten zien* te maken heeft, maar *componeren / op muziek zetten* betekent:

Ich habe das Video aus 1976 neu vertont. — *Ik heb achter de video uit 1976 nieuwe muziek gezet.*

Sie haben diesen Stummfilm von Charlie Chaplin vertont. Sehr witzig! — *Ze hebben geluid achter deze stomme film van Charlie Chaplin gezet. Heel grappig!*

Het zelfstandig naamwoord **Vertonung** betekent *compositie* of *het componeren*.

N

Vertonen kun je altijd vertalen met **zeigen**, maar afhankelijk van de context zijn er ook andere mogelijkheden.

1) Als *vertonen laten zien* betekent, kun je ook **vorführen/darstellen** gebruiken:
   In het archief hebben we films gevonden die nog nooit zijn vertoond. — **Im Archiv haben wir Filme gefunden, die noch nie vorgeführt wurden.**
   In deze film worden nieuwe effecten vertoond. — **In diesem Film werden neue Effekte dargestellt.**

Voor het zelfstandig naamwoord *vertoning* kun je **Vorführung**, **Darstellung** en **Schauspiel** gebruiken.

2) Als *vertonen* wederkerend is, kun je **sich zeigen** gebruiken, maar ook **sich sehen lassen**:
   Nadat hij die 'blooper' maakte, heeft hij zich niet meer vertoond. — **Seitdem er einen Fehler/Schnitzer gemacht hat, hat er sich nicht mehr gezeigt / sehen lassen.**

VERTRAGEN

Das vertrage ich nicht. — *Dat verdraag ik niet.*

D

In het Duits betekent **vertragen** *verdragen* of *dulden*:

Ich vertrage keinen Alkohol, weil mein Magen das nicht verträgt. — *Ik kan niet tegen alcohol, omdat mijn maag het niet verdraagt.*

Heute vertrage ich keine Kritik. — *Vandaag duld ik geen kritiek.*

N

Vertragen vertaal je met **(sich) verlangsamen** voor *langzamer worden* en **verzögern** voor *uitstellen*:

Celdeling wordt door chemotherapie vertraagd. — **Zellteilung wird durch Chemotherapie verlangsamt.**

De werkzaamheden zijn vanwege het weer met een dag vertraagd. — **Die Arbeiten verzögern sich wegen des Wetters um einen Tag.**

Verwehren

Der Zugang wurde <u>verwehrt</u>. — *De toegang werd <u>verboden</u>.*

D

Aan de passieve vorm van het werkwoord **verwehren** kun je zien dat *verweren* niet de juiste vertaling is. **Verwehren** betekent *verbieden/ontzeggen* en komt van **wehren** (*weren*):

Der Zugang zu den Universitätsgebäuden wurde den protestierenden Studenten <u>verwehrt</u>. — *De toegang tot de universiteitsgebouwen werd de protesterende studenten <u>ontzegd</u>.*

Wenn du so vor mir stehst, <u>verwehrst</u>/<u>nimmst</u> du mir meinen Ausblick. — *Als je zo voor me staat, <u>beneem</u> je me het uitzicht.*

N

Het Nederlandse *zich verweren* komt ook van **wehren**/*weren* met als betekenis *zich verdedigen*. In het Duits gebruik je daarvoor **sich verteidigen/wehren**:

Hoewel zijn tegenstander duidelijk beter was, heeft hij <u>zich</u> goed <u>verweerd</u>. — **Obwohl sein Gegner deutlich besser war, hat er <u>sich</u> gut <u>verteidigt</u>/<u>gewehrt</u>.**

Verweren met als betekenis *aangetast worden door het weer* komt van het Middelnederlandse 'verwerden' (*bederven/schenden*). De juiste vertaling daarvoor is **verwittern**:

Het standbeeld van de keizer ziet er <u>verweerd</u> uit. — **Die Statue des Kaisers sieht <u>verwittert</u> aus.**

(zie ook Er)

Viel

Wie <u>viel</u>? – So <u>viel</u> wie du. — *Hoe<u>veel</u>? – Zo <u>veel</u> als jij.*

Als je let op de woordsoort zul je zien dat **viel** in het Duits een bijvoeglijk naamwoord of bijwoord is, terwijl *viel* in het Nederlands de verleden tijd is van *vallen*. **Viel** vertaal je met *veel* en *viel* met **fiel**:

Der Athlet sprang <u>viel</u> weiter als gedacht und gewann dadurch den Titel. — *De atleet sprong <u>veel</u> verder dan gedacht en won daardoor de titel.*

De wielrenner <u>viel</u> en blesseerde zich. — **Der Rennradfahrer <u>fiel</u> und verletzte sich.**

Voll

Ich bin <u>voll</u>. — *Ik ben <u>zat</u>.*

D

Ieder jaar na carnaval hoor je mensen opscheppen over hoe **voll** ze wel niet waren nadat ze **sich voll laufen lassen haben**. Als iemand zegt **ich bin voll**, kan dat betekenen dat die persoon *vol zit*, maar ook dat die persoon *dronken is*. Als iemand **sich voll laufen lässt**, betekent dit dat die *zich bezat*. Andere woorden om aan te geven dat iemand dronken is, zijn **betrunken**, **blau**,

sternhagelvoll, **besoffen** en **stockbesoffen**.

En om het nog verwarrender te maken: **ich bin satt** betekent *ik zit vol* / *ik ben verzadigd* en niet *ik ben zat/dronken*. Na het eten van tien pannenkoeken mag je rustig zeggen: **ich bin voll satt** (*barstensvol*). Verder moet je bij **satt** oppassen dat **satt** naast *verzadigd* ook *zelfvoldaan* betekent:

Der besoffene Mann ist umgekippt und schläft auf der Straße.	*De zatte man is omgevallen en slaapt op straat.*
Der satte Mann schläft in einem Himmelbett.	*De zelfvoldane man slaapt in een hemelbed.*

Tenslotte kun je *zat* als *in overvloed* met **massenhaft/massig** vertalen:

Zij heeft geld zat, omdat ze een jaar geleden de loterij heeft gewonnen.	**Sie hat massig Geld, weil sie vor einem Jahr in der Lotterie gewonnen hat.** (zie ook Vor)

N

In veel contexten betekent **voll** inderdaad *vol*. Bijvoorbeeld:

Deze fles is niet half leeg maar half vol.	**Diese Flasche ist nicht halb leer, sondern halb voll.**
De struiken hier wemelen van de / zitten vol lieveheersbeestjes.	**Das Gebüsch hier ist voll von Marienkäfern.**
Het artikel zat vol fouten.	**Der Artikel war voll mit Fehlern.**

Vor

Vor fünf Jahren wohnte ich in Utrecht.	*Vijf jaar geleden woonde ik in Utrecht.*

D

Zoals je zou verwachten kan **vor** *voor* betekenen, maar er zijn ook situaties waarin **vor** beter anders vertaald kan worden:

Sie kam beinahe um vor Angst.	*Ze stierf zowat van angst.*
Als er beim Ladendiebstahl erwischt wurde, wollte er vor Scham in der Erde versinken.	*Toen hij bij een winkeldiefstal gepakt werd, wilde hij het liefst van schaamte door de grond zakken.*
Nach wie vor träume ich manchmal von Bären. (zie ook Bar)	*Net als voorheen / nog steeds droom ik soms over beren.*
Was hast du heute vor?	*Wat ben je vandaag van plan?*
Er hat vor allem für sie viel Interesse.	*Hij heeft vooral voor haar veel belangstelling.*
Vor kurzem habe ich einen neuen Kühlschrank gekauft.	*Onlangs heb ik een nieuwe koelkast gekocht.* (zie ook Gekocht)
Ich sehe bei diesem Chaos den Wald vor lauter Bäumen nicht.	*Ik zie bij zo'n chaos door de bomen het bos niet meer.*

N

Er zijn er situaties waarin *voor* beter anders vertaald kan worden:

Ik heb een cadeautje voor jou.	**Ich habe ein Geschenk für dich.**
Voor deze pagina is geen voorbeeld beschikbaar.	**Für diese Seite ist keine Vorschau verfügbar.**

Ik ben voor de bouw van het nieuwe centraal station.	**Ich bin für den Bau des neuen Hauptbahnhofs.**
Dit keer heb ik het helemaal alleen voor elkaar gekregen.	**Dieses Mal habe ich das ganz alleine geschafft.**
Kun je deze brief naar het postkantoor brengen? – Ja, dat komt voor elkaar.	**Kannst du diesen Brief zur Post bringen? – Ja, das geht in Ordnung.**
Ik zal dit artikel schrijven voor zover mogelijk.	**Ich werde diesen Artikel schreiben, sofern möglich.**
Voor ik naar dit feest ga, kom ik nog even langs.	**Bevor ich auf dieses Fest gehe, komme ich noch kurz vorbei.**
Hoewel Nederland voor staat, betekent dat nog niet dat ze winnen.	**Obwohl Holland in Führung liegt, heißt das noch nicht, dass sie gewinnen.**

Let op: hoewel je zowel **für** als **vor** met *voor* kan vertalen is er een verschil tussen **Vorsorge** (*voorzorg*) en **Fürsorge** (*zorg / sociale dienst*).

Vorbei

Ich komme morgen bei dir vorbei.	*Ik kom morgen bij jou langs / op bezoek.*

Belangrijk om te onthouden is dat **vorbei** niet alleen *voorbij* maar ook *langs* betekent. En dan kan *langs gaan* betekenen dat je *ergens aan voorbij gaat*, maar de betekenis die je het vaakst zult tegenkomen is *op bezoek gaan/komen*.

Vorjahr

Der Umsatz ist 1,4% mehr als im Vorjahr.	*De omzet is 1,4% hoger dan in het jaar daarvoor.*

D

Bij Vor hebben we gezien dat **vor** *voor* kan betekenen. In de samenstelling **Vorjahr** verwijst **vor** naar het jaar ervoor. Vandaar dat **(im) Vorjahr** *vorig jaar* betekent:

Im Vorjahr haben wir mehr Küchen verkauft als in diesem Jahr. (zie ook Als)	*Vorig jaar heb we meer keukens verkocht dan dit jaar.*

Hetzelfde geldt voor **am Vortag** (*de dag ervoor*), wat niet per se *gisteren* (**gestern**) hoeft te zijn:

Am Vortag meiner Bewerbung war ich nervös.	*De dag voor mijn sollicitatie was ik zenuwachtig.*
Gestern habe ich gehört, dass ich meine Prüfung bestanden habe.	*Gisteren heb ik gehoord dat ik voor mijn examen geslaagd ben.*

N

Het Nederlandse *voorjaar* kan naar *het eerste deel van het jaar* verwijzen of naar de *lente*. Voor *het eerste deel van het jaar* gebruik je **Frühjahr** en voor de *lente* **Frühling** of in een wat formelere context **Lenz**:

In het voorjaar maken we de hele woning schoon. (zie ook SCHON) — **Im Frühjahr machen wir die ganze Wohnung sauber.**
Ik houd van de lente, omdat het dan al vaak zonnig is maar nog niet zo heel heet. — **Ich mag den Frühling, weil es dann oft viel Sonne gibt, aber noch nicht so heiß ist.**

Handig om te onthouden is dat alle seizoenen mannelijk zijn: **der Sommer**, **der Herbst**, **der Winter** en **der Frühling**.

VORNAME

Wie ist dein Vorname? — *Wat is jouw voornaam?*

D

Als je op de woordsoort let, is het duidelijk dat **Vorname** (waarbij de klemtoon op **vor-** ligt) nooit *voorname* (waarbij de klemtoon op *-na-* ligt) kan betekenen. Het zelfstandige naamwoord **Vorname** betekent *voornaam* die hoort bij een **Nachname/Zuname/Familienname** (*achternaam*; zie ook FAMILIE):

Mein Vorname ist Erlijn **und mein Nachname ist** van Genuchten. — *Mijn voornaam is* Erlijn *en mijn achternaam is* van Genuchten.

Let op: **Zunahme** (let op de h) betekent *toename*.

Verschillende Nederlandse voornamen hebben in het Duits een hele andere betekenis:

1) **Bart** is in het Duits een *baard*:
Der Weihnachtsmann hat einen weißen Bart. — *De kerstman heeft een witte baard.*

en komt in twee spreekwoorden voor:
Jetzt ist der Bart ab! — *Nu is het genoeg!*
Dieses Pärchen streitet immer um des Kaisers Bart. — *Dit stelletje heeft altijd ruzie om niks.*

Maar voor *de baard in de keel krijgen* heb je geen **Bart** nodig, want dat vertaal je met **im Stimmbruch sein**.

2) **Liese** is de afkorting van de naam Elisabeth, maar kan ook naar een *meid* of een rivier verwijzen:
Diese Liese ist im Oktober 16 Jahre alt geworden. — *Deze meid is in oktober 16 jaar geworden.*
Da ist ein Loch im Eimer, dumme Liese! — *Er zit een gat in de emmer, domme gans!*
Die Liese ist ein Bach in Nordrhein-Westfalen. — *De Liese is een beek in Nordrhein-Westfalen.*

Verder lijken **lies**, **ließe**, en **ließ** erg op **Liese**. **Lies** is de gebiedende wijs van **lesen** (*lezen*), **ließe** is de aanvoegende wijs van **lassen** (*laten*) en **ließ** is de verleden tijd van **lassen**.

Een *lies* als *de streek tussen bovenlichaam en been* wordt met **Leiste** vertaald. Een *liesbreuk* is een **Leistenbruch** (zie ook BRUCH).

3) Een **Lukas** is een apparaat op een kermis waar vooral mannen met een hamer of hun vuist op slaan om hun kracht te testen (*kop van jut*). Vandaar dat je **hau den Lukas** met *sla erop* vertaalt.

4) Als je het over een **strammer Max** hebt, wat letterlijk een *stoere Max* betekent, heb je het over een *uitsmijter* (*brood met spiegeleieren*). **Strammer Max** verwijst naar het vroeger aangenomen potentieverhogende gehalte van eieren. En **Max Mustermann** is de *gemiddelde burger* die wij *Jan Modaal* noemen. Verder is **max** ook de afkorting van **maximal** (*maximaal*), verwijst **der Maxe** naar een *vent/kerel* en *hang je de bink uit* als je **den großen Maxen spielt**.

5) Een andere naam voor de *gemiddelde burger* is **Otto Normalverbraucher**. Verder bestaat het spreekwoord **sich zum Otto machen**, wat betekent dat *iemand zich onhandig gedraagt, zich belachelijk maakt en bespot wordt*. Dit spreekwoord bestaat ook in de versie **sich zum Horst machen** of **sich zum Heinz machen**. In alle versies komen vroeger veelgebruikte voornamen voor.

Tot slot is een **Otto** een *kanjer/knoeperd*:

Wir haben gestern einen Fisch gefangen. Das war so ein <u>Otto</u>!	*Wij hebben gisteren een vis gevangen. Dat was een <u>kanjer</u>/<u>knoeperd</u>!*

6) Als je **so stolz wie Oskar bist** (*zo trots als Oskar*), dan ben je *extreem trots en zelfbewust, waardoor je onbescheiden overkomt*. Ook kun je **so frech wie Oskar sein** (*zo brutaal als Oskar*). Waarschijnlijk komt Oskar van het Jiddische 'ossik' en het daarvan afgeleide 'ossoker' dat *brutaal* en *zelfbewust* betekent.

7) **Peter** is de Duitse versie van *Piet*. Vandaar dat *Zwarte Piet* als rechterhand van Sint Nicolaas **der schwarze Peter** heet. Ook een *zondebok* heet **der schwarze Peter**.

Meer algemeen is een **Peter** een *kerel*:

Du hast die Fenster offen gelassen als wir in Urlaub waren! <u>Du</u> <u>dummer</u> <u>Peter</u>!	*Je hebt de ramen opengelaten toen we op vakantie waren! <u>Wat</u> <u>een</u> <u>domoor</u> <u>ben je</u> <u>toch</u>!*

8) *Rein*, de afkorting van Reinier, betekent zowel in het Nederlands als het Duits ook *zuiver/puur*:

Ich habe noch immer ein <u>reines</u> Gewissen.	*Ik heb nog altijd een <u>zuiver</u> geweten.*
Dass ich heute beim Minigolf gewonnen habe, war <u>reines</u> Glück.	*Dat ik vandaag met midgetgolf gewonnen heb, was <u>puur</u> geluk.*

9) Een **Riet** is in het Duits een *weefkam* of is de verleden tijd van **raten** (*raden* en *adviseren*):

Ich muss das <u>Riet</u> zuerst ersetzen.	*Ik moet de <u>weefkam</u> eerst vervangen.*
Ich <u>riet</u> ihm, sich auf die Stelle zu bewerben.	*Ik <u>adviseerde</u> hem op de baan te solliciteren.*

Voor het Nederlandse *riet* als een gewas heb je **Schilfrohr/Schilf** nodig, tenzij het om een *rietje van een blaasinstrument* gaat, dan gebruik je **Rohrblatt**, of om een *rietje om mee te drinken*, dan gebruik je **Strohhalm**.

10) De naam *Ruben* wordt hetzelfde uitgesproken als **Rüben** wat *rapen/bietjes* betekent:
Der Schäfer füttert seine Herde vor allem mit <u>Rüben</u>. *De schaapherder voert zijn kudde vooral met <u>rapen</u>/<u>bietjes</u>.*

11) Tot slot is de uitspraak van *Stijn* vergelijkbaar met die van **Stein** (*steen*):
Sein Herz ist kalt wie <u>Stein</u>. / Er hat ein Herz aus <u>Stein</u>. *Hij heeft een hart van <u>steen</u>.*

Opvallend is dat je in het Nederlands *steen en been* kan *klagen* (**laut klagen**), maar dat het in het Duits alleen **Stein und Bein** kan **frieren** (*vriezen dat het kraakt*) en je **Stein und Bein** kan **schwören** (*iets nadrukkelijk verzekeren*).

N

Het bijvoeglijk naamwoord *voornaam* (met de klemtoon op *-naam*) vertaal je met **vornehm**:
Ik woon in een <u>voorname</u> buurt. **Ich wohne in einem <u>vornehmen</u> Viertel.**

Vornehm komt van het werkwoord **nehmen** en betekent eigenlijk *uit een minder belangrijke of waardevolle verzameling genomen*. Van **vornehm** is het bijwoord **vornehmlich** (*voornamelijk*) afgeleid.

VORRANG

Ich habe <u>Vorrang</u>. *Ik heb <u>voorrang</u>.*

D

Als je bedoelt dat je *voorrang* hebt in een andere context dan verkeer, kun je inderdaad zeggen dat je **Vorrang** hebt of geeft:
Internationales Recht hat <u>Vorrang</u> vor nationalem Recht. (zie ook RECHT) *Internationaal recht heeft <u>voorrang</u> boven nationaal recht.*

N

Maar voor *voorrang* in het verkeer gebruik je **Vorfahrt** bij voertuigen of **Vortritt** bij voetgangers:
In Engeland vergeet ik heel vaak verkeer van links <u>voorrang</u> te verlenen. **In England vergesse ich oft, dem Verkehr von links <u>Vorfahrt</u> zu gewähren.**
Op een zebrapad hebben voetgangers altijd <u>voorrang</u>. **Auf einem Zebrastreifen haben Fußgänger immer <u>Vortritt</u>.**

VORSPRUNG

Ich balanciere auf einem Fels<u>vorsprung</u>. *Ik balanceer op een <u>uitstekende</u> rots.*

D

Vorsprung kun je met *vooruitstekend gedeelte* vertalen:
Die Gämse stand unbeweglich auf dem <u>Felsvorsprung</u>. *De gems stond onbeweeglijk op de <u>uitstekende rotspunt</u>.*

N

Maar een *voorsprong* in ruimte of tijd vertaal je ook met **Vorsprung**:

Omdat zijn vader uit Engeland komt, heeft hij een grote voorsprong met Engels. **Weil sein Vater aus England kommt, hat er einen riesigen Vorsprung im Englischen.**

VORSTELLEN

Ich habe die Uhr vorgestellt. *Ik heb de klok vooruit gezet.*

D

1) Als **vorstellen** niet wederkerend is, kan het *vooruitzetten* of *plaatsen voor* betekenen:

Die Sommerzeit hat angefangen, also habe ich die Uhr vorgestellt. *Het is nu zomertijd, dus heb ik de klok vooruit gezet.*

Ich habe die Glocke im Schaufenster vor gestellt / nach vorne gestellt. *Ik heb de klok in de etalage vooraangezet.*

Maar het kan ook *voorstellen/introduceren* betekenen:

Ich habe meinen Eltern meinen neuen Freund vorgestellt. *Ik heb mijn nieuwe vriend aan mijn ouders voorgesteld.*

Ook kun je **vorstellen** vertalen met *presenteren*, bijvoorbeeld **ich stelle meine Arbeit vor** (*ik presenteer mijn werk*).

2) Als **vorstellen** wederkerend is, betekent het *zich voorstellen aan iemand*, of *zich voor de geest halen*. Het verschil tussen deze betekenissen is dat de eerste samengaat met de vierde naamval (accusatief) en de tweede met de derde naamval (datief):

Als ich neu war, habe ich mich allen Mitarbeitern vorgestellt. *Toen ik nieuw was, heb ik me aan alle medewerkers voorgesteld.*

Ich könnte mir vorstellen, dass du nach drei Monaten Ferien wieder Lust hast anzufangen. *Ik zou me kunnen voorstellen dat je na drie maanden vakantie weer zin hebt om te beginnen.*

Het zelfstandig naamwoord **Vorstellung** is van **vorstellen** afgeleid en betekent daarom *voorstelling/opvoering/uitvoering*. Maar **Vorstellung** kan ook *bezwaar* betekenen.

N

Het Nederlandse *voorstellen* vertaal je met **darstellen** als het om een *beeld geven* van iets gaat:

Als ik moderne kunst bekijk, vraag ik mezelf altijd af: wat moet dat voorstellen? **Wenn ich mir moderne Kunst anschaue, frage ich mich immer: Was soll das darstellen?**

In deze voorstelling stelt hij Peter Pan voor. **In dieser Vorstellung stellt er Peter Pan dar.**

Voor het *voorstellen* van bijvoorbeeld een plan gebruik je **vorschlagen**:

Ik stel voor dat we nu eerst boodschappen gaan doen en daarna pas gaan wandelen. **Ich schlage vor, dass wir jetzt einkaufen und erst danach spazieren gehen.** (zie ook ERST)

En als je wilt zeggen dat *iets niet veel voorstelt*, dan **hat das nicht viel zu bedeuten**.

Vorüber

Hab keine Angst, es geht vorüber. *Wees niet bang, het gaat voorbij.*

D

Als je weet dat **vor** *voor* (zie ook Vor) en **über** *over* kan betekenen, zou je kunnen denken dat **vorüber** *voorover* betekent. Maar **vorüber** betekent *voorbij* of *afgelopen*:

Guck mal, wie schnell die Wolken vorüber-/vorbeiziehen! *Kijk eens hoe snel de wolken voorbij trekken!*

In combinatie met **an** betekent **vorüber** *langs* (zie ook Vorbei):

Auf unserer Fahrradtour kamen wir an vielen Dörfern vorüber/vorbei. *Op onze fietstocht kwamen we langs veel dorpen.*

N

Voor *voorover* gebruik je **vornüber / nach vorn**, tenzij het heel nadrukkelijk om *met het hoofd eerst* gaat, dan gebruik je **kopfüber**:

Hij is voorover van zijn fiets gevallen. Nu zijn zijn voortanden kapot. **Er ist vornüber vom Fahrrad gefallen. Jetzt sind seine Vorderzähne kaputt.**

Ik ben voorover het water in gedoken. **Ich bin kopfüber ins Wasser getaucht.**

W

WACKER

Das sind <u>wackere</u> Buben! — *Dat zijn <u>wakkere</u>/<u>dappere</u> knapen!*

D

Wacker kun je inderdaad met het wat ouderwetse *wakker* vertalen, als het gaat om *flink/dapper*:

Obwohl er Angst hatte, hat er sich <u>wacker</u> gehalten. — *Hoewel hij bang was, heeft hij zich <u>dapper</u> gedragen.*

Verder kan **wacker** *rechtschapen/braaf* betekenen:

Ich versuche, mich <u>wacker</u> durch das Leben zu schlagen. — *Ik probeer <u>rechtschapen</u>/<u>braaf</u> door het leven te gaan.*

N

Voor *wakker* als *niet slapend* gebruik je **wach/munter**:

Hij heeft mij <u>wakker</u> gehouden. — **Er hat mich <u>wach</u> gehalten.**

Ik voel me niet <u>wakker</u> genoeg om verder te rijden. — **Ich fühle mich nicht <u>munter</u>/<u>wach</u> genug, um weiter zu fahren.**

Vandaar *wakker houden* (**wachhalten**), *wakker worden* (**aufwachen**) en *wakker schudden* (**wachrütteln**). Maar **wach/munter** heb je niet nodig bij *wakker maken* (**aufwecken**), *iemand* figuurlijk *wakker schudden* (**aufrütteln**), *ergens niet wakker van liggen* (**sich von etwas nicht um den Schlaf bringen lassen**) en *men moet geen slapende honden wakker maken* (**schlafende Hunde soll man nicht wecken**).

WAL

Ich habe noch nie einen <u>Wal</u> gesehen. — *Ik heb nog nooit een <u>walvis</u> gezien.*

D

Wal is de verkorting van **Walfisch**:

Ein <u>Wal</u> wiegt ein paar Tonnen. — *Een <u>walvis</u> weegt een paar ton.* (zie ook TON/TÖNEN)

Wal wordt hetzelfde uitgesproken als **Wahl**, wat *keuze* of *verkiezingen* betekent:

Ich habe keine <u>Wahl</u>. — *Ik heb geen <u>keuze</u>.*

Wann findet die <u>Wahl</u> statt? — *Wanneer zijn de <u>verkiezingen</u>?*

N

1) Een *wal* kan in het Nederlands een *kade* zijn. Dat vertaal je met **Kai** als het in de haven is en anders met **Ufer**:

Drinken we wat in "Café aan de wal"? Dan kunnen we naar de schepen kijken.	**Trinken wir was im „Café am Kai"? Dann können wir die Boote beobachten.**
Hij heeft zijn fiets aan de wal/oever gezet.	**Er hat sein Fahrrad ans Ufer gestellt.**

2) Een *wal* kan ook een *muur* zijn. In dat geval gebruik je **Wall**:

De geluidswal werkt goed! Je hoort de auto's amper.	**Der Lärmschutzwall funktioniert gut! Man hört die Autos kaum.**

3) Verder kan *wal vasteland* betekenen, waarvoor je **Land** gebruikt (zie ook LAND):

De beste stuurlui staan aan wal.	**Die besten Steuerleute sind an Land.**

4) Een *wal* kan ook een *verdikking* zijn. Dan gebruik je **Ring** (zie ook RINGEN):

Heb je slecht geslapen? Ik zie dat je wallen onder je ogen hebt.	**Hast du schlecht geschlafen? Ich sehe, dass du Ringe unter den Augen hast.**

5) Maar geen van deze vertalingen heb je nodig voor:

Daarmee valt hij tussen wal en schip.	**Damit setzt er sich zwischen zwei Stühle.**
Wanneer steken we van wal?	**Wann legen wir los?**
Hij heeft haar van de wal in de sloot geholpen.	**Er hat ihr einen Bärendienst erwiesen.** (zie ook BAR voor **Bär**)

WANDELN

Das kann man nicht wandeln.	*Dat kun je niet veranderen.*

D

Wandeln met de betekenis *veranderen* kom je vaak tegen, ook in samenstellingen zoals **verwandeln** (*(sterk) veranderen*) en **umwandeln** (*omzetten/veranderen*):

Es ist nicht schlimm, wenn deine Meinung sich wandelt/ändert.	*Het is niet erg als je van mening verandert.*
Es ist schön zu sehen, wie kleine Mädchen sich in junge Damen verwandeln. (zie ook SCHON)	*Het is mooi om te zien hoe kleine meisjes in jonge dames veranderen.*
Mit einem Dynamo kann man mechanische Energie in Elektrizität umwandeln.	*Met een dynamo kun je mechanische energie in elektriciteit omzetten/veranderen.*

Van **wandeln** komen ook **Wandel** en **Wandlung** die beide *verandering* betekenen.

N

Voor *wandelen* in recreatieve zin gebruik je **spazieren**:

Ik vind het leuk om op zondag te gaan wandelen.	**Ich mag es, am Sonntag spazieren zu gehen.**
Heb je zin in een wandeling?	**Hättest du Lust auf einen Spaziergang?** (zie ook GANG)

Maar je gebruikt **wandern** als je een trektocht maakt:

In de bergen <u>wandelen/trekken</u> we van hut naar hut.	**In den Bergen <u>wandern</u> wir von Hütte zu Hütte.**

Let op: een *wandelende tak* is een **Stabheuschrecke**.

Was

Du bekommst auch <u>was</u>.	*Jij krijgt ook <u>wat/iets</u>.*

D

Was heeft verschillende betekenissen afhankelijk van de woordsoort.

1) Als **was** een onbepaald voornaamwoord is, vertaal je het met *iets/wat*:

Ach nein, das ist <u>was</u> ganz anderes.	*Ach nee, dat is <u>iets</u> heel anders.*
Das Auge will auch <u>was</u>.	*Het oog wil ook <u>wat</u>.*

Let op: *van alles en nog wat* vertaal je met **alles Mögliche**.

2) Als **was** een bijwoord is, kun je het met *waarom* vertalen:

<u>Was</u> grinst du da?	*<u>Waarom</u> grijns je zo?*

3) Als **was** een bijwoord, vragend voornaamwoord of betrekkelijk voornaamwoord is, kun je het ook met *wat* vertalen:

<u>Was</u> ist das doch langweilig.	*<u>Wat</u> is dat toch saai.*
<u>Was</u> ist denn mit dir los?	*<u>Wat</u> is er met jou aan de hand?*
Er hat alles, <u>was</u> sein Herz begehrt.	*Hij heeft alles <u>wat</u> zijn hartje begeert.*

N

Opvallend is dat het Nederlandse *was* een zelfstandig naamwoord of een werkwoordsvorm kan zijn.

1a) *Was* als zelfstandig naamwoord voor kleding die schoongemaakt moet worden, vertaal je met **Wäsche**:

Ik moet de <u>was</u> nog doen.	**Ich muss die <u>Wäsche</u> noch waschen.**
Dat society paar is uit elkaar en nu wordt de vuile <u>was</u> buiten gehangen.	**Das Promi-Paar hat sich getrennt und jetzt wird schmutzige <u>Wäsche</u> gewaschen.**

Wäsche heb je niet nodig bij *een kind kan de was doen* (**das ist kinderleicht / das ist ein Kinderspiel**) en bij **dumm aus der Wäsche gucken** (*ergens van opkijken*).

1b) *Was* als een vetachtige substantie kun je vertalen met **Wachs**:

Kaarsen zijn van <u>was</u>.	**Kerzen sind aus <u>Wachs</u>.**

Let op: **Wachs** heb je niet nodig bij *goed in de slappe was zitten* (**das nötige Kleingeld haben**).

2) Tot slot is *was* de verleden tijd van het werkwoord *zijn*. In het Duits is dat **war**:

Je geeft mij de schuld, maar ik was er helemaal niet bij! — **Du gibst mir die Schuld, aber ich war gar nicht da!**

Wegen

Bist du wegen des Wetters nicht gekommen? — *Ben je niet gekomen vanwege het weer?*

D

Wegen is een voorzetsel dat samen gaat met de tweede naamval (genitief), maar in het dagelijks taalgebruik ook vaak met de derde naamval (datief). **Wegen** betekent *vanwege/wegens*:

Die Anwohner haben sich wegen des Lärms beschwert. — *De buurtbewoners hebben wegens/vanwege het lawaai geklaagd.*

Mein Vater ist wegen seines Jobs oft im Ausland. — *Mijn vader is vanwege zijn baan vaak in het buitenland.*

N

1) *Wegen* is in het Nederlands een werkwoord dat gebruikt wordt voor *gewicht hebben* en voor *gewicht bepalen*; in het Duits is dat **wiegen** (zie ook WIEGEN):

Ik heb me laten wegen. Ik weeg 64 kg. — **Ich habe mich wiegen lassen. Ich wiege 64 kg.**

Maar **wiegen** heb je niet nodig bij:

De laatste loodjes wegen het zwaarst. — **Die Länge trägt die Last.**

Na lang wikken en wegen hebben we besloten dat we stoppen. — **Nach langem Hin und Her / Nach reiflicher Erwägung haben wir beschlossen, dass wir aufhören.**

2) *Wegen* als het meervoud van *weg*, vertaal je met **Wege** (meervoud van **Weg**):

Alle wegen leiden naar Rome. — **Alle Wege führen nach Rom.**

Andere soorten *wegen* zijn **Allee** (*laan*), **Autobahn** (*autosnelweg*), **Boulevard** (*boulevard*), **Gasse** (*steeg*), **Hauptstraße** (*hoofdweg*), **Landweg** (*landweg*), **Pfad** (*pad*), **Steig** (*bergpad*), **Straße** (*straat*) en **Waldweg** (*bospad*).

Let op: **Schnellweg** is een *autoweg* en geen *autosnelweg* (**Autobahn**).

Wehr

Was macht die Wehr? — *Wat doet de brandweer?*

D

Wehr betekent *verdediging* en komt als opzichzelfstaand woord niet vaak meer voor. Wel zie je het nog terug in:

Er hat sich <u>gegen</u> die Kritik <u>zur</u> <u>Wehr</u> <u>gesetzt</u>.	*Hij heeft zich <u>verdedigd</u> / <u>teweergesteld</u> tegen de kritiek.*
Das <u>Wehr</u> steht auf der Kippe. (zie ook KIPPEN)	*De <u>(stuw)dam</u> staat op springen.*
Unsere Mannschaft hat eine sehr stabile <u>Abwehr</u>.	*Ons team heeft een zeer hechte <u>verdediging</u>.*
Er arbeitet als Arzt bei der <u>Bundeswehr</u>.	*Hij werkt als arts in het <u>leger</u>.*
Hörst du die Sirene? Das ist die <u>Feuerwehr</u>.	*Hoor je die sirene? Dat is de <u>brandweer</u>.*

Opvallend is dat **Wehr** als *(stuw)dam* onzijdig is en in alle andere gevallen vrouwelijk.

Let op: **Notwehr** vertaal je met *noodweer / noodzakelijke (zelf)verdeding*. *Noodweer* als *hevig onweer / gevaarlijke storm* vertaal je met **Unwetter**.

N

1a) Het zelfstandig naamwoord *weer* met een meteorologische betekenis vertaal je met **Wetter**:

Wat zegt het <u>weer</u>bericht?	**Was zeigt die <u>Wetter</u>vorhersage?**
Morgen wordt het mooi <u>weer</u>.	**Morgen wird das <u>Wetter</u> schön.**

Maar niet bij *mooi weer spelen*; dat vertaal je met **tun, als wäre nichts geschehen**.

1b) *Weer* kan ook betrekking hebben op *de invloed van temperatuur en vocht*; dat vertaal je met **verwittern/Verwitterung**:

Het <u>weer</u> zit in de lak van onze auto. – Tja, jullie auto is ook al zo oud.	**Der Lack unseres Autos ist <u>verwittert</u>. – Tja, euer Auto ist auch schon so alt.**

Zie ook VERWEHREN

2) Het bijwoord *weer* vertaal je met **wieder** of met **her**:

Hij is <u>weer</u> op vrije voeten.	**Er ist <u>wieder</u> auf freiem Fuß.**
Ik ga de draad <u>weer</u> oppakken.	**Ich werde den Faden <u>wieder</u> aufgreifen/ aufnehmen.**
Waarom loop je heen en <u>weer</u>? – Ik ben aan het ijsberen.	**Warum läufst du hin und <u>her</u>? – Ich gehe rastlos auf und ab.**

Als je moeite hebt om te onthouden of **wieder** met ie of met i geschreven wordt, hoef je je niet te schamen, want zelfs veel Duitsers verwarren **wieder** met **wider** (*tegen*).

3) Tot slot vertaal je *in de weer zijn* met **beschäftigt sein** en *over en weer* met **gegenseitig**:

Leuk om te zien hoe hij <u>in</u> <u>de</u> <u>weer</u> is met zijn speelgoedauto's.	**Schön zu sehen, wie <u>beschäftigt</u> er mit seinen Spielzeugautos ist.**
Zij hebben <u>over</u> <u>en</u> <u>weer</u> brieven geschreven.	**Sie haben sich <u>gegenseitig</u> Briefe geschrieben.**

Weinen

Er hat mich zum Weinen gebracht. *Hij heeft me aan het huilen gemaakt.*

D

Voor het werkwoord **weinen** gebruiken wij *huilen*:
Ach, nicht weinen, du bist als nächstes dran. *Ach, niet huilen, jij bent hierna aan de beurt.*

N

Wijn is in het Duits **Wein** met als meervoud **Weine**:
Bij de wijnproeverij heb ik een aantal voor mij nieuwe wijnen gedronken. **Bei der Weinprobe habe ich ein paar für mich neue Weine getrunken.**

Handig om te onthouden is dat alcoholische dranken mannelijk zijn en dat er maar één uitzondering is, namelijk **das Bier**.

Weiß

Er ist weiß geworden. *Hij is wit geworden.*

D

Weiß heeft in de meeste gevallen niets met *wijs* te maken, omdat het *wit* betekent:
Dieser alte Mann hat weiße Haare. *Deze oude man heeft witte haren.*
Ich möchte das schwarz auf weiß haben. *Ik wil dat zwart op wit hebben.*

Een uitzondering is **weißmachen** (*wijsmaken*). Maar **weißmachen** heb je weer niet nodig bij *maak dat de kat wijs* (**mir kannst du viel erzählen**). En **weißmachen** moet je niet verwarren met **weiß machen**, want dat betekent wel *wit maken*.

Van **weiß** (*wit*) is het zelfstandig naamwoord **Weiße** (*blanke*; zie ook BLANK) afgeleid:
Heutzutage leben Weiße und Dunkelhäutige friedlich zusammen. *Tegenwoordig leven blanken en zwarten vreedzaam samen.*

Tot slot is **weiß** ook de eerste en derde vorm enkelvoud van **wissen** (zie ook WISSEN):
Ich weiß nicht, wie alt er ist. *Ik weet niet hoe oud hij is.*
Sie weiß es auch nicht. *Zij weet het ook niet.*
Wie ist das passiert? – Weiß der Geier. *Hoe komt dat? – Joost mag het weten.*

N

Het zelfstandig naamwoord *wijs* heeft drie betekenissen.

1a) Een *wijs* in de muziek is een **Melodie/Weise**:
De pianist speelt een vrolijk wijsje. **Der Pianist spielt eine fröhliche Melodie/ Weise.**

1b) Een *wijs* is ook een *manier van doen*, hoewel in het Nederlands daarvoor meestal *wijze* wordt gebruikt, en vertaal je met **Art/Weise**:

Deze wijze van koken is van generatie op generatie overgebracht.	**Diese Art des Kochens ist von Generation zu Generation übermittelt worden.**
Deze informatie mag op geen enkele wijze gekopieerd worden.	**Die Informationen dürfen auf keinerlei Weise kopiert werden.**

1c) En een *wijs* in de taalkunde is een **Modus** met als meervoud **Modi**:

Welke modi/wijzen zijn er? – De aantonende wijs, de aanvoegende wijs, de gebiedende wijs en de onbepaalde wijs. (zie ook ER)	**Welche Modi gibt es? – Den Indikativ, den Konjunktiv, den Imperativ und den Infinitiv.**

2) *Wijs* als bijvoeglijk naamwoord kun je vertalen met **gescheit** en **klug/weise**:

Je hebt je baan opgezegd? Je bent niet goed wijs!	**Du hast deinen Job gekündigt? Du bist wohl nicht ganz gescheit!**
Dat is helemaal niet erg, want door schade en schande wordt men wijs.	**Das ist gar nicht schlimm, weil man durch Schaden klug/weise wird.** (zie ook SCHLIMM)

Maar bij *ergens geen wijs uit kunnen worden* heb je **schlau** (*sluw*) in plaats van **klug** nodig: **aus etwas nicht schlau werden können.**

WEIT

Das ist ja gar nicht weit.	*Dat is helemaal niet ver.*

D

Hoewel **weit** *wijd* kan betekenen, wordt het ook vaak voor *ver (weg)* gebruikt:

Dein T-Shirt ist viel zu weit. Das sieht bescheuert aus.	*Je T-shirt is veel te wijd. Dat ziet er écht niet uit.*
Das ist weit und breit bekannt.	*Dat staat wijd en zijd bekend.*
Der Bäcker? Der ist nicht weit (weg), sogar direkt um die Ecke.	*De bakker? Die is niet ver (weg), hier meteen om de hoek.*

N

Alleen voor *wijd* bij bijvoorbeeld honkbal gebruik je **aus**:

Bij honkbal betekent vier keer "wijd" dat de slagman naar het eerste honk mag.	**Beim Baseball heißt vier Mal "aus", dass das andere Team zum Zuge kommt.**

WELLEN

Das Wasser wellt sich.	*Het water golft.*

D

Wellen komt van het woord **Welle** wat *golf* betekent. Het kan, net als het Nederlandse *wellen*, met water te maken hebben, maar kan ook in bredere zin gebruikt worden:

Das Meereswasser wellt sich und schäumt. *Het zeewater golft en schuimt.*
Seit wann wellen sich deine Haare? *Sinds wanneer golven/krullen jouw haren?*

De derde persoon enkelvoud **wellt** moet je niet verwarren met **Welt** (*wereld*).

N
Het Nederlandse *wellen* komt van *wel* of *bron* en betekent *opborrelen*. De vertaling is **quellen**:
Het water welt al jaren uit deze bron. **Das Wasser quillt schon seit Jahren aus dieser Quelle.** (zie ook WASSER)

Maar let op: een *opwelling* is een **Anwandlung/Regung**:
In een opwelling van vreugde heeft zij de bloemen in de lucht gegooid. **In einer Anwandlung von Freude hat sie die Blumen in die Luft geworfen.**

Ook kan *wellen* in de context van koken *inweken* (**einweichen / quellen lassen**) betekenen:
Ik heb de rozijnen al laten wellen. **Ich habe die Rosinen schon eingeweicht / quellen lassen.**

WERDEN

Wir werden nichts sagen. *Wij zullen niks zeggen.*

D
Terwijl het Nederlandse *werden* met het verleden te maken heeft, heeft het Duitse **werden** met de toekomst of het heden te maken.

1) Als **werden** met de toekomst te maken heeft, betekent het *zullen* of *gebeuren*:
Das wird nicht passieren. *Dat zal niet gebeuren.*
Ihr habt ein neues Auto gekauft? Was wird aus dem alten? *Jullie hebben een nieuwe auto gekocht? Wat gebeurt er met de oude?*

2) Als **werden** met het heden te maken heeft, betekent het *worden*:
Ich gehe früh ins Bett, weil ich nicht krank werden möchte. *Ik ga vroeg naar bed, omdat ik niet ziek wil worden.*

Ook hier moet je oppassen, omdat **worden** in het Duits alleen gebruikt wordt in passieve zinnen:
Oh nein, meine Jacke ist gestohlen worden! *Oh nee, mijn jas is gestolen!*

Het is als Nederlander lastig om **worden** in passieve zinnen te gebruiken, omdat deze constructie in het Nederlands niet bestaat. Het is wat!

N
De verleden tijd van *worden* is in het Duits niet *werden* maar **wurden**:
We werden gevraagd naar buiten te gaan. **Wir wurden gebeten, rauszugehen.** (zie ook BIETEN voor **gebeten**)

WERFEN

Kannst du das zu mir <u>werfen</u>? — *Kun je dat naar mij toe <u>gooien</u>?*

D

Werfen lijkt zowel op *werven* als op *werpen*, maar alleen *werpen/gooien* is de juiste vertaling:

Könntest du einen Blick auf meine Notizen <u>werfen</u>?	*Zou je een blik op mijn notities kunnen <u>werpen</u>?*
Mein Meerschweinchen hat vier Junge <u>geworfen</u>.	*Mijn cavia heeft vier jongen <u>geworpen</u>.*
Wenn du mit dem Würfel eine sechs <u>wirfst</u>, darfst du nochmal würfeln.	*Als je met de dobbelsteen zes <u>gooit</u>, mag je nog een keer gooien.*
Das solltest du mir nicht vor die Füße <u>werfen</u>!	*Dat moet je mij niet voor de voeten <u>werpen/gooien</u>!*
Ich habe mich auf das Schreiben eines Leserbriefs <u>geworfen</u>.	*Ik heb me op het schrijven van een ingezonden brief <u>gestort/geworpen</u>.*

N

Voor *werven* als werkwoord gebruik je **werben**:

We <u>werven</u> nieuwe leden voor onze sportclub.	**Wir <u>werben</u> neue Mitglieder für unseren Sportverein an.**

Verder is *werven* het meervoud van het zelfstandig naamwoord *werf*. Een *werf* is een **Werft** met als meervoud **Werften**:

Deze (scheeps)<u>werven</u> worden al lang niet meer gebruikt.	**Diese (Schiffs-)<u>Werften</u> werden schon lange nicht mehr benutzt.**

WERT

Der <u>Wert</u> ist gering. — *De <u>waarde</u> is laag.*

D

Wert als zelfstandig naamwoord vertaal je met *waarde*, terwijl je **wert** als bijvoeglijk naamwoord met *waard* vertaalt:

Diese goldene Münze ist von unschätzbarem <u>Wert</u>.	*Deze gouden munt is van onschatbare <u>waarde</u>.*
Diese bronzene Münze ist nicht viel <u>wert</u>.	*Deze bronzen munt is niet veel <u>waard</u>.*

N

Werd als verleden tijd van *worden* (**worden**) is in het Duits **wurde** (zie ook WERDEN):

Op mijn verjaardag <u>werd</u> ik door mijn vriendinnen verrast.	**An meinem Geburtstag <u>wurde</u> ich von meinen Freundinnen überrascht.**

Wie

Er hat das kaputt gemacht. – <u>Wie</u>? *Hij heeft dat kapot gemaakt. – <u>Hoe</u>?*

D

De meest voorkomende betekenissen van **wie** zijn *hoe* en *(zo)als*. **Wie** als *hoe* kan een vragend voornaamwoord, een bijwoord en een zelfstandig naamwoord zijn:

<u>Wie</u> geht's dir? *<u>Hoe</u> gaat het met je?*
Weißt du, <u>wie</u> ich mich anmelden soll? *Weet je <u>hoe</u> ik me moet aanmelden?*
Nicht das Was, sondern das <u>Wie</u> ist wichtig bei dieser Aufgabe. *Niet het wat maar het <u>hoe</u> is bij deze taak belangrijk.*

Wie als *(zo)als* wordt in vergelijkingen gebruikt:

Er ist genau so groß <u>wie</u> ich. *Hij is net zo groot <u>als</u> ik.* (zie ook Als)
Er hat <u>wie</u> immer wieder nicht gespült. *Hij heeft <u>zoals</u> altijd weer niet afgewassen.*

N

Het vragend voornaamwoord *wie* kun je makkelijk met **wie** verwarren, maar je vertaalt het met **wer**:

<u>Wie</u> heeft dat kapot gemaakt? **<u>Wer</u> hat das kaputt gemacht?**

Verder kan *wie* een betrekkelijk voornaamwoord zijn. In dit geval gebruik je een verbuiging van **der**, **die** of **das**, afhankelijk van de context:

De jongen, aan <u>wie</u> de leraar het proefwerk teruggaf, begon te huilen. **Der Junge, <u>dem</u> der Lehrer die Arbeit zurückgab, fing an zu heulen/weinen.** (zie ook Weinen)

De jongen, <u>wiens</u> proefwerk onvoldoende was, liep boos weg. **Der Junge, <u>dessen</u> Arbeit ungenügend war, ist böse abgehauen.**

Tot slot is *wie* als *welke persoon dan ook* een onbepaald voornaamwoord dat je vertaalt met **wer immer**:

<u>Wie</u> er ook komt, ik ben er niet. **<u>Wer</u> auch <u>immer</u> kommt, ich bin nicht da.**

Wiegen

Darf ich das Baby <u>wiegen</u>? *Mag ik de baby <u>wegen</u>?*

D

Hoewel **wiegen** *wiegen* betekent, zijn er ook andere betekenissen van *wegen* zoals *gewicht vaststellen* en *gewicht hebben* (zie ook Wegen):

Ich habe ihn in den Schlaf <u>gewiegt</u>. *Ik heb hem in slaap <u>gewiegd</u>.*
Ich <u>wiege</u> nur noch 64 kg. *Ik <u>weeg</u> nog maar 64 kg.*
Soll ich das Obst selber <u>wiegen</u> oder wird es an der Kasse <u>gewogen</u>? *Moet ik het fruit hier zelf <u>wegen</u> of wordt het aan de kassa <u>gewogen</u>?*

N

Voor *wiegen* als *laten schommelen* kun je ook **schaukeln** gebruiken:

In de hangmat werd ik door de wind gewiegd. Dat was heel ontspannend. — **In der Hängematte, wurde ich vom Wind geschaukelt. Das war sehr erholsam/ entspannend.**

Let op: het woord **gewiegt** betekent *ervaren*, **gewogen** betekent ook *welgezind* en een **Woog** is een *vijvertje* of een *diepe plaats in een rivier*.

Willen

Er hat das aus freiem Willen gemacht. — *Hij heeft dat uit vrije wil gedaan.*

D

Het is geen verrassing dat het zelfstandig naamwoord **Willen** *wil* betekent:

Wo ein Wille ist, da ist auch ein Weg. / Wer will, findet Wege, wer nicht will findet Gründe. — *Waar een wil is, is een weg.*

Um Gottes Willen, hör auf! — *Om godswil, houd op!*

Wille zie je ook terug in **Willkommen** (*welkom*) wat letterlijk betekent **du bist nach Willen/ Wunsch gekommen** (*je bent naar wens gekomen*).

N

Maar je moet oppassen bij het Nederlandse werkwoord *willen*, want dat vertaal je met **wollen**, **wünschen** of **mögen**:

Je moet niet voor een dubbeltje op de eerste rij willen zitten. — **Du solltest nicht für einen Groschen in der ersten Reihe sitzen wollen.**

Wat gij niet wilt dat u geschiedt, doe dat ook een ander niet. — **Was du nicht willst, dass man dir tu, das füg' auch keinem andern zu.**

Mijn kleine neefje wil graag een speelgoedvliegtuig voor zijn verjaardag. — **Mein kleiner Cousin wünscht sich / will ein Spielzeugflugzeug zum Geburtstag.** (zie ook Zeug)

Ik wil er nog een nachtje over slapen. — **Ich möchte noch eine Nacht darüber schlafen.**

Opvallend is dat je *willen* wel weer bij de vervoeging van **wollen** tegenkomt: **ich/er will** en **du willst**.

In het Nederlands gebruik je in sommige gevallen *willen*, maar heb je geen **wollen**, **wünschen** of **mögen** nodig in het Duits:

Wil dat zeggen dat je ophoudt? — **Das heißt, dass du aufhörst?**

Het gerucht wil dat de koning is overleden. — **Laut Gerücht soll der König gestorben sein.**

Hij wil nog wel eens te laat komen. — **Er kommt manchmal zu spät.**

En **wollen** moet je niet met **Wolle** verwarren (*wol*), waarbij je weer op moet passen omdat **Baumwolle** *katoen* betekent.

Winkel

Diese Straße biegt in einem scharfen Winkel ab. *Deze straat buigt in een scherpe hoek af.*

D

Een **Winkel** is in het Duits een *hoek* of een *geodriehoek*:

Ist das ein rechter, ein spitzer oder ein stumpfer Winkel? *Is dat een rechte, een scherpe of een stompe hoek?*
Darf ich deinen Winkel benutzen? *Mag ik jouw geodriehoek gebruiken?*

Vandaar dat het werkwoord **winkeln** *buigen* betekent, bijvoorbeeld van een arm of been:

Winkeln Sie das linke Bein an, um Ihre Lage zu stabilisieren. *Buig uw linker been om uw houding te stabiliseren.*

Let op: hoewel je het Nederlandse *hoek* met zowel **Winkel** als **Ecke** kan vertalen, gebruik je **Winkel** voor meetkundige zaken (bijvoorbeeld een hoek van 90 graden) en **Ecke** voor een *scherpe kant / uitstekende punt* (bijvoorbeeld de hoek van de straat).

N

De Nederlandse betekenis van *winkel* is van de Duitse betekenis *hoek* afgeleid. Dit zie je in het woord *winkelhaak* (**Winkelhaken**). Vanuit *hoek* ontwikkelde *winkel* zich naar *een hoek waar koopwaar was opgesteld of verkocht werd* en van daar naar *een ruimte bestemd voor de detailhandel*. In het Duits is dat een **Geschäft/Laden**:

Wat jammer, de winkel is nog gesloten. **Wie schade, das Geschäft / der Laden hat noch geschlossen.**

Voor *winkelen* gebruik je **einkaufen** of **einen Schaufensterbummel machen** (een **Schaufenster** is een *etalage* en een **Bummel** is een *ommetje*).

Wissen

Ich möchte wissen, was du geschrieben hast. *Ik wil graag weten wat je geschreven hebt.*

D

Bovenstaande zin laat zien dat *wissen* (*verwijderen*) een valse vriend is van het Duitse **wissen** dat *weten/kennisnemen* betekent:

Der Journalist wollte jede Einzelheit wissen / wollte alles haarklein wissen. *De journalist wilde ieder detail weten / wilde het naadje van de kous weten.*

Ook de betekenis van het zelfstandig naamwoord **Wissen** heeft alles met *weten* te maken:

Ich arbeite in der Wissenschaft. *Ik werk in de wetenschap.*
Ohne Wissen, ohne Sünde. *Wat niet weet, wat niet deert.*
Gegen besseres Wissen hat sie sich angemeldet. *Tegen beter weten in heeft ze zich aangemeld.*

Let op: de verleden tijd van *weten*, *wist(en)*, lijkt wel weer op **wissen**, maar vertaal je met **wusste(n)**.

N

Wissen vertaal je, afhankelijk van de context, op verschillende manieren:

De leraar heeft het schoolbord met een natte spons gewist.	**Der Lehrer hat die Tafel mit einem nassen Schwamm gewischt.** (zie ook TAFEL)
Die gebeurtenis is uit mijn geheugen gewist.	**Dieser Vorfall ist aus meinem Gedächtnis gestrichen.**
Ik heb jouw sms per ongeluk gewist.	**Ich habe deine Nachricht versehentlich gelöscht.**

Z

Zack

Du bist richtig auf Zack! — *Jij bent écht op dreef!*

D

1) **Zack** komt voor in de uitdrukking **auf Zack** en dat betekent *op dreef*.

2) Maar **zack** is grammaticaal gezien ook een tussenwerpsel en betekent dan *snel/vlug*. In de praktijk kun je het ook vaak met *pats!* vertalen. Omdat **zack** uitgesproken wordt als [tsak] met een hele korte a past de uitspraak heel goed bij de betekenis:
Bein nach links und Bein nach rechts. Und zack, dann springt ihr nach vorne. — *Been naar links en been naar rechts. En pats, dan springen jullie naar voren.*

3) Verder moet je **zack** niet met het zelfstandig naamwoord **Zacken** verwarren. Een **Zacken** is in het algemeen *iets dat spits toeloopt*. Vandaar de concrete betekenissen *bergtop* of *vorktand*:
Der 900 Meter hohe Zacken/Gipfel ist ein beliebtes Trainingsgelände für Bergsteiger. — *De 900 meter hoge bergtop is een geliefd/populair trainingsgebied voor bergbeklimmers.*
Poseidon hat immer einen Dreizack in der Hand. — *Poseidon heeft altijd een drietand in de hand.*

Het bijvoeglijk naamwoord **zackig** (*puntig*) is van **Zacken** afgeleid.

N

In het Nederlands is een *zak* iets waarin je wat kan bewaren. In het Nederlands kun je daar alles instoppen. Denk maar aan de zak van Sinterklaas: *daar stopt hij blij van zin, de hele wereld in*. Maar in het Duits gebruik je verschillende woorden, afhankelijk van waar de zak zich bevindt en wat je erin bewaart.

1) Voor een *zak* als verpakkingsmiddel, een deel van het mannelijk geslachtsdeel of een waardeloos persoon, gebruik je **Sack**:
Ik heb een zak tulpenbollen gekocht. — **Ich habe einen Sack Tulpenzwiebeln gekauft.**
Is de "zak" van Sinterklaas zijn... uhm, jeweetwel? — **Meinst du mit dem „Sack" vom Nikolaus sein… ähm, naja du weißt schon?**
Mijn ex-man, de zak, heeft al mijn geld meegenomen. — **Mein Exmann, der Sack, hat all mein Geld gestohlen.**

Let op: in het Nederlands *zit je in zak en as*, maar in het Duits **geht man in Sack und Asche**.

2) Voor *zak* als deel van een kledingstuk gebruik je **Tasche**:

Ik heb de sleutel in mijn broek<u>zak</u> gestopt.	**Ich habe den Schlüssel in meine Hosen<u>tasche</u> gesteckt.**
Hij probeert altijd zijn eigen <u>zakken</u> te vullen.	**Er versucht immer, in die eigene <u>Tasche</u> zu wirtschaften.**

3) Voor een *zak* met geld of een *zak* van buideldieren gebruik je **Beutel**:

Ik heb de dakloze een <u>zak</u> met geld gegeven.	**Ich habe dem Obdachlosen einen <u>Beutel</u> mit Geld gegeben.**
Uit de <u>zak</u>/<u>buidel</u> van de kangoeroe kijkt een kangoeroebaby. Wat schattig!	**Aus dem <u>Beutel</u> des Kängurus schaut ein Kängurubaby. Wie süß!**

Het werkwoord *zakken* (*niet slagen*) vertaal je met **durchfallen**, *zakken* (*dalen*) met **sinken**, en *naar beneden glijden* met **herunterrutschen**.

ZAHL

Ich hätte nie gedacht, dass die <u>Zahl</u> so groß sein würde.	*Ik had nooit verwacht, dat het zo'n groot <u>aantal</u> zou worden.*

D

1) **Zahl** betekent niet *zaal*, maar *getal*:

Nein ist eine Verneinung und Neun ist eine <u>Zahl</u>.	*Nee is een ontkenning en negen is een <u>getal</u>.*

2) Maar **Zahl** kan ook *aantal/hoeveelheid* betekenen:

Die Reiher haben sich hier wieder in großer <u>Zahl</u> eingenistet.	*De reigers hebben zich hier weer in grote <u>getale</u> / grote <u>aantallen</u> genesteld.*

Voor *aantal* kun je ook **Anzahl** gebruiken, maar **Zahl** wordt eerder voor een bekend aantal gebruikt en **Anzahl** voor een onbekend aantal:

120 Leute haben Karten für die Show gekauft. Das ist eine große <u>Zahl</u>.	*120 mensen hebben een kaartje voor de show gekocht. Dat is een groot <u>aantal</u>.*
Eine große <u>Anzahl</u> von Leuten ist zusammengekommen, um zu demonstrieren.	*Een groot <u>aantal</u> mensen is bijeengekomen om te demonstreren.*

3) En verder kom je **Zahl** nog tegen in de combinatie **Kopf oder Zahl** (*kop of munt*).

Zahl komt ook voor in bijvoorbeeld **zählen** (*tellen*) en **Zähler** (*teller*; zie ook TELLER). Als deze woorden zonder umlaut geschreven worden, hebben ze een andere betekenis: **zahlen** betekent *betalen* en **Zahler** betekent *betaler*.

N

Met in ons achterhoofd dat de z uitgesproken wordt als [ts] en een s als [z], is het niet gek dat de vertaling van *zaal* **Saal** is (**Festsaal**, *feestzaal*). Maar soms gebruik je ook **Halle** (**Turnhalle**/ **Sporthalle**, *sportzaal*):

Na de bedompte atmosfeer in de zaal was ze blij weer in de frisse lucht te zijn.	**Nach der stickigen Luft im Saal war sie froh, wieder an der frischen Luft zu sein.**

Als vrienden in mijn Nederlandse tijdschriften of boeken bladeren, valt het ze altijd op hoeveel dubbele klinkers er in het Nederlands voorkomen. In het Duits zijn er maar weinig woorden die dat hebben, zoals **Saal**, **Beet**, **Haar**, **leer**, **Maar**, **Paar**, **See**, **Seele** en **Tee** (zie ook BEET, LEER en SEE). De meeste Duitse woorden hebben een klinker die dan lang wordt uitgesproken (bijvoorbeeld **sagen**, **beten**, **Ton**) of hebben een klinker die gevolgd wordt door een h, zoals bij **Zahl**, **Jahr**, **kehren**, **Mehl** en **Mohr**.

ZENTRAL

Treffen wir uns vor der Zentrale?	*Spreken we af voor het hoofdkantoor?*

D

Zentrale is zowel een *hoofdkantoor* als een *(telefoon)centrale*:

Die Demonstranten haben sich vor der Zentrale gesammelt.	*De demonstranten hebben zich voor het hoofdkantoor verzameld.*
Früher arbeiteten in (Telefon-)Zentralen viele Leute.	*Vroeger werkten er in (telefoon)centrales veel mensen.*

In sommige gevallen kun je **zentral**, zoals te verwachten, met *centraal* vertalen, bijvoorbeeld in:

Diese Erkrankung greift das zentrale Nervensystem an.	*Deze aandoening tast het centrale zenuwstelsel aan.*

N

Maar *centraal* vertaal je niet met **zentral** als *centraal* onderdeel is van een stationsnaam. In dat geval gebruik je **Hauptbahnhof**:

Ik moet in Stuttgart Centraal overstappen.	**Ich muss am Stuttgarter Hauptbahnhof umsteigen.**

ZETTEL

Wo ist mein Zettel? – Unter dem Tisch.	*Waar is mijn blaadje? – Onder de tafel.*

D

Een **Zettel** is een *velletje / stukje papier / briefje* om aantekeningen op te krabbelen of een *reclamefolder*:

Auf meinem Zettel stand, wie viele Stifte und Nasensprays ich kaufen sollte. (zie ook STIFT)	*Op mijn briefje stond hoeveel pennen en neussprays ik moest kopen.*

In dieser Gegend sind <u>Zettel</u> ausgeteilt worden, aber wir haben keinen bekommen.
In onze buurt zijn <u>reclamefolders</u> uitgedeeld, maar wij hebben er geen gekregen.

N
In het Nederlands wordt *zetel* voor *stoel* niet meer vaak gebruikt. Meestal wordt met *zetel* de stoel van een vorst bedoeld:

Dat is in strijd met het protocol: een koning die onderuitgezakt op zijn <u>zetel/troon</u> zit.
Das ist ein Verstoß gegen das Protokoll: ein König, der auf seinem <u>Thron</u> lümmelt.

Als het over *zetels* in de politiek gaat, hebben Duitsers het over **Mandate/Sitze:**

De peilingen laten zien dat de SPD waarschijnlijk drie <u>zetels</u> wint.
Die Hochrechnung zeigt, dass die SPD wahrscheinlich drei <u>Mandate/Sitze</u> gewinnt.

Zeug

Ist das dein <u>Zeug</u>?
Is dat jouw <u>zooi</u>?

D
Zeug komt in het Duits zowel los (zie ook Los) als in samenstellingen voor en heeft verschillende betekenissen. Helaas volstaat het niet om één betekenis te onthouden om de andere betekenissen daarvan af te kunnen leiden.

1) De meest voorkomende betekenis van **Zeug** is *rommel/troep* of *rotzooi*:

Mutti, wo ist meine Sammlung Klopapierrollen? – Ich habe das <u>Zeug</u> zum Altpapier gestellt.
Mama, waar is mijn verzameling wc-rollen? – Ik heb die <u>troep</u> bij het oud papier gezet.

Was ist das denn für <u>Zeug</u>?
Wat is dat nou weer voor <u>spul</u>?

Wie viel <u>Zeug</u> nach Fasching auf der Straße liegt!
Wat ligt er na het carnaval een hoop <u>rotzooi</u> op straat!

2) Maar **Zeug** kan ook naar *tuig* als *voorwerp* verwijzen (meestal in samenstellingen), wat makkelijker te onthouden is als je bedenkt dat de uitspraak [tsoig] van **Zeug** lijkt op die van *tuig*:

Wenn mein Vater mich besucht, bringt er immer <u>Werkzeug</u> mit, falls etwas kaputt ist.
Als mijn vader langskomt, neemt hij altijd <u>gereedschap</u> mee voor het geval er iets kapot is.

Zu seinem 10. Geburtstag hat er ein <u>Schlagzeug</u> geschenkt bekommen.
Voor zijn 10e verjaardag heeft hij een <u>drumstel</u> gekregen.

Das <u>Flugzeug</u> aus London ist mit viel Verspätung gelandet.
Het <u>vliegtuig</u> uit Londen is na veel vertraging geland.

Dieses alte <u>Fahrzeug</u> hat uns ganz bis in die Türkei gebracht.
Dit oude <u>voertuig</u> heeft ons helemaal naar Turkije gebracht.

3) Wat minder concreet kan **Zeug** ook *talent/aanleg* betekenen:

Dieser Junge hat das <u>Zeug</u> zu einem bekannten Künstler.
Deze jongen heeft het <u>talent</u> om een groot kunstenaar te worden.

Zeug verwijst hier naar het gereedschap dat je nodig hebt om goed werk af te leveren.

4) Verder kan **Zeug** *onzin/flauwekul* betekenen:
Auf Twitter wird nicht nur dummes Zeug erzählt. — *Op Twitter wordt niet alleen onzin verteld.*
Wenn er betrunken ist, redet er immer dummes Zeug / Unsinn. (zie ook SINN) — *Als hij dronken is, slaat/kraamt hij altijd onzin uit.*

5) Tot slot is er een aantal uitdrukkingen waarin **Zeug** voorkomt:
Er hat mir schon wieder am Zeug geflickt. — *Hij heeft mij alweer in diskrediet gebracht.*
Hoewel deze betekenis verouderd is, verwijst **Zeug** hier naar kleding, met het idee dat als je aan iemands kleding iets verandert, je het aanzien van die persoon verandert. Want, **Kleider machen Leute.**
Weil seine Frau gerade ein Kind bekam, fuhr er, was das Zeug hielt. — *Omdat zijn vrouw aan het bevallen was, reed hij zo hard hij kon.*
Im letzten Schuljahr legte sie sich noch einmal ins Zeug. — *In het laatste schooljaar spande zij zich nog een keer erg in.*
Zeug verwijst in deze laatste twee voorbeelden naar het tuig waarmee paarden ingespannen werden.

Verder moet je **Zeug** niet met **Zeuge** (*getuige*; meervoud **Zeugen**) verwarren. Het werkwoord **zeugen** betekent *getuigen*, maar ook *voortbrengen/verwekken*.

N

En voor het Nederlandse *zeug* is het eenvoudig, dat vertaal je met **Sau**:
De zeug heeft twaalf biggetjes geworpen. — **Die Sau hat zwölf Ferkel geworfen.**

ZIEL

Er verfolgt sein Ziel. — *Hij streeft zijn doel na.*

D

Op het trottoir voor een kerk hadden kinderen met stoepkrijt in *koeienletters* (**Riesenbuchstaben**) **Ziel** geschreven. Heel toepasselijk dacht ik, maar realiseerde me snel dat **Ziel** niet *ziel*, maar *doel* betekent. Ik was dus kennelijk bij het (eind)doel van hun speurtocht aangekomen. Maar ik moest nog even verder om mijn eigen doel te bereiken:
Er weiß, wie er sein Ziel erreichen kann. — *Hij weet hoe hij zijn doel kan bereiken.*
Sie hat die Ziellinie erreicht und sieht sogar noch fit aus. — *Ze heeft de eindstreep gehaald en ziet er zelfs nog fit uit.*
Beharrlichkeit führt zum Ziel. — *De aanhouder wint.*

De werkwoorden **zielen** (*richten/mikken*) en **erzielen** (*behalen/bereiken*) zijn van **Ziel** afgeleid. En **Ziel** moet je niet met **Siel** (*riool* in sommige regio's) en **Siele** (*harnas*) verwarren. En **Zeile** (let op de ei) is een *regel*, bijvoorbeeld in een tabel.

N

Ziel vertaal je met **Seele:**

Ik geloof dat mijn ziel na mijn overlijden naar de hemel gaat. — **Ich glaube, dass meine Seele nach meinem Tod zum Himmel aufsteigt.** (zie ook Tot voor Tod)

Hij heeft zich met hart en ziel aan zijn proefschrift gewijd. — **Er hat sich seiner Doktorarbeit mit Leib und Seele verschrieben.**

Er was geen levende ziel te bekennen. — **Da war keine Menschenseele.**

Maar er is een aantal uitzonderingen:

Hoe meer zielen, hoe meer vreugd. — **Je größer die Gesellschaft, desto größer das Vergnügen.** (zie ook Gesellschaft)

Hij is een arme ziel. — **Er ist ein armes Schaf.**

ZUCHT

Kennst du das Ziel der Zucht des Pferdes? — *Weet je wat het doel is van het fokken van paarden?*

D

Zucht kan twee dingen betekenen. De eerste betekenis is *fokkerij/teelt/kwekerij*, zoals in het voorbeeld. De tweede betekenis is *discipline/tucht*:

Sie hat im Laufe der Zeit eine eiserne Zucht/ Disziplin entwickelt. — *Zij heeft in de loop der tijd een ijzeren discipline ontwikkeld.*

Alle Maßnahmen, die Zucht und Ordnung in der Stadt wieder herzustellen, waren wirkungslos. — *Alle maatregelen om de (openbare) orde in de stad te herstellen bleken niet te werken.*

Van de eerste betekenis is het werkwoord **züchten** afgeleid (*fokken/kweken*) en het zelfstandig naamwoord **Züchter** (*kweker*). Van de tweede betekenis zijn de zelfstandige naamwoorden **Notzucht** (*verkrachting*) en **Unzucht** (*ontucht*) afgeleid en het bijwoord en bijvoeglijk naamwoord **unzüchtig** (*ontuchtig*).

N

1) De meest voorkomende betekenis van *zucht* is een *diepe in- en uitademing*. Dit noem je een **Seufzer** dat je uitspreekt als [soiftser]. Het bijbehorende werkwoord is **seufzen:**

Hij slaakte een zucht van verlichting toen hij hoorde dat hij zijn rijexamen gehaald had. — **Er stieß einen Seufzer der Erleichterung aus, als er hörte, dass er seine Fahrprüfung bestanden hatte.**

Voor het spreekwoord *dat is in een vloek en een zucht gedaan* gebruik je geen **Seufzer: das ist in einem Handgriff erledigt.**

2) Daarnaast betekent *zucht* ook *begeerte*. Het Duitse woord daarvoor is **Sehnsucht**, tenzij het in negatieve zin gebruikt wordt, dan praat je over een **Hang**. Een *heel sterke begeerte* is **Sucht** vandaar ook de betekenis *verslaving* voor **Sucht**. Een *ziekelijke begeerte* is net als in het Nederlands een **Manie**:

Zij heeft een hang naar heel luxe goederen.	**Sie hat einen Hang zu Luxusgütern.**
Zijn drugsverslaving heeft te maken met een combinatie van persoonlijkheid en sociale omgeving.	**Seine Drogensucht kann durch eine Mischung aus Persönlichkeit und Umgebungsfaktoren erklärt werden.**
Zij heeft een manie, omdat ze iedere dag een nieuwe tube tandpasta koopt.	**Sie hat eine Manie, weil sie jeden Tag eine neue Tube Zahnpasta kauft.**

Let op: **Eifersucht** betekent *jaloezie*. Op het eerste gezicht lijken die betekenissen niets met elkaar te maken te hebben, omdat *ijver* en **eifer** tegenwoordig alleen maar *inzet/drift* betekenen. Maar als je weet dat *ijver* en **eifer** vroeger ook *jaloezie* betekenden, dan is het eigenlijk *zo klaar als een klontje* (**klar wie Kloßbrühe**; zie ook KLAR).

En bij *jaloezie* moet je opletten dat je de juiste Duitse vertaling gebruikt. **Eifersüchtig** gebruik je als je jaloers bent op een persoon, terwijl je **neidisch** gebruikt als je jaloers bent op een persoon vanwege zijn of haar bezittingen:

Ik ben jaloers, omdat mijn vriend altijd overdreven aardig is naar mijn vriendin toe.	**Ich bin eifersüchtig, weil mein Freund zu meiner Freundin übertrieben nett ist.**
Ik ben jaloers op mijn buurman, omdat hij in een Rolls Royce rijdt.	**Ich bin neidisch auf meinen Nachbar, weil er in einem Rolls Royce fährt.**

ZWANG

Zwang hält nicht lang.	*Geen dwang duurt lang.*

D

Uit dit voorbeeld kun je opmaken dat **Zwang** niets met een trend of mode te maken heeft, maar *dwang/druk* betekent:

Die Frau steht unter Zwang/Druck, weil sie morgen das Projekt fertigstellen muss.	*De vrouw staat onder druk, omdat ze morgen het projekt af moet hebben.*

N

Voor *zwang* gebruik je **Schwang**, maar zijn er ook andere mogelijkheden:

Das macht keinen Sinn *is een uitdrukking die tegenwoordig erg in zwang is.* (zie ook SINN)	**"Das macht keinen Sinn" ist heutzutage im Schwange / gebräuchlich / in Mode.**
Weet jij wanneer dat in zwang gekomen/geraakt is?	**Weiß du, wann das in Schwang gekommen ist?**

ZWAR

Wir müssen die Kinder zwar beobachten, aber wir können trotzdem was machen.

We moeten weliswaar een oogje op de kinderen houden, maar kunnen tegelijkertijd nog wel wat doen.

D

Zwar betekent *weliswaar*, maar als **zwar** samen met **und** wordt gebruikt, betekent deze combinatie *en wel / te weten*. Er komt daarna een specificatie van wat vóór **und zwar** beschreven is:

Zwar habe ich viele Schuhe, aber gestern habe ich doch noch ein neues Paar gekauft.

Ik heb weliswaar veel schoenen, maar gisteren heb ik toch nog een nieuw paar gekocht.

Wir organisieren ein Konzert, und zwar ein Konzert extra für Kinder.

We organiseren een concert, en wel / te weten een concert speciaal voor kinderen.

N

Voor het Nederlandse *zwaar* (*veel gewicht*) gebruik je **schwer** (bijvoorbeeld **schwer wie Blei**, *loodzwaar* en **schwer im Magen liegen**, *zwaar op de maag liggen*), maar er zijn ook veel situaties waarin je voor *zwaar* een ander woord nodig hebt:

Hij is al bijna zijn hele leven een zware roker.

Er ist schon fast sein ganzes Leben lang ein starker Raucher.

De generator veroorzaakt een zwaar gebrom.

Der Generator löst ein dumpfes Brummen aus.

Ik heb het hem zwaar aangerekend dat hij mij niet naar het vliegveld wilde brengen.

Ich habe ihm es dick angekreidet, dass er mich nicht zum Flughafen bringen wollte.

De laatste loodjes wegen het zwaarst.

Die Länge trägt die Last.

ZWEIG

Was hast du gesagt? – Zweig.

Wat zei je? – Twijg.

D

De schrijfwijze van **Zweig** is verwarrend, omdat je kan denken dat het *zwijg* betekent. Maar door de uitspraak [tswaig] kom je dichter bij de juiste betekenis, namelijk *twijg/tak*:

Sie hat einen Korb aus Zweigen geflechtet.

Ze heeft een mand van twijgen/takken gevlochten.

Verder kan een **Zweig** ook een *tak/segment* zijn (bijvoorbeeld **Geschäftszweig**, *branche*).

N

Het werkwoord *zwijgen* vertaal je met **schweigen**. De gebiedende wijs *zwijg!* is daarom **schweig!**.

Geraadpleegde bronnen

Boeken

- Chamizo-Domínguez, P. J. (2008). *Semantics and pragmatics of false friends*. New York: Taylor & Francis Group.
- Cook, K. (2002). *Dubbel Dutch*. Den Haag: Kemper Conseil *Publishing*.
- Dr. Wort (2010). *Klappe zu, Affe tot: Woher unsere Redewendungen kommen*. Reinbek: Rowohlt Verlag.
- Duden (2007). *Das Herkunftswörterbuch: Etymologie der deutschen Sprache* (4e ed.). Mannheim/ Zürich: Bibliographisches Institut.
- Schwarz, A., Burger-Schwarz, S. & van der Zee, J. (1994). Spreekwijzer Duits.: Ruim 3000 uitdrukking en zegswijzen in zinsverband. Zutphen: Het Spectrum.
- Van Dale (2008). *Groot woordenboek Nederlands-Duits* (4e ed.). Utrecht/Antwerpen: Van Dale Lexicografie.
- Van Dale (2008). *Groot woordenboek Duits-Nederlands* (4e ed.). Utrecht/Antwerpen: Van Dale Lexicografie.
- Van Dale (1982). *Handwoordenboek der Nederlandse taal* (9e ed.). Utrecht/Antwerpen: Van Dale Lexicografie.

Websites

- www.duden.de
- www.etymologiebank.nl
- www.onzetaal.nl
- www.spreekwoord.nl
- www.vandale.nl

Index

A

aandacht 22, 218
aankomen 22, 138
aanleiding 23, 106
aanstellen 23, 24, 72
aardig 24, 25, 175, 195
Abgang 11, 183
abhaken 12
abkommen 12, 138
abmachen 14
abrechnen 15, 29
absehen 15
ab und an 16
Acht 17, 54, 241
acht 17, 244
actie 18, 163
af en aan 16
afgang 11, 189
afhaken 12
afhakken 12
afkomen 12, 13
afmaken 14, 15, 133
afrekenen 15
afzien 16
Agenda 17, 18
agenda 17, 18
Aktie 18
alle 18, 19, 20, 187, 261
alle 19, 20, 31, 32, 98, 153
allemaal 20, 168, 197, 243
allemal 19, 20, 164, 209
als 20, 22, 55, 86, 147, 166
als 20, 21, 22, 166, 196
alvast 61, 82, 134
Andacht 21
ankommen 22, 138
Anleitung 23
anstellen 23, 24, 72, 234
appel 24, 50, 180, 203
Appell 24
artig 24, 29
Ausfahrt 25, 93, 217
ausstellen 26, 234

B

baan 26, 28, 29, 234, 281
backen 27, 168
Backe 27
Bahn 28, 67, 121, 153
bak 27, 28, 159, 245
bakken 27, 28, 116, 247
bar 29, 30, 276
bar 29, 30, 84, 196
Bart 270
Bauer 30, 125
Bedarf 31
bederf 31
beer 29, 30, 31, 32, 84
Beere 29, 31
Beet 32, 40, 290
beet 32
beetnemen 32, 33
befallen 33
befassen 33
Begriff 34
begrip 34
bei 34, 35, 115, 229
Beilage 35, 36, 98
bekommen 36, 40, 54, 138
bekwaam 38, 136
Beleg 36
beleg 36, 37
bellen 37, 52, 223
bellen 37, 52, 93, 230
bemoeien 38
bemühen 37, 38
bequem 38
Bereich 39
bereik 39, 42, 145
Bericht 13, 39, 40,
bericht 39, 40, 51, 224
berichten 39, 40, 263
beschweren 40
besorgen 41
Bestand 41, 42
bestand 42
bevallen 33, 92, 292
bevatten 33, 34
bewerken 42, 43, 224
bewirken 42
bezorgen 41
bezweren 40
bieden 43, 48, 155
biet 43
bieten 43, 47, 251, 282
bij 34, 35, 39, 80, 128, 169
bijkomen 36
bijlage 36
bis 44, 47, 57, 111, 249
bis 44
blank 44, 47, 70, 280
blank 45, 280
Blei 45, 194, 236, 295
blij 45, 46, 93, 123, 290
blos 46
bloß 46, 75
Blut 46, 47, 136, 201, 236
blut 185, 189
Bock 47, 239
bode 48
Boden 43, 48, 107, 130
boeg 55
Bogen 48, 49, 84, 101
bok 47, 271
Bonbon 49, 54, 64
bonbon 49
boodschap 41, 51, 52, 71
Boom 49, 51
boom 24, 50, 78, 249
borst 50
Borsten 50
bos 50, 51, 268
Boss 51

Botschaft 51, 52, 168
bouwer 30
brauchen 52, 95, 114, 198
broek 53, 54, 118, 185
Bruch 53, 271
brug 11, 53
brutaal 54, 208, 249, 271
brutal 54, 101, 208
Buch 55, 160
bugel 56
Bügel 55, 56, 74
buigen 49, 286
bureau 56, 150
Büro 56, 91

C

centraal 269, 290
concours 139, 233

D

Dach 13, 48, 57, 109
dag 57, 254
Dame 58, 115, 206, 276
dame 58, 115, 206, 276
das 58, 62
das 59
Daten 59, 187
daten 59
deftig 59, 60, 215
deftig 59, 60, 215
deinen 60
deinen 60
den 61
denn 61, 68, 154, 203, 230
die 62
die 62
dokter 62, 63
Doktor 62, 151
Dom 63
dom 63, 64, 115
doof 63, 64
doof 63, 64
doos 64, 65
Dose 64, 65
draak 65
Drachen 65, 87
Drogen 29, 52, 53, 65
drogen 27, 66
drucken 66
drücken 66, 137
drukken 66, 235
dürfen 31, 44, 67, 171
durven 67, 251
dürr 67
duur 67, 68, 167

E

eben 69, 70
eerst 98, 137
egaal 69, 70
egal 70
even 69, 70
einig 70, 75, 202
einladen 71
Einspruch 71
einstellen 33, 72, 234
Eis 73
eis 73, 234
Eisen 73, 74, 82
eisen 73, 74, 121
eng 74
eng 74
enig 70, 71, 75
Enkel 74, 135, 261
enkel 74, 75, 126
entlasten 75
er 76, 77
er 76
erkennen 77, 79, 94, 126
erkennen 77, 256
erst 77
es 78
es 78

F

Fähre 79
fahren 79, 80, 84, 94
Fall 80, 81, 93, 101
Familie 81, 210
familie 81
fast 82, 85
fehlen 82, 83
Feierabend 83, 84, 161
fel 84, 106, 152
Fell 84
Fernseher 85
Fest 85, 115
fies 86, 265
Fliege 86
Flieger 87
Flug 87, 88
Flut 88, 128
flut 88
fort 89
fort 89

G

gaan 90, 94, 95
gaar 91
Gang 90, 276
gang 90
gar 91, 249
Garage 92
garage 92
gebruiken 52, 53
geestig 96
gefallen 33, 84, 92, 100
Gegenstand 74, 93, 95
Gehalt 94
gehalte 94
gehen 94, 95, 234, 258
gehoorzamen 96
gehorig 96
gehörig 95
geil 96
geil 96
geistig 96
gekocht 97, 100
gekocht 97, 103, 139, 268
geplant 18, 97
geplant 97, 107
gerecht 35, 97, 98
gerecht 97, 98, 243
Gericht 21, 98
gericht 98
geschickt 98, 99, 215
geschikt 99, 214
Geschmack 86, 99, 200
Gesmak 99, 100
Gesellschaft 100, 167, 293
gespannen 101, 227

gespannt 101, 252
gevallen 109, 127, 172, 262
Gewalt 63, 101
geweld 54, 101, 102
gezelschap 100
gezogen 84, 102, 105, 157
gezogen 102, 103
Gift 103
gift 103
god 104, 108, 265
Gottesdienst 104
graaf 104
Graf 104
Gram 105
gram 105
Greis 105
grif 106
Griff 32, 106
grijs 105, 106
groezelig 107
grond 48, 87, 107, 268
Grund 48, 66, 106, 107
gruselig 74, 107, 204
grüß Gott 57, 108
godsdienst 96, 104
Gott 57, 108, 265
günstig 108, 229
gunstig 108, 235

H

haan 109, 132
haard 116, 117, 213
Hahn 109, 132, 223
half 13, 109
half 109, 110
Hals 53, 110, 129, 250
hals 110, 163
halt 110
halt 110, 111
Halter 111, 115
halter 111
halve gare 91
hamer 112, 186
Hammer 112
Hang 112
hang 112
hangen 112, 139, 239
hart 19, 100, 113
hart 107, 113, 135, 238
hat 113, 114
hauen 111, 114, 115
Heer 115, 116
heer 115, 116
hebben 106, 112, 113, 114
hefboom 50
hel 116
hell 116
Herd 116, 117
herstellen 117, 234
herstellen 117, 293
hert 117
Hosen 54, 95, 118
houaen 17, 33, 169, 227
hozen 118
Hut 118
hut 118, 119

I

in 120
in 120
Indien 120, 127
indien 31, 120, 121
inladen 71
innen 121
innen 121
inspraak 71
instellen 72
irriteren 121, 122
irritieren 121, 122

J

je 123, 124
je 123, 124

K

Kachel 125
kachel 125
Kader 125
Kader 125, 126, 127, 194
Kapsel 126
kapsel 126, 199
kast 127, 128, 161
Kasten 28, 126, 127
keren 128, 164
kehren 128
Kicker 129
Kies 129
kies 27, 130, 173
kiezen 130
kikker 129, 223
kip 130, 131, 141, 223
Kippen 130
kist 111, 127, 131
Kiste 111, 131
klaar 133, 134, 161, 239
klaarkomen 134, 137
klappen 87, 131, 132
klappen 132, 133, 188
Klapper 131, 132
klapper 131, 132
klar 133, 134, 140, 174
klarkommen 134, 137
kleed 135
Kleid 134, 163
Kleinkind 135, 261
kleinkind 74, 135
kletteren 135, 136
klettern 135
knap 136
knapp 136
Kneipe 136, 137, 241
knijpen 136
koers 144
komisch 30, 137, 195, 261
komisch 137
kom 137, 138
kommen 137, 138
Konkurs 138, 139, 144, 189
kop 139, 140, 159, 173
Kopf 139,140, 173, 206
kosten 47, 82, 140, 191
kosten 140, 194
kraam 140, 141
Kram 140, 141
kram 141
kras 141
krass 141
kreisen 100, 142
krijsen 142
kriskras 142
Kuchen 142, 143, 180

kuchen 142
Kunde 143
kunde 143
Kurs 55, 143, 144
küssen 144
kussen 144, 190, 218
kwetsen 193

L

Lachs 145
Laden 145, 146, 286
laden 145, 146
Lager 90, 146, 147, 183
lager 146, 147, 259
laks 145
Land 147
land 147, 148
lassen 148, 170
lassen 148
lecken 148, 149
ledig 149
ledig 149
leer 149, 150
leer 149, 150
leerling 100, 152
legen 150, 181
legen 150
lehnen 150, 202
lehren 150, 151
Lehrling 100, 152
leicht 126, 152
leiden 83, 153, 154
leiden 153, 276
leider 154
leider 51, 154, 216
leisten 154, 155
lekken 149
lenen 150, 151, 202, 210
leren 150, 151, 191
leugenaar 157
licht 116, 152
Liebe 155, 156, 198
lief 156
liefhebben 156
liefkozen 156
Liege 156
Liegen 156, 160
liegen 156, 160
Liese 270
lijsten 155
Linie 157, 234
linie 157
link 112, 157, 158
link 157, 158
Lob 158, 159
lob 158, 159
Loch 130, 159
Locker 160, 162
locker 160
log 160
lokaal 161
Lokal 161
lokker 160
Los 156, 161
los 156, 160, 162
Lukas 271

M

maal 164
machen 163, 222
maken 163
Mal 164
malen 165
malen 165
man 163, 165, 166
man 166
Max 271
Meer 166
meer 166, 167
mein(en) 167
Mengen 78, 168
mengen 168
Merken 168
merken 168, 169
mes 169
Messen 169
mijn 167
Mist 19, 32, 170, 203
mist 170
mobiel 170
Mobil 170
mögen 25, 67, 171, 285
mogen 44, 171
Mond 92, 172
mond 132, 172
Mund 172
munt 172, 173

N

na 174
na(h) 174
nerf 175
Nerv 174, 175
net 175, 176
nett 25, 99, 175, 195
nicht 175, 176
nicht 176
noot 177
Note 176, 177, 247

O

Ober 178
ober 178
offenbar 178
onderhouden 254
ontlasten 75, 76
openbaar 178, 179, 218
ophangen 37, 112
Otto 99, 271
Oskar 271
overhalen 239, 252
overleggen 252, 253

P

pand 184, 185
pap 180, 181
Pappe 180, 181
parken 181, 257
parken 181
Part 181
part 98, 181, 182
Partei 182
partij 43, 157, 182, 183
Pech 11, 183
pech 183
peinlich 183
pennen 184, 236
pen 236
pennen 184
Peter 47, 271
Pfand 184

piepen 185
piepen 185, 223
pijnlijk 183, 184
pink 145, 186, 200
pink 186
plaatsen 121, 188, 234, 273
plat 186, 187
Platte 186, 187
platzen 132, 188
pleite 47, 95, 136, 189
pleite 189
Po 189
po 189
Pol 190
pol 190
proeven 140, 190, 191, 229
prüfen 100, 190
puffen 191, 192
puffen 191

Q

quetschen 193
Quote 193
quote 193

R

raam 135, 194
raar 195, 261
Rahm 135, 194
Rahmen 126, 135, 194
rar 195, 228
Rat 195
rat 196
rau 196
rauw 196
recht 116, 197, 215, 272
recht 197, 198, 272
Reden 198
reden 106, 198
regen 199
reichen 199
Reifen 188, 200
reiken 200
rein 196, 271
reiten 200
reizen 79, 87, 122, 201
reizen 201
Rente 202
rente 202
Riet 271
rijpen 200
rijten 200, 201
ringen 202
ringen 202
rot 203
rot 203
rouw 196
Rüben 43, 272
Rücken 16, 53, 204
Rücken 204
rukken 201, 204
rund 205, 248
rund 205, 206
rüsten 206
rusten 181, 206

S

sacht 84, 207
sagen 208, 234
Samen 209
samen 209
schaaf 210
schaal 211, 243
schaar 211
schade 209, 210
schade 209, 210
Schaf 210
Schal 59, 138, 210
Schar 211
Schatten 212
schatten 194
schattig 212
schattig 212
Schau 213
Schein 213, 214
Schicht 147, 214
schicht 214
schichtig 214
schicken 99, 215
schijn 213, 214
Schild 215, 216
schild 216
schlagen 55, 194, 216, 262
schlimm 107, 153, 217, 281
schminken 218, 222
schminken 218
schmusen 218
schnappen 219
Schnee 45, 219, 264
schneiden 61, 139, 220
schnellen 221
schon 86, 221, 222, 264
schoon 135, 222, 270
schouw 213
schreien 109, 223
schreien 223
Schub 223
schub 223, 224
schüren 224
schuren 224
Schwalbe 224
schwalbe 224
schwul 128, 176, 198, 225
See 166, 225
Segel 226, 227
Seil 226, 237
sein 222, 227, 228
seinen 227
seinen 228
seltsam 195, 228, 261
Set 228, 229
set 229
Sinn 229, 292, 294
slagboom 50
slagen 42, 217, 289
slim 18, 158, 217
smoezen 218
snappen 133, 188, 219
snee 219, 220
snellen 221
snijden 220
snoeshaan 109
sollen 230
sosehr 231
spannend 101, 231
spannend 86, 231
spinnen 231
spinnen 232
sprinkhaan 109
Station 219, 232
station 183, 219, 232, 269

stecken 232
steigeren 233
steigern 233
Stein 272
stekken 233
stellen 213, 233, 234
stellen 16, 233, 234, 246
stemmen 235
stemmen 154, 235
steppen 235
steppen 235
Stift 52, 137, 186, 236
stift 236
Stil 236
stil 236
stoer 239, 271
straffen 48, 237
straffen 237
streiken 48, 74, 237
streiten 21, 99, 238
stricken 197, 210, 234, 236
strijden 238
strijken 237, 238
strikken 238, 239
stropdas 86
stur 239
succes 53, 110

T

tact 241
Tafel 240
tafel 156, 187, 240, 241
Takt 241
Tal 242
tal 242
Tapete 242
tapijt 242
tas 243
Tasse 28, 127, 243, 261
Tasten 229, 243, 244
tasten 244
tegenstand 93, 94, 155, 253
Teil 181, 185, 244, 245
Teil 245
Teller 137, 245, 289
teller 53, 245, 289
Tempo 245, 246
tempo 245, 246
termijn 195, 246
Termin 14, 61, 246
tint 246, 247, 248
Tinte 246
tippen 247
tippen 200, 247
ton 248, 275
Ton 247, 248, 265, 290
tönen 247, 248
tonen 154, 213
Top 249
top 249, 288
Tor 249
tor 250
tot 132, 250, 293
tot 44, 250
trauen 67, 223, 250, 251
trots 251, 271
trotz 251
trouwen 251

U

überholen 252, 254
überlegen 139, 252, 253
Uhr 253
uitstellen 26, 266
uitvaart 25
unterhalten 254
urn 255
Urne 255
uur 253, 254

V

Vandale 256
vak 203
val 80, 81
varen 16, 80
vast 82, 131, 133
veer 79, 184
veerpont 79
vel 49, 84, 131, 211
velen 83
Verband 256
verband 158, 204, 256, 257
verbrechen 257
verbreken 257
verflucht 257
verflucht 257
Verkehrung 257, 258
verkering 258
verkracht 258
verkrachten 258
verlagen 259
verlagern 259, 263
verlegen 259, 260
verlegen 260
verpflegen 260
verplegen 260, 261
verrekijker 85
verrückt 91, 164, 204, 261
verrukt 261
Vers 262
vers 262
Verschlag 217, 262, 263
verschlagen 39, 262, 263
verschonen 264
verschonen 264
verslag 39, 40, 217, 263
verslagen 115, 216, 263
versprechen 264
verspreken 264
versuchen 12, 22, 265
vertonen 265, 266
vertonen 42, 185, 265, 266
vertragen 83, 114, 266
vertragen 266
verweren 272
verwehren 267
verzoeken 43, 265
vest 85, 86
viel 83, 267
viel 267
vies 86, 265
vlieg 87
vlieger 65, 87
vloek 87, 88, 170, 293
vlug 88, 106, 288
vol 48, 50, 172, 268
voll 54, 99, 267, 268
voor 268, 269
voorbij 185, 269, 274
voorjaar 269, 270
voornaam 270, 272

voorover 274
voorrang 72, 272
voorsprong 273
voorstellen 273
vor 268, 269
vorbei 46, 185, 269, 274
Vorjahr 31, 269
Vorname 270
Vorrang 272
Vorsprung 272, 273
vorstellen 234, 273
vorüber 274

W

wacker 275
wakker 275
Wal 275
wal 29, 276
wandelen 94, 276, 277
wandeln 276
wapen 206
was 277, 278
was 277, 278
weer 267, 278
weg 215, 221, 278, 281
Weg 215
wegen 221, 231, 257, 278
wegen 19, 278, 284, 295
Wehr 267, 278, 279
weinen 11, 223, 280, 284
weiß 45, 280
weit 24, 200, 281
wellen 281, 282
wellen 281, 282
werden 230, 282, 283
werden 282
werfen 55, 283
Wert 234, 283
werven 283
wie 21, 284
wiegen 249, 278, 284
wiegen 249, 284
wijd 215, 281
wijn 103, 280
wijs 209, 231, 280, 281
Willen 285
willen 285
Winkel 197, 286
winkel 138, 146, 286
Wissen 280, 286
wissen 286, 287

Z

zaal 289, 290
zacht 50, 84, 207, 223
zack 95, 188, 288
zagen 208
Zahl 17, 173, 289, 290
zak 195, 188, 288, 289
zee 166, 225
zegel 226
zeil 115, 226, 227
zeldzaam 195, 228
zentral 290
zetel 291
Zettel 84, 290
Zeug 87, 285, 291, 292
zeug 32
Ziel 205, 241, 292, 293
ziel 292, 293
zin 141, 166, 229, 230
zozeer 231
Zucht 293
zucht 88, 204, 293, 294
zullen 58, 222, 230, 282
zwaar 45, 152, 278, 295
Zwang 294
zwang 294
zwar 152, 295
Zweig 295
zwijgen 198, 295
zwoel 225